生命·生存·生活

道家人生哲学智慧

张立波 著

北京大学出版社
PEKING UNIVERSITY PRESS

图书在版编目（CIP）数据

生命·生存·生活：道家人生哲学智慧 / 张立波著. —— 北京：北京大学出版社, 2025.4. —— ISBN 978-7-301-35637-1

Ⅰ.B223.05

中国国家版本馆CIP数据核字第2024B7V759号

书　　名	生命·生存·生活——道家人生哲学智慧 SHENGMING·SHENGCUN·SHENGHUO——DAOJIA RENSHENG ZHEXUE ZHIHUI
著作责任者	张立波　著
责任编辑	董郑芳
标准书号	ISBN 978-7-301-35637-1
出版发行	北京大学出版社
地　　址	北京市海淀区成府路205号　100871
网　　址	http://www.pup.cn
新浪微博	@北京大学出版社　　@未名社科-北大图书
微信公众号	北京大学出版社　　北大出版社社科图书
电子邮箱	编辑部 ss@pup.cn　　总编室 zpup@pup.cn
电　　话	邮购部 010-62752015　　发行部 010-62750672 编辑部 010-62753121
印　刷　者	北京鑫海金澳胶印有限公司
经　销　者	新华书店
	730毫米×980毫米　16开本　33.75印张　538千字 2025年4月第1版　2025年4月第1次印刷
定　　价	119.00元（含数字课程）

未经许可，不得以任何方式复制或抄袭本书之部分或全部内容。
版权所有，侵权必究
举报电话：010-62752024　电子邮箱：fd@pup.cn
图书如有印装质量问题，请与出版部联系，电话：010-62756370

数字课程资源

本书附有作者数字课程视频,获取方法:

第一步,关注"博雅学与练"微信公众号;

第二步,扫描右侧二维码标签,获取上述资源。

一书一码,相关资源仅供一人使用。

读者在使用过程中如遇到技术问题,可发邮件至 ss@pup.cn。

哲学可以给人一个"安身立命之地"。就是说，哲学可以给人一种精神境界，人可以在其中"心安理得"地生活下去。他的生活可以是按部就班的和平，也可以是枪林弹雨的战斗。无论是在和风细雨之下，或是在惊涛骇浪之中，他都可以安然自若地生活下去。这就是他的"安身立命之地"。这个"地"就是人的精神境界。

——冯友兰

人辛勤劳作，却诗意地栖居在这大地上。

——〔德〕荷尔德林

"天人合一"的道家人生哲学（代序一）

陈少峰[1]

中华优秀传统文化的人生智慧及其宇宙观、人生观、价值观的核心是"天人合一"，而"天人合一"最系统、最集中地体现为以老子和庄子为代表的道家哲学。

老子作为道家哲学的创立者和集大成者，围绕着如何治国的问题构建了自己的哲学体系，提出了许多关于领导者的自我认识和领导方法的思想。老子哲学也具有反向思考的特性，为中国传统辩证思维的发展做出了重大贡献。虽然老子的书主要是给统治者，特别是给最高统治者看的，最主要的思想就是建议统治者要改变思想方法，用一种不同的角度来思考问题，并且要用不同的做法来解决问题，但是，老子的哲学是把治国和治身进行一体化思考的，因此，他的政治哲学和人生哲学是融通的。

老子哲学的一个重要思想就是"道法自然"。"道"的第一层意涵是一种"无为"。比如，《老子》里讲："我无为而民自化，我好静而民自正，我无事而民自富，我无欲而民自朴。"总之，就是不要去做很多人为的事，我们讲的人为的叫"伪"，统治者要顺着自然而为，不要去做"伪"的事情。

"道"的第二层意涵是某种更根本的无形的存在。从某种意义上说，道是一种辩证的智慧。老子讲的辩证的智慧有两种。第一种叫无为而无不为。无为看起来是不作为，实际上这个无为，可能比作为的效果更好。老子要通过一种特

---

[1] 陈少峰，著名人文学者，北京大学哲学系教授，北京大学文化产业研究院学术委员会主任。

殊的作为来达到"无不为",所以这个"无为"就是一种辩证法,无为不是不做事,而是要做得更好。第二种就是事物都有朝其反面发展的趋势,因此我们要学会反向思维。

从反向的角度来理解万物变化是老子的思想特色。我们知道,儒家和道家之间有很大的区别。表面上看,在历史上,儒家讲"阳"为主,道家讲"阴"为主,而且"阴"和"静"是一体的。其实不是这样的,因为"静"和"阴"的这种关系是到战国后期才形成的。道家在创始阶段根本没有"阴"跟"静"合在一起的说法,讲阴阳的时候,不是讲"阴"或"阳",而是讲"静"。阴阳五行学说出来以后,儒家、道家的东西才结合在一起。直到道教诞生,才真正把"阴"和"静"结合了起来。

显然,老子关于"静"的思想和儒家的人为的努力观念差别巨大。在《周易》里面,儒家和道家有一个相同的思想,就是用阴阳来比喻天地。但是,按照儒家的思想,谁是阳位,谁便要主宰阴,君主就要主宰臣,就要经常命令臣民。然而,道家特别是老子的思想正好相反,你的位置越高,你越不能高高在上,反而更需要告诉下面的人你比我更重要,否则就会失去平衡。就是说,统治者更要让人感觉不到其存在和威势。老子的思想和道教很不相同。道教要求以静制动,因为我们处在"阴"的位置。而老子则说,你本身处于阳的居高临下的位置,所以你实际上应该处在阴下面的位置来平衡,否则就会走极端。老子的辩证法中包含一种修养的方法,指向与"静"相一致的不突出、谦虚包容和不走极端的状态。

庄子也是道家哲学的重要代表人物,其哲学富于体验性和感受性,达至艺术审美的境界。他开创了一种以前一直在"老庄"名义下,真正意义上却仅仅属于他自己的虚无与自然的生命哲学。庄子是那种自得其乐的人,他不是隐士,只是不喜欢受条条框框的拘束、喜欢去领会大自然里有什么道理的人。所以,他讲"无用之用"有大用——给你一个大葫芦,你觉得没用,其实是有大用的。

从具体的角度来理解,庄子的道是一种价值观,即世界上所有的东西都是平等的,都是个性化的,所谓个性化就代表平等。平等是什么?不是先确立一套或者一种价值观,让大家来接受、严格地遵循,而是每个人都作为自己的标准，这才平等。庄子反对绝对标准的平等，而坚持以相对标准取代绝对标准的平等。

庄子重视精神自主性，提出了游于逍遥的思想。庄子认为，人的价值就是要达到绝对自主的状态，否则便是在相对当中徘徊，就没有意义了。所谓的绝对，一定是要超越时空的，时空当中的东西不可能是绝对的。从时间上来讲，人是会逝去的，所以不可能绝对，逝去了还有什么绝对可言？从空间上来说，人也不可能是绝对的。人类那么渺小，不可能绝对。但是，悟道就可以使人体验绝对、悟到天人一体，此人就是绝对的。所以，庄子讲的逍遥，是达到绝对的状态。

怎样才能达到绝对呢？第一个办法是理解相对和绝对。要认清楚凡是有形象的东西、能看得见的东西，都是相对的，不可能是绝对的，绝对只能是道，不是实在的东西。第二个办法叫作"无待"，就是指一种精神观念的转换。这种转换，就是指自己要找到适合自己的一种方式，即保持个性化。我就是我，我不受别人的制约，不让别人的标准来要求我，我也不"有待"于任何外面的手段，如金钱等。你想逍遥，想成为真正的你，就不要受任何东西的支配。

从某种意义上讲，自主和逍遥的观念对应了现代人的心灵的自由观念。《庄子》里面讲的"无待"，主要是讲心灵的自由，而非肉体的自由，更多的是告诉人怎样去转变观念。如果一个人是更明白的，就会追求无我的境界。逍遥的人还要超越生死。成语"视死如归"就来源于庄子的思想。庄子说，我们人本来就没有生，所以也不会死。我们是从哪里来的？是从气来的。生与死就是气的聚与散而已。无生无死，就是绝对的自由。

由此可见，历史上的"老庄"并称并不符合实际情况，因为老是老，庄是庄。老子讲到道的时候，和庄子的悟道有区别，老子更重视方法论。道是一种无形无象的东西，一种智慧，包括重视静、重视虚，都具有方法论的意味。"虚"也是对道的一种形容，这个思想对庄子有影响，也就是说，庄子在对"自然"这个概念的理解和对道的把握上都受到了老子的影响。但是，庄子的价值观中有他自己很多的新发现和新发明。比如顺应自然，庄子把顺应自然解释得更有人生哲学的意味，和老子的统治术或者领导方法在精神气质上有很大区别。

到了魏晋新道家，出现了以王弼与郭象为代表的新的思辨哲学。魏晋新道家的发展体现出融合智慧与德性、统一儒家与道家圣人境界的特色。通过对"言""意"的名理和概念分析，玄学的思辨哲学将德性的形上学发展为崭新的形态。在这里，自然无为既是一种修养方法，同时也是一种极高明的智慧与至善境界，体现了魏晋人生哲学的诗意气质。

张立波教授是从北京大学哲学系毕业的校友。他多年来在深入研究文化旅游的同时，也一直在精研道家哲学、管理哲学，对于老子、庄子、列子哲学的思考多有创见和独到之处。尤为新颖的是，作者把道家人生哲学置于生命、生存、生活三段论框架下加以阐释，以"无 A 之 A"作为理解道家精神境界的支点，显示了对于道家哲学义理的独到思考功力。

书中不仅有对篇章结构、名篇名段的研读，而且有对经典义旨以及所涉人文掌故的阐发。非常有趣的是，作者将对道家经典的精讲与一个个历史典故和现实案例相联系，蕴意深邃又妙趣横生，这在众多老庄哲学研究中是别具一格的。此书实是一部不可多得的、雅俗共赏的哲学著作。我相信，《生命·生存·生活——道家人生哲学智慧》的出版和发行，是一件对生活在移动互联网和人工智能时代的现代人大有裨益的好事，各个层次的读者都可以从该书中获得哲学智慧的启迪，从而反思人生的妙趣。

年轻人要多了解一些人生哲学(代序二)

何怀宏[1]

人为什么活着?人生的意义何在?人应该追求什么?人生苦短,际遇无常,有限的生命何以彰显真正的价值?……这些看似无用的问题,也许不能帮人决定今天吃什么最有滋味,却可以对人生中的重大决策起到提纲挈领的作用。对于无论是家庭、学业、工作、爱情还是人际交往,人生哲学都可以给人有益而切己的启发。因此,我觉得,年轻人多了解一些人生哲学,显然是非常必要的。

人生哲学是对人生的系统思考,尤其是一种反省式的系统思考。人人都有人生观,即人人都有自己对人生的看法;人人却不一定都有人生哲学,许多人没有系统地思考过人生,也不一定系统地思考过自己将要度过的一生。人生哲学就是以人为中心,系统地思考人活着的意义的哲学,系统地思考人应该如何良好地生活、如何有意义地度过自己一生的哲学。

与其他动物相比,人最特别和优越的地方在于自我意识,人能有意识地计划自己的一生乃至追求某种永恒。人生哲学可以说是一种"向死而生"的自我意识和理论,是对人生从一般的善好到至善的种种意义的探求。

确实,哲学可以让人既执着又坦然,既介入又超越。我对哲学产生兴趣就是因为对人生有兴趣,不光自己的人生,还有别人的人生。另一个原因是,在那个图书匮乏的时代,哲学书相对耐看,一本书在手可以反复看,过了一段时

---

[1] 何怀宏,著名人文学者,北京大学哲学系教授。

间再拿起来看,依旧有"看头"。我最初看哲学书时可以说正处于自己的人生低谷期,也不是有意地搜索哲学书,就是无意间碰到了,我与哲学确实有一种缘分。

对于未来,我自己持比较悲观的态度,但正因为一向悲观,也就不那么容易失望和绝望。我在2020年出版的《人类还有未来吗》一书中,从底线伦理和中西传统文化智慧的角度考察了人工智能和基因技术与人类未来的关系,并提出了预防性的道德与法律规范设想。高科技的种种挑战使我们不得不思考:何以为人?何以为物?人曾何为?人将何为?即使没有新冠肺炎疫情,我感到忧虑的一些变化依然存在,关于科技、关于现代文明的一些根本性问题依然存在,只不过可能因为疫情一些方面显露了,甚至激化了。

我认为,未来人类的一个长期的基本矛盾是人的自控能力和控物能力之间的不平衡。人控制物质的能力,既是互相帮助的能力,也是互相伤害的能力,但这种控物能力目前太强大了,变得有些可怕了,可能造成不可逆的大灾难。基因工程、超级智能等高科技使得人的控物能力迅猛发展,也造成人互相伤害的能力越来越强,而人的道德规范能力、精神提升能力以及自控能力,又不可能发展到那么强。

坦率地说,人很难把自己的精神道德升华到天神的高度,但人如果掌握了天神的能力,将非常可怕,而这个不平衡始终存在。技术的进步和经济的发展是双刃剑,在给人类带来福利的同时,也可能带来巨大的伤害。也正因此,当今的年轻人多了解一些人生哲学,让人性对自我的贪欲多一些控制,让整个社会和制度向善而行,显得更为必要。

当然,哲学的好处不止于此。喜欢哲学的人,读的是最好的书,像孔子、老子、庄子、柏拉图、亚里士多德,他们的思想、著作都是经典中的经典。学哲学有助于人养成合理的思想方法,不管是上学,还是工作,都可以用到,哲学的通用性很强。更重要的是,哲学让你既执着又坦然,既介入又超越,让你渴望追求美、追求艺术,让你有正向的人生态度,多和有趣的人接触,不搭理无趣的人。

就个人而言,我持续地受马可·奥勒留《沉思录》一书的影响,自己能够变得温和而坚定也与此有关：一方面不那么激烈，怕烧伤自己或者灼伤别人；另一方面又不是无作为地放弃，仍然坚定地做好自己的事情。

现代年轻人面对的竞争压力很大，如果累了想"躺平"时，不妨多看一些人生哲学书籍。找到适合自己情况的哲学读物，多翻翻，也许某一点就会让你有所触动；觉得自己已经躺够了，也可以爬起来溜达溜达，如果能够找到自己喜欢的事情，那就更好了。

作为对于道家人生哲学的研究，立波君《生命·生存·生活——道家人生哲学智慧》一书的主旨，与我以上所谈的对于哲学作用的一贯看法是吻合的。我相信，道家人生哲学可以在一定程度上帮助处于焦虑状态的现代人走出现代性的困境，最大限度地做到既执着又坦然，既介入又超越。就此而言，该书的出版和发行，无疑也是一件对年轻人身心健康大有裨益的好事。

目录

◎ **第一章**
导言：生命·生存·生活 / 001

一、生命生存 / 001

二、焦虑时代 / 005

三、道家贵生 / 013

四、三有二静 / 016

五、钩玄提要 / 020

◎ **第二章**
道家：对人生的反思方式 / 022

一、外儒内道 / 022

二、道家源流 / 028

三、系统反思 / 040

四、反思方式 / 045

五、无 A 之 A 的境界 / 070

◎ **第三章**
杨朱：轻物重生的价值观 / 102

一、核心思想 / 102

二、全性葆真 / 105

三、以物累形 / 106

四、制命在内 / 113

五、易方易性 / 117

六、一毛不拔 / 119

第四章
老子：自否定的生活辩证法 / 124

一、核心思想 / 124

二、以道为本 / 129

三、道法自然 / 141

四、为无为 / 144

五、反者道之动 / 152

六、弱者道之用 / 162

七、自知自胜 / 169

八、为道日损 / 196

九、和光同尘 / 212

十、小国寡民 / 219

第五章
庄子：常超越的生活境界（一）/ 234

一、宇宙公民 / 234

二、游于逍遥 / 241

三、有待无待 / 260

四、不谴是非 / 277

五、道通为一 / 295

六、大觉大梦 / 311

◎ **第六章**
庄子：常超越的生活境界（二）/ 330

一、缘督以为经 / 330

二、善生善死 / 350

三、同于大通 / 374

四、以道观之 / 380

五、天人合一 / 397

六、天地大美 / 410

◎ **第七章**
结语：人生三层楼，君居第几层？/ 422

一、境界之学 / 422

二、三生三世 / 425

三、健全人格 / 427

◎ **参考文献 / 433**

◎ **附录**
老子庄子哲学原典精选品读 / 437

附录说明 / 439

老　子 / 443

庄子·逍遥游 / 473

庄子·齐物论 / 480

庄子·养生主 / 496

庄子·大宗师 / 500

庄子·应帝王 / 513

◎ **后记 / 519**

第一章
导言：生命·生存·生活

人生不满百，常怀千岁忧。在导言部分，我主要想谈一谈为什么我们要一块来思考和研讨道家人生哲学。对我而言，讨论这个专题的原因，一方面是，基于三十余年来系统阅读《老子》《庄子》《列子》的积累，我逐步形成了一些思考和研究的成果，非常愿意和大家一起分享和交流。假如通过分享和交流，对大家能有所启迪、有所启发，大家因此在认知层次和生活品质上有所提升，能够活得更真实一点、更快乐一点、更自由一点，我就心满意足了。

另一方面，更重要的是一种强烈的现实关怀。换句话说，我觉得，一个身处 21 世纪的现代人尤其需要懂得一些道家人生哲学。为什么这样说呢？我们可以分别来聊一下。

一、生命生存

大家可能都会唱《小小少年》这首歌曲吧，其旋律和歌词着实有趣：

小小少年，很少烦恼，
眼望四周阳光照。
小小少年，很少烦恼，
但愿永远这样好。

> 一年一年时间飞跑,
> 小小少年在长高。
> 随着年岁由小变大,
> 他的烦恼增加了。
> ……

  这是20世纪70年代热映的德国影片《英俊少年》中的一首插曲。《小小少年》这首飘散着童趣和淡淡忧伤的童声歌曲,似乎在无形之中唱出了我们每个人社会化过程中都须经历的一个重要转变。

  每个人来到世上,首先是一个生命。生命的特点是单纯的,活泼泼的,充满着无穷无尽的活力。一般而言,人的婴儿、幼儿、少年早期往往是最活泼的,那个时候的快乐往往也是最多的,可谓无穷无尽。我们不妨回忆一下自己的童年:展现在眼前的天空是那么蓝,花儿是那样美,时间是那样悠长,快乐是那样无边无际。那时,随便一个小小的玩具,甚至几撮泥巴、几块小石子、几张扑克牌,就可以让人乐滋滋地陶醉其中,人们对世界上的一切都充满无穷无尽的好奇和畅想,天真烂漫,无忧无虑。

  可是,随着年龄越来越大,人活得越来越复杂了,一切都为之改变了。麻烦、烦恼、闹心的事儿越来越多,那种天真烂漫的美好时光由此一去不复返了。我们一开始背着小书包、高高兴兴地上学,对于未来充满无限憧憬和向往,但一进校园就发现,等待我们的是作业、评比、考试、排名和发小红花、评选三好学生以及老师的批评、家长的絮叨、在各种辅导班或"特长班"之间的穿梭……于是,各种各样的烦恼接踵而至。熬啊,熬啊,熬过了大大小小的关口,经历了小考、中考和高考,进入大学又发现,更要拼学分、评比、评奖、考级、考证、升学、就业、谈朋友、竞争、内卷……参加工作之后,恋爱、结婚、生子、买房、买车、晋级升职、跳槽,各种微妙而复杂的人际关系无尽纠葛,会越来越品尝到人情冷暖、世态炎凉的滋味……

  混着,混着,转眼之间已人到中年,在单位要挑大梁,在家上有年迈父母要赡养、下有孩子要教育，如牛负重，如马登攀，气喘吁吁……正如俗话所讲，人过四十天过晌，血气渐衰，病患迭出，逐渐面临病老的煎熬……可以说，人生难得片刻悠闲。

因此，一个人由自然人成为社会人的转变过程，同时也是人生由生命状态到生存状态的转变过程。事实上，许多人终其一生，就定格在这种疲于奔命的生存状态了。

这种生存状态使得人整日就像作战一样，其大致可以分为三种形态。

第一种是为生计而战，即解决吃穿住行等基本保障问题，如许多亲爱的农民工朋友、刚工作的"青椒"（青年教师）群体等。第二种是为世俗所谓的成功而战。每个行业、每个领域都有一些所谓的成功标准，如人到三十或四十在公司要达到中层位置、在机关事业单位要达到相应的晋升层次等。如果没有达到世俗的成功标准，就仍要挣扎着争取，就须奋斗不已。

那些世俗意义上所谓的成功人士就活得潇洒自如了吗？其实不然，他们还是一样地奔忙，一样地疲于奔命——因为还要挣更多的金钱，获得更大的名声，要晋升到更高的职位，获得更辉煌的成就，要更加出人头地……无休无止地"内卷"，直到走入坟墓与世界作别。这就是第三种，我权且称之为为成为"人上人"而战。

什么是"人上人"？其实就是"不是人"，就是成为一种符号，就是活成一个物。而且，由于生存惯性，他自己活成了某种符号或某个物却毫不自觉。多数人在多数时候，并不是作为生命在存活，而是作为欲望、野心、身份、称谓、头衔在存活；不是为了生命在存活，而是为了财富、权力、地位、名声在存活。这些社会堆积物遮蔽了生命本身，而我们把它们看得比生命更重要，为之耗费一生的时间和精力，不去听，也听不见生命本身的声音。未成功者整日忙忙碌碌，烦恼重重；而成功者更是身不由己的大忙人，执迷不返，不知所归。

以上这三种都是生存状态，本质上并没有差别。其共同的特点是什么？即急匆匆、苦哈哈地奔波和忙碌。其遵循的相同法则是什么？即功利地攀比，并且个体在不断相互攀比的过程中"刷"存在感。这可能就是多数人的人生场景：

一辈子处于急匆匆的忙碌和挣扎之中，一辈子定格于生存状态。只要处于生存状态，就必然活成一堆碎片、一地鸡毛，就永远不可能走出各种人生"围城"的困局。

这就是由生命到生存。生命状态的特点是活泼泼的，而生存状态的特点却是急匆匆、苦哈哈的。

我们可稍做反思：一辈子处于急匆匆、苦哈哈的生存状态，难道就是我们自己要的理想生活吗？ 2022 年，我有个研究社会学的朋友做了一次关于"你觉得过得快乐吗？"的随机问卷调查，其结果很有意思：三分之一微微摇头，三分之一犹豫地点头，还有三分之一保持沉默不语。这说明，多数人并不认为自己当前处于理想的生活状态。

既然这种生存状态并不是理想生活，那么我们应该怎么办？一个人基本解决生存问题之后，能否及时地走上洒脱脱的生活之路？这确实是一个值得每个人深入思考的大问题。

假如人们能够实现一种自否定的话，就会清楚地意识到，生存状态实际上是人作为外物的奴隶而活，变成疲于奔命的行尸走肉，并不是人之为人应有的状态。当有这种意识的时候，人们就会自然而然地想到：什么是更好的活法？

更好的活法，肯定不是生存状态，而是生活状态。生活状态的典型标志，用三个字来概括就是：洒脱脱。有句话叫"人情世故要看透，赤子之心不可丢"，这两个方面形成了一种很好的匹配，这才是一种洒脱脱的生活状态。人要保持对生存事务的觉醒和觉解，否则，就只能处于一种行尸走肉的生存状态。

也就是说，我们在立意于追求理想生活的时候，要先实现一个思想上的转变：应该去追求有意义的事情，而不再仅仅积累财富，因为积累财富不能让我们更加快乐。我们应转变思路，去做更有意义、更有价值的事情，但这个思路的转变却是一件极其困难的事。大部分人都在为了吃饱穿暖而努力，这是一个简单的生存目标。这种生存目标达到以后，人要面对的未来的生活状态反而变得更加复杂，人想要达到那些能使自己满足的状态就更加困难，比如"快乐时光""自由空间"之类。所以，对于许多人来说，他们之所以得不到简单的快乐和自由，只是因为其追求的物化程度和复杂程度在不断增加。

生存得太过现实化、太过物化，精神生活又从何谈起？在物质极大丰富的同时，人们却没有被解放的自由时间去坦然地谈论我们时代的精神生活，只能被吃喝拉撒、无尽的物化追逐之类的需求塞满，空有一身疲惫，无闲暇也无能力去思考人生的目的和意义问题。譬如，一个人基本解决了生存问题之后，如何不再为谋生而活，而真正拥有自己喜欢的事业？

进言之，人之不快乐、不自由，表现为各种形式，如愤怒、怨恨、恐惧、焦虑、悲伤、厌恶、嫉妒、仇恨等负面情绪，而这些负面情绪又会影响心血管功能以及免疫系统、消化系统、内分泌系统等，诱发各种各样的身心疾病。

在很大程度上，道家人生哲学就是从深切关注人的生存困境角度来思考问题的，它一方面关注如何保全活泼泼的生命，另一方面关注如何实现洒脱脱的生活。所以，领悟和演习道家哲学，可以在生存状态和生活方式上有所转变或改善，而不至于一直处在生存状态。由活泼泼的生命到急匆匆、苦哈哈的生存，再到洒脱脱的生活，是一种最根本的自否定的辩证思维。对此，我们后面会展开讨论。

二、焦虑时代

前文中我们讨论了多数人所经历的一般生存场景。接下来，我们进一步聚焦于21世纪的焦虑时代。

毫无疑问，21世纪是经济空前繁荣、物质快速增长的时代。按世界银行的核算，2000年全球GDP总量为33.62万亿美元，2019年全球GDP总量为87.752万亿美元，2000—2019年全球GDP总量增长了2.61倍。[1]按国家统计局的统计数据，2000年中国GDP总量为1.21万亿美元，2020年中国GDP总量为14.7万亿美元，2000—2020年中国GDP总量增长了12倍，经济增长之快令世

---

[1] 世界银行：《1961—2019 按GDP平减指数计算的各国通货膨胀率》，2023年3月1日，https://blog.csdn.net/uranusautism/article/details/129290897，2023年6月23日访问。

人瞩目。[1]

那么，经济总量快速增长、物质财富快速扩张靠的是什么？主要在于科技和资本的双驱动。因此，21世纪是物质文明繁荣发达的时代，也是一个由科技和资本双驱动的时代。

现代科技突飞猛进、日新月异，主要集中在信息技术（IT）和生物技术（BT）领域以及"IT+BT"融合领域。IT包括互联网、移动互联网、大数据、云计算、物联网、区块链、人工智能、虚拟现实、元宇宙、ChatGPT、DeepSeek 等，其主轴是人工智能（AI）的全方位渗入；BT包括基因工程、细胞工程、蛋白质工程、酶工程、生化工程等所取得的成果；IT+BT融合催生了由智人向智神的升级。这些变革都在快速改变着人们的价值观念、生产方式和生存方式，也改变着社会的基本运行结构。

资本则更是一路攻城略地、急剧扩张：一方面使科技力量快速转化为现实生产力，另一方面使社会财富快速放大和膨胀，极大地加速了整个社会机器的运转速度。

那么，科技和资本双驱动的高速运转的社会机器运行机制如何传导和转化为个体的行动呢？……凭我的观察和调研，无非通过赏与罚"二柄"的诱导激励机制，最大限度地刺激和诱发人的贪婪的欲望，让每个人尽可能进入更多、更快、更高、更强的运转轨道。

由此，我们的人生变成了无休止地劳作和永不满足地消费。拼命赚钱，拼命花钱，成为一些人生存的"主旋律"。尤其是在今天，那本应是享受之主体的灵魂，往往被排挤得没有立足之地了，真正享受普通平凡的生活并不是一件容易的事。

现代社会对个体塑造的基本特点是什么？概言之，九个字：快节奏，强竞争，高压力。由此，我们作为21世纪的现代人普遍感受如何？两个字：焦虑。据我们的观察和多轮随机调查，超过九成人经历过不同程度的焦虑。也就是说，几

---

[1] 国家统计局：《2020年中国GDP总量》，2021年12月17日，www.stats.gov.cn/tjsj/zxfb/202102/t20210227_1814154.html，2023年6月23日访问。

乎人人都有着不同程度的焦虑，尤其是对尚未发生的事情的担忧和恐惧，这样的心理或多或少地左右着人们的人生态度和思维方式。只有清楚地认识它，才可能摆脱焦虑的困扰。在技术主义和消费主义主导的背景下，与其说生产在不断满足需求，不如说生产在不断刺激和创造需求，因而生产也永远满足不了需求。

我们不禁要发问：为什么现代人的物质条件越来越好，快乐却反而越来越少？为什么我们会陷入对金钱、财富、物质的痴迷和盲目追求，迷失了自我？为什么没有东西直接折磨我们，我们却被自己的内心折磨不休？

美国学者阿伦·瓦兹在《心之道：致焦虑的年代》一书中曾预言：当今社会就处在一个焦虑的年代，甚至比过去的年代更为焦虑，而这恰恰是由技术的畸形进步和欲望的无限膨胀所造成的。[1]确实，现代人永远在焦虑之中疲于奔命，其基本生存状态可用一个词来概括："躁动不安"。一个人与内在的安静失去了连接，他就失去了与自己的连接，这样就必然会迷失。一堆碎片、一地鸡毛似乎是生存的基本样态。由此，安静，反倒成为一种最稀缺的精神资源。

因此，21世纪既是一个精神普遍不安宁的时代，也是一个心理疾病丛生的时代。在我们身边，越来越多的人纠结、彷徨、抑郁、焦虑……本来，我们每个人的内心都是富足的，而经济越发达，贫富差别越来越大，出现各种各样的诱惑、各种各样的攀比和"内卷"，自我追求的个性化和大众化难以融合，信仰缺失，物质发展太快，精神文化跟不上，物质上的满足只能带来暂时的快乐，随着物质满足越来越容易，快乐感也越来越短。[2]其中有个人性格的原因、原生家庭的原因、社会变革的原因，等等。互联网信息大爆炸的 AI 时代，人越来越不爱运动，每天和手机、网络相依相伴，人和人面对面的情感沟通越来越少，人的内心冲突越来越大，情绪越来越难以排解，烦恼、焦虑、抑郁难以控制，一触即发。[3]

相应地，心理咨询行业异常火爆，心理咨询师越来越成为热门职业，社会

---

[1] 〔美〕阿伦·瓦兹：《心之道：致焦虑的年代》，李沁云译，广西师范大学出版社 2015 年版，第 3—5 页。

[2] 〔以〕尤瓦尔·赫拉利：《未来简史》，林俊宏译，中信出版社 2017 年版，第 29—37 页。

[3] 同上书，第 289—293 页。

心理诊所、高校心理咨询中心排着长长的预约队伍。为什么？因为太多的人有太多的心理问题、心理疾患、心理困惑要处理。

所以，不能不说，焦虑症、失眠症、抑郁症、躁狂症、精神分裂症等心理疾患问题，正在严重影响人们的正常工作和生活。其中，抑郁症是最常见的心理疾病，被称为人类仅次于心脏病的第二大疾病杀手。世界卫生组织（WHO）最新数据显示，全球有3.5亿抑郁症患者，每年约有100万人因抑郁症自杀。在中国，每年至少有20万人因抑郁症自杀。WHO的调查结果显示，2020年，全球约有10亿人在遭受心理障碍困扰，约每20人中就有1人曾患抑郁症，20%的人一生中曾患过一次抑郁症，而15%的抑郁症患者面临自杀的危险。WHO预测，全世界患有抑郁症的人数在不断增长，抑郁症的发病率将达到总人口的10%。[1] 心理疾病将超过癌症和心血管疾病，成为21世纪威胁人类的第一大疾病杀手。

南怀瑾先生经过长期研究认为，20世纪威胁人类的最大疾病是癌症，21世纪威胁人类的最大疾病一定是心理疾病。心理疾病将越来越严重。北京大学的一份心理学研究报告显示：从2000年到2020年，20年间焦虑症、抑郁症发病率增长了120倍。"目前，至少每100个中国人当中有13个人是焦虑症患者。还有一个更糟糕的情况是抑郁症障碍发病率。我做了20年精神科医生，我刚做精神科医生时，中国人精神障碍和抑郁症发病率是0.05%，现在是6%，20年的时间增加了120倍。这是个爆炸式的增长，我觉得这里面有非常荒唐的事情。过去30年是中国经济高速发展的30年，我们焦虑抑郁的发病率也高速发展。"[2] 物质文明日益繁荣和发展，给人类带来许多生存的方便，却并没有给人类带来生活的幸福，反而更多的是心灵上的痛苦。这种痛苦的结果将导致心理变态、精神分裂乃至于现在已开始增多的其他精神疾病。[3]

---

[1]《抑郁症，全世界人类的"第二杀手"，中国抑郁症患者全球第一！》，2022年12月6日，https://m.163.com/dy/article/HLGVC93T0543UFNZ.html，2023年3月1日访问；〔以〕尤瓦尔·赫拉利：《未来简史》，林俊宏译，中信出版社2017年版，第29—31页。

[2] 刘嘉：《心理学通识》，广东人民出版社2020年版，第275页。

[3] 南怀瑾著述：《论语别裁（上）》，复旦大学出版社2018年版，第236页；南怀瑾：《列子臆说（上）》，东方出版社2010年版，第301—302页。

第一章 导言：生命·生存·生活

今日的世界，似乎在某种程度上契合了狄更斯那句名言：这是最好的年月，也是最坏的年月，这是智慧的时代，也是愚蠢的时代，我们将拥有一切，我们将一无所有。[1]西方文化的贡献促进了物质文明的发达，如交通的便利、建筑的富丽、生存的舒适等。从一方面来看，这可以说是历史上最幸福的时代；但是，从另一方面来看，人们为了生存的竞争而忙碌，为了战争的毁灭而惶恐，为了欲海难填而烦恼，这也可以说是历史上最痛苦的时代。[2]人类文明发展到了现代，且习用公元的计程，一些人几乎完全进入"心被物转""形为物役"的时代。犹如一杆秤的两头，要做到比重平衡，非常不易。所以，对于"治国根于治身""壹是皆以修身为本""致知在格物"等先哲先贤的明见，的确有重新认识、从头反思的必要。[3]

心理问题和心理疾病日益凸显，其病根在哪里？实际上，由科技和资本双驱动的社会变革仅是外因。辩证法认为，外因是变化的条件，内因是变化的根据，外因通过内因起作用。外因最终还是取决于内因。

其深层次的原因是什么呢？说到底，心理疾病问题产生的根本原因在于离大道渐行渐远。正如黎巴嫩著名诗人纪伯伦所言：因为走得太远，忘了我们为什么出发。大道的问题，关涉的无非是"我是谁""我从哪里来""我到哪里去"的终极关怀问题（如后印象派画家高更的油画），无非是人与自然、人与社会、人与自己的基本关系问题，关涉的其实是宇宙观、人生观、价值观的三观问题。这些问题，说到底都属于哲学问题。一个人的心理健康程度（乃至一个人的伟大与渺小），归根结底是由他的三观决定的，而不是由外在环境或功业决定的。

有人提出，应对21世纪日趋严重的心理问题和心理疾病，要靠心理学的普及，现在社会亟须非常多的心理咨询人员。那么，心理咨询能不能解决日趋严重的心理问题和心理疾病呢？庄子有句话讲得好："先存诸己，而后存诸人。"

---

[1] 〔英〕狄更斯：《双城记》，石永礼、赵文娟译，人民文学出版社1993年版，第3页。
[2] 南怀瑾：《中国文化泛言》，复旦大学出版社1995年版，第314—315页。
[3] 南怀瑾：《原本大学微言》，复旦大学出版社2003年版，第126页。

(《庄子·人间世》)这句忠告,也许对于当今如火如荼的各种心理咨询非常适用。其一,许多咨询师自身的心理健康尚处于飘摇不定的状态,如何能帮助别人解决心理问题?作为解决心理问题或"医治"心理疾病的专业工作者,心理咨询师或心理医生须具备什么样的素质?依我看,第一位是仁爱之心,第二位是良好的哲学素养,第三位是丰富和强大的心灵世界,第四位才是沟通、交流、疏导等"医治"的技巧或技术。既然如此,单一的心理系或医科怎能全面承当得起培养心理咨询师或心理医生的重任?其二,"先存诸己"中还隐含一层质疑:普遍存在的心理问题的根源到底在哪里?难道仅凭借一般心理学素养就能胜任心理咨询工作?所有的心理疾病问题最终不是靠别人帮助解决,而是靠自己解决,所谓心理咨询或治疗,只能是助人自助,最主要的方式是帮助培养一种反思的意识和反思人生的能力。

要真正应对心理问题和心理疾病,不在于心理学的普及,而在于哲学的普及。借用孟子一句话:"先立乎其大者,则其小者不能夺也。"(《孟子·告子上》)人只有把人生的大问题想透彻了,才不会被细枝末节的小问题困扰。

心有千千结,脑有万万烦。为什么这样不得其解?这就关涉到一些终极问题。比如,所有做的事情,不管是积累了多少知识,还是挣了多少钱,最后都会烟消云散,化为一个零蛋。生的意义何在?活着到底为什么?短短的这几十年存在的根据和意义何在?更重要的是进行反思,只有具有这种反思意识和能力,才可能从根子上解决问题。经常思考宇宙奥秘、人生意义的大问题,就会避免坠入名利权情的纠结而不能自拔,就会减少在细枝末节的小问题上钻牛角尖,心理问题又怎会发生?

心理问题和心理疾病何以产生?根本就在于没有"先立乎其大者"。具体而言,心理疾病之所以产生,主要是因为不能有效化解诸多烦恼。烦恼主要有两类:一类是自己给自己制造的,比如无尽的贪欲和妄念;另一类是生命本身无法逃避的自然法则,比如心理咨询中最多的问题"人为什么活着""人生到底有什么意义",再比如每个人必然面对的生老病死问题。面对这两类烦恼,唯有哲学,可以给人们有效的指导和帮助——一方面让人具有更为合理的价值观、人生观和宇宙观，至少不自己给自己制造烦恼；另一方面给人更为开阔的胸怀和超越的视野，使人自觉与生命本身不可避免的烦恼达成妥协或和解。

所以，对于心理健康来说，哲学的作用一定比心理学更为根本、更为重要；并且，心理学的母体和基石其实就是哲学——哲学是本，心理学是末。现代人易患心理疾病，其病根主要在于，人们对于"我从哪里来？""我到哪里去？""我是谁？"等终极问题，以及人与自然、人与社会、人与人、人与自己的基本关系问题，缺乏深入而透彻的思考，想不明白这些人生的根本道理，于是就经常或者为过去懊悔，或者为未来担忧，或者为日常琐事烦闷，或者为鸡毛蒜皮的问题钻牛角尖。倘若把人生的大问题想明白了，哪有看不开之理？倘若对形而上的问题做了透彻思考，哪会被形而下的各种鸡毛蒜皮所困扰和羁绊？

表1-1为哲学演习游戏之一，可以边阅读边自行体验。[1]

道家哲学与心理健康演习

表1-1 关于"哲学三问"的自问自答

自问	自答（第一轮）	自答（第二轮）	自答（第三轮）
我从哪里来？			
我到哪里去？			
我是谁？			
我的人生的根本目的和意义何在？			
我的人生最重要的使命是什么？			
我应怎样过好自己白驹过隙般的一生？			

---

[1] 在本书中，作者结合道家哲学与心理健康及人格健全高度契合的特点，根据对道家哲学内涵的阐释，相应设计了一系列演习表或图。读者可以边阅读、边做游戏的心态进行这一系列饶有趣味的哲学演练或演习，定会使脑洞随之大开、胸怀为之大展、智慧为之大长。

易言之，人们之所以出现心理问题和心理疾病，往往是因为思考太少、思虑太多。具体而言，思考大道、宇宙、人生的目的和意义等大问题太少太少，思虑鸡毛蒜皮的小问题太多太多，整日患得患失，钻牛角尖，坠入名利权情的各种纠结不能自拔。老是处在激烈的竞争中，搞得整天晕头转向，焦头烂额，不知所以。

思考健脑，思虑伤神。思虑不仅伤神，而且容易引发疾病——郁闷、焦虑、抑郁、强迫等人格障碍或心理疾病，以及身体的亚健康状态和各种生理疾病。

由此，悠然自在的生活似乎变成了现代人一种不可企及的奢侈理想。每个人都不得不对功利认真，每个人都不得不为世俗的成功努力，每个人都不得不放弃自己内在的价值判断，而落入外部的价值评判。有时和年轻大学生、研究生聊天，看到他们在大学期间就忙于走入社会，忙于赚钱，忙于经营关系，总是觉得心生恻隐。年轻人开始学着崇拜金钱、崇拜功利，羡慕学霸、羡慕出名、羡慕明星，成不了偶像，也要成为"粉丝"，生怕被遗弃和遗忘。

并且，整个社会也一片浮躁与膨胀之风，我们把每一天的时间塞得满满的，生怕有一点空余的时间，很少见到从容生活的人。但是，如若生活都不能从容，心又如何可安？这是现代人的一大苦楚。现代人常常会被欲望所左右，对诱惑、竞争、差距感到茫然无措，但是对我们真正需要什么，又一无所知。

现代许多人所谓的"内卷"，其实可以分为两种，一是生存竞争，一是成功竞争。当进行后一种竞争时，其担心的可能并不是明天的早餐在哪里，而是能不能比别人吃得更风光、更有派头、更能满足虚荣心而已。

那些看起来极端的自我，经常导致的却是极端的无我。饿了把自己交给快餐店，倦了把自己交给游戏厅，不适了把自己交给健身房，崩溃了把自己交给心理咨询室……好像处处有着落，实际上处处没有着落，处处把自我抛到视野之外。如此漂浮在生存的表层，怎可能产生真实的自我呢？怎可能不出现各种各样的心理问题呢？

在这样的意义上，以人生哲学见长的道家哲学恰恰可以在21世纪的焦虑时代大有作为、大放异彩，至少可以为人类做出积极有益的贡献。

三、道家贵生

前文中我们讨论了人的基本生存状况和21世纪普遍的焦虑状况。在基本生存需求已经得到满足的前提之下，人们如何走出这种生存困境？如何让自己的精神趋于安静且使生活品质不断提升？如何走上充实而丰盈的生活之路？在这个普遍躁动的时代，道家哲学提供了极为丰厚的精神食粮。

思想的价值在于启迪思想。通俗地说，思想贵在启发人们思考人生所面对的基本问题。一种思想或一种理论之所以会有生命力，并不是因为它可以一劳永逸地为某个问题提供解决方案，而是因为它提出或铺陈了各种活生生的问题，能够启发后人在相似的情境之中持续思考。道家哲学的价值，可能也正在于此。

通观古今中外的哲学流派，道家可以说是最重视生命价值、最重视生活质量的一种哲学。老子讲"摄生"，列子讲"贵生"，庄子讲"养生""全生""达生"，都是紧紧围绕如何保养生命、如何更好地生活展开的。整体而言，道家哲学在很大程度上着眼于人的生存困境，围绕健康、快乐、自由三大原则展开，即如何由急匆匆的生存状态向洒脱脱的生活状态提升，着眼于一个人在人生基本需求已经得到满足的前提之下，如何限制自己进一步的欲望，让自己的精神趋于安静且使生活品质不断提升，走上充实而丰盈的人生正途。

进言之，道家哲学是一直着眼于"生"的困境来建构的。在宇宙观层面，道家建立和形成了真正意义上的天人合一基础上的"1+2"认知结构：所谓"1"，即以道为中心；所谓"2"，即打通人类社会与天地万物存在于其中的自然界，打通天道和人道，打通形而上和形而下。道家认为，宇宙是一个融贯统一、不可分割的整体，应以宇宙的整体来观照天地万物和人类社会，实现天人合一。在价值观层面，道家强调轻物重生，通过正本清源来合理安排人生事务的节奏和次序；道家重视养生，提出养生要以养心为主、以养精神为主。在方法论层面，道家提出了涤除玄鉴、守中、环中、悬解、心斋、坐忘、见独、撄宁等一系列修养身心的方法。由此还衍生出了静坐、气功、八段锦、太极拳等一系列行之有效的养生方法。我甚至认为"健康中国，首在太极"，应从中小学开始普及太极拳、八段锦。

在道家的视野里，人世间绝大多数的苦难或痛苦并非来自厄运、社会不公和神祇，而是每个人自己内在的心智模式。这些苦难或痛苦主要根源于贪欲，要从中解脱，就要少私寡欲，而要少私寡欲，首先必须训练心智，从而能看清事物的本相，始终保持内心的平静和坦荡。

比如，老子反思了名利和身心健康的关系，进行了一连串的追问：

名与身孰亲？身与货孰多？得与亡孰病？是故甚爱必大费，多藏必厚亡。（《老子》第44章）

他启人反思：名声和生命相比，哪一样更为亲切？生命和财富相比，哪一样更为贵重？获得名利和失去生命健康相比，哪一个更有害？过分地追逐名利，必定要付出惨重的代价；过多地积敛财富，必定会招致更为沉重的损失。这种道理看似简单，但要做到却着实不简单。比如，多少人"5+2"、白加黑，不惜以牺牲生命健康为代价去追求业绩；多少官员贪得无厌，最终锒铛入狱。诸如此类，都说明，从知道到做到，从知道到悟道到始终如一地行道，往往有非常遥远的距离。

对于人生的历程，列子做了一段很精辟的概括：

人自生至终，大化有四：婴孩也，少壮也，老耄也，死亡也。其在婴孩，气专志一，和之至也；物不伤焉，德莫加焉。其在少壮，则血气飘溢，欲虑充起；物所攻焉，德故衰焉。其在老耄，则欲虑柔焉；体将休焉，物莫先焉；虽未及婴孩之全，方于少壮，间矣。其在死亡也，则之于息焉，反其极矣。（《列子·天瑞》）

人从出生到死亡，大的变化体现为四个阶段：婴孩，少壮，老耄，死亡。人在婴孩阶段，意气专一，是最和谐的时候，外物不能伤害它，德行不能比这再高了。人在少壮阶段，血气飘浮横溢，各种欲望思虑充盈体内，外物便来侵扰，德行也就开始衰败了。人在老耄阶段，欲望思虑不断减弱，身体将休憩，外物也就不和它争了；这时的德虽然不如婴孩时完备，但与少壮阶段相比，却称得上安稳恬静了。人在死亡阶段，就到了完全安息的时候，重新回归自然的本原。

对于如何活得真实、快乐和自由，庄子更是提出了极其简练的七字箴言：

物物而不物于物。（《庄子·山木》）

支配外物，而不被外物所支配；永远做外物的主人，而不做外物的奴隶。从根本上说，活得真实、快乐和自由，并不是物质的成就，而是精神的成就。能够支配外物、实现精神之于物质的胜利，恰恰是一个人实现有效入世的基本资格。能够做外物的主人，就能对外物了然于心，面对一切外在境遇恬然自安，实现一种平和洒脱的快乐。借用古希腊哲学家伊壁鸠鲁的话来说："我们所谓的快乐，是指身体的无痛苦和灵魂的无纷扰。这种快乐的心境，来自清醒的静观。"[1]

而活得不真实、不快乐、不自由，根本就在于人们经常沦为外物的奴隶。对此，庄子发出了意味深长的一串追问：

与物相刃相靡，其行尽如驰而莫之能止，不亦悲乎！终身役役而不见其成功，苶然疲役而不知其所归，可不哀邪！人谓之不死，奚益？其形化，其心与之然，可不谓大哀乎！人之生也，固若是芒乎？其我独芒而人亦有不芒者乎？（《庄子·齐物论》）

庄子用悲、哀、大哀，把我们每个人的生存状态描述得淋漓尽致。这种状态却基于一个非常基本的事实，把人们常讲的"未经省察的生活不值得过""拥

---

[1] 北京大学哲学系外国哲学史教研室编译：《古希腊罗马哲学》，商务印书馆2021年版，第383—384页。

有面对真实的勇气和能力"等都囊括其中了。

由以上对于老子、列子和庄子的几个简短的引证可以看出，一方面，道家对人生问题高度关注，另一方面，道家经典具有跨越时空的穿透力，离我们非但一点也不遥远，反而就在我们的人生之中。为什么跨越两千年的道家经典还与我们现代人息息相通？因为，人情、人心、人性没变，人生面对的基本困境没变，改变的仅仅是场景而已。比如，每个人都必然面对生老病死的自然法则，每个人都必然要处理人与自然、人与社会、人与人、人与自己这四大基本关系，古往今来，一以贯之。

因此，道家哲学不仅有用，而且有大用。这种大用，首先不在于直接改变世界，而在于改变自己。或者说，它通过直接改变个人的精神世界，而间接地改变外在世界。尤其是，其确立了真实（及健康）、快乐、自由的生活原则，这恰是世间一切有用之用得以成立的基石和前提。可以说，人生大智慧，都蕴藏在道家经典之中。让我们走进道家经典，从中领略经典无处不在的思想魅力，享受无穷无尽的智慧启迪。

四、三有二静

党的二十大报告指出："中国式现代化是物质文明和精神文明相协调的现代化。物质富足、精神富有是社会主义现代化的根本要求。物质贫困不是社会主义，精神贫乏也不是社会主义。"[1] 不断地丰富人的精神世界，是中国式现代化的本质要求和重要内涵，是推进中国式现代化的源头活水。

要丰富人的精神世界，非常重要的是，善于发掘和汲取中华优秀传统文化的养分，实现其现代性转化和创新性发展。习近平总书记反复指出："中华优秀传统文化是我们最深厚的文化软实力，也是中国特色社会主义植根的文化沃

---

[1] 习近平：《在中国共产党第二十次全国代表大会上的报告》，2022年10月25日，http://www.gov.cn/xinwen/2022-10/25/content_5721685.htm，2023年7月9日访问。

土。""我们要善于把弘扬优秀传统文化和发展现实文化有机统一起来,紧密结合起来,在继承中发展,在发展中继承。""要加强对中华优秀传统文化的挖掘和阐发"[1],努力实现中华传统美德的创造性转化、创新性发展,把跨越时空、超越国度、富有永恒魅力、具有当代价值的文化精神弘扬起来,把继承优秀传统文化又弘扬时代精神、立足本国又面向世界的当代中国文化创新成果传播出去。我们应植根于中华优秀传统文化,建设中华民族现代文明。

基于传承优秀传统文化和解答时代关怀,本书主要通过研读精讲《老子》《列子》《庄子》等道家经典,充分发掘、演习道家经典中丰富的反思、怀疑、批判、建构等哲学思维要素,以启迪或打通个人的精神生活和精神世界。具体而言,通过对道家哲学智慧的阐释,充分发现和发掘《老子》《列子》《庄子》原典中丰富的太极思维以及反向思维、辩证思维、浑沌思维、整体思维、启迪性思维、批判性思维等元素,培养阅读道家原典的能力和哲学思维的能力,使人在朗朗地诵读、静静地反思和动静结合的行动之中追求高远而超越的精神境界,致力于过一种有精神生活的生活。

围绕以上目标,关于道家人生哲学,如何能够学有所得、读有所思、思有所乐,收获阅读的获得感和成就感呢?假如以平实、简单的话来概括的话,便是"三有二静":"三有",即有困惑、有反思、有趣味;"二静",即每天静坐一分钟,每天静诵原典十分钟。

第一"有",是有困惑。对于人的一生来说,困惑这件事情似乎是由不得你本人的。有的人的人生困惑很少,有的人的人生困惑很多。我确实碰上过极少数似乎没啥困惑的人,就是专注干事业,或者一心搞研究,找到了最感兴趣的事,全情投入,勇往直前,心无旁骛,乐此不疲。但是,绝大多数人常常是会有人生困惑的,无聊时或遭遇不顺时就会问自己做事情的意义、人生的目的等这样的问题。读道家哲学经典时要有困惑。比如,至少先扪心自问三个问题:一百年之后的我在什么地方?我这样活着的意义是什么?我到底怎样活着才算是

---

[1] 习近平:《坚定文化自信,建设社会主义文化强国》,《求是》2019年第12期,第1—3页。

一种好的活法？带着这三个问题阅读，就能对道家哲学有些感觉。

清末民国初期有位国学大师叫王国维，他是极其坦诚地谈论困惑的人。我数十年前读及静安诗句"人生过处唯存悔，知识增时只益疑""人间总是堪疑处，惟有兹疑不可疑"时，就心有戚戚焉。我们可能经常听到"人生无悔""青春无悔"之类的曼妙之辞，把这种辞藻作为一种励志口号喊一喊倒也未尝不可，但事实上，一个人真能够做到"无悔"吗？依我看，所谓"无悔"，不过是未经反思或反省的轻狂罢了。只有具有反思意识和反省头脑的人，方能经常对所经历之事以自否定和自存疑的方式待之。只要稍有反思或反省，定然知道，人之经历中"悔"总比"无悔"多得多，不管获得多少外在的成功；同时也定然知道，正是不断有"悔"，才可能促使人真正成长……王国维是一个思想家，也是学富五车、才高八斗的学者，但是，他认为自己的知识增长的越多，自己的困惑越多。他说自己这大半辈子，回过头来看，不是感觉有多么丰厚的收获，有多大的成绩，而仅仅是留下了悔——悔就是困惑的一种形式。

"益疑"或"益惑"，则是检验一个人知识水平的最核心标准。不管是科学的还是人文的，凡是能称为知识的，都不是什么绝对真理，都需要经历反证和否证，都需要不断进行证实和证伪、接受批判和质疑。知识总有堪疑处，只有兹疑不可疑。因此，真正学习知识的过程中收获的并不是自以为是、故步自封，而是不断自以为非地质疑、批判和求索的精神，唯如此，才可能增长知识（不管是个人层面还是社会层面）……更不必说先哲先贤关于真知识是"认识自己无知"以及"为道日损"之类的训诫了。

第二"有"，是有反思。如上所谈，困惑是与反思紧密相连的，有了困惑，就有了一种思考的动力，就有了一种独立思考的求索能力，特别是哲学反思的能力。"路漫漫其修远兮，吾将上下而求索。"要在不断上下求索的过程中，去寻求答案，通过读书、听讲、质疑、批判、重构，一步一步地把自己的思考引向深入，且致力于把自己从机器（高科技机器和各种社会机器）的束缚中解放出来，重新确认和界定人是目的，发掘和发展自己的个性才能。

第三"有"，是有趣味。有趣味可能至少包含三个层次。第一个层次是对于人生目的和意义等问题充满好奇和兴趣，譬如经常追问刚才说的哲学的三个基本问题，并且始终如一地追问，致力于过一种有精神生活的生活。第二个层次是对于古文，特别是老子、列子、庄子的道家经典有阅读兴趣，再逐步培养和训练，达到轻松阅读古文这样一个目标。更重要的在于第三个层次，即人生有味是清欢，要逐步确立一种由趣味主义主导的生活方式，最大限度地超越和摒弃得失、成败、荣辱之类对结果的计较，善于充分享受做事的过程、人生的过程，善于把每一个平平常常的日子都过得有滋有味、有声有色、如诗如歌。这样，用趣味主义贯通学习和生活，可以借用《论语》开篇所讲的"为学三乐"："学而时习之，不亦说乎？有朋自远方来，不亦乐乎？人不知而不愠，不亦君子乎？"（《论语·学而篇》）一语不能践，万卷徒空虚。试想，理解了道家哲学的内涵，付诸反复演练和践行，达到知行合一，是多么快乐的事！老子、列子、庄子等哲学大师穿越两千多年的时空，就像知心朋友一样与我们进行面对面的心灵对话，是何等让人欣喜！我自己能充分享受其中的妙趣并据此生活，身边有人不了解我，我一点也不生气、不怨恨，这不才是一个真正有教养的人吗？

第一"静"，是每天静坐一分钟。现代社会充满形形色色的诱惑，这么多花花绿绿的东西，经常让心灵和头脑整天处在一种神不守舍的状态。当躁动不安的时候，最稀缺的东西是什么？一个字，静。因此要善于守静，要平静，要安静，要沉静。怎么守静？四个字。其一，"松"。周身放松，使每一块肌肉、每一个细胞都处在放松的状态。其二，"空"。使整个头脑处于一种清空的状态，什么东西都不考虑，完全入静。其三，"匀"。使呼吸均匀，不急不缓。其四，乐。使整个情绪处在一种和乐的状态。一开始，每天静坐一分钟，然后逐步保持松空匀乐这样一种状态，直到可以无时无刻不保持这种状态。假如在这个方面有一点点改变，我相信，人的学习状态、生活面貌和生活品质都会有很大改变。

第二个"静"，是每天静读或者静诵原典十分钟。比如，一开始，每天诵读《老子》。第一天读"道可道，非常道；名可名，非常名。无，名天地之始，有，名万物之母"；慢慢地，有一天读"道生一，一生二，二生三，三生万物，万物负阴而抱阳，冲气以为和"。逐渐读到"安其居，乐其俗，邻国相望，鸡犬之声相闻，民之老死不相往来"，"天之道，利而不害；圣人之道，为而不争"，等等。诵读《庄子》，比如"天地与我并生，而万物与我为一"，"天地有大美而不言"，等等。一日之计在于晨，每天早晨，静心诵读十分钟，精气神就会充溢着无穷无尽的能量。这样一年三百多天下来的话，相当于品味了三百多段最有人生智慧的精神大餐，逐步会形成非常强的观念能量积累，一个人的行为方式和生活方式也将会随之有非常大的改变。

五、钩玄提要

毋庸讳言，本书是我若干年来研读道家哲学经典的读书笔记和开设道家哲学通识课讲义的集成，反反复复研读原典、记录点滴思考、在课堂上分享和交流碰撞，点点滴滴，日积月累，渐渐成稿。

如前所述，本书是从现实关怀角度介入的，其主旨在于研读精讲《列子》《老子》《庄子》等道家经典，系统阐释道家人生哲学智慧，且结合现代人的郁闷、焦虑、抑郁、狂躁等现实生存困局，充分发掘和演习道家经典中丰富的反思、怀疑、批判、建构等哲学思维要素，充分挖掘道家哲学的现代价值，培育健全人格，弘扬优秀传统文化，厚植中华人文精神。

基于道家哲学的人生境界之学的优长，我在本书中以生命、生存、生活的提升为逻辑主线，对道家人生哲学智慧进行了系统化的阐释。可以说，道家反思人生的思维方式，给我们提供了开启道家哲学大门的钥匙；杨朱的轻物重生的价值观，奠定了道家人生哲学的基石；老子的自否定的生活辩证法，给我们提供了一种通过反思或者自否定方式使自己变得强大的哲学方法；庄子的常超越的生活境界，使我们得以经常从现实之中超拔出来观照人生，既入乎其内，更出乎其外，从而以超世的精神更积极地做入世的事业。

这是一本面向大众的哲学著作，因此在我的头脑里一向把本书的读者朋友设想为具有大学知识水准的人——不管是哲学专业类和非哲学专业类的学习者，还是其他对于人生问题有困惑、有反思、有趣味的普通人，乃至一切愿意提升自己生活品质，使自己活得更健康、更真实、更快乐、更自由的平常人。由此，在经典研究方面，我最大限度地精简训诂和考据的比重，着力于在哲学义理上阐释道家经典的深层内涵，尤其聚焦道家哲学智慧与现代人的人生实际问题的对接；在行文表达方面，我力求摆脱和摒弃那种经院式、学究式的八股做派，尽可能使用适合大众的深入浅出、明白晓畅、行云流水的学术随笔方式，以期最大限度地与广大读者实现共振、共通和共鸣。

第二章
道家：对人生的反思方式

领略道家人生哲学，首先需要对于道家对人生的反思方式进行通盘的把握。唯有理解了道家思考人生问题的视野、方式和所追求的境界，才能拥有打开老子、列子、庄子宏大精神世界的钥匙。

一、外儒内道

古今中外，任何一种有生命力的文化系统，都有一种"一推一挽"的结构。只有深入其具体社会情境才会发现，一种文化系统之所以能够得以存续，往往都是因为它在长期实践的过程中形成了一种"一推一挽"的结构，尤其是在超越层面和世俗层面达成了某种微妙的、动态的平衡。以骑自行车为喻。自行车有动力系统，还要有转向和刹车系统，当"一推一挽"这两个方面能够保持一种动态平衡的时候，才是一种良好的骑行状态，如此骑者才算是一个真正熟练的骑手。

在任何一种能够长期存续的文化系统中，都有这样的"一推一挽"的结构。比如，我们现在学习的自然科学、社会科学等的知识基本上是以西方文化为主流。西方文化本身有一个"一推一挽"的结构。"一推"是古希腊文化。古希腊文化是一种理性的精神，体现的是一种一往无前的探索精神，它推动着人进取、拼搏，把自己的理性能力发挥到极致。"一挽"是希伯来文化，也就是柏拉图哲学和犹太教共同凝华而创生的基督教文化。由此，一个是希腊文化的"推"，一个是希伯来文化的"挽",二者构成一种相对稳定、平衡的结构,才使西方文化能够延续和发展。

那么,什么是中国文化的基本结构?什么又是每一个中国人内在的人格结构?从大的方面来说,可以称为儒道互补。就国家政治治理而言,中国传统社会长期沿袭的最有效的秘诀便是"内用黄老、外示儒术"[1]——内在实际的主导思想是道家哲学,而外面所标榜和宣示的则是儒家思想。就个体身心修养而言,作为传统思想资源,儒家给国人提供了做事的姿态或工作状态,道家则给国人提供了生活姿态或精神风尚。虽然儒家对生活姿态亦有所观照(如孟子的"心性"),但思想资源毕竟还是比较孱弱和贫乏的,尤其是超越、宏大、浪漫、诗意、神奇的一面付之阙如。

不过,原始儒、道两家的思想一向是息息相通的。作为原始儒家和前道家之间的深层次对话,《论语·微子》虽然意在显示儒道两家救世方案(尤其是政治主张)的差别,但其字里行间却潜藏着二者惺惺相惜、英雄所见略同的深沉共鸣。同是楚狂接舆过孔子唱歌一事,儒道经典记载却不尽相同,其实体现了二者价值指向的微妙差异:

> 凤兮凤兮,何德之衰!往者不可谏,来者犹可追。已而,已而!今之从政者殆而!(《论语·微子》)

> 凤兮凤兮,何如德之衰也。来世不可待,往世不可追也。……已乎已乎,临人以德!殆乎殆乎,画地而趋!迷阳迷阳,无伤吾行!郤曲郤曲,无伤吾足!(《庄子·人间世》)

可以看出,前者还算是保留着一丝曙光的善意劝诫,后者干脆就是知其不可而不为并改弦易辙了。

---

[1] 南怀瑾:《老子他说》,复旦大学出版社2020年版,第3页。

我们每个人就活在这种儒道相通的文化系统之中。儒家倡导格物、致知、诚意、正心、修身、齐家、治国、平天下。要把自己修养好，修养好之后要做出一番轰轰烈烈、威武雄壮的事业。这是一种推。但是，光推没法维系长久，一味推下去，人是很容易走向崩溃的。所以需要道家，道家很重要的作用是挽的平衡力量。当形成有静有动、有张有弛的平衡状态的时候，整个文化系统才是健康的。

这恰好对应了《易传·系辞上》所谓的"一阴一阳之谓道"。儒家偏重阳的一面，道家偏重阴的一面，二者恰形成一种阴阳平衡的中道状态。就主导方面而言，儒家系统总体上是强调推、强调动的，所谓"天行健，君子以自强不息"；道家系统，则把挽、静的一面做了委婉的表达，所谓"地势坤，君子以厚德载物"。

这种儒道互补的文化结构，进一步推展到我们每一个个体身上，就呈现为一种外儒内道的人格结构。所谓外儒内道，意在表明儒道的理论旨趣似乎全然不同，但在实践中却很容易解释：一方面基于人之需要的立体性，一方面基于生活世界的丰富性。虽说儒家有知其不可而为之的一面，但并不意味着儒家人物总是一往无前、只知进不知退的。事实上，儒家人物作为个体，依然以"外儒内道"为理想的人格结构。

比如，孔子作为儒家学派的创始人，他整个人生也坎坎坷坷、跌跌宕宕、起起伏伏，经受了无数次的挫折和打击，甚至好几次就要丧命。《庄子》多次描述，比如：

> 孔子游于匡，宋人围之数匝，而弦歌不辍。……孔子曰：……我讳穷久矣，而不免，命也；求通久矣，而不得，时也。……知穷之有命，知通之有时，临大难而不惧者，圣人之勇也。（《庄子·秋水》）

联想孔子"再逐于鲁，伐树于宋，削迹于卫，穷于商周，围于陈蔡之间"的颠沛流离的遭遇，正是因他"知穷之有命，知通之有时，临大难而不惧"，才能"固穷"且弦歌不辍,尤其是还能奏出诸如"天生德于予,桓魋其如予何""天之未丧斯文也,匡人其如予何"(《史记·孔子世家》)之类的生命强音。

可是,孔子并不一味地强调进,从孔子所主张的"天下有道则见,无道则隐""用之则行,舍之则藏""无可无不可"等可以看得非常明白。多数人都以为,像孔子这样的人肯定是把做一番轰轰烈烈的事业作为自己最高的人生理想和追求。事实上是这样吗?

《论语》中有一段"各言尔志"的对话。几个弟子各自谈自己的志向,孔子听了不是摇头就是发笑,最后曾点出场:

> 鼓瑟希,铿尔,舍瑟而作……曰:"莫春者,春服既成,冠者五六人,童子六七人,浴乎沂,风乎舞雩,咏而归。"夫子喟然叹曰:"吾与点也!"(《论语·先进》)

这一段对曾点描写得最为生动传神。当别人谈志向的时候,他在弹奏古琴,轮到他谈了,他把琴放在一边,慢悠悠地说:到晚春的时候,北方可能得五六月份的时候,穿上非常薄、非常舒服的春服,然后有五六个十七八岁的伙伴,还跟着六七个小屁孩儿。然后在沂河里洗澡,在一泓春水中洗澡之后,到大石头台子上光着屁股吹吹风,吹干了以后唱着歌优哉游哉地回家。这是曾点的理想生活。孔子听了非常感慨地说,他最赞成曾点的理想生活。

这段"吾与点也"的喟叹,寄寓了孔子心目中的理想人生图景——在礼乐世界的和谐之中所享受到的洒脱放逸的生活,恰恰与道家顺乎自然的逍遥境界,是完全相通的。

作为儒家的创始人,孔子无疑是那种强调建功立业的人,而其认为最高的生活理想是什么,或者说,最好的一种活法叫什么?夫子关于"吾与点也"的喟叹至少也表明,儒道两家在对个人理想生活的追求方面并无二致——恬然自安、悠然自得、泰然自足,这恐怕是任何修齐治平之类的伟大事功所无法囊括和比拟的。

因此，儒家的君子人格中一个很重要的标准就是知进知退、进退有据、穷达有时。《易经·乾卦》有言："知进退存亡，而不失其正者，其唯圣人乎！"有智慧的人可以做到"身在魏阙，心存江湖"，在进退取舍之间保持一种良好的平衡感。这方面的表述随处可见。比如，孔子曰"用之则行，舍之则藏""可以仕则仕，可以止则止"等，孟子则提出：

  得志，泽加于民；不得志，修身见于世。穷则独善其身，达则兼善天下。（《孟子·尽心上》）

其大意是讲：当用我的时候，我就把我的能力发挥出来；当不用我的时候，我就养精蓄锐把自己好好地保藏起来。当道路不通达的时候，我就把我的能力、我的智慧蓄养好，叫独善其身。当道路通达的时候，我就兼善天下。这种知进知退、进退有据的标准，与道家强调"先存诸己，而后存诸人"的处世原则是完全相通的。

即使像宋明道学的代表人物朱熹，一向被称为"官方哲学家"，也不是一般人所认为的那样"存天理灭人欲"，而是提出了"人欲中自有天理"，且爱游山玩水、吟诗诵词的诗意生活。除了大家耳熟能详的"半亩方塘一鉴开，天光云影共徘徊。问渠那得清如许？为有源头活水来"，还有"予生千载后，尚友千载前。每寻高士传，独叹渊明贤"。[1] 你看，朱熹俨然是一位老庄之道的传人，哪有一点点"官方哲学家"的气味？

一个人即使要修身齐家治国平天下，做一番入世的事业，也不是靠入世的方式就能做好的。以入世的方式去做入世的事业，经常是一辈子苦哈哈的"艰难苦恨繁霜鬓"，又往往是事情还没有做成，自己的精神却崩溃了。亦如杜甫所描绘的，"出师未捷身先死，长使英雄泪满襟"。

---

[1] （宋）朱熹的《观书有感》和《奉同尤延之提举庐山杂咏十四篇陶公醉石归去来馆》，参见 https://so.gushiwen.cn/shiwen/default_2Aae228ff17e71A9.aspx，2023 年 7 月 19 日访问。

那么，什么是最好的入世状态？——做入世的事业，但以一种高远的、超越的精神为之，这类似于一种以出世的精神做入世的事业。因为，一个中国人的日常生活经常需要在儒道之间找到一种良好的平衡感。事业做得好，自己还活得潇洒自如，这才是好的活法。所以，道家所提供的是在入世与出世之间保持一种良好的平衡感。这种平衡状态，我们称之为超世或游世。何为超世或游世？后面我们再谈。在我看来，最重要的是能给我们一种超脱或超越的精神生活。

作为浸淫在传统文化中的中国人，儒家的"四书"（《论语》《孟子》《大学》《中庸》）和道家的"老庄列"（《老子》《庄子》《列子》），确是常读常新的智慧宝典。其实，从这些原典中可以体会到，道家在认知层次上尤其是在哲学层次上，确是比儒家略胜一筹：第一，儒家注重做加法（日益），而道家除了懂得做加法之外，还注重做减法（日损）。第二，儒家只讲道德价值，而道家则讲超道德价值（道德价值应以超道德价值为根基）。第三，儒家引导个人做一个优秀的社会公民，而道家则引导个人做一个优秀的宇宙公民，且社会公民应以宇宙公民为指向。

事实上，人既是社会公民，更是宇宙公民。何以言之？第一，人来自宇宙，最终必回归宇宙。第二，人最重要、最基本的需要如空气、阳光、水、基础食物等，都是宇宙提供的，或者从宇宙中获取的。第三，人无时无刻不在与宇宙进行能量交换（如每时每刻的呼吸），离开社会可以存活（如鲁滨逊），但离开宇宙一刻也不能存活。儒道两家的主要差别可能就在于这种关注维度的不同：儒家教人做社会公民，认为社会公民是第一位的，宇宙公民是第二位的，主张尽人事而听天命、未知生焉知死；道家教人做宇宙公民，认为宇宙公民才是第一位的，社会公民则是第二位的，主张知天命而尽人事、未知死焉知生。

前面我们曾经提到过，我们要致力于过一种有精神生活的生活，而不是仅仅像行尸走肉一样吃喝拉撒，跟着别人狂奔，像没头苍蝇一样乱撞。而道家恰恰就可以给我们提供这样一种可能的精神生活。人生本无意义，但在寻找意义的过程中产生了人的精神生活，而这种精神生活恰为人生创造和提供了坚不可摧的意义。

我们现在提倡人民有信仰，国家有力量，民族有希望。每一个人都这样，只有自己有信仰、有信念的时候，他才有行动的动力，才能够脚下有力量，才能真正做好入世的事业。在某种程度上，道家通过哲学的方式给我们提供了这样一种信仰或者信念——说到底，它是一种建立在理性反思基础上的可能的哲学信仰。

二、道家源流

（一）何谓道家？

考察道家源流，首先要了解何谓道家。道家是先秦诸子百家之一。其实，所谓诸子百家并没有那么多家，当时有一定影响力的主要是儒、道、墨、法、名、阴阳、杂、农、小说、纵横、兵、医等十二家。而儒、道、墨、法是战国时期影响力最大的四家。

道家，全称道德家，是以其核心观念来命名的。道家以"道"为核心概念，主张道法自然；同时道家以"道"与"德"为核心范畴，把得道状态称为"德"，故经常"道"与"德"并重。从文本看，《老子》五千言本身就分为上下篇，即道篇和德篇；《庄子》三十三篇也有专门讲道和德的篇目，且庄子的道篇和德篇比老子写得更有温度、更有味道。比如，《大宗师》可以说是一首道的赞美诗，《德充符》则是一曲德的颂歌。不过，老庄的"道""德"，与儒家以及一般人平时所理解的"道德"，完全是两码事；或者说，前者是后者能够得以成立的前提和根本依据。

那么，道家的核心思想是什么呢？《史记》的作者，西汉史学家司马迁的父亲司马谈曾写了一篇论文《论六家要旨》，对于儒、道、墨、法、名、阴阳等六家的主旨进行了概括。他对道家是怎么界定的呢？

> 道家使人精神专一，动合无形，赡足万物。……道家无为，又曰无不为。（《史记·太史公自序》）

第二章　道家：对人生的反思方式

道家使人精神专一，行动合乎无形之道，使万物丰足。道家可以使人的整个精气神凝聚起来。专注于整个行动合乎无形的道，比如动中有静、静中有动。由此能够善足万物，就是人和宇宙万物融合为一体，而不是仅仅站在人的立场上去索取。道家主张无为，最终实现的却是无所不为。

到了东汉时期，史学家班固在《汉书·艺文志》中对于道家学派的身份也做了一种有趣的概括：

> 道家者流，盖出于史官。历记成败、存亡、祸福、古今之道。然后知秉要执本，清虚以自守，卑弱以自持，此君人南面之术也。（《汉书·艺文志》）

这段话的大意是：道家学派，大概出于古代的史官。他们连续记录和总结历史成败、生存灭亡、灾祸幸福、古今的规律。由此知道应秉持要点、把握根本，守住清静无为，保持谦虚柔弱的态度。这就是国君治理国家的方法。

道家学派出于史官。史官有什么特点？史官是记录、整理和研究历史的官员。专门从事历史研究的人，可以通观几千年的人类发展历史中的成败、存亡、祸福、古今之道。从三皇五帝开始，穿越历史的长河，对于整个人类发展的系统，形成一种非常有穿透力的认识，对人类智慧的结晶做了系统总结。在历史长河中，很多东西可能是过眼云烟，转眼之间就消失得无影无踪了。所以，应秉持要点，把握根本，知道怎么把握住最重要的、最根本的东西。这时，每一个人也好，整个社会也好，就有了自己的根基和归宿。

总体而言，《汉书》所谓"道家者流，盖出于史官"的论断，基本上是立得住的。首要的当然是其内容，道家思想确是洞悉历史发展脉络之后的理论总结，所谓"历记成败、存亡、祸福、古今之道"；其次是其主要代表人物的身份特征，创始人老子是"周守藏室之史"，主要继承人庄子"其学无所不窥"，当时所"学"的主要对象无疑也是历史学。道家的史官出身，至少为其思想的穿透性和可信性奠定了坚实的基础。

冯友兰先生模仿《汉书·艺文志》的表述，对道家做了一个推断："道家者流盖出于隐士。"[1]不过，世人一向把道家看作避世的隐士，但我读《老子》《列子》《庄子》等道家哲学原典时，却读不出一丝一毫所谓避世或者隐士的味道。何以见得？第一，在当时天下无道的时代，他们不是避世，充其量不过是避官（如庄子几次辞官不做）罢了，他们对于除了当官之外，如农、工、商等职业，一向是勤勤恳恳、认认真真，甚至是一丝不苟、精益求精。何隐之有？第二，杨朱、老子、列子、庄子等人不仅不隐形或遁形，而且不隐言，并试图以积极的言说影响别人和社会。怎能说他们是隐士呢？

那么，道家学派的人到底是什么人呢？从本质看，他们的真实身份是以论证避官的合理性为思想使命的哲学家。正因为如此，道家有着比其他各家更强烈的现实关怀，非但不避世，反而以另一种姿态即超越的姿态更积极地入世。与其他各家相比，道家仅仅是入世的方式略有差别罢了。说到底，本质上，道家不是避世，而是指导人如何活得更丰满一点、更完整一点或者更像一个人而已。

所以，有必要重申，道家学派的人绝不是一般所谓的隐士，其本质是为超世或游世的生活方式做论证的哲学家。为什么要超世？为什么要游世？为什么要穷则独善其身？如何以超世或游世的方式更积极地入世？对此，道家做了一种系统化的哲学论证。

（二）道家源头

《易经》作为众经之首，是先秦诸子百家共同的源头，当然更是道家哲学思想的源头。南怀瑾认为，道家发源于《易经》文化系统，区别于儒家发源于《书经》文化系统。[2]陈鼓应提出道家是中国哲学主干的学说，他甚至认为，《易经》《老子》《庄子》这"三玄"应同属于道家思想的经典，尤其是从哲学的眼光看，《易经》更应该归于道家经典而不是儒家经典。

---

[1] 冯友兰：《中国哲学简史》，涂又光译，北京大学出版社1997年版，第33页。
[2] 南怀瑾：《禅宗与道家》，东方出版社2017年版，第171—175页。

为证明这一点，陈鼓应提出了几点理由。其一，天人关系、天道和人道在思想上的紧密联系俱见于"三玄"，而孔子则"罕言天道"，"其视线则仅限于人事"；其二，"三玄"着重讨论了宇宙论与人生论中的变动观，而孔孟则从不思考万物变化及其法则的问题；其三，阴阳学说主要来自老庄，《论语》《孟子》《大学》和《中庸》则"不及一见"；其四，"老子的道论成为历代哲学理论的基石，而《易传》的道论，见于《系辞》者两条，一曰'一阴一阳之谓道'，一曰'形而上者谓之道，形而下者谓之器'。前者乃对老子（第42章）道与阴阳关系所作的综合的诠释；后者则是以命题形式对老子道器观念所作概括性的表述。……而孔孟则从来没有形而上道论这类的哲学问题意识"。[1] 这四点理由确实极为雄辩有力。当然，人们可能并不一定完全认同陈鼓应把《易经》归属于道家经典的看法。但是，《易经》为道家哲学思想的源头，恐怕是普遍的共识。

《易经》中的阴阳太极图，无疑是理解道家哲学思想的一个枢纽。一般认为，《易经》中的阴阳太极图起源于上古伏羲时代。它形象地诠释了阴阳观念以及阴阳同体、阴阳相对与相交、阴阳交互作用、阴阳相互转化等理念。并且，对于《易经》中的核心概念，如"阴阳""变化""刚柔""进退""祸福""吉凶"，《老子》《庄子》《列子》中有系统化的阐释。

从阴阳太极图中，也可以进一步找到儒道互补、儒道一体的印证。儒家侧重发展了乾卦的精神，道家侧重发展了坤卦的精神。儒家崇尚阳，偏重乾卦，在白鱼的位置，表达了一种自强不息、刚健坚毅、积极向上、与时俱进、变易创新的精神；道家崇尚阴，偏重坤卦，在黑鱼的位置，表达了一种厚德载物、柔弱虚静、居下不争、自然无为、包容宽厚的精神。

比如，《易传·系辞上》有言，"易有太极，是生两仪，两仪生四象，四象生八卦"。可理解为："太极"即为天地未开、浑沌未分、阴阳之前的状态，是天地未分的统一体，是世界的本原。"两仪"是阴和阳，"四象"是太阳、少阳、少阴、太阴，"八卦"则是乾、兑、离、震、巽、坎、艮、坤，分别代表了天、

---

[1] 陈鼓应、赵建伟注译：《周易今注今译》，中华书局2020年版，前言。

泽、火、雷、风、水、山、地。

据我的师叔北京中医药大学张其成教授、我的师祖北京大学朱伯崑先生考证，现有文献中，最早的一张阴阳太极图出现在南宋张行成的《翼玄》中，叫"易先天图"或"先天太极图"，它以小头鱼的太极图为基本图像，与现在市面普遍流行的大头鱼的太极图不同。[1] 在本书中，我们统一采用"易先天图"所载小头鱼的阴阳太极图（图2-1）。

图 2-1　标准的阴阳太极图示

道家哲学以阴阳同体为基础、以阴为主导，阐释阴阳的交互作用规律。阴阳太极图包含着宇宙的大奥妙和人生的大智慧，对于理解道家哲学特别重要。最美莫过阴阳太极图，关于这幅"中华和谐之美第一图"的哲学内涵，我们将在道家的思维方式和老子、庄子哲学思想中一层一层来阐释。

（三）道家哲学的发展

对于道家哲学发展的"流"，我甚赞同冯友兰先生的划分。[2] 总体来说，按照哲学的发展逻辑，而不是代表人物生平的时间顺序，整个道家哲学的发展过程可以大致分为四个阶段。

---

[1] 张其成：《阴阳鱼太极图源流考》，《周易研究》1997年第1期，第11—12页；朱伯崑：《易学哲学史（第二卷）》，昆仑出版社2009年版，第14页；朱伯崑：《易学哲学史（第四卷）》，昆仑出版社2009年版，第436—448页。

[2] 冯友兰：《三松堂全集（第八卷）》，河南人民出版社2000年版，第233—239页。

第一，杨朱阶段。杨朱哲学代表前期道家的思想，在战国时期具有很大影响力，其思想散见于《列子》《庄子》等典籍中。杨朱作为一个哲学家，可以被称为生命哲学家，他最重视生命的价值和意义，最重视活着到底为什么、到底应该怎么活。可以说，杨朱哲学为道家哲学奠定了基石。

第二，老子阶段。老子是道家哲学的创立者和集大成者，而《老子》成书于战国中期，从汉初开始逐步形成巨大的影响力。《老子》中既有治国平天下的政治哲学的内涵，同时也包含着怎么治身、怎么成人、怎么成就自我的人生哲学的内涵。作为一个政治哲学家，老子认为，治国和治身是一体的，把治身的道理用来治国，再把治国的道理用来治身，可形成一个融贯有机的整体。《老子》这本书，不是由一个人完成的，而是一部以老子思想为主导的哲学格言荟萃集。既然老子哲学是道家哲学的集大成者，因此我们将其作为一个研究重点，尽可能对《老子》八十一章进行完整的研读。

第三，庄子阶段。庄子哲学代表着道家哲学的重大发展阶段，而《庄子》一书从魏晋开始逐步形成持久的影响力。庄子哲学可以称为艺术哲学或审美哲学，庄子本人则是一个艺术哲学家或诗人、哲学家，也可以说他的哲学主旨就是使人活得完全是一个人，而不是一个物。用德国思想家荷尔德林和海德格尔的话说，叫诗意地栖居在大地上。

第四，魏晋新道家阶段。到了魏晋时期，道家哲学又有了一些发展。这个阶段经历了王弼的贵无论、裴𬱟的崇有论、向秀和郭象的无无论这样一个否定之否定的过程。其中，以王弼、郭象为代表。我们现在读的《老子》就是王弼的注本。王弼是一个天才哲学家，23岁就去世了，但他做的《老子注》和《周易注》，至今仍是研究《老子》和《周易》必读的经典。还有郭象。他在注释《庄子》的同时，也做了一些哲学思考，提出了独化论的思想。除此之外，我们比较熟悉的还有"竹林七贤"，即嵇康、阮籍、山涛、向秀、刘伶、王戎、阮咸等，产生了许多"有玄心、有洞见、有妙赏、有深情"的魏晋风度佳话。不过，魏晋新道家的主要成就在于系统整理和注解了《老子》《庄子》《列子》，对于道家哲学理论并没有实质性的创造和超越，创见并不多。

在整个道家哲学发展的四个阶段中，最有价值的、最核心的哲学经典主要有三部。其一是《列子》，唐玄宗时期被封为《冲虚真经》。当然，有些学者认为，这书是后来晋人做的伪书。但是，书伪道理却不伪。我们研究道家哲学，关注的是经典的义理或者哲学内涵，书的时代考证是无关宏旨的。《列子》一书里有许多发人深思的寓言和哲学理论，阐释了道家的核心思想，有一些代表着杨朱阶段的思想。其二是《老子》，唐玄宗时期被封为《道德真经》。现有《老子》中八十一章不一定是老子独著的，但最能揭示道家哲学的精髓和核心。其三是《庄子》，唐玄宗时期被封为《南华真经》。我们从《庄子》三十三篇里选择最经典的篇目进行分析。这里仅简单勾勒一下道家哲学的发展历程以及主要代表性经典。我们后面将按发展阶段来讨论杨朱、老子、庄子的人生哲学。

要深入理解道家人生哲学的源流，有必要进一步澄清两个问题：第一，道家出世吗？第二，道家等于道教吗？

（四）道家出世吗？

一谈到道家，很多人就想到那些离群索居、隐遁山林的隐居者，如在终南山、崂山、武当山、青城山、龙虎山、齐云山等胜地的修行者，由此以为道家一定是出世的。其实，这确是对道家的一种极大的误解。

事实上，道家并不出世。在理论上，老子哲学的重心是讲治国思想、救国方略，是一种典型的政治哲学或者领导哲学；庄子哲学则最早提出"内圣外王"之道，强调先"内圣"方能"外王"，《庄子》内篇专门有《应帝王》篇谈领导哲学和管理哲学，外篇、杂篇的论述（如君无为而臣有为、无为而无不为等）更成为古往今来普遍看重的治国法则。所以，道家理论有何出世可言呢？

在实践中，每当天下或国家处于危难时，相应的一些道家人物就出来救世或治世，且成为做出名垂青史伟业的政治家。大凡道家人物，往往都具有强烈的入世救世情怀，怎可轻言道家出世呢？

于是，很多人就反问：道家入世吗？可以说，道家也并不像一般人所说的入世。我们多数人把入世理解为对于世俗的功名利禄的无尽追逐。道家讲"为而不争""功成事遂身退",并不以追逐世俗的功名利禄为目的。鬻熊、孙叔敖、张良、李泌、郭子仪、刘伯温等人,恰恰都是"功成事遂身退"的典范,他们积极入世,却根本不屑于陷入对名利权情的无尽追逐,所谓"知进退存亡,而不失其正者"(《易传·乾卦》)。

以范蠡言之。苏轼有评论说:"春秋以来,用舍进退,未有如范蠡之全也。"[1] 作为道家的典范,范蠡能够进退裕如、活得洒脱,在于他对人性和人心具有洞若观火的智慧。正应了李白所言的气度,"事了拂衣去,深藏身与名"。

既然道家既不出世,也不像一般人那样入世,那么它到底主张和采取什么处世哲学呢?简言之,道家主张超世。何谓超世?就是跳出世俗看世俗,跳出社会看社会,跳出人生看人生。尤其要善于"物物而不物于物""外化而内不化",善于以道观之,即以宇宙公民的视野来重估世间的一切价值。

又有人会问,道家超世,难道是悬在空中吗?当然不是。道家仍然活在世俗社会之中,仍然扎根于现实人生。道家是以超世的方式入世,以宇宙人的眼光和格局来处理社会世俗事务,来处理世间的一切事务。所以,说到底,超世是一种视野,一种格局,一种精神境界,一种"明",一种人生的大智慧。

其实,根据入世方式的不同,广义的入世可以具体分为三种:一种像儒、墨、法家那样,以入世的方式入世;另一种如中国禅宗,以出世的方式入世;而道家,则是一种中道的自然主义,它取法于以上二者之间的中道,以超世或者游世的方式入世。由此,道家可以最大限度地在入世与出世之间保持一种良好的平衡感。

道家既反对出世,也反对儒、墨、法家那样的以入世的方式入世,而主张以超世或者游世的方式入世。对此,庄子阐述励志的《刻意》篇讲得很明白:

> 若夫不刻意而高,无仁义而修,无功名而治,无江海而闲,不道引而寿,无不忘也,无不有也。淡然无极而众美从之。此天地之道,圣人之德

---

[1] (宋)苏轼著,傅成、穆俦标点:《苏轼全集(全三册)》,上海古籍出版社 2000 年版,第 747 页。

也。(《庄子·刻意》)

不需磨砺心志而自然高洁（类似佛家），不需倡导仁义而自然修身（类似儒家），不需追求功名而天下自然得到治理（类似法家），不需避居江湖而心境自然闲暇（类似道教），不需舒活经络气血而延长寿命（类似一般养生术）。由此，没有什么不忘于身外，而又没有什么不据于自身；宁静淡然而且心智从不滞留一方，而世上一切美好的东西都汇聚在他自己周围。这是像天地一样的永恒之道。

这才是道家所主张的以超世或者游世的方式入世的励志和修养。这其实是一种超越功利、超越世俗道德的更开阔、更恢宏的处世方式和生活方式。道家认为，一个人唯有具备超世的素质，才具备入世的资格，才能真正入世。以这种超世方式入世，就可以做到：

> 处物不伤物。不伤物者，物亦不能伤也。唯无所伤者，为能与人相将迎。山林与，皋壤与，使我欣欣然而乐与！(《庄子·知北游》)

也就是说，与物相处而不伤害物。不伤害物的人，物也不能伤害他。只有无所伤害的人，才能与人和社会和谐交往；外界也才能使自己欣然快乐。

而多数现代人，由于受一些媒体的误导，往往都自觉不自觉地选择以入世的方式入世。这种入世，在道家看来，是根本不具备真正入世资格的匆忙上阵，尤其是当缺乏支配外物的素质和能力时，结果往往事与愿违：事业没做好，反而被搞得晕头转向、心力交瘁，甚至"出师未捷身先死"。非但入世不成、做事偏门，反而经常害人、害己、害世不浅。

道家以超世的方式入世，则全然不同。一方面，对于领导者而言，这种入世方式要求先"内圣"后"外王"，先超世后入世，先当好自己的领导再去领导别人，由此能够"胜物而不伤"；另一方面，对于一般人而言，以超世的方式入世则是"物物而不物于物"，始终做各种外物的主宰者，以超越的精神境界更真实、更洒脱、更快乐、更自由地生活。

所以，我们说，以超世的方式入世，才是真正积极地入世。甚至可以说，道家表面上似乎消极，而本质上则是一种大积极，套用老子的"大A若非A"的表达，就是"大积极若消极"。而那种以入世的方式入世，表面上很积极，在本质上和实际结果上则恰恰是消极的，无论是对社会、对别人还是对自己。

（五）道家等于道教吗？

第二个须澄清的问题是：道家等于道教吗？一谈到道家，许多人经常把道家和道教混为一谈。为什么会这样呢？可能是由于道教与道家之间有着千丝万缕的联系。其一，道教正式产生于东汉末年的太平道和五斗米道，它是应对外来佛教传入而创造的本土宗教；由于道教的传播缺乏坚实的理论武器和哲学内核，便找到并借用了先秦某些道家经典作为其理论支撑。其二，从典籍上看，道家和道教在"道法自然""全性葆真""不拘于俗""无极而太极"等方面，确实有渊源承接关系。

但是在本质上，道教与道家则是两码事，二者之间的差别非常之大。特别是在价值取向上，道家强调自然而然或者顺乎自然而为，而道教却经常反乎自然而为，由此经常做一些与"道法自然"完全相悖的事情。具体而言，道家和道教的区别至少有如下方面。

第一，道家是一种哲学，而道教是一种宗教。哲学与宗教是有明显区别的。哲学靠的是理论思辨，通过系统反思宇宙、社会、人生的根本问题来追溯生命的意义、世界的本源。道教则是宗教，采取的是修行和膜拜方式。例如，道教把老子改称为"太上老君"，把列子改称为"冲虚真人"，把庄子改称为"南华真人"。唐代时，道教被奉为国教，于是就把《老子》改称为《道德真经》，把《列子》改称为《冲虚真经》，把《庄子》改称为《南华真经》，以对其顶礼膜拜的方式训导和传播。所以，道教的核心是一种宗教信仰。而假如说道家也涉及信仰的话，它也绝不是宗教信仰，而只能是建立在深刻理性反思基础上的哲学信仰。

第二，道家与道教的源头和形成年代不同。如前所述，道家渊源于伏羲氏"一画开天、肇启文明"的《易经》，发轫于黄帝，形成于先秦春秋时期，是由老子集大成的哲学思想流派；而道教渊源于战国时期的神仙方术，形成于东汉末年的太平道和五斗米道，是为应对佛教传入而创立的本土宗教，借用了某些道家经典作为其哲学内核和理论武器。这就是说，在道教形成之前，道家已出现且发展了相当长的时间，其中人才辈出，流派纷呈，并铸就了先秦道家发展的最高峰。

即便在道教形成以后，道家与道教仍然有各自不同的传承谱系，由此道家与道教有各自不同的代表人物。道家的代表人物在先秦有鬻子、老子、关尹子、列子、庄子、杨朱、宋钘、尹文等，在汉代有曹参、窦太后、刘安、严君平等。而道教的代表人物有张角、张陵、张鲁、葛洪、陶弘景、王重阳、成玄英等。这两类人物之间是不能随意互相替代的。

第三，道家和道教在关注层次上也有差别。道家重道，偏重对道的阐释；道教重术，偏重对术的训导。具体而言，道家的核心是在道的层面探讨宇宙、社会、人生的根本性问题，而道教侧重的是术，比如养生术、炼丹术、导引术、驱魂术、隐身术、缩地术、穿墙术、搬运术等，再如注重呼吸吐纳、练得身形像鹤形等。

当然，术者，道之用也。由道家到道教，或者由道的层面到术的层面的延展，可能也是必要的。否则，道家往往就缺乏世俗化和大众化的必要载体。不管是道教的山、医、命、相、卜"五术"，还是衍化出来的各种修炼导引之法，都是道家理念具体坐实的一些具体形式。比如，太极拳便是将道家的返璞归真、顺应自然、清静无为、以柔克刚的理念，融合于具体拳理、拳法修炼之中。

第四，道家和道教非常重要的一个不同是，道家强调顺乎自然而为，而道教则经常反乎自然而为。比如，生老病死是人生的自然法则，道家强调把生老病死的自然法则想明白、看透彻，然后顺乎自然，安时而处顺，享尽天年，以自然法则去安排人生，最大限度地提高生命和生活的质量。道教则借助内丹和外丹修炼，追求长生不老、羽化而登仙，本质上是一种技术的妄想。因为这是反乎自然的。单就丹药而言，吃食玉石、五石散等丹药的结果经常适得其反，食毒而死的案例数不胜数。比如，在《红楼梦》中，贾府的贾敬信奉道教，炼丹食丹追求长生，反而早早一命呜呼。

现在，许多人把追求长寿当作道家的主旨之一。错了。道家一向主张顺乎自然，怎么可能刻意追求长寿呢？相反，杨朱倒是把追求长寿作为"生民不得休息"且影响"全性葆真"的四大"事故"之一。老子讲人之"出生入死"的过程时，区分了顺乎自然和反乎自然的不同情况，即"生之徒，十有三；死之徒，十有三；人之生，动之于死地，亦十有三"（《老子》第50章）。庄子讲得更明明白白，"终其天年而不中道夭者，是知之盛也"（《庄子·大宗师》）。总之，顺乎自然、享尽天年是道家对"寿"一脉相承的立场。追求长寿的则是道教，它不但追求长寿，而且还要长生不老，所以采取各种方式推广养生术、炼丹术等，本质上恰是反乎自然的。因此，把道家和道教严格加以区别很有必要。

不能不说，道教体现了人类固有的一种技术主义的精神。现代科技秉承了与之一脉相承的思路。如以色列历史学家赫拉利分析，21世纪科技领域的三大主要议题之一就是，通过生物技术实现长生不老。而在我看来，延长人的寿命是可能的，但是，现代科技追求长生不老的各种生物基因工程，不过是步道教之后尘的某种荒唐之举。一来，延长是有限度的，就历史记载和实证考察来看，160岁可能就是极限。二来，长生不老是绝对不可能的。道理很简单，凡物都有成住坏空，凡人都有生老病死，这是永远不可改变的自然法则。因此，技术主义的商业化也要顺天应人，遵循自然法则，防止以技术帝国的方式吹捧新型的科技宗教。

第五，在养生方面，道家着眼于人之精神，道教着眼于人之形体。道家认为人之根本在于精神，精神是本，形体是末；干什么事都要善于守精神或保持精气神。因而，养生要以养精神为核心。而道教强调的是形体，熊经鸟伸、练得身形似鹤形，练的是形体。与之相应，道家强调的是通过理解和体悟的方式达到内化而形成生命信念和生活方式；而道教更重视的是一种外在的形式，如道教有很多关于形体修炼的清规戒律。

第六，在处世方面，如前所析，道家的基本态度是入世，而道教的基本态度则是出世。老子以超世的方式入世，列子和庄子以游世的方式入世。道教则一般选择隐居山林的方式遁世或出世。前文中我们已经进行过讨论，在此不再赘述。

通过以上几个方面的讨论可以看出，道家和道教虽有某种关联，但二者之间具有很大差异。我们这儿探讨的是道家，而不是道教，尤其要明确，道家是一种哲学，而道教是一种宗教。这是十分重要的。

三、系统反思

既然说，道家是一种哲学，或者是哲学之一种，那么，到底什么是哲学呢？一提哲学，可能我们头脑中马上会浮现出几句话：世界是物质的，物质是运动的，运动是有规律的，规律是三大规律和六对范畴。这样说，可能就把哲学教条化了，它至多只是哲学之一种罢了。

那么，本质意义上的哲学是什么？"哲学"一词的英文是"philosophy"，它源于古希腊语"philosophia"，本义是爱智慧 ["爱"（philo）和"智慧"（sophia）的组合]。那么，什么是智慧呢？所谓智慧，并不是一种知识，也不是一种才能，而是一种人生觉悟，一种开阔的胸怀、格局和眼光，一种整体观照与中和平衡的能力。用道家的话来说，就是悟道、体道和行道。每个人一生中都会有得有失、有成功有失败、有誉有毁、有荣有辱。如果他是有智慧的，他就能够站在人世间一切成败、得失、毁誉、荣辱之上，由此成为自己命运的主人。这就算具备了真正的哲学素养。

谈到智慧，许多人可能就会将之和"聪明"混为一谈。其实，智慧不等于聪明，而且二者有时恰恰是背道而驰的。我们通常说的聪明，往往指的是小聪明。比如，把个人的小算盘打得叮当响，精明十足，多占便宜少吃亏，这是小算计、小聪明。而智慧在很大程度上是远超越于此的，它是大聪明，是对宇宙、社会、人生根本性问题所做的整体观照和系统反思。先把大的方面看清楚，然后再考虑小算盘怎么打，自然而然就明白多了。"其耆欲深者，其天机浅。"(《庄子·大宗师》) 缺乏智慧的聪明，往往带有巨大的危险性甚至毁灭性。这恰恰是大部分聪明者或精明者经常面对的生存困局。

那么，如何爱智慧呢？无非是追根溯源、穷根究底地追问，如追问到底是什么、到底为什么，探求现象背后的本质等。哲学源于惊异和好奇，只要善于追问，就已经是在从事哲学了。所以，每个喜欢惊异或好奇的孩子，天生就都是哲学家。

哲学，就是永远的追问。一般而言，哲学经常追问三个基本问题。这类似许多小区保安经常的三问：你是谁？你从哪里来？你到哪里去？但是，小区保安仅仅是照本宣科地查验身份，停留于表层，而哲学三问则是追根溯源、穷根究底地追问人生的本质，且一定是"我"自己的人生的本质：我是谁？我从哪里来？我到哪里去？

追问的过程，其实是一种反思的过程。反思意味着什么？反思，相对于我们平时的正思。正思往往是对外思考，可以把任何东西当成对象：研究自然，把自然界作为对象；研究社会，把社会作为对象；研究人生，把人生作为对象；研究宇宙，把宇宙作为对象。思考对象，会造成一个什么问题？任何理性思考中都会隐含某种不言自明的主客二分的前提。

比如，一个人在对人、对事做肯定性评价时，都自觉不自觉地假定自己已经占据了一个"1"，而他（她）在对人、对事做否定性评价时，又自觉不自觉地把自己做了"0"的处理（恰如俗语"老鸹飞在猪腚上——看见别人黑，看不见自己黑"）。但是，需要质疑的是，这种未经反思而对自我的假定能立得住吗？自己把"我"抛到了这个世界之外，很大程度上就是把自己做了一种零化的处理。

举个例子。刚会说话的小孩子学习数数，房间里有六个人，我们问这屋子里有几个人？他数数一二三四五，五个。再数一遍，一二三四五，五个。每一次都是这个样子，就把自己遗漏在外面了，可是他（她）自己也是一个人啊。

这种意识实际上就是正思——这是在对外在的东西进行对象性思考时经常出现的现象。小孩子开始学数数时是这样的，我们一般人的科学思维往往也是这样的。事实上，我们每一个个体就是整个宇宙的一个小小的分子，我们自己的一举一动、一呼一吸都是和宇宙整体连接在一起的，而科学研究却把一切东西作为对象，在研究时把"我"抛在了外面。

什么是反思呢？首先，反思是反过来把自己当作对象进行思考，把自己当作别人进行剖析和研究。这是第一层次的含义。其次，反思最主要的是对内反观内求，回到我自身来反观自己。只有有了这种反观内求的意识，才知道自己也是一个充满着无穷无尽奥秘的小宇宙，且是与外在的大宇宙合二为一的。但是，很多人把这个忘掉了。当缺乏反思的时候，一个人活在这个世界上，就很可能像一个孤魂野鬼一样到处游荡。把自己和外面的对象连接成为一个整体，让内和外两位一体，就是思考整体和整体观照，这是反思第二层次的含义。正思很难思及整体，不可能产生整体思维。反思还有一个层次就是思想思想，也就是对思考本身进行思考，或者反思思想本身。这几个层次的反思，实际上是有很强的现实针对性的，我们到讨论道家的反思方式时再聊。

哲学不是偶尔反思，而是系统地反思。偶尔反思一下，可能是绝大多数人都能做的，比如睡不着觉的时候，想想自己白天做的事情好不好、是不是合理等。但是，系统地反思对一般人可能就比较难，至少是非自觉去做和修炼不能拥有的。

凡是真正的哲学，都是一种系统的反思。由零碎的反思积累为系统化、条理化的反思，就成为系统反思的思想。这就是我们看到的各种哲学——凡是真正能够被称为哲学的，一定都是一种系统反思的思想。

哲学作为一种系统反思的思想，可以回归到智慧的内核。人生的问题、社会的问题、宇宙的问题是连在一起的。我从哪里来？我到哪里去？我是谁？通过爱智慧的方式，可以形成这种系统的反思。当明白了什么是活的意义、到底什么是好的活法、什么是好的生活方式等诸如此类的根本性问题时，就可以以心明眼亮的方式去做日常世俗的事情。反过来，假如对这些根本性问题没做过

第二章 道家：对人生的反思方式

反思，就会整天活得像没头苍蝇一样东一头、西一头地乱撞。或者说，若从来没思考过这些问题，所有的东西都是暗的，整个人生就是在黑暗中摸索，在黑暗中远征，在黑暗中毁灭。

我们不妨举例言之。康德哲学是一种系统反思的思想，其代表性的思想成果，是《纯粹理性批判》《实践理性批判》《判断力批判》《历史理性批判文集》四大批判。其批判的本义，就是反思。概而言之，《纯粹理性批判》是对人的纯粹理性进行反思，回答我能知道什么。由此，回答真何以可能（先天综合判断如何可能）。《实践理性批判》是对人的实践理性进行反思，回答我应当做什么。由此，回答善何以可能。将二者结合进行反思，回答我可以希望什么。《判断力批判》是对人的判断力进行反思，由此，回答美何以可能。《历史理性批判文集》是对人类的存在方式进行反思，回答世界会更好吗、人类将往何处去。对理性进行的系统反思，归结于一个问题：人到底是什么？由此，康德（图2-2）构建了一个关于人如何追求真善美的动态而完整的思想体系。

当然，我们在这里并不想探讨康德哲学，而是借此了解任何一种哲学都包含的基本结构：其一，反思的基本问题；其二，反思的方式。

毫无疑问，道家哲学作为一种系统反思的思想，与康德所反思的问题是类似的，都围绕三个基本哲学问题展开，探讨我能知道什么、我应当做什么、我可以希望什么，以及人是什么。这种对宇宙、社会、人生进行的系统反思，恰恰给我们一种启迪智慧的方式。二者的不同之处是什么？是反思的方式：康德是对人的理性能力

图2-2 德国哥尼斯堡的康德雕像

进行反思，道家则是对宇宙本原进行直观的反思。

简单地说，道家对宇宙本原的反思比较直观，形成了一种太极思维。怎么理解太极思维呢？最形象的莫过于前面提到的时时动态旋转的阴阳太极图（图2-3），它在一定程度上形象地阐释了太极思维的基本内涵。

图 2-3 动态旋转的阴阳太极图

古往今来，对于阴阳太极图的阐释繁多。比如，《易传·系辞上》讲，"易有太极，是生两仪，两仪生四象，四象生八卦"。八卦演化万物，万物最终回归太极。其基本图示见图2-4。

在我看来，对太极图阴阳变化最通俗的阐释莫过于北宋周敦颐的《太极图说》：

> 无极而太极。太极动而生阳，动极而静，静而生阴，静极复动。一动一静，互为其根。[1]

无极是道的最原初、最浑沌状态，无极生太极；太极动静变化而生阳生阴，造成天地万物的千变万化。

---

[1] 冯友兰：《中国哲学史新编（下）》，人民出版社1999年版，第63—64页。

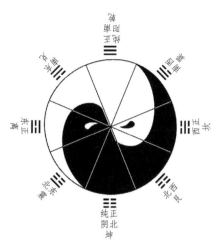

图 2-4　《易经》对太极的一种演绎

由此，我们可以先简单归纳太极思维的核心要素。第一，阴阳之前是一种浑沌状态，由无极到太极到道；第二，阴阳是太极在运动中呈现出来的两种性质或状态；第三，阴阳共处于一个不可分割的整体，并且阳中有阴、阴中有阳；第四，阴阳处于周流不息变化之中，不断相互作用、相互转化；第五，阴阳相合，阴阳最后都回归浑沌的太极。

在这里，我们先建立对这幅阴阳太极图的基本印象和模式，后面，我们将在道家反思的思维方式、老子哲学、庄子哲学中一层层地展开讨论。

四、反思方式

我们知道，道家哲学基本的反思方式是太极思维。太极思维是一种不同于科学思维的哲学思维，更是一种不同于线性思维的非线性思维。为了深入理解道家的太极思维，我们进一步把它结构化为浑沌思维[1]、整体思维、非对象化思维、反向思维、辩证思维、启迪式思维、批判性思维等具体思维方式，分别加以讨论。

（一）浑沌思维

如何理解道家的浑沌思维呢？

第一，道家思考的起点和终点都是浑沌不分的整体。从宇宙生成论看，宇宙源于太极，太极是浑沌未分的状态，道家名之为"道"。老子称"惚兮恍兮"，列子讲"浑沦者，言万物相浑沦而未相离也"（《列子·天瑞》）。所谓浑沦，就是浑沌，指的是万物浑然一体而没有分离的状态。庄子将之描述为"未始有物者"（《庄子·齐物论》），造就万物的，并不是物，而是虚无的浑沌。另外，道家认为，人的最高智慧是对于浑沌不分的整体的心领神会，人要"复归于无极"，"为天下浑其心"，使天下人的心思归于浑沌不分的状态。清代郑板桥有一句极有意味的话——"难得糊涂"：聪明难，糊涂亦难，由聪明转入糊涂更难。这个糊涂中其实也包含有浑沌的意涵。

第二，道家认为，道本身就是浑沌。保持浑沌，就合乎道，就是好的状态。否则，就是糟的状态。对此，庄子有个"浑沌之死"的寓言，讲"日凿一窍，七日而浑沌死"（《庄子·应帝王》），即浑沌被凿了眼耳鼻嘴七窍，结果活活被凿死，十分耐人寻味。其背后深层的寓意则是关于道之浑沌本性的宣言。浑沌为何而死？因为倏和忽破坏了浑沌自身的本性——原是浑浑沌沌的，现在开了七窍，有了分辨力，本性反而丧失殆尽了，除了灭亡还能如何呢？而浑沌所代表的，恰是万事万物的本原——道。道本是浑然一体、同于大通的，但万物所谓分化以及人类所谓开化，破坏了这种浑然和大通，致使大道废弃、灾难丛生。

第三，既然道就是浑沌，就需要以道为中心，打通人类社会与天地万物的

---

[1] "浑沌"是道家的一个比较独特的概念和思维方式，故本书用"浑沌"而不用"混沌"。"浑沌"与"混沌"略有不同：混沌是一种无序状态，浑沌是一种有序状态；混沌一般是宇宙形成前的状态，浑沌既可以是宇宙形成前的状态，也可以是宇宙形成后的状态。

界限，实现天人合一。人类社会和天地万物本是一体的，应把人类社会放在整个宇宙中来思考和观照。许多学派，如儒家、法家和技术主义，经常是见人不见天。而道家强调天人合一，从来不把人与天二者分割。这样，一方面可以获得一种更超越、更开阔的视野和格局，另一方面也不会犯人类中心主义及自我中心主义的毛病。其实，人类生存于其上的地球仅仅是宇宙中的一粒尘埃，连沧海之一粟、九牛之一毛都算不上，人类又何谈中心？

同时，浑沌是一种动态往复的过程。世界正在不断回归到它最本源的浑沌状态，即在不断打破浑沌的同时，也不断形成新的浑沌状态。浑沌思维有助于打破分割的固化思维，打破固有的框架和秩序，实现生生不息的融合式创新。

比如，当今几乎所有行业都呈现跨界融合的趋势。产业和产业之间的边界越来越模糊，企业与企业之间的边界也被彻底打破，企业不再是封闭的组织，而成为包容性和扩展性很强的平台，而且开始互相越界和穿插融合。那些出类拔萃的企业，往往是善于跨界融合的企业，它们善于打破不同领域之间的藩篱，建立融会贯通的新型组织。比如，苹果公司使得电脑不再是电脑、手机不再是手机、音乐不再是音乐等，由此成为数字科技领域的领头羊。再如，海尔集团秉持"无边界"的产业生态、理念，在激烈的世界市场竞争中勇立潮头，相应地，那些出类拔萃的精英人士，往往也是能跨界融合的人。而跨界融合需要具有浑沌思维，能够在不同思维路径中找到交汇点，并且建立全新的认知坐标。

再从学问和学科发展来看。宇宙是一个浑沌不分的整体，所有学问本来是一个，所有知识浑然一体，即对于浑沌不分的"大一"的研究。古希腊人把所有对宇宙的观察与思考，都包含在一门学问里，叫自然哲学；中国则有包罗万象的《易经》。并且，古典学问家都是百科全书式的大师，同时也是思想深邃的大哲人：亚里士多德在哲学、伦理学、数学、物理学、逻辑学、政治学、经济学、诗学等方面，无所不能；孔子则对礼、乐、射、御、书、数六艺，无所不通；老子、庄子对当时所有学问，也都无所不窥。

后来，学科分化愈来愈细，无疑促进了专业化发展，但问题也日益凸显：本来统一的学问，变成了一块块支离破碎的碎片。各个专业隔行如隔山，老死不相往来，研究者身陷各种格子笼里，见技不见道，有知识无思想，有套路无真理，有专家无大师，每个领域的人往往都如管中窥豹、盲人摸象，很难解决人类面临的根本问题，更何谈大智慧？

所以，学问和学科跨界融合成为必然趋势，要发展交叉学科、跨学科，如新文科、新工科、新农科、新商科等。学科在分化的同时不断走向新的跨界融合，恰是对浑沌思维的某种运用。

（二）整体思维

由浑沌思维进一步延伸到整体思维。道家的整体思维，首先体现在空间向度上，是建立在真正意义上天人合一基础上的"1+2"的思维结构——"1"是道，"2"是天与人。以道为中心，打通人类社会与宇宙万物的自然界，打通天道和人道，打通形而上和形而下，实现天与人的合一。整个宇宙是一个融贯统一、不可分割的有机整体。

道家从宇宙的整体来观照人间世。道家对"六合之内"和"六合之外"进行区分，主要为人们提供了一个全景的视野和超越的参照系，而并无意于把二者断然割裂开来。宇宙万物能够成为一个整体，其内在一致性的核心是道，叫道通为一。从物的角度看起来，好像很多东西是不一样的，是有区别的。但是，跳出物的层面，从道的层面去看，所有的东西都变得没有分别。庄子提出"以道观之"，建立了一个新的宇宙观，这时便找到了相通的内核，由此人对世界好多问题的看法就有了巨大的改变。

道家始终把宇宙万物作为一个整体来看，并且认为人和其他万物在宇宙之中都是平等的关系。我们一般的科学思维则把外在的天地万物视为一个对象，让人凌驾于它们之上，类似所谓"人是万物之灵长、宇宙之精华"。道家从来不这样看，它认为，天地万物和每一个人是一个共同的生命体，所有东西都是齐一的，不管大和小都是平等的。

人的最高的、最完美的、无法附加的认知是什么？是认识到宇宙是浑沌不分的一个整体。有了这种意识，才算是达到了较高的智慧程度。整个宇宙，本来是不可分的；分是权宜之计，是为了人的生存不得已去做的。作为一个对象，把这个说成是我的，把那个说成是你的，这个是对，那个是错，都是不得已的权宜之计，也可以说是一种不得已的生存策略。这样就意识到，宇宙本来是不可分割的整体，而人类产生之后为了利用万物，人为加以分化和区分，而做分化和区分是权宜之计，绝不是目的。最终应怎么办？必须自觉回归到万物一体的整体，回归到浑沌未分的状态，这样才可上升到比较高的认知层次。否则，就会停留于非常低级、非常可怜的层次。

其次，是在时间向度上。道家看任何一个事物的发展过程，都是从整体加以考察和观照，不是光看一步，而是看发展变化的若干步。这就涉及正向到反向，再到反向之反向，甚至反向之反向的反向，因为事物的发展是动态的、无限伸展的过程。这样就看得比较高远、比较全面。大家想，一个人下棋水平的高与低，取决于什么？归根到底，取决于一种整体思维，特别是有没有一种通盘思考的大局观或全局意识。每走一步，你至少要看若干步；能看的步数越多，胜率才越大，才有可能把某种局部的优势转化为整体的胜势。世间万事万物的发展就像棋局一样，也要有一个整体性的考察。不要看一步，也不要仅看两步，要看若干步，看得越多，越接近整体，毫无疑问就越具有智慧。

道家的整体思维还体现为制度方面的整体思考。老子所谓"大制不割"，以系统论来反思社会规则的建设。整个社会不是由整体中的各部分组成的，而是由整体中的整体组成的（就像全息照相一样）。而所有的分割，所有边界的设置，所有的规则，从根本上说都是人为设计的：人们发明了各种分割、边界和规则，却发现自己被困在其中不能自拔。

（三）非对象化思维

道家重视浑沌不分、重视整体观照，而对此最大的限制往往是对象化思维。因为人与其他动物及事物的不同之处在于，人是有意识的，是拥有理性认识能力的。人一旦开始认识，就要进行区分或区别，必然把事物对象化，造成主客体的二元对立。

主客体的二元对立有什么危害呢？一方面就会远离事物的真相，没法把握道，没法把握整体，没法把握无限；另一方面，更重要的是，必然陷入"分别—欲望—占有—攫取—争斗"这样一种无穷无尽的、痛苦不已的恶性循环。有句犹太谚语说得好：人类一思考，上帝就发笑。这可能是对人类对象化思维的一种嘲讽吧。

而与对象化思维相对的，叫非对象化思维。道家主张非对象化思维，就是自觉消除主客二元对立，保持或者重新实现主客融合为一。那么，道家怎样进行非对象化思维呢？

第一，直观体悟。对于道，对于整体和无限，无法进行理性认识，只能体悟。对于智慧，也不能进行理性认识，只能联系实践去摸索和体悟。所以，道家强调悟道、明道、行道。其实，直觉体悟比理性认识更容易抵达真理。我读许多大科学家的传记时发现，如牛顿的万有引力定律、爱因斯坦的狭义相对论等，其核心的发现、发明和理论创造，主要不是靠逻辑推理，而是直觉；或者说，先有直觉或灵感启示，然后才进行定律、法则、定理、公式等系统化的逻辑论证或验证。推而言之，凡是大学问家、大企业家、大政治家，往往也都是直觉思维发达的人。

第二，慎用语言。凡是语言，本身都已经是对象化的产物。所以，非对象化思维是，其一，不用语言。心领神会，心有灵犀一点通。犹如禅宗拈花微笑的公案，释迦牟尼灵山传法，"佛祖拈花、迦叶微笑"，佛祖不用语言，以心传心，把禅宗佛法传给禅宗一祖摩诃迦叶。其二，不得已用语言，则得意忘言。因为语言在表达思想的同时，必然也会遮蔽思想。所以，"言者所以在意，得意而忘言"（《庄子·外物》）。言语是用来表达思想的，领会了思想就应赶紧忘掉言语。其三，用诗的语言。诗的语言更接近思想的本质，也更接近生命的本质。无论是列子、庄子，还是德国哲学家海德格尔等，都提倡人要诗意地栖居。这种诗意的栖居，就像陶渊明在《饮酒》中所描绘的："采菊东篱下，悠然见南山。"[1]一个人唯有在诗意自然之中，方能享受天人合一的无尽妙趣。

第三，采取审美的态度。对宇宙万物，对象化思维往往采取功利的态度，

---

[1] （晋）陶渊明著，龚斌点校：《陶渊明全集》，上海古籍出版社2015年版，第74页。

而非对象化思维采取的是审美的态度。功利态度的逻辑是分别、攫取、占有。这种态度,其一,会使事物和事情变味;其二,往往成为无尽的纷争和痛苦的根源;其三,非常重要的是,事实上,人对外物是不可能永久占有的,因为每个人都不过是世间的匆匆过客,仅仅是临时借用或寄居一下外物罢了,凡是攫取、占有的态度,到头来都不过是一场空而已。

审美的态度则不然,它对于一切物,采取一种欣赏、体验、享受过程的游戏心态。事实上,一个人唯有学会了这种游戏并善于游戏,他才是一个真实的人、一个成熟的人、一个完整意义上的人。

对此,苏轼对审美态度和功利态度二者进行了有趣的对比分析:

> 凡物皆有可观。苟有可观,皆有可乐,非必怪奇伟丽者也。哺糟啜醨皆可以醉;果蔬草木,皆可以饱。推此类也,吾安往而不乐?夫所为求福而辞祸者,以福可喜而祸可悲也。人之所欲无穷,而物之可以足吾欲者有尽,美恶之辨战乎中,而去取之择交乎前。则可乐者常少,而可悲者常多。是谓求祸而辞福。夫求祸而辞福,岂人之情也哉?物有以盖之矣。彼游于物之内,而不游于物之外。物非有大小也,自其内而观之,未有不高且大者也。彼挟其高大以临我,则我常眩乱反复,如隙中之观斗,又焉知胜负之所在。是以美恶横生,而忧乐出焉,可不大哀乎![1]

其大意是讲,任何事物都有可观赏的地方。如果有一个地方可观赏,那么都可使人快乐,不必一定是怪异、新奇、雄伟、瑰丽的景观。吃酒糟、喝薄酒,都可以使人醉,水果蔬菜草木,都可以充饥。以此类推,我到哪儿会不快乐呢?人们之所以要追求幸福,避开灾祸,是因为幸福可使人欢喜,而灾祸却使人悲伤。人的欲望是无穷的,而能满足我们欲望的东西却是有限的。如果美好和丑恶的区别在胸中激荡,选取和舍弃的选择在眼前交织,那么能使人快活

---

[1] (宋)苏轼著,傅成、穆俦标点:《苏轼全集(全三册)》,上海古籍出版社2000年版,第875页。

的东西就很少了，而令人悲哀的事就很多，这叫作求祸避福。追求灾祸，躲避幸福，难道是人们的心愿吗？这是外物蒙蔽人呀！他们这些人局限在事物之中，而不能自由驰骋在事物之外；事物本无大小之别，如果人拘于从它内部来看待它，那么没有一物不是高大的。它以高大的形象横在我们面前，那么我常常会眼花缭乱反复不定，就像在缝隙中看人争斗，又哪里能知道谁胜谁负呢？因此，心中充满美好和丑恶的区别，忧愁也就由此产生了。这不令人非常悲哀吗？

生活并不是眼前的苟且，而是诗与远方。采取审美的态度，任何事物都有可观赏的地方，任何事情都可为游戏。新火试新茶，诗酒趁年华。既然处处可观赏，既然时时有游戏，那么生活便处处充满乐趣、情趣和妙趣，何乐而不为呢？

（四）反向思维

如前所述，道家的太极思维的主导倾向是主张浑沌不分，因此尤其重视浑沌思维、整体思维和非对象化思维。但是，麻烦在于，人类是有意识、有理性的，而有意识、有理性就必然会做分别、区分，那怎么办呢？这就要适应阴阳交互规律，于是就需要反向思维、辩证思维等。

我们先来讨论反向思维。反向思维在道家反思的思维方式中最为丰富、最有特点、最值得深入把握。反向思维，使得道家能够见人之所未见，言人之所未言，具有更为高超的哲学智慧。在我看来，把握道家的反向思维，可以从三个层面进入，即正反平衡、大正若反、以反求正。

反向思维的第一层面是正反平衡。正反平衡是事物保持自我的方法，即想要保持什么东西存在，须容纳相反的东西。正反平衡，也是一种阴阳中和平衡，可以使事物保持存在的最佳和持久状态。比如，各种疫苗接种就是一个很好的例子。大家想，疫苗接种的原理是什么？简言之，是以不健康来保持健康，达到正反平衡。具体而言，是将如细菌、病毒等病原体注入人体，人体接触到这种病原体之后，便会产生某种抗体，二者达成一种平衡，就形成人体的免疫能力。

其实，所有的事物和事态都是如此。任何组织要保持健康，都需要建立某种正反平衡的内在机制。比如，公司治理的决策（董事会）、执行（高管层）和监督（监事会）的制衡机制。总之，任何一个东西要想保持健康和长久，必须容纳相反的元素，形成正反平衡机制。

反向思维的第二个层面是大正若反。大正若反，用一个公式表示，就是"大A若非A"，即大正的东西看上去就像相反的样子。有个成语大家非常熟悉，叫"大智若愚"。不过，道家并没有直接讲大智若愚。苏轼最先提出的大智若愚，非常符合道家哲学思想。就是说，拥有大智慧的人，看上去并不是精明乖巧、八面玲珑、左右逢源的样子，而是呆头呆脑、比较愚笨的样子。孔子曾经评价一位贤者宁武子说："其知可及也，其愚不可及也。"（《论语·公冶长》）可见，愚，恰是一种大智慧，是一般人很难学会的。同样，道家所谓"愚"，也是经过复杂磨砺之后的简单、经过自觉修养之后的纯朴。这种"愚"作为一种大智慧，绝非自然的产物，而是人的精神的创造。

这种大智若愚式的大正若反，是道家普遍采用的表达方式。比如：

> 大成若缺，其用不弊。大盈若冲，其用不穷。大直若屈，大巧若拙，大辩若讷。（《老子》第45章）

这段话的大意是：最完满的东西，好似有残缺一样，但它的作用不会衰竭；最充盈的东西，好似空虚一样，但它的作用不会穷尽。最直的东西，好似弯曲一样；最灵巧的东西，好似最笨拙的；最卓越的辩才，好似不善言辞一样。可见，道家是用"大A若非A"来以反彰正，来形容事物最高的完满状态。再如：

> 明道若昧；进道若退；夷道若颣；上德若谷；大白若辱；广德若不足；建德若偷；质德若渝；大方无隅；大器免成；大音希声；大象无形。（《老子》第41章）

这是说：光明的道好似暗昧；前进的道好似后退；平坦的道好似崎岖；崇高的德好似峡谷；真正的白就像有些污点；广大的德好像不足；刚健的德好似怠

惰；质朴而纯真好像浑浊未开；最方正的东西，反而没有棱角；最大的器皿，反而不必完满；最大的声响，反而听来无声无息；最大的形象，反而没有形状。

其中最有趣的是"大器免成"，通行本一般校为"大器晚成"。从道家主旨来看，"大器免成"可能比"大器晚成"更合乎"道法自然"的核心理念。何以言之？第一，小器易成，大器难成；第二，凡属大器，都不是人力所能成的；第三，真正的大器，永远处于现在进行时，无须完成，也不可能完成，甚至根本就无所谓成与不成。

道家总喜欢用这种"大A若非A"的方式来以反显正，表达一种完满或者成熟状态。毫无疑问，每一个人要达到完满或者成熟的状态，也都是通过这样一种大正若反的方式，这是老子的基本表达方式，当然也是一个人非常高妙的智慧之所在。与老子的"大A若非A"相比，庄子表述得更直接、更简洁，用一个公式表示，就是"大A不A"。譬如，《齐物论》讲：

大道不称，大辩不言，大仁不仁，大廉不嗛，大勇不忮。

这是说：根本的大道是不能言说的；真正有力的辩论未必需要语言；真正的仁爱并不见得显露出仁爱；真正的清廉并不做出逊让的姿态；真正大勇的人并不摆出好勇斗狠的架势。真正接近本质的，往往是超越或至少不局限于表象的。

反向思维的第三个层面是以反求正。以反求正，即获得或实现某种东西，要善于从其反面开始，也就是善于以反面来成就自我。如老子讲：

图难于其易，为大于其细；天下难事，必作于易；天下大事，必作于细。（《老子》第63章）

其大意是讲，做难事要从容易的地方入手，做大事要从细微的事入手。天下难事，一定从简易的做起；天下大事，一定从细微的开端。千里之行，始于足下。

老子还讲：

> 将欲歙之，必固张之；将欲弱之，必固强之；将欲废之，必固兴之；将欲取之，必固与之。（《老子》第 36 章）

其大意是讲，想要收敛它，必先扩张它；想要削弱它，必先强大它；想要废弃它，必先兴旺它；想要夺取它，必先给予它。

有人说，老子这不是宣扬阴谋论吗？其实，老子在这里并不是讲谋略或阴谋，而是讲一般的规律或法则，即做任何事都要善于从相反的方面发力。这其实是老子"反者道之动"的表现方式之一。而到兵家、法家、纵横家那里，就具体落实为"欲擒故纵"之类的谋略了，比如"天欲让其灭亡，必先让其疯狂""天狂有雨，人狂有祸"，出尽风头者转眼之间变得销声匿迹。大家比较熟悉的《左传》中有"郑伯克段于鄢"一篇，讲郑庄公讨伐他的弟弟共叔段的不义，如果没有积累到一定程度，讨伐他是师出无门的，郑庄公纵容他积累到一定程度的时候，天理不容，很快就把他消灭了。这是另外一回事了。

老子反复阐释的以反求正，则是论证做事要善于从相反的方面发力这个一般规律。比如，做企业，想实现自利，想获得经济效益和获得利润，要在哪儿发力呢？首先一定要利他，要考虑别人需要什么，怎样有效地满足别人的需要，怎样为别人创造价值。当满足了顾客的需要、为顾客创造了价值的时候，你的产品或服务就会被顾客所喜爱，不赚钱都是不可能的。因此，只有从利他的方面出发，才能实现所谓自利。在互联网时代，通过利他实现自利的例子就更多了。因为许多互联网产品的商业模式设计是免费的，只有先最大限度地满足了多数关注者的需求，然后其中极小比例的用户交了一些费用，或者通过"羊毛出在猪身上"而由"牛"买单的方式，才能够实现现金的回流和利润的回报。

再如，老子讲以反求正更有意思的是：

> 曲则全，枉则直，洼则盈，敝则新，少则得，多则惑。（《老子》第 22 章）

其大意是讲，委曲便会成全，弯曲便会伸直，低洼便会充盈，陈旧便会更新，少取便会获得，贪多便会迷惑无所得。

在这组以反求正的论述中，我想重点聊一聊"曲则全，枉则直"。几何学里有一个不证自明的公理，即"两点之间，直线最短"。在我们的人生和社会现实中是不是这样的呢？大多数情况可能是正好相反的——两点之间，直线最长。为什么？当采取直线的方式去做事的时候，往往事情根本不可能做成，你永远都达不到目标，岂不是距离最长？举例来说，某个大学生想买一个 iPhone17，可能有两种方式：一种是直线的方式，如打电话和老爸老妈说："老爸老妈，明天给我打过八千元钱来，我要买个手机。"这样做结果会怎样？假如这个学生不是个被溺爱的孩子，我相信 90% 以上是会被拒绝的。另一种方式不是这样，他会说，现在科技发展迅猛，数字产品更新迭代加速，学习需要语音交互、特效设计、VR 场景等功能，而现在用的手机已不能满足需要。他转弯抹角说了半天，这样走曲线，效果比第一种要好得多。许多家长会说："好，明天把钱给你打过去，你自己看着买吧。"现实中，许多事情难道不是这样吗？商业领域的项目谈判，政治领域的外交斡旋，人生面对的各种好事多磨，难道不是"曲则全，枉则直"吗？

老子的处下、无私、不争，实际上也是在以反的方式获取正的效果。比如：

后其身而身先，外其身而身存，非以其无私邪？故能成其私。（《老子》第 7 章）

其大意是讲，遇事谦退不争，反而能在众人之中领先；将自己置之度外，反而能最大限度地保全自身和成就自身。这不正是因为他无私吗？我们想象一下，现实生活中是不是这样的？假如说你想当一个领导，要是能够在名利等方面善于处后、处下、无私，自然而然就会得到别人的拥戴；相反，则会遭人嫉恨，根本站不住脚。因此，老子讲"水善利万物而不争"，水是往低处走的，而一般人却只知道往高处走。领导者能够像水一样往低处走，恰恰因为他具有这种善于处后、处下的不争之德，所以没有人可以与之争，他反而成了众人的领袖。

总之，"正言若反"是道家的基本表达方式。这种表达方式背后是什么？实际上，是一种深层的反向思维的反思方式，用老子的话来说，叫"反者道之动"。我们后面讨论老子哲学的时候会展开深入的分析。这里，先了解道家这种以反求正的思路。

（五）辩证思维

我们接着来讨论道家的辩证思维。在某种程度上，道家的辩证思维可以看作是反向思维的延展和进一步具体化。大家都学习过辩证法，因而就比较容易理解道家的辩证思维。但是，道家的辩证思维与一般的辩证思维有很大不同；并且，一定要把握讨论的前提——不得已把不可分的整体做了区分时，才需要反向思维和辩证思维。

道家辩证思维的第一层面是相反相成。任何区分，都有阴阳这样相反的两面，二者相互依存，没有阴面也就没有阳面，没有阳面也就没有阴面。如老子讲：

> 天下皆知美之为美，斯恶已；皆知善之为善，斯不善已。（《老子》第2章）

其大意是讲，天下人都知道美之所以为美，那么丑就产生了；都知道善之所以为善，那么恶就产生了。这句话看似简单，却包含极为深刻的辩证意涵。

美的最高状态，并不是美丑的区分，而是根本不知到底什么是美。善的最高状态，并不是善恶的区分，而是根本不知到底什么是善。比如，现在许多人看重"颜值"，"颜值"高会在社会竞争中占据优势地位，不管是在升学、面试、招聘、还是在找对象、升迁等方面。社会一旦建立了某种美的标准，比如脸蛋、鼻梁、身高、三围、曲线等的标准，达不到这些标准的所谓长得丑的人就会承受巨大压力，他们会哀叹为什么父母不把自己生得像西施那样。于是，人间好多的烦恼、麻烦、痛苦就接踵而至。美是这样，善也是这样。本来没有区别，一旦做了区别：第一必然引发竞争心；第二必然诱发造假，如由整容医美制造的各种假面孔，由褒奖善行造成的各种伪善；第三，更重要的是，远离了整体和大道。

所谓美丑、善恶、贵贱、优劣等都是如此。《列子·黄帝》讲了这样一则寓言：杨朱经过宋国的时候，曾住在一家旅店。旅店老板有一美一丑两个妾，美妾觉得自己美，结果别人觉得她丑，丑妾觉得自己丑，而别人却觉得她美。所以，美和丑都是一种观念。什么是美？什么是丑？美可能随时变丑，而丑可能随时变美。从根本上而言，并没有什么区别。你认为好的，我可能认为不好，而我认为好的，你也可能不以为然。如果我们能够超越外在的表象，去看内在，其实万物都是一样的，因为阴阳本质一体，所谓阴阳的不同，仅仅是道的表现形式，如何知道何为阴、何为阳呢？

辩证思维的第二个层面是相互转化。阴阳两面不仅是相反相成的，也处于不断的变化过程中，二者不断相互转化。比如，美的转眼之间可能变成丑的，丑的转眼之间可能变成美的，善的转眼之间可能变成恶的，恶的转眼之间可能变成善的。唐人以胖为美，宋人和现代许多人却以胖为丑，因而焦虑、节食。道家认为，唯有自然真实才美，所谓清水出芙蓉，天然去雕饰；儒家则讲，充实之谓美，有内在涵养才有美可言；等等。

关于事物阴阳相互转化的方面，老子讲得非常之多。比如：

> 祸兮，福之所倚；福兮，祸之所伏。孰知其极？其无正也。正复为奇，善复为妖。（《老子》第58章）

其大意是讲，灾祸啊，幸福依傍在它的里面；幸福啊，灾祸藏伏在它的里面。谁能知道究竟是灾祸还是幸福呢？它们并没有确定的标准。正的忽然又转变为邪的，善的忽然又转变为恶的。

对此，《淮南子》专门以一篇寓言进行了具体诠释，这就是大家熟知的"塞翁失马"。在寓言中，塞翁代表有智慧的悟道之人，他的邻居代表我们一般人。有智慧的人从来不是看祸就是祸，看福就是福，他看到的是祸福二者相互转化的规律：塞翁失马，焉知非福？塞翁得马，焉知非祸？

世界上唯一不变的，就是变化。所以，我们看任何一个事物，永远不要静止地看。日常的场景无不如此。什么东西只要发展到了一个点，马上就开始转化为其反面了。反过来，看上去坏的，假如善于利用它，它本身就是一件好事。当然，好本身可能就是坏，坏本身可能就是好，二者往往是一体两面。

这种好事和坏事相互转化的例子随处可见。比如，我们经常说失败是成功之母，反过来也一样，成功也是失败之母。又如，对于多数普通人而言，疫情防控下保持宅居蛰伏状态的时期，恰是沉潜读书、养精蓄锐的大好机会。平时抱怨没有大块时间闲读书或读闲书，现在大环境给提供了这种条件，岂不可以把外在的坏事转化为个人的好事？

老子反复讲："物壮则老，是谓不道，不道早已。"（《老子》第30章）任何事物，到了成熟的时候，开始倾向衰老了，就开始走下坡路了。这时会怎么样？就不合乎道，既然不合乎道，就会早早灭亡。这给我们很深刻的启迪。月圆则缺，水满则溢。想让事物保持长久的状态，就要想方设法给它留一点上升的空间，不要达到顶点。

老子的物壮则老，对应于《易经》中的持盈保泰。持盈保泰就是说，做任何事情，想保持比较长久和完满的状态，一定要留下一点空间。易经六十四卦第一卦叫乾卦。乾卦有六爻，哪个爻最好？九五爻是最好的。为什么？九五爻上面的上九爻已经达到顶点，到顶点就意味着要衰败了，所以要选择占据九五爻的位置。皇帝选择九五之尊，就是因为"物壮则老，不道早已"。

庄子阐释的相互转化的辩证原理，就更加深奥了。庄子讲：

> 物无非彼，物无非是。自彼则不见，自是则知之。故曰：彼出于是，是亦因彼。彼是方生之说也。虽然，方生方死，方死方生；方可方不可，方不可方可；因是因非，因非因是。（《庄子·齐物论》）

各种事物都有它自身的对立面的事物，概莫能外。从对立的那一面看便看不出所确信的这面，从确信的这一面则能有所理解。所以说，事物是出自原本确信的这面，当下确信的来源也是因为过往对立面的出现。"彼"与"此"的概念相对而生，相依而存。虽然这样，刚刚兴起的随即便覆灭，刚刚覆灭的随即又会兴起；刚刚肯定随即就否定，刚刚否定随即又予以肯定。对此，我们在聊庄子哲学时再进一步深入分析。

辩证思维的第三层面是自我否定或自否定，这也是最重要的一个层面。由浑沌不分发展到阴阳分化，由阴阳分化发展到新的浑沌，道家这种"合—分—合"的逻辑进路，在某种程度上也契合黑格尔辩证法的"正—反—合"的辩证逻辑。所有事物都是在自己否定自己中成长和发展的；只有善于做自我否定，才能趋于真正的成熟。比如我们的人生历程，婴儿时是活泼泼的生命，是肯定；长大之后有了分别心，功利意识渐渐增强，转为急匆匆、苦哈哈的生存，其实是对活泼泼的生命的否定；当我们意识到生存状态并不好，自觉追求理想的洒脱脱的生活状态时，就是复归于婴儿，转变为大智若愚、难得糊涂的自觉浑沌状态，又是对于生存状态的否定。

道家深悟这种自否定的生活辩证法，领悟和把握这一生活辩证法对于理解道家人生哲学至关重要。我们后面将逐层展开讨论。

（六）启迪式思维

接着，我们来讨论道家非常有趣的启迪式思维。启迪式思维，就是通过启迪人的心智的方式来激发人的内在智慧的觉醒。为什么需要启迪式思维呢？因为对于学习而言，要积累知识，更要提升智慧。知识是可以传授的，而智慧是无法传授的，只能靠自己去领悟和体悟，外在起的作用是启迪或启发，即把学习者的内在悟性充分激发和调动起来。道家深明此理。

那么，道家如何运用启迪思维呢？可能主要有三种方法。第一种方法是打比喻。比如老子讲"道"，而真正形而上的"道"却是不可言说的，但不可言说的还不得不言说，怎么办呢？只好打各种生动的比喻，如把"道"比喻为水、婴儿，把道体比喻为大风箱、山谷。第二种方法是讲故事。列子、庄子都是讲故事高手和寓言大师。故事因为直观形象，且言有尽而意无穷，更具启迪性。善于讲故事，往往是具有一流智慧的人的基本素质。三流智慧的人做评价，二流智慧的人讲理论，一流智慧的人善于讲故事，道家哲人便是如此。第三种方法是烘云托月，或者如冯友兰先生说的"负的方法"。不能直接说清某物是什么，就想方设法说它不是什么，给人留出充分想象和体悟的空间。如老子、列子和庄子没法告诉我们"道是什么"，而是不断告诉我们"道不是什么"。

《庄子》《列子》两书中讲了三百余个极有趣味、极富哲理的寓言故事。我们可以举个"呆若木鸡"的例子。呆若木鸡，现在是个贬义词，形容一个人痴傻发愣的样子。在庄子和列子那儿则全然不同，呆若木鸡是一个大大的褒义词，指的是修炼得像木头雕成的鸡一样，是一种高层次的修养状态。说某人呆若木鸡，其实是大大的褒奖。

庄子这样讲述呆若木鸡的故事：

> 纪渻子为王养斗鸡。十日而问："鸡已乎？"曰："未也，方虚骄而恃气。"十日又问，曰："未也，犹应向景。"十日又问，曰："未也，犹疾视而盛气。"十日又问，曰："几矣。鸡虽有鸣者，已无变矣，望之似木鸡矣，其德全矣，异鸡无敢应者，反走矣。"（《庄子·达生》）

其大意是讲，纪渻子为周宣王训练斗鸡。十天后周宣王派人来问："训练成了吗？"回答说："还没有，现在正表现得神态高傲、盛气凌人。"十天后又来问，回答说："还没有，听到鸡的声音、看到鸡的影子就有反应。"十天后又问，回答说："还没有，现在看东西还很敏锐且充满怒气。"十天后再来问，回答说："差不多了，虽有鸡鸣叫着来挑战，也没有什么反应，看上去像个木鸡了，它已精神专一了。其他鸡没有敢于应战者，都吓得逃之夭夭了。"

呆若木鸡这则寓言，看似简单却内藏玄机。表面上讲斗鸡，实际上是在说人。斗鸡的四种状态，可以看作一个人心理健康修养的四种境界或阶段。心理健康修养很重要的是使自己的内心变得足够强大，使自己真正能够立于天地之间。其中往往有一个逐步提升的过程，对应驯养斗鸡的四个阶段。

第一阶段叫"虚骄而恃气"，这是人的心理最脆弱的阶段。当一个人的能力还极其弱小的时候，他很清楚自己的弱小，所以内心会非常虚弱。为了防止自己因弱小而受到外界的伤害，他就会在心里架起一道防御的心理围墙，自尊心会非常强，而在外人看来就是骄傲自大，这其实是一种心理的自我保护机制。这种保护机制其实脆弱不堪，随便一个触动，比如一句玩笑、一个不经意的举动，只要触及他最脆弱的地方，顷刻之间他就会心理崩溃。这种情况在现实生活中非常多。很多人表面上很自负，其实恰是缺乏底气的表现。比如，我们经常看到许多官员，越是能力差，越是对下表现得趾高气昂、颐指气使、飞扬跋扈，而对上则奴颜婢膝、丑态百出甚至无所不用其极，这恰恰源于内在的极度虚弱。

第二阶段叫"犹应向景"，说明虽然积累了一定实力，却仍然内心虚弱，对外界仍然很敏感，稍微有风吹草动，就会迅速反应。比如，有的人从小家里贫穷，总是怕别人瞧不起他，等自己发了点财，就到处炫富，这是典型的暴发户心理。而真正的大富者如何呢？通常很朴素、很平实、很谦逊。

第三阶段叫"疾视而盛气"，即看到别人强就张牙舞爪，想方设法把别人压住、把别人打败，实际上秉持的是盛气凌人的刚强之道。刚强之道不可能维持长久，因为，强中必有强中手，天外有天，人外有人；再则，即便打败了别人，也必然会造成冤冤相报的恶性循环。

第四阶段叫"已无变矣"，这时内心足够强大，气定神闲。对外界就像镜子照外物一样，来了不迎，去了不留，应付裕如。这其实秉持的是柔弱胜刚强的守柔之道。老子讲守柔曰强，这其实是大智若愚。平常心是道，唯有平常，方能坦荡荡立于天地之间，永久立于不败之地，才是真正的心理强大。

可见，欲达至"呆若木鸡"的心理修养境界，需把握两个关键点。其一，呆若木鸡的修养之功在于"德全矣"，即能全在于德全，内在修养深厚，才可能功夫到家。不管是鸡还是人，只有修养到心神合一、气定神闲、稳如泰山，才能怯敌于未斗、胜敌于不敌,实现"不战而屈人之兵"。其二,呆若木鸡的表现之形在"望之似木鸡矣"。"似"是外在表象,而支撑外在表象的则是内在的信心以及由之而生出的举重若轻的平和气度,这也恰与道家的"大智若愚""大勇若怯"一脉相通。

庄子还讲了一则寓言,叫"东施效颦",实际上是讲到底如何学习的。故事讲得极为风趣幽默:

> 西施病心而颦其里,其里之丑人见而美之,归亦捧心而颦其里。其里之富人见之,坚闭门而不出;贫人见之,挈妻子而去之走。彼知颦美而不知颦之所以美。(《庄子·天运》)

其大意是讲,西施是一个美女,患有心痛症。她在干活的时候,突然心痛症发作了,于是皱着眉头赶紧往家走。这个走路的动作就更美了。这时,她的邻居,一个女子,长得比较丑陋,一看这个动作好美,也赶紧学,于是皱着眉头围着村子到处转。结果富人看见以后赶紧把门关起来;穷人看见以后,赶紧领着老婆孩子走到老远。她不知道美背后的原因是什么,是知其然不知其所以然。

这则"东施效颦"的寓言是针对孔子政治主张的"不合时宜"而发的。"礼义法度者,应时而变者也",而硬邦邦地把三皇五帝或周公的礼义法度应用于礼坏乐崩的春秋时代,就像"东施效颦"一样,会被天下人所耻笑。其实,这则寓言对一切学习都具有启迪意义。

"轮扁论书"的寓言则进一步启发人,要善于读活书、活读书,不要读死书、死读书。该寓言对于经典之书的价值进行了有理有据的质疑:

> 世之所贵道者,书也。书不过语,语有贵也。语之所贵者,意也,意有所随。意之所随者,不可以言传也,而世因贵言传书。(《庄子·天道》)

然后借"轮扁斫轮"的故事来阐释读书的至理:

> 桓公读书于堂上,轮扁斫轮于堂下,释椎凿而上,问桓公曰:"敢问公之所读者何方邪?"公曰:"圣人之言也。"曰:"圣人在乎?"公曰:"已死矣。"曰:"然则君之所读者,古人之糟粕已夫!"桓公曰:"寡人读书,轮人安得议乎?有说则可,无说则死。"轮扁曰:"臣也,以臣之事观之。斫轮徐则甘而不固,疾则苦而不入;不徐不疾,得之于手而应于心;口不能言,有数存焉于其间。臣不能以喻臣之子,臣之子亦不能受之臣于臣,是以行年七十而老斫轮。古之人与其不可传也,死矣。然则君之所读者,古人之糟粕已夫!"(《庄子·天道》)

从言不尽意、道不可传、第一义不可说的角度来看,这种质疑似乎是立得住的。不过,问题还有另一面,即经典之书不是充当道的载体,它更重要的是充当一种连通器——它可以有效地连通起作者和读者之间穿越时空的生命体验和生活经历,引发思想情感的共鸣和共振。此时,至于道是否可传,倒无关宏旨了。轮扁其实体现了道家"道不可传"或"道可道,非常道"的一贯思想,与禅宗的"不立文字、以心传心"也是完全相通的。"道不可传""不立文字"并不是教人不用文字来传,而是教人充分意识到,文字作为一种思想的载体本身具有局限性,从而不执着于文字,仅把文字作为开启心门的钥匙。

"朝三暮四"的寓言更有意思。我们现在往往用朝三暮四这个成语形容一个人反复无常,随时变卦,做事没有常性。但是,庄子所说的朝三暮四是这个意思吗?《齐物论》讲:

> 劳神明为一而不知其同也,谓之"朝三"。何谓"朝三"?狙公赋芧,曰:"朝三而暮四。"众狙皆怒。曰:"然则朝四而暮三。"众狙皆悦。名实未亏而喜怒为用,亦因是也。(《庄子·齐物论》)

耗费心思方才认识事物浑然为一而不知事物本身就具有同一的性状和特点，这就叫"朝三"。什么叫作"暮四"呢？养猴人给猴子分橡子，说："早上分给三升，晚上分给四升。"猴子们听了非常愤怒。养猴人便改口说："那么就早上四升晚上三升吧。"猴子们听了都高兴起来。名义和实际都没有亏损，喜与怒却各为所用而有了变化，也是这样的道理。

庄子认为，狙公之于猴子，就像圣人之于百姓。我们看到，其实狙公给猴子喂食，朝三暮四或者朝四暮三，总量没有变，都是七，只是换了一下说法。圣人治理百姓也是一样。这个世界其实本质上没有发生改变，但是诸子百家用各自的表述和方式在教化百姓。儒家讲儒家的道理，法家讲法家的道理。

道家认为，儒家圣人以智笼络百姓，就像耍猴子。从根本上来讲，他们是希望通过用自己高于百姓的智慧，让百姓依附他们，从而达到自己的目的，或者说他们可能本来没有这种想法，但实际上却造成了这种效果。这就违背了自然的规律。而道家讲返璞归真，去除一切私欲，做到无我，并且引导百姓顺应道的规律而自生自化。也就是说，不要用这种方法去欺骗猴子，而是让猴子顺其本心去生活，不要用这些技巧去控制百姓，而是让百姓遵循自己的本性，自然而然去发展，从而无为而治。

假如我们把思路再放开一些，顺着朝三暮四和朝四暮三进一步去思考：为什么狙公能够用本质相同而表面不同的事情来愚弄猴子？是因为，他知道朝三暮四和朝四暮三是一样的。为什么圣人能够用智巧来笼络百姓？因为，圣人也很清楚，道是相通的，万物是相同的。世间万物都是浑然一体的，万物虽然表现出千变万化的状态，但其本质都是一，也就是道通为一。

我们常常因外部不同的表现而劳神，追求所谓更好的东西，追求所谓更高的价值，而这些所谓更好、更高其实都是一种虚假的表象。圣人注重的是内，而平常人注重的是外。从内来讲，其实万物皆相同，这是道家非常重要的一个理论，叫作万变不离其宗。世间万物尽管形式上变化多端，但其本质都是相同的，万物都是出于道，最后还要回归于道。

有智慧的圣人早就看懂了这个道理，所以他们能够悠然自处，同时以此来笼络百姓，而百姓皆为表象所迷惑，因此被圣人玩弄于股掌之中，这就是朝三暮四。

所以，我们发现，庄子和列子的许多故事根本不像我们以前所理解的那么简单，其中有着更深层、更丰富的人生哲学。道家经典中很多寓言故事既有趣又深刻，是启迪人生智慧的思想宝典，我们可以在讨论庄子、列子哲学时慢慢体会。

（七）批判性思维

最后，我们讨论一下道家的批判性思维。道家非常善于以一种批判的立场思考问题。更重要的是，道家的批判性思维是要想别人没有想过的问题，问别人没有问过的问题，并且要刨根问底，探究深层次和根本性的原因。因此，道家所谓批判，不是批斗而是反思，并通过反思正本清源，找到更根本的解决方案。道家善于对各家以一种批判的立场进行反思。我们可以分两个层次来看。

第一个层次是对一般观念的反思或批判。对于各种学说，道家都采取一种批判的立场。比如，庄子讲：

> 夫随其成心而师之，谁独且无师乎？奚必知代而自取者有之？愚者与有焉！（《庄子·齐物论》）

"师"可以理解为"标准"。其大意是说，每一个人都有自己的成心，每一个人都以自己的成见、成心为标准，谁没有自己的标准？难道只有知道事物变化的那些聪明人才有吗？最笨的人也有一个自己的标准。

每一个人在对别人进行评判的时候，往往以自己的标准为标准。但是，自己的标准立得住吗？可能从来不考虑。实际上，多数人在以自己的标准去评判事物的时候，对于其能不能成为标准，都没有考虑过，都没有反思过。既然每一个人都有自己的成心成见，你说好，我说坏，你说对，我说错，这种争执就只能无休无止。

庄子还有一句话极具思想穿透力："道隐于小成，言隐于荣华。"（《庄子·齐物论》）这是说，大道容易被小小的成就所遮蔽，花言巧语容易掩盖真实的表达。

人如果取得一点小小的成就，受到了表扬或者奖励，沾沾自喜于小小的成功而建立一种评判标准，就强化了自己的成心，由此建立起所谓普遍标准，这时最高的道就隐藏起来了。如社会潜规则盛行，请客送礼很有效，以此作为放之四海而皆准的规则，个人就会活得灰暗不堪，单位就会搞得乌烟瘴气。朗朗乾坤何在？公平正义何在？大道如何存在？再如，法家重赏重罚，对富国强兵很有效，但也催生了急功近利的规则，势必最大限度地诱发人性之恶，也必然导致王朝短命。现代管理亦然，如各种假产品、假论文、假学历、假教授、假名人等造假屡见不鲜。

那种陈述真理的语言，往往在人们说很美妙的话语之时，就隐藏了。王国维有言，可信的不可爱，可爱的不可信。浮华的东西，只是一些华丽的辞藻堆在那儿，实际上没有真理性的成分。孔子经常说，"巧言令色鲜矣仁"（《论语·学而》）。经常花言巧语的人，他的仁爱之心是很少的，就是这个意思。正因为这样，才有儒墨的是非，即以自己的是非难别人所是。特别是敌对双方，往往更是如此，你赞成的我就反对，你反对的我就赞成，只要形成对立的状态都是这样。我们世间的各种争吵就是如此，每天电视上、网络上或者现实中的争吵就是这样形成的。

第二个层次是对儒家的反思或批判。道家对儒家的批评深入骨髓。比如，老子讲：

> 大道废，有仁义；智慧出，有大伪；六亲不和，有孝慈；国家昏乱，有忠臣。（《老子》第18章）

其大意是讲，大道被废弃了，才有提倡仁义的必要；聪明智巧出现了（这里的智慧是指小聪明），伪诈才盛行；家庭出现不和，才能强调孝与慈；国家陷于混乱，才需要忠臣。

大凡社会反复倡导的东西，都恰是其最缺失的东西；当社会出了问题时，才须强力倡导和推广仁义忠孝之类的规范。试想，假如社会处于恬然自足的状态，人们毫无匮乏之感，又何须倡导什么呢？

老子异常沉痛又非常理性地讲：

> 失道而后德，失德而后仁，失仁而后义，失义而后礼；夫礼者，忠信之薄，而乱之首。（《老子》第38章）

老子不厌其烦地阐明以上这一根本道理，描述了一条道德或精神文明退化的脉络。"道治"即以道治国，以黄帝时期为代表；"道"隐而不见，西周周公执政时期才推行"德治"；"德"不管用了，孔子才倡导"仁治"；"仁"不管用了，孟子才倡导"义治"；"义"不管用了，荀子才倡导"礼治"；"礼"也不管用了，韩非子才倡导"法治"。讲外在形式的时候，内在的东西就没有了，仅装模作样在表示外部形式，所有的争端都解决不了，才出现春秋战国时期相互残杀、血流成河的惨象。也许，法家的"法治"（法、术、势并用），只有放到具体的历史发展脉络中才能获得合理的解释。由此脉络可知，战国后期至秦朝初期法家"法治"的勃兴，绝非一种理想选择，而是一种不得已而为之的现实选择。

面对道德或精神文明退化的严峻问题，老子提出：

> 绝智弃辩，民利百倍；绝伪弃诈，民复孝慈；绝巧弃利，盗贼无有。（《老子》第19章）

老子的语气相对和缓一些。庄子则惊世骇俗地提出：

> 圣人已死，则大盗不起，天下平而无故矣；圣人不死，大盗不止。（《庄子·胠箧》）

声音似乎一下子提高了一个八度，论证也大有排山倒海之势。从这种表达的变化之中，隐约可以感受到，从春秋到战国，统治者过度用智巧给社会和百姓带来了不堪承受之重。

尤其有趣的是，庄子还排演了一场引人深思的幽默剧：

> 将为胠箧、探囊、发匮之盗而为守备，则必摄缄縢、固扃鐍；此世俗之所谓知也。然而巨盗至，则负匮、揭箧、担囊而趋；唯恐缄縢、扃鐍之不固也。然则乡之所谓知者，不乃为大盗积者也？（《庄子·胠箧》）

其大意是讲，为了对付撬箱子、掏口袋、开柜子的小偷而做防备，必定要收紧绳结、加固插闩和锁钥，这是一般人所说的聪明做法。可是一旦大盗来了，就挑着口袋、扛着箱子、背着柜子快步跑了，唯恐绳结、插闩与锁钥不够牢固。既然是这样，那么先前所谓的聪明做法，不就是给大盗做好了积累准备吗？

由此，才有窃钩者和窃国者之间的区别。在道家看来，儒家所提倡的孝悌仁义忠信等，都是大道毁弃之后、刻意标榜的"乱人之性"之类的东西，也是社会人心浮动、盗贼四起的根源。

随之，庄子做了见血封喉的批评："彼窃钩者诛，窃国者为诸侯，诸侯之门而仁义存焉。"庄子借盗跖之口以"盗亦有道"对儒家所标榜的圣道进行了揶揄：

> 夫妄意室中之藏，圣也；入先，勇也；出后，义也；知可否，智也；分均，仁也。五者不备而能成大盗者，天下未之有也。（《庄子·胠箧》）

在道家看来，正是儒家的圣人所提倡的仁义忠信，造成人心浮动和各种伪善，造成盗贼四起。假如人人都循道而动、顺性而为，何来盗贼？

不过，很多人认为，道家批评儒家，就等于儒道两家思想针锋相对，甚至水火不容。我不这样认为。道家批判儒家，并非意味着不赞成儒家的仁义忠信，而是对于仁义忠信的本末关系进行深刻反思：道是本，仁义忠信是末。所以，道家通过正本清源，提出以本带末的解决方案，认为不应像儒家那样舍本逐末。

事实上，许多问题的解决也确实如此。打个比方来说，现在社会上竞争压力很大，人们容易狂躁内热，喜欢冰镇饮食，时间一长，就会患胃病。怎么办？儒家会提出吃"三九胃泰""胃必治""胃康灵"等药物。道家则认为，这样无济于事，因为胃病的根子在于饮食习惯和生活方式。第一要善于化解焦虑的情绪，第二要改变冰冷饮食的习惯。这才是根本，否则吃再多的药也治不了胃病。

总之，道家的批判性思维是在一个更高的层次上反思问题。或者说，道家的批判性思维是跳出眼前的问题，跳出狭隘的范围，站在更高一层看问题，找到问题的根本症结，从而找到最佳的解决思路。通过确认更高一层的问题是什么，从而找到解决方法，才能够解释低层次问题的本质，否则就跳不出这个范围，永远找不到问题的症结。因此，道家的批判性思维本质上可以说是一种升维思考、降维打击。

五、无 A 之 A 的境界

通过以上对道家反思方式的讨论，我们可以体会到道家的思维方式，确确实实与我们一般的思维方式大不一样；并且，与之相应，道家的言说方式也有所不同，它善于使用一些怪异奇特的正言若反、与我们平常的表达唱反调的表达方式。可能有人会问，难道道家是故作高深、故弄玄虚、有意唱反调吗？难道道家是有意做这种稀奇古怪的文字游戏吗？其实不然，道家之所以选择这样一种反思的思维方式和正言若反的表达方式，是有自己的精神指向和价值追求的。那么，道家到底追求什么呢？简言之，追求的是一种高远而超越的精神境界。

我们不妨回到在辩证思维里提到的自我否定或自否定。道家认为，整个宇宙原初是一个阴阳未分、浑浑沌沌的太极，太极运动促成阴阳相分，阴阳相互依存、相互转化不断形成新的阴阳相合的浑沌状态，体现了一种"正—反—合"的辩证逻辑。

反观我们的人生，亦然。道家充分认识到，每一个人莫名其妙地来、无可奈何地走，是不以个人意志为转移的自然过程。我们能决定谁是自己的父母吗？不能。在一下子被抛到人世间开始成长的过程中，活泼泼的生命状态经常被泯灭，经常不得不处于一种急匆匆、苦哈哈的生存状态。我们感觉这种生存状态不好，就想寻求更好的生活方式。那么，怎样去寻求和建构这种生活方式呢？就需要通过反思的思维方式，去自觉发掘一种适性而为的好的生活方式。这种好的生活方式说到底就是一种超越的精神境界。

这里的所谓超越，可以分为两个层次：一是超然物外，以出乎其外的方式入乎其内；二是与自己在人世间的各种生存境遇保持一个适当的距离，由此获得一种更高远、更宽广、更包容的视野和胸怀。后者其实与每个人的现实人生是贴得更近的。

具体而言，这种精神境界就是由急匆匆的生存状态上升到洒脱脱的生活状态。其中实际上就贯穿了一条主线，由正到反到合，用一个所谓公式来表示的话，便是"无 A 之 A"。具体而言，正的状态是生命，这是一个肯定。肯定的生命状态是 A。但 A 是很难维持长久的。人一旦有了分别心，一旦懂得人情世故，就会产生无穷无尽的欲望，就要跟着社会这台机器追逐各种外物，转眼之间活泼泼的生命状态不复存在，而自觉不自觉地陷入急匆匆、苦哈哈的生存状态，这便是无 A。无 A 是对生命的一种否定，或者说，生存是对于活泼泼的生命的一种否定。什么是一种更好的状态呢？那就是经过再度否定的无 A 之 A。无 A 之 A，即生活。至少要经过两次否定，才有可能肯定 A。没有一个人能够永葆活泼泼的童年。怎么办？就得把它打碎了，然后再重新塑一个，这便是生活。生活是一个被自觉打碎之后重塑的过程，我们把这个过程称为"无 A 之 A"。

所以，所谓"无 A 之 A"，并不是简单的文字游戏，而是在更高层次上重新对 A（其实是新 A）的确立。凡是能作为生活信念和法则的东西，都是经过数番否定之后确立的东西，都是千锤百炼之后能挺立的东西，即是"无 A 之 A"之一种。凡是人云亦云、道听途说或者停留于书本上的所谓认知，都是脆弱不堪、根本不可能立得住的东西，怎么可以作为生活的信念和法则呢？

回到在辩证思维里提到的自我否定，道家的反思方式经历了"A—无 A—无 A 之 A"的过程，它追求的是一种无 A 之 A 的自我超越的境界。而且，这种无 A 之 A 的境界并不是一种封闭的"A—无 A—无 A 之 A"的三段论，而是一种多轮否定、无限上升的过程。

那么，怎么达到这种超越的"无 A 之 A"呢？道家其实是有许多具体实现形式的。如前所述，老子喜欢用"大 A 若非 A"，如"大成若缺""大盈若冲""大直若屈""大巧若拙""大辩若讷"等；而庄子和列子则常用"无 A 之 A"，如"无言之言""无用之用"等，或者"大 A 不 A"，如"大仁不仁""大道不称""大辩不言""至为无为""至乐无乐""至誉无誉"等。

由此，我们以"无 A 之 A"概括道家所推崇的这种超越的精神境界，如不是之是、无知之知、无言之言、无用之用、无为而为、无治之治、无我之我、无解之解等诸多形式，帮助大家深入理解道家哲学的反思方式。

（一）不是之是

第一个"无 A 之 A"可能是最难理解的，我们权且称之为"不是之是"。前面谈到，凡涉及哲学，必然要涉及三个基本问题：第一，我是谁？第二，我从哪里来？第三，我到哪里去？这三个问题都涉及存在的问题。存在，即"being"，也可以译成"是"。"是"是最简单的，但是，最简单的问题往往也是最复杂的。

我们可以追问自己，我到底从哪里来？很简单啊，从我母亲的肚子里来。但是，这是经不住追问的。你母亲从哪里来的？……这样不断地追问，追问到最初的一个有，然后追问到无，追问到"道"。

第二章 道家：对人生的反思方式

因此我们说，道家的"道"就是"不是之是"。它既是有，又是无；同时又既不是有，也不是无；它是"不是之是"，是居于有与无之间的"虚"。

"道"是包括人在内的宇宙万物存在的总根源和总依据。老子讲：

> 天下万物生于有，有生于无。（《老子》第40章）

天下所有的东西都是"有"产生的，"有"则产生于"无"。无是根本。但是，无又不是什么也没有。无，不是任何一种具体事物，但又存在于所有事物之中，它是存在之不存在，不存在之存在。所以，叫"不是之是"。所有的东西都是由"无"生出来的，实际上就是"being"，存在的一种形式。列子讲，天地万物产生的过程，分为太易、太初、太始、太素四个阶段，其实也可以看作是对"不是之是"的一种动态阐释。

对此，老子有一段极其重要的阐释：

> 道生一，一生二，二生三，三生万物。万物负阴而抱阳，冲气以为和。（《老子》第42章）

宇宙万物存在的根除，都可以从这儿获得解释。老子对宇宙万物给予了一个判定：它们都是由道生出来的。道生"一"，道就是"太一"。我们知道皇帝的老爹，叫太上皇。"一"生出"二"来，那么"二"是什么？是阴与阳二气。所以讲，万物负阴而抱阳，阴阳二气相激荡成为和气。阴阳二气加上和气就生成"三"，万物由此就有了依据。人也是这样的，因为人本身是天地万物之一种。我们是否认同道家的这种宇宙生成论的分析，是另外一回事，但至少要考虑自己到底从哪里来、到哪里去。

我们每个人的存在（being）如何呢？可以说，我们每个人都从虚无中来，最后又回归于虚无。《红楼梦》第一回中有一首《好了歌》，至少可以给每个人一种警醒：

> 世人都晓神仙好，惟有功名忘不了！
> 古今将相在何方？荒冢一堆草没了。
> 世人都晓神仙好，只有金银忘不了！
> 终朝只恨聚无多，及到多时眼闭了。
> 世人都晓神仙好，只有姣妻忘不了！
> 君生日日说恩情，君死又随人去了。
> 世人都晓神仙好，只有儿孙忘不了！
> 痴心父母古来多，孝顺儿孙谁见了？[1]

一个人，无论多么伟大或多么渺小，终将化为一抔泥土、一粒尘埃，甚至连泥土和尘埃也不是，而是虚无，这是永远改变不了的铁的事实。这也是我们思考人生哲学问题的一个起点。没有这点意识，所谓哲学思考，根本无从谈起。

因此，不仅道是"不是之是"，我们个体之存在也是"不是之是"。为了帮助理解个体之存在的"不是之是"，我引证一段史铁生的文字。

> 当牵牛花初开的时节，葬礼的号角就已吹响。但是太阳，每时每刻都是夕阳也都是旭日。当它熄灭着走下山去收尽苍凉残照之际，正是它在另一面燃烧着爬上山巅布散烈烈朝晖之时。那一天，我也将沉静着走下山去，扶着我的拐杖。有一天，在某一处山洼里，势必会跑上来一个欢蹦的孩子，抱着他的玩具。当然，那不是我。但是，那不是我吗？宇宙以其不息的欲望将一个歌舞炼为永恒。这欲望有怎样一个人间的姓名，大可忽略不计。[2]

---

[1]（清）曹雪芹著，（清）无名氏续：《红楼梦（第三版）》，人民文学出版社2008年版，第17页。
[2] 史铁生：《记忆与印象》，北京出版社2004年版，第227页。

品读完这段文字，我们每个人都可能会有一点点心灵触动吧。"我"到底如何存在呢？其一，凡是朝阳，同时也是夕阳。就地理位置而言，中国这边的朝阳，不是美国那边的夕阳吗？咱们的朝阳，是人家的夕阳；咱们的夕阳，是人家的朝阳。人的生命更是这样，也像朝阳夕阳一样一代一代地处于生生死死的更迭之中。

其二，凡是老人，也是孩子。从科学的角度来看，孩子是孩子，我是我，但是，那不是我吗？我难道不就是由原来一个活泼泼的孩子过来的，转眼之间成为现在这个步履蹒跚、需要借助拐杖行走的老者？孩子的现在就是我的过去，我的现在就是孩子的将来，这是万古不易的法则。

古希腊神话中"人面狮身"的斯芬克斯蹲在城门口，问来往的路人一道题："什么东西早晨用四条腿走路，中午用两条腿走路，晚上用三条腿走路？"谜底就是——人。人一开始的时候是四条腿走，然后两条腿，然后三条腿。从婴儿到成年，再到暮年。这个谜语，道尽了一个人的生命历程。这叫生老病死，这是每一个人必然面对的自然法则。

其三，每一个我，都处于生老病死的变化之中。当我们把自己放到人生的全景之下去考虑的时候，才更明白什么是不是之是，什么是不存在的存在，什么是存在的不存在，什么是人生如梦。

（二）无知之知

第二个"无 A 之 A"，叫无知之知。上面讨论的"不是之是"，是从人的存在角度的探讨，而无知之知，则是从人的认知角度的探讨。

一个人怎样才算达到了比较高的认知程度呢？我们可以回顾自己认知发展的过程。我们在婴幼儿阶段，基本上处于一种不知的状态，上学之后慢慢学了一些知识，由知之很少、知之越来越多，逐渐达到知之甚多的状态。但是，我们需要问的是，这就是真正的知识吗？至少在道家看来，这并不是真正的知识，只能算是一般的知识，充其量只能叫俗知。

为什么呢？老子讲："为学日益，为道日损。"（《老子》第48章）学习一般知识（如科学知识）的过程是一点点增加，日积月累地做加法。但是，要获取最高的知识，则要一点点减损，要一天天地做减法。最高的知识是什么？道家认为，是关于道的知识，是关于整体和无限的知识，即如何提升人生智慧的知识，这才是真知。一天天减损，损到无为的程度，这时就达到无知之知。无知之知的状态就像婴儿一样："含德之厚，比于赤子。"（《老子》第55章）赤子，就是红彤彤的婴儿。最高的修养，所获得的就是像婴儿那样浑沌不分的不知状态，其实就是一种"无知之知"。

无知之知，并不是婴儿一样自发的不知，而是像婴儿的无知，说到底是一种自觉的精神创造。道家讲要与"道"合一，这就与前面讲的整体思维对应起来。一开始的婴儿状态是一种自发的浑沌的状态，然后通过学习知识变得清晰了。比如知道这是动物，那是植物；这是桌子，那是椅子；这是男人，那是女人；等等。但是，这种知识仅是一种权宜之计，它对我们生活质量的提升，实际上可能恰是一个障碍，所以只有自觉地把这个进一步否定掉，然后在此基础上建立那种自觉的浑沌状态，才是真知。

真知，就是无知之知。婴儿一开始的时候没有区别，本来世界并没有区别；我们把它区别了以后，获得了一些物质满足，也遇到了好多麻烦，我们所有的痛苦、烦恼、纠结甚至所有的问题都是由区别造成的。怎么办？要再上升一步，在更高的层次上不区别，这就是无知之知。有必要重申，无知之知不是简单的孩童状态，不是自然的产物，而是一种自觉的精神创造，也是一定要经历的修炼过程。道家深明此理，所以老子、列子、庄子都提出诸多修养方法，比如涤除玄鉴、心斋、坐忘、见独、撄宁等。后面我们会结合品读道家原典慢慢去体会。

对此，我先讲个小故事。北宋文学家苏轼的爱妾朝云生了个儿子，到洗满月澡的时候，苏轼随口赋了一首诗《洗儿》，颇有意思：

人皆养子望聪明，我被聪明误一生。

惟愿孩儿愚且鲁，无灾无难到公卿。[1]

一般人都期望自己的孩子聪明伶俐，苏轼自己也是很聪明的人。他回想自己大半辈子，恰是被聪明贻误了。历经世事磨难的苏轼，风趣幽默地希望自己的宝贝儿子不要太聪明，而是最好学得愚笨一点、糊涂一点，即希望他能大智若愚。其中也饱含苏轼对个人人生阅历的沉思和对无知之知的诠释。它实际上反映了一个人的认知水平的提升：自觉的"愚"，即愚不可及，乃是一种自觉的无知之知。

（三）无言之言

第三个"无A之A"，叫无言之言。语言是存在的家，而沉默则是语言的家。最高的存在如"道""整体""太极""大全"等，恰恰是不可言说的。所以，老子开篇就讲"道可道，非常道"，禅宗也讲"第一义不可说"。而不可说的东西还要说点什么，这只能是无言之言了。对此，咱们在浑沌思维、非对象化思维、启迪式思维中已提到，如运用不言、忘言、诗的方法和烘云托月的方法等。在这儿，我们再联系道家经典来深入聊一聊无言之言。

庄子有一段名言：

天地有大美而不言，四时有明法而不议，万物有成理而不说。（《庄子·知北游》）

最美妙的东西、最美好的东西往往都在无言之中，是一种无言之言。一旦言说，美妙和美好就被破坏了、就丧失殆尽了。这种无言之言，是一种最高的言。它是要让最重要的东西隐藏在语言的深处。

---

[1] 林语堂：《苏东坡传》，张振玉译，湖南人民出版社2013年版，第189页。

当然，无言之言并不等于一字不说。如老子讲："知者不言，言者不知。"（《老子》第56章）字面意思是：有智慧的人不说话，说话的人没有智慧。这当然是一个悖论。白居易专门写了一首诗，点出了这个悖论之所在：

> 言者不如知者默，此语吾闻于老君。若道老君是知者，缘何自著五千文。[1]

因此，对《老子》第56章应这样理解：有智慧的人说得很少，喋喋不休的人往往没有智慧。说得很少却表达了很多，也算是一种无言之言。

其实，作为对于知（智）和言的关系的一种判定，"知者不言，言者不知"恐怕是一切言说和理论永远都不可能解决的一个悖论。因为言说也好，理论也好，都只能是一种"分"，而世界却是有机不可分割的整体。因此，最透彻的言说和最精辟的理论，也不过只能揭示局部或片面的道理罢了。有什么办法呢？最高的知（智）是对于"道"的知、对于"大全"的知、对于"合"的知，这个知不是言说所及的对象，甚至也不是思考所及的对象，所以道家才讲"道可道，非常道"，禅宗则讲"第一义不可说"。也正因为如此，大凡创始者（或最高智者），如苏格拉底、孔子、释迦牟尼、耶稣、穆罕默德等，都不直接著书立说，至多选择述而不作。

比如，就人生况味而言，其中可能有千百种滋味，但最后的滋味往往都是无奈。无奈又奈何呢？无奈之奈，也只能用无言之言来表达。譬如，辛稼轩说"愁"：

> 少年不识愁滋味，爱上层楼。爱上层楼，为赋新词强说愁。而今识尽

---

[1]（唐）白居易：《读老子》，载丁远、鲁越校正：《全唐诗》，国际文化出版公司1994年版，第1497页。

愁滋味，欲说还休。欲说还休，却道天凉好个秋！[1]

少年轻狂，不谙世事，为赋新词强说愁，其实是一种浅薄之言。待经历了人生的风风雨雨、无数世事沧桑之后，深刻体味了真正的愁苦和无奈，却只能以"天凉好个秋"这种似说非说的无言之言来表白了。

再如教育，老子认为最好的教育是不言之教。庄子则讲得更妙：

无谓有谓，有谓无谓。（《庄子·齐物论》）

终身言，未尝言；终身不言，未尝不言。（《庄子·寓言》）

这其实是一种高妙而洒脱的言说境界。一方面，没有说话却好像说了；另一方面，说了很多话却好像什么也没有说。现在家长都非常重视对孩子的教育，都望子成龙、望女成凤，反复要求孩子好好学习。而父母自己呢？却忙着看电视、玩手机、打游戏，在这种情境下，孩子可能坐得住好好学习吗？所谓不言之教，就是身教重于言教。如家长想让孩子爱读书，自己要先爱读书，养成读书的习惯。如此随风潜入夜，润物细无声，能不影响孩子吗？有一幅漫画画得着实有趣，也十分耐人寻味。孩子因成绩不好，被家长骂笨鸟。孩子不服气地说：世上笨鸟有三种，一种是先飞的，一种是嫌累不飞的。家长问：那第三种呢？孩子说：这种最讨厌，自己飞不起来，就在窝里下个蛋，要下一代使劲飞。

回到无言之言。假如以言说方式对人的智慧水平进行划分的话，我觉得可以大致分为五等：第一等，智者大道在心，大智不言，沉默是金；第二等，智者善于以故事或寓言来言说，说得很少但表达得很多；第三等，智者自己讲理

---

[1] （宋）辛弃疾：《丑奴儿·书博山道中壁》，载徐汉明校注：《辛弃疾全集校注（上、下）》，华中科技大学出版社2012年版，第564页。

论；第四等，自己讲别人讲的故事或理论；第五等，连别人讲的故事或理论也讲不了。第一、第二等属于上智，第三、第四等属于中人或中人偏下，第五等恐怕就是不折不扣的下愚了。

（四）无用之用

第四个"无 A 之 A"，叫无用之用。无用之用，是道家尤其重视、反复强调的一种"无 A 之 A"，当然也是与咱们的现实人生联系最直接、最密切的一种。为什么？因为在当今社会，每一个人都言必称"有用"。凡做事之先，必问一句话：这有用吗？或者，做这个事有什么用？有用，才去做它；无用，就不做它。

对此，庄子一语道破天机：

> 山木，自寇也；膏火，自煎也。桂可食，故伐之；漆可用，故割之。人皆知有用之用，而莫知无用之用也。（《庄子·人间世》）

可见，道家对于"有用"是有精深的哲学思考的。道家认为，"有用"分两种形式。第一种有用，叫有用之用，实际上是功能之用或者功利之用。比如，杯子的有用之用，是盛水；修课的有用之用，是挣学分、拿文凭；工作的有用之用，是挣钱养家糊口；做企业的有用之用，是获取利润。道家认为，这种有用之用是人人都知道的，是自发获得的，是无师自通的，但它是小用。第二种有用，叫无用之用。无用之用，绝不是没用，而是一种更高的有用，是超越功能之用或者功利之用的用处。道家认为，无用之用恰恰是大用，因为它是成就人之为人的根本条件。这恰恰是一般人最容易忽视的，至少是非自觉修炼不能获得的。多数人只懂得小用，不懂得大用，尤其常常因沉迷于小用而丧失大用。

要理解道家的无用之用，可以分两个层次。第一，"无用之用"恰是成就"有用之用"的基础性条件。举例来说，庄子针对惠子指责"子言无用"所做的自

第二章 道家：对人生的反思方式

我辩护如下：

> 知无用，而始可与言用矣。夫地非不广且大耶？人之所用容足耳。然则厕足而垫之致黄泉，人尚有用乎？（《庄子·外物》）

其大意是讲，知道无用以后，才可谈论有用。大地是很广阔的。一个人站在地上，只有脚下所站之地是有用的，其他地方是没用的。人所可用的地方，只是立足之地而已。但是，如果把其他地方都挖掉，一直挖到黄泉深处，脚下所站之地，还有什么用呢？也就是说，如果不考虑无用与有用之间的关联，而孤立地谈有用，有用又有什么用呢？

比如，对人而言，健康、快乐、自由等无用之用，是金钱、名、利、权等一切物质性的有用之用的前提和基石。否则，仅有这些物质性的有用之用，毫无意义。

第二，有之以为利，无之以为用。老子有一段精辟的阐释：

> 三十辐共一毂，当其无，有车之用。埏埴以为器，当其无，有器之用。凿户牖以为室，当其无，有室之用。故有之以为利，无之以为用。（《老子》第11章）

其大意是讲，三十根辐条汇集到车毂中，有了车毂中空的地方，才有车的用处。揉合陶土做成器皿，有了器具中空的地方，才有器皿的用处。开凿门窗建造房屋（如黄土高原地区挖窑洞），有了门窗四壁内的空虚部分，才有房屋的用处。所以，"有"仅给人便利，而"无"才给人提供真正的用处。

进一步举例言之，对于快乐而言，物质方面的"有"如有钱、有车、有房等，仅是为快乐、自由提供了某种便利，并不能直接带来快乐、自由。只有善于把这些"有"转化为"无"，如无忧、无虑、无病、无灾、无痛苦等精神要素，才真正拥有了快乐、自由的享受。人们总喜欢把快乐、自由理解为"有"，但快乐、自由的根本在于"无"。有，可能多半是给人看的；无，才是属于你自己的。所有的有用之用，只有镶嵌在无用之用中，它才能有意义，否则仅仅停留在有用之用这个层次上，就没有意义。

不过，同样是表达"无用之用之为大用"，老子与庄子对于"无用之用"的着眼点及落脚点却有很大的不同。老子着眼于"以无为用"，善于用"无"，关注的仍然是事物的实际功用；庄子着眼于"以大为用"，立乎其"大"，关注的是人的精神境界。在讨论老子和庄子哲学时，我们再具体分析。

无论怎么说，道家重视把事物之用分为有用之用和无用之用，是基于对人性的深刻洞察。庄子指明，人们"皆知有用之用，而莫知无用之用"，这既可以理解为针对兵荒马乱的战国时代人们生存状况的一种特指，也可以理解为针对每个时代人们普遍生存状况的一种泛指。事实上，事物（或人）的用处可以分为"有用之用"和"无用之用"两种。作为本能和自发产物的"有用之用"，要懂得完全可以无师自通，而作为人之为人的自觉精神创造的"无用之用"，则只有经过千锤百炼之后，才可能被领悟并实现。对于人之为物而言，有用之用，当然是大用；对于人之为人而言，无用之用，方为大用。

所以，一方面，要清楚有用之用所固有的局限，进而知道无用之用之为大用，且主动为之；另一方面，凡是有用之用，只有善于充分发掘其背后的"无用之用"（精神意义），才真正值得拥有或持续为之。比如，自觉做一些无用的事，至少可以保留一个成人以及成己的窗口。也许在某种程度上正如林语堂所言："在人的一生，有些细微之事，本身毫无意义可言，却具有极大的重要性；事过境迁之后，回顾其因果关系，却发现影响之大，殊可惊人。"[1]

不为无益之事，何以遣有涯之生？因为，有用之用无非是在社会各种形式的磁场（如名利场）作用之下，顺着个人的欲望做简单的加法运算而已——直到最后，通过有常或无常的剥离（如被没收或死亡），被统统清零为止。如此，在社会磁场之中身不由己的被动行为本身中，其实没有多少自由意志，当然也就无所谓成熟和不成熟。一个人假如只知道整日忙忙碌碌于有用之用，才是地

---

[1] 林语堂：《京华烟云》，张振玉译，群言出版社2009年版，第3页。

地道道地浪费极其珍贵的生命时间。世界上难道还有比学会如何更好地生活,更加有用和实用的吗?何必事事都要追逐或追问某种目的呢。岂不知很多事情有过程足矣,过程本身就是目的。让无目的也占据相当的比重,欣然悠然享受过程本身,难道不是一种生活艺术?

总之,在道家的视野里,一个人做事的动力,不仅源于功利的追求,更重要的是,源于非功利的追求。前者往往都是浅层次的、极有限度的,而后者才是深层次的、永无止境的。因此,一个人成熟的根本标志,不在于对有用之用的理解,而恰恰在于对无用之用的体悟和践行。如何做到呢?首先在于,拥有对无用之用的信念;其次,自觉主动地读无用之书、做无用之事,且从中受用不尽;最后,善于发掘和欣享有用之用之上的精神价值。比如,我跑步,从不停留于健身长寿之类的有用之用,而是每天享受超越自我的快乐,享受融于大自然鸟语花香的自由,enjoy "running" 本身。

读书尤其如此。回顾大半辈子的经历,我受教于道家"无用之用"最多的,也许就是学会自觉主动地去读无用之书、为无用之事、做无用之人,且从中受用不尽。读应试书、专业书、科研书之类的有用之书,充其量满足的不过是生存需求而已;真正的读书则是读无用之书(也含把有用之书作为无用之书来读)。唯有无用之书,才可以最大限度地满足生活趣味之需。

当然,我们既要读有用之书,也要学会读无用之书。这两个方面要形成一种匹配,两者之间要形成一种良性的平衡。这时,我们才有一种生命成长,才有一种生活智慧,才可能拥有一种健全的生活,从而成为健全的人。

各种"读书无用论"翻来覆去、喧嚣不已,与真正的读书又有何干呢?在我看来,不管是有用还是无用,读书都须持以无用之用的心态——何必非要压上"黄金屋""颜如玉""唯有读书高"之类的不堪承受之重?好读书不求甚解,无所用心,悠然自得,岂不更是佳境?禁不住想重申一下,真正意义上的读书,绝不会停留于狭隘的功用层面,必定是读无用之书或者以无用之用的心态读书——如此读书,并不在于解决技能性或职业性或课业性等功用问题,而在于享受思想或情感本身的妙趣。

甚为可贵的是，庄子把有用和无用的日常问题上升为哲学问题，他对无用之用讲得更透辟、更精彩、更饶有趣味，咱们讨论庄子哲学时将细细品味。

（五）无为而为

第五个"无A之A"，与无用之用具有密切联系，我们称之为"无为而为"。道家讲了两种"有为"：一种叫有为而为，另一种叫无为而为。要明确，这两种都是有为。不过，前者主要基于功利算计，属于刻意或有心而为之，后者则主要是天性和修养使然，属于顺性或无心而为之；前者靠外在的坚持来维持，故难以长久，后者则凭性情和趣味来维系，故欲罢不能。

道家所讲的"无为"，绝不是不为，而是究竟怎样为或者以什么方式去为——其完整式是"为无为"，说到底就是无为而为。由此，我宁愿把"无为"分成四个层次来理解：最高的是顺道而为，其次是顺性而为，再次是顺趣而为，最起码的是不胡作非为。后面，我们在讨论老子的"为无为"时再展开聊。

我们平时讲的"有为"，绝大多数是有为而为。其典型的表现形式是，做任何一件事，都抱着明确的功利目的，奔着某一个结果去做。道家讲的无为而为，则是无心而为、以无为的方式去为。最精粹的表达莫过于老子所讲的九个字：

为无为，事无事，味无味。（《老子》第63章）

这九字箴言，可以说是对于无为的一种展开和诠释。什么意思呢？就是以无为的方式去作为，以没有事的方式去做事，以没有味道作为最好的味道。所谓事无事，体现为身虽忙碌但心中无事，即身忙而心闲（正好对应于现代人的身闲而心忙，或者身忙心更忙），类似于陶渊的所谓"勤靡余劳，心有常闲"；所谓味无味，体现为把恬淡无味作为至味。道就恬淡无味。可以这么说，谁能把白开水品得有滋有味，谁就算对"味无味"有所得了。

"为无为，事无事，味无味"这九字箴言，讲的就是无为而为的状态。所以，无为而为，一定是有为，但为的方式和有为而为又大不一样，是对有为而为的否定和提升。何以见得？咱们可以回顾一个人的成长过程。人做事的方式往往经历三种境界。

我们在孩童的时候，都喜欢玩游戏，玩游戏并没有明确的功利目的，就是好玩，就是为了享受游戏本身，从来没有想要通过玩游戏挣多少钱，或获得某种名利。小孩子自己不考虑为什么为，是自发的无为而为，所以，呈现为一种活泼泼的生命状态。

长大之后，人们则是有为而为。对什么事情都抱着明确的目的去做，大都是直奔功利主题的，往往省略了过程或者是减少了过程。这时候都是急匆匆、苦哈哈的，所以很无趣，很无聊，很劳累，很纠结，很痛苦。

那么，理想的生活状态的有为又当如何呢？要重新回到或者上升到无为而为。不过，此时的无为而为相较于儿童时期的无为而为，已经发生了质的变化，是自觉以无为的方式去为，即为无为。这其实是一种经过自觉磨炼之后的境界。

关于如何实现无为而为，老子讲了很多，庄子也讲了很多。庄子特别提出要顺天而为，或者顺自然天性而为，天道要求我们怎么做，我们就按照那样去做。这实际上就把握了无为的最本质的含义，视无为为一种方式，最终实现更好的有为，是以无为的方式去求有为。咱们在探讨老子、庄子哲学时再具体展开分析。

（六）无治之治

无为而为进一步扩展用于社会治理或者国家治理，就可以被称为无治之治，这也是"无 A 之 A"的一种。

道家认为，对社会或者国家最好的一种治理方式，既不是到处插手干预的那种全面控制，也不是放任自流的无政府主义，而是以无为的方式治理，即无治之治。也就是说，一开始没有治理，然后有了太多的治理，再否定之后提升成顺应自然的无治之治。我们有时也称它为无为而治。

道家怎么定位无治之治呢？老子讲得好：

> 太上，不知有之；其次，亲而誉之；其次，畏之；其次，侮之。（《老子》第17章）

这里讲的是不同层次的治理方式。最好的治理方式是，老百姓不知道是否有一个最高统治者在那儿。如黄帝时代，老百姓日出而作，日落而息，各人做各自的事，不知道有一个黄帝存在。道家认为，最好的管理是善于顺应人和事物的自然本性，是人法自然的无治之治。

老子还讲：

> 我无为，而民自化；我好静，而民自正；我无事，而民自富；我无欲，而民自朴。（《老子》第57章）

这其实是对于"太上，不知有之"的最好诠释。老子认为，无治之治是最好的一种治理，实际上是有领导的，但是领导者只致力于创造一种宽松自由的环境或氛围，不直接插手具体事务，而实现了整个社会的自然而然的良性发展。第二好是亲近他，歌颂领导者的伟大、英明和仁爱。第三好是一听就害怕，因为领导者手中有权力，一不听话他就会给点厉害看一看。最糟糕的一种是老百姓对领导者采取辱骂的方式。这四个层次中，最好的层次叫不知有之，实现的是一种无治而治。老子还做了一个非常精妙的比喻：

> 治大国，若烹小鲜。（《老子》第60章）

应怎么烹饪小鱼、小虾呢？要小火慢烹，最忌折腾。如果经常搅拌，一会儿就搅碎了。慢悠悠地，一面烹到黄黄的，然后慢慢地翻过来烹另一面，出锅的小鱼、小虾便黄黄的、嫩嫩的，美味可口之极。这就是最好的烹饪方法。

越是治理大国,越是治理大单位,越需要这种"烹小鲜"的气度。第一,有坚守,不盲动,不追风,不折腾;第二,从容自如,举重若轻。这就是无治之治,其关键在于拥有一种顺应自然的无我利他的精神。

庄子在《应帝王》里集中阐释了道家的无治之治,最能体现庄子与老子的一脉相承之处。比如,"一以己为马,一以己为牛"的听之任之、顺应自然的态度,正是老子"其政闷闷,其民淳淳"的形象化表述。"功盖天下而似不自己,化贷万物而民弗恃;有莫举名,使物自喜;立乎不测,而游于无有者"(《庄子·应帝王》)之类关于"明王之治"的解释,正是老子"不知有之"的为政之道的具体展开。

当然,庄子对于无治之治的具体方法概括得更为简练:

> 游心于淡,合气于漠,顺物自然而无容私焉,而天下治矣。(《庄子·应帝王》)

整个国家的领导要心气平和,要淡漠,顺应自然而不去掺杂过多的私心杂念,实际上就是无我利他的无为而治,天下自然就治理好了。

庄子在《在宥》中进一步阐释了"无治之治",其开篇即开宗明义:

> 闻在宥天下,不闻治天下也。在之也者,恐天下之淫其性也;宥之也者,恐天下之迁其德也。……君子不得已而临莅天下,莫若无为。无为也,而后安其性命之情。(《庄子·在宥》)

无治之治就是要达到一种自在和包容的状态。之所以强调自在,是因为治理容易侵害天地赋予人们的自然本性。之所以强调包容,是因为治理容易改变天地赋予人们的基本操守。

在老子和庄子看来,只有国家治理者自己善于顺自然而为(无为而为),人们能够安守性命的本真状态，他才具备治理天下的基本资格。比如，《徐无鬼》中借黄帝向一个牧童求教治道的寓言，提出了一种无治之治的秘籍："夫为天下者，亦奚以异乎牧马者哉？亦去其害马者而已矣！"（《庄子·徐无鬼》）治理天下与牧马并没有什么差别，不过是把"害群之马"除掉而已。

可见，无治之治并不是无所事事的"不治"，而是一种以不扰民为前提的最低限度的"治"。这里所谓"在宥天下""去其害马"，就类似于"守夜人"的护卫职能。解构一切秩序本身也需要一种最低限度的秩序（至少是逻辑秩序），这可能是所有反秩序主义者（如自由主义者或无政府主义者）必然面对的一个悖论吧。

通过这几个引证，我们就可明白道家无治之治的高妙之处，它是要最大限度地实现顺自然而治。有人问，无治之治在历史上实行过吗？不可能百分之百地实行，至少是有一些可圈可点的典型案例的。譬如，众所周知，中国历史上最辉煌的时期是汉唐盛世，汉初和唐初就在很大程度上践行了道家的无治之治，不管是汉初的文景之治，还是唐初的贞观之治等。总体来说，无治之治作为一种理想的治理方式，自有它的道理，当然也有它适用的阶段。

关于中国历史上践行道家的无治之治，记载得最翔实的，当首推从汉惠帝到汉景帝之间的治理。一个比较有名的记载是《史记》中的"萧规曹随"和"垂拱而治"：

> 参代何为汉相国，举事无所变更，一遵萧何约束。……高帝与萧何定天下，法令既明，今陛下垂拱，参等守职，遵而勿失，不亦可乎？（《史记·曹相国世家》）

萧何作为汉代第一任丞相定下的规矩，到继任者曹参那儿，他不改弦，不折腾，非常悠闲地遵照萧何确定的规矩，喝着茶水、聊着天，把天下治理得井然有序。正像曹参所说，高祖定下的格局，萧何制定的法律条文，我们都没有比他们更厉害，那按照已经定好的执行不就可以了？

第二章 道家:对人生的反思方式

汉文帝时期,可以说是践行无治之治的典范。作为老子之学的最佳政治践行者之一,汉文帝刘恒算是深悟老子的无治之治和慈、俭、不争"三宝"之道的帝王了。且不说其大力推行与民休息和轻徭薄赋的政策,单是《汉书·文帝纪》中所记遗诏一段,就很值得玩味:

> 朕闻之:盖天下万物之萌生,靡不有死。死者天地之理,物之自然,奚可甚哀!当今之世,咸嘉生而恶死,厚葬以破业,重服以伤生,吾甚不取。且朕既不德,无以佐百姓。今崩,又使重服久临,以罹寒暑之数,哀人父子;伤长老之志,损其饮食,绝鬼神之祭祀,以重吾不德,谓天下何!朕获保宗庙,以眇眇之身托于天下君王之上,二十有余年矣。赖天之灵。社稷之福,方内安宁,靡有兵革。朕既不敏,常畏过行,以羞先帝之遗德;惟年之久长,惧于不终。今乃幸以天年得复供养于高庙,朕之不明与嘉之,其奚哀念之有!其令天下吏民,令到出临三日,皆释服。无禁取妇、嫁女、祠祀、饮酒、食肉。自当给丧事服临者,皆无践。绖带无过三寸。无布车及兵器。无发民哭临宫殿中。殿中当临者,皆以旦夕各十五举音,礼皆罢。非旦夕临时,禁无得擅哭临。以下,服大红十五日,小红十四日,纤七日,释服。它不在令中者,皆以此令比类从事。布告天下,使明知朕意。霸陵山川因其故,无有所改。归夫人以下至少使。(《汉书·文帝纪》)

《文帝纪》最后的结语,更是着力于描述他如何具体践行无治之治:

> 孝文皇帝即位二十三年,宫室、苑囿、车骑、服御无所增益。有不便,辄弛以利民。尝欲作露台,召匠计之,直百金。上曰:"百金,中人十家之产也。吾奉先帝宫室,常恐羞之,何以台为!"身衣弋绨,所幸慎夫人衣不曳地,帷帐无文绣,以示敦朴,为天下先。治霸陵,皆瓦器,不得以金、银、铜、锡为饰,因其山,不起坟。南越尉佗自立为帝,召贵佗兄弟,以

德怀之,佗遂称臣。与匈奴结和亲,后而背约入盗,令边备守,不发兵深入,恐烦百姓。吴王诈病不朝,赐以几杖。群臣袁盎等谏说虽切,常假借纳用焉。张武等受赂金钱,觉,更加赏赐,以愧其心。专务以德化民,是以海内殷富,兴于礼义,断狱数百,几致刑措。(《汉书·文帝纪》)

我每次读《文帝记》,都禁不住泪眼婆娑甚至泪透纸背。毋庸讳言,史书记载中难免会有添油加醋的溢美之词,但通观各史所证,汉文帝执政确是践行慈、俭、不争"三宝"之德,尤其是无治而治之道的生动体现。

在西方,亚当·斯密在《国富论》中提出了理想社会形态,即政府要小而好。他把实行最低限度治理的政府叫作"守夜人的政府"。守夜人的政府,并不是无政府状态,而是说政府做的事情要限定在很小的范围之内,比如抵御外来的侵略、维护社会内部的安定等方面,其他完全可以顺任各个自然人、各个企业自主发展。这种思想到现在仍有很大的影响。这在某种程度上也算是与道家无治之治的一种暗合吧。

(七) 无我之我

第七个"无A之A",是关于"我是谁"这一基本哲学问题的,它可能更难理解,我们姑且称之为"无我之我"。

每一个人在婴儿时是无我的,长大之后,有了分别心,尤其是学会主客二分的思维后,便逐步确立了一个坚固的"我",比如我想、我要、我认为、我的地盘、我的财产等。由于对"我"有一种锲而不舍、顽固不化的坚持,"我"就成了每个人修养中最难攻克的一座堡垒。

道家深悟此道。它极其重视"吾丧我",其指向是如何解构或消解这个坚固的"我"。对此,《列子》中有一段层层设问的精彩对话:

舜问乎丞曰:"道可得而有乎?"曰:"汝身非汝有也,汝何得有夫道?"

舜曰:"吾身非吾有也,孰有之哉?"曰:"是天地之委形也;生非汝有,是天地之委和也;性命非汝有,是天地之委顺也。"(《列子·天瑞》)

其大意是讲,身体是天地寄托给你的一个形体;生命非你所有,是天地寄托给你的中和之气;性命非你所有,是天地寄托给你的顺应自然的本性。

也就是说,无物可以属于"我",连自己都不属于自己。试想,既然连自己都不属于自己,既然连身体和生命都不属于自己,怎么还会有诸如"我的"之类的东西呢?

老子反复阐释了无我。比如,老子讲:"众人皆有余,而我独若遗。"(《老子》第20章)众人都表现得非常精明,好像头上长了两个脑袋一样,而老子自己却好像有所不足。他感叹,他真是有一颗愚笨的心,好像只有老子自己一个人是糊涂蛋。然而,到底是谁糊涂?其实根本不是老子,而是众人。多数人好像都很清醒,都很精明,都觉得老子仿佛精神错乱、万物颠倒,而真相是多数人都是迷惑的,他们去看一个清醒的人,反而觉得他是迷惑的。或者我们更进一步地去想,其实我们根本就不知道究竟是老子迷惑,还是天下之人迷惑,因为我们根本没有办法去区分。我们对一个人正常与否的判断,无非是基于他与群体是否相似。只要跟我们相似,我们就说他正常;只要跟我们不同,我们就说他不正常。许多人根本就没有意识到自己处于迷惑之中,却认为自己一点都不迷惑。

庄子也反复讲无我,庄子的"无我"本质上就是忘我、超越小我。比如,《逍遥游》讲"至人无己",《齐物论》一开篇就提出一个非常重要的命题——"吾丧我",我要无我,即我要忘掉小我或超越小我。《大宗师》还讲:

相与"吾之"耳矣,庸讵知吾所谓"吾之"乎?(《庄子·大宗师》)

人们交往时总借助身体而称述自我,又怎么知道我所称述的身体一定就是我呢?忘掉或超越小我,恰是获得真知的基本前提。

我们反复提到的哲学三问之一，就是我是谁。道家思想中都包含对于我的一种自否定，并且要通过涤除玄鉴、心斋、坐忘、见独、撄宁等修养方式，把小我加以清除或摒弃。

事实上，当我们整天讲"我""我要""我认为""我的某某东西"时，可能从来没有好好反思过"我"是什么。假如能够真正反思一下"我"是什么，就能够形成深刻的思考，对于列子、老子、庄子说的道理有点领悟了。

我们不妨沉静下来好好反思一下："我"到底是什么？其一，生理意义上的我是什么？难道我就是一个器官组合？是206块骨头加上600多块肌肉挑着一个脑袋？事实上，身体器官和组织都是可以移植和更换的。据科学研究，人体的37万亿细胞每7年都会全部更新一遍。

其二，观念意义上的我是什么？难道我就是一堆观念的组合？今天认为好的观念，明天可能就认为不好，我的观念难道不是在不断变化甚至朝令夕改吗？观念稳定地存在过吗？

其三，社会意义上的我是什么？我难道就是一个身份？比如，我是一个教授，我的教授身份难道是从娘胎里带出来的？它不过是承担研究和教学任务的一个符号而已。一个人的身份处于不断变化中。或者说，身份是在不同的情境之下的非常偶然的符号，转瞬之间所有的符号都不知去哪儿了。生命本没有名字，人的名字其实也仅仅是一个符号。比如，我叫李四，我就是李四吗？李四是别人眼中的我，我并非全是李四。

其四，时间意义上的我是什么？试想，100年之前我在哪里？100年之后我又在哪里呢？在整个的时间流程中，我都处在周流不息的变化过程中。况且，在世俗层面，父母是每个人走入这个世界的门户，也是他走出这个世界的屏障。父母在，他的来路是十分清楚的，他的去路则被遮掩着。父母不在了，他的来路就变得模糊，他的去路反而敞开了。这时，人生如逆旅，我亦是行人，便昭然若揭了。

所以，不管是在生理意义、观念意义还是在社会意义、时间意义上，"我"都不过是虚而不实的空相而已，根本不存在一个确定不移、坚如磐石的"我"。

但是，否定了"我"之后，那是谁在交流？谁在分享？谁在思考？有人讲，我思故我在。这时，"我"是什么？其实就是经过否定之否定后的无我之我。

道家认为，人之一生对"我"的认知有个过程：婴儿时的无我，到少年之后的有我，到通过自觉的忘我，向无我之我的提升。道家反复强调，日常所谓的"我"在很大程度上都是立不住的，需要以"无我"否定，无我之后要上升到一个更高的层次，即无我之我。

怎样理解"无我之我"呢？这段师徒之间的机锋非常有趣，值得细细品味：

徒问："道在何处？"
师答："只在目前。"
徒问："我何不见？"
师答："汝有我故，所以不见。"
徒问："我有我故即不见，汝还见否？"
师答："有汝有我，辗转不见。"
徒问："无我无汝见否？"
师答："无汝无我，阿谁求见？"（《五灯会元》卷三）

对话到此戛然而止。置身情境之中就会发现，该机锋有趣地阐释了有你有我，不得见道，无你无我，也不得见道，乃至于即有我即无我、非有我非无我的无我之我。若真正见道，则知"中间两边，无非中道"。如何使自己的智慧得到一点提升呢？这个机锋的深层含义在于：无我，并不是彻底消灭我，而是破除对我的执迷，或者说，是通过对小我的破除，建立起大我，建立起无我之我。

可见，对于"我"进行反思的前提是，有一个"我"。"我"对我好好地追问和反思，"我"已经否定我。在几次否定之后，确立起来的就是无我之我。这个过程，实际上是打破了狭隘的小我之后确立起来一个更高的大我。

从道禅相通的角度说：破我执，不是破我；不落有我，不落无我，方为"无我之我"。著有著无，皆是著相，不属真见。俗情著"我相"，则以"无我"而破之；著"无我相"，则以"有我"而破之。不落有相，不落无相，不落有为，不落无为，有无两边，俱不执着，亦不执着于"不执着"，方为"即世而超然"，方为"即有为而无为"。不是要把我彻底地清除掉，而是要把执着于我的那种"我"、什么都是"我"和"你"的区别统统去掉。否则，众多纠结麻烦都在那儿。道家和禅宗对此都具有深刻的洞察。

有些人经常会说，谈无我、无我之我，不是太消极吗？错了。充分认识和体悟无我、无我之我，非但不消极，恰恰是一种最大的积极。套用老子的话来说，就是"大积极若消极"。不管是古人所谓"吾丧我"，还是今人所谓"我将无我"，都意在消解具有成见、成心和分别心的小我，成就更加开阔、更具包容心、更具悲悯情怀的大我，即通过无我由小我走向大我，由无我实现性真性实。在《金刚经》那里，最根本的修行就是破除"我执"，做到不执着于这个"我"。既然"我"不存在，就更没有所谓"我的"这回事了。有了这种觉悟，你对你所得到的一切就都会抱超脱的态度，你仍然可以去得到，但在得到的同时，你在心里就已经把它们放下了。这样的人，反而是活得最轻松自在的。因为无我之我，一方面可以充分意识到，没有任何东西是属于我的；另一方面又可以以万物一体的方式充分体悟到，没有任何东西不是属于我的。

达到无我之我的关键在于，由小我走向大我。对此，《吕氏春秋》中有个可以类比的、极其有趣的寓言：

> 荆人有遗弓者，而不肯索，曰："荆人遗之，荆人得之，又何索焉？"孔子闻之曰："去其'荆'而可矣。"老聃闻之曰："去其'人'而可矣。"故老聃则至公矣。[1]

这则寓言的大意是，一个楚国人出外游猎，把自己非常名贵的弓丢了，别

---

[1] 国学整理社编：《诸子集成（第六册）》，中华书局1954年版，第8页。

人劝他赶紧去寻找,他说:"不用找了,楚人丢失的弓,捡到的还是楚国人,何必去找呢?"孔子听说这件事说:"把'楚'去掉就好了!推而广之,天下人丢失了弓,然后被天下人捡到了,又有什么得和失可言呢?"老子听说这件事说:"把'人'去掉就好了!进一步推而广之,宇宙某处丢失了弓,然后在宇宙另一处被发现了,宇宙又有什么得和失可言呢?"这则寓言从某个角度饶有趣味地阐释了三个层次的无我——国家(诸侯国)、天下(地球)、宇宙。可见,以老子为代表的道家的无我,是一种以宇宙为视野的大我。

对于一般人而言,无我之我恰是对自我束缚的一种大解放,由此获得的是一种大自由。有我之我,物我两隔,我攫取外物,外物奴役我;无我之我,万物一体,万物都是我,我也是万物。以有我之我做事,整日穷于算计、斤斤计较、患得患失、忧心忡忡,而以无我之我做事,帮助别人、快乐自己,可以充分享受做事的乐趣。一个人能以无我之我的方式生活、以无我利他的方式做事,将何等开心,何等惬意,何等洒脱,何等自由!

(八)无解之解

接下来的一个"无A之A",我想聊一聊无解之解。

什么是"无解之解"呢?庄子讲的一段话颇有意思:

> 尽有天,循有照,冥有枢,始有彼。其解之也似不解之者,其知之也似不知之也,不知而后知之。其问之也,不可以有崖,而不可以无崖。……以不惑解惑,复于不惑,是尚大不惑。(《庄子·徐无鬼》)

其大意是讲,万物都自然,顺遂有观照,冥默有枢机,太始有彼端。对其理解好像不理解,无心的知好像无所知,无心的知才是真知。要追问它,它是没有端绪的,而又不可以没有端绪。以不惑来理解疑惑,返回到不惑,这是以大不惑为高。这便是一种无解之解。

庄子反复讲过一句话:

> 安时而处顺，哀乐不能入也，此之谓古之悬解。（《庄子·养生主》）

"悬解"是什么意思呢？悬解就是倒悬的解除。在庄子看来，世俗之人都是或大部分时间是"倒置之民"，即"丧己于物，失性于俗者，谓之倒置之民"（《庄子·缮性》）。庄子认为，多数人整个人生好像头朝下面，脚在上面，吊在半空中。悬解是把这个倒悬的状态正过来。当然，悬解是个比喻，说的不是形体的问题，最主要的是宇宙观和价值观的问题。

世上本无事，庸人自扰之。事实上，我们绝大多数的烦恼都是自找的。比如，整日为过去的事情而懊悔，为未来的事情而担忧，为日常的琐事而烦闷，为鸡毛蒜皮的问题而钻牛角尖。确实，有些事情如战乱、天灾，可能是外在原因造成的，是个人很难左右的。但是，大多数的烦恼是自寻、自迷、自缚造成的。比如，明明人家获得了奖金或得到了某个荣誉，与你没有任何关系，你却好几宿睡不着觉。

人生中总有各种各样的问题需要解决，或者总有各种"心结"需要解开。而事实上，解决问题或者解开心结可以有多种方式：其一是物理意义上的解决；其二是心理意义上的解决；其三是哲学意义上的解决。对一些问题的解决，可能需要一些直接的方式。比如，手机出了毛病，要把故障清除；身体某个部位磕破了，要把血止住。这种解决叫物理意义上的解决。物理意义上的解决，一般适用于物理世界。还有一些解决问题的方式叫心理意义上的解决，特别是对于纠结、烦恼、痛苦之类的精神世界的问题，用物理的方式不能解决，或者基本上不起作用。心病还须心药医，于是，要通过舒展或解开心理疙瘩来解决。

道家提出的解决问题的方式主要是哪一种呢？无疑是哲学意义上的解决。它针对的不是物理世界，而是精神世界；它不是直接地寻求解决这个问题，而是通过给人一种观点，使人转换视角或者放大格局，让人清清楚楚地认识到这个问题本身就不成其为问题，或者根本就不存在这个问题。庄子讲齐物也好，讲齐论也好，讲齐不齐以为齐也好，作为观念和方法都属于第三种。

管理思想家彼得·德鲁克也有类似的阐释:"观念上的变化并不能改变事实,但是却能非常迅速地改变事实的意义。"[1]比如,"杯子是半满的"和"杯子是半空的"描述的是同一物理现象,却有截然不同的意义——这使人们的理解从杯子是半满的变化到杯子是半空的,可以提供广阔的创新机会。同样,类似拥有开染坊和制雨伞的两个女儿的老太太对于阴天和晴天的变化,由愁苦不堪到其乐融融的转换也说明,观念上的变化并不能改变事实,却能非常迅速地改变事实的意义——至少使人所处的环境由苦境转为乐境。要之,你改变不了环境或事实,但你完全可以改变对于环境或事实的观念和态度。

下智背负问题,中智解决问题,上智取消问题。道家对于人生的绝大多数问题,采取的就是"上智取消问题"的解决思路。比如,所谓"齐物",不是改变"物"的物理属性使其整齐划一,而是在更高层次上改变对"物"的看法,使"物"的影响和区别变得没有意义;也不是直接解决问题,而是在更高层次上取消问题,使问题不成其为问题。道家尤其是庄子的智慧,就在于不能直接解决问题,但能直接取消问题。

取消问题的关键在于,使人充分领悟到,问题根本不成其为问题——这是一种形而上的哲学解决方案。其中的方法之一,是可以在空间上、时间上转换视角和认知层次。比如,我们一打开《逍遥游》,马上就会进入一个非常开阔、非常宏大的世界;一读《秋水》,马上就会明白一个人在整个宇宙里是多么渺小。这时,今日登峰须造极,渺观宇宙我心宽,人的视野和胸襟为之大开。每个人的一生都是极其短暂的,《菜根谭》中有句话:"石火光中争长竞短,几何光阴?蜗牛角上较雌论雄,许大世界?"[2]实际上,我们每个人很大程度上就像一块打火的燧石,生命就这么一闪而过,最后趋于无影无踪。

当然,这种形而上的哲学解决方案中最重要的是,道家提供了一种"以道观之"的宇宙观。以物观之和以道观之,全然是两个世界。我们平时认为一个

---

[1] 〔美〕彼得·德鲁克:《创新与企业家精神》,蔡文燕译,机械工业出版社 2006 年版,第 166 页。
[2] (明)洪应明著,乙力编译:《菜根谭》,三秦出版社 2008 年版,第 86 页。

很大的问题，可能它本身就是个很小的问题，或者这个问题本身就不是问题，或者这个问题本身根本就立不住。所以，没有通过正面解决的方式给我们一种最好的解决，这难道不是一种生活智慧？

从广义上讲，人的所有活动都是游戏。卡斯把人的游戏分成有限的游戏和无限的游戏两类：有限的游戏的目的在于赢得胜利，无限的游戏却旨在让游戏永远进行下去。有限的游戏在边界内玩，无限的游戏玩的就是边界。[1] 在合理趋向上，每个人的活动都要自觉实现由有限的游戏到无限的游戏的跨越和升级。凡简单地以输赢、成败、得失作为最高标准来论人论事，其实都是有限游戏的思维。事实上，还有比输赢、成败、得失更重要的东西，这就是行动过程本身——这至少体现了无限游戏的一个角度。道家的无解之解的一个重要基点就在于，致力于解构有限游戏的思维方式，从而建构一种无限游戏的思维方式。

概而言之，本章我们集中讨论了道家对人生的反思方式。这种反思方式是一种以太极思维为主轴的哲学反思，指向追求一种超越的精神境界，而这种超越的精神境界的核心是"无A之A"。

"无A之A"，并不是简单地否定A，而是在更高层次上真正确立A。或者说，"无A之A"不是脱离和抛弃A，而是既包容又高于或超越A。事实上，A并不能直接对A进行确认，只有经过无A，然后上升到无A之A，才算真正对A有所确认。凡是停留在A这个阶段的东西，是不可能立得住的。无疑，老子、列子、庄子都具有这种自觉意识。

"无A之A"有种种不同的形态，除了我们讨论的不是之是、无知之知、无言之言、无用之用、无为而为、无治之治、无我之我、无解之解外，还有无味之味、不争之争、不材之材、不器之器、无象之象、无状之状、无始之始、无誉之誉、无乐之乐、无力之力、不祥之祥、不藏之藏、不葬之葬、不射之射、

---

[1]〔美〕詹姆斯·卡斯:《有限与无限的游戏——一个哲学家眼中的竞技世界》，马小悟、余倩译，电子工业出版社2019年版，第1页。

无得之得、无修之修、如梦之梦等诸多表达方式。

对于人生来说,凡是没有经过双重否定的肯定,都是脆弱不堪的,也是根本立不住的。对于人生经历的生命、生存、生活这三个阶段来说,生活是在更高的基础上去肯定人生,是一种洒脱脱的无 A 之 A 的状态,非如此不足以站立,而这就是一种超越的精神境界。这种超越的精神境界的建立,关键在于要学会葆有一种系统的反思能力,而道家哲学能给予我们的就是这种反思能力。

人们平时的各种认知,往往都被媒体所主导的外在意见所左右,都是经不住风吹雨打的,也是很难立得住的。只有经过无 A,进而上升到无 A 之 A,才有可能立得住。比如,由简单到复杂,再复归于(上升到)成熟的简单,由浑沌到清醒,再复归于(上升到)自觉的浑沌,便是道家的基本逻辑。凡是没有经过否定的东西,都是过眼云烟。只有经过深思熟虑的自否定过程,才能真正把 A 牢牢地树立起来,成为你生活的信念、生活的原则,成为你的价值观,成为你最坚强的精神支柱。所以,道家的无 A 之 A,非但不是走向"躺平""摆烂""佛系""内卷",而恰恰是去"躺平"、去"摆烂"、去"佛系"、去"内卷"的良药良方。

古希腊哲学家苏格拉底有句话大家耳熟能详:未经反省的人生是不值得过的。[1] 许多人却常常把未经反省或反思的东西作为论证或评判的前提,把它作为处世和做事的原则,盲目地跟着外界媒体宣传狂奔,跑得像没头苍蝇,自己把自己跑没了也全然不觉。跑了一辈子,到了坟墓门口,才幡然醒悟自己一辈子竟没有真正活过,后悔莫及,但悔之晚矣。

在这儿,我们不妨适当做一点延伸思考。大家都非常熟悉鲁迅先生的小说《故乡》,《故乡》浓墨重彩地刻画了一个非常生动的人物形象——闰土。作者通过少年闰土和中年闰土的境遇和心神的对照,把生命和生存两个层次揭示得异常分明,而对于生活层次却欲言又止、欲说还休。

---

[1] 〔古希腊〕柏拉图:《柏拉图全集(第一卷)》,王晓朝译,人民出版社 2017 年版,第 27 页。

我们可以结合道家的反思方式，对闰土的变化进行再解读。少年闰土是什么样的？

> 深蓝的天空中挂着一轮金黄的圆月，下面是海边的沙地，都种着一望无际的碧绿的西瓜。其间有一个十一二岁的少年，项带银圈，手捏一柄钢叉，向一匹猹尽力地刺去。那猹却将身一扭，反从他的胯下逃走了。[1]

从这段充满诗意的描绘中可以看出，少年闰土无疑是一个活脱脱的少年英雄，充满活力和好奇，对未来充满憧憬和向往。这代表的是一种活泼泼的生命状态。

中年闰土又如何呢？

> 先前的紫色的圆脸，已经变作灰黄，而且加上了很深的皱纹……那手也不是我所记得的红活圆实的手，却又粗又笨而且开裂，像是松树皮了。……脸上虽然刻着许多皱纹，却全然不动，仿佛石像一般。[2]

总之，一个三十几岁的人，竟然已活成麻木的木偶人了……

闰土前后为什么有如此大的反差呢？小说着眼于社会环境分析，认为饥荒、兵、匪、官、绅，加上孩子又多，苦得他像个木偶人了。虽然社会原因是主要的，但仅仅如此吗？到底有没有个人的原因呢？自身缺乏反省或反思能力而辛苦麻木，可能也是不可回避的一个方面，虽然我们不能刻意对一个底层之人提出超出其角色的设想。事实上，作者最后在离开故乡的船上反思新的生路时说：

> 我希望他们不再像我，又大家隔膜起来……然而我又不愿意他们因为

---

[1] 鲁迅:《呐喊》，人民文学出版社1979年版，第58页。

[2] 同上书，第61—63页。

要一气,都如我的辛苦辗转而生活,也不愿意他们都如闰土的辛苦麻木而生活,也不愿意都如别人的辛苦恣睢而生活。他们应该有新的生活,为我们所未经生活过的。[1]

闰土属于辛苦麻木而活着的一类。在很大程度上,失去反省或反思能力造就了中年闰土已定型的、难以逾越的、苦哈哈的生存状态。

兴许,稍微回味《故乡》,可以对道家反思的思维方式之于人生的重要性加深一些理解。当一个人失去了基本反思能力的时候,其一生可能就会以辛苦麻木的急匆匆、苦哈哈的生存状态而终结。

---

[1] 鲁迅:《呐喊》,人民文学出版社1979年版,第65页。

第三章
杨朱：轻物重生的价值观

由于秦始皇焚书和项羽火烧咸阳的文化浩劫，现在保留下来的关于杨朱思想的直接文献非常稀少。我们讨论杨朱人生哲学，要重点关注他的轻物重生的价值观，以及这种价值观对道家哲学的奠基作用。

一、核心思想

杨朱何许人也？据相关史料记载，杨朱（图3-1），生活于约公元前450年至前370年，姓杨，名朱，字子居，是战国前期道家学派的风云人物，也是道家哲学发展第一阶段的代表人物。他比老子要晚，比列子和庄子要早。

可能有些人马上会质问，您是不是搞错了？老子生活在春秋时期，明显要比杨朱早得多，怎么先讲杨朱而不先讲老子呢？我不能不说，咱们在本书中所讨论的是道家哲学，既然讨论道家哲学，就只能以哲学的发展逻辑为主线，而不是简单地以哲学家的出生时间先后为序。

根据1993年出土的郭店楚简研究，《老子》成书大约在战国中期，老子哲学真正形成思想影响力则是在汉初黄老之学盛行之时，而杨朱哲学在先秦的战国时期便已蔚然成风。

何以见得呢？《孟子》反复申明，在战国时期：

第三章　杨朱：轻物重生的价值观

杨朱、墨翟之言盈天下，天下之言，不归于杨，即归墨。（《孟子·滕文公》）

也就是说，在战国时期最具影响力的思想流派有二：以杨朱为代表的道家和以墨翟为代表的墨家。这两家的意识形态二分天下。或者说，当时天下的主流意识形态有两种，除了信奉杨子的，就是信奉墨子的。这说明，杨朱哲学思想在先秦时期产生过非常重要的影响。

那么，杨朱哲学的核心思想是什么呢？非常遗憾的是，杨朱本人的完整著作已经遗失，其观点和哲学思想只能散见于《列子》《庄子》《韩非子》《淮南子》《吕氏春秋》等文献中。现存《列子·杨朱》篇是东晋张湛根据流传下来的资料整理的，其中有一些体现的是杨朱本人的哲学思想，有一些可能是魏晋人士加上的"私货"。因此，我们在这儿只能根据以上诸著作的只鳞片爪，恢复属于早期道家的杨朱哲学这条"龙"。

《韩非子》中有这样一段记载：

今有人于此，义不入危城，不处军旅，不以天下大利易其胫一毛。世主必从而礼之，贵其智而高其行，以为轻物重生之士也。（《韩非子·显学》）

图3-1　杨朱像

图片来源：傅佩荣：《傅佩荣讲孟子》，北京联合出版公司2018年版，http://www.zhonghuaren.net/Index/detail/catid/5/artid/f7694579-e821-4507-87cb-7596c8da9c85/userid/533a8c2c-d8ad-4f7a-8f4f-46c9703253cc，2022年9月19日访问。

其大意是讲，杨朱主张不到危险的城池和军旅去，不愿以天下大利去换自己小腿上的一根汗毛。当时的诸侯王对他礼遇很高，非常看重他的智慧和品行，他称为轻物重生之人。

可以说，这段话基本揭示了杨朱哲学的核心思想。由此，我们可以把杨朱人生哲学的核心思想概括为"一个中心，两个基点"（图3-2）："一个中心"，就是以"轻物重生"即贵生为中心；"两个基点"，其一是全性葆真（如"不入危城"），其二是一毛不拔（如"不以天下大利易其胫一毛"）。其中，全性葆真则循着不以物累形、制命在内的逻辑逐层展开。

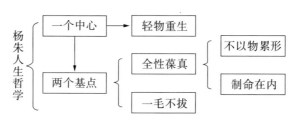

图3-2　杨朱人生哲学的思维导图

我们先来看一看"一个中心"。轻物重生，代表了杨朱哲学的价值观。何谓价值观？简言之，价值观就是关于什么重要、什么次要、什么不要的价值判断和排序。在杨朱看来，生命是最重要的，外物是次要的，以物害生是坚决不要的。可以说，杨朱轻物重生的价值观奠定了道家人生哲学的基石。

轻物重生的价值观看起来简单，做起来却并不简单，所以对其领悟和践行尤为重要。在中国哲学流派中，道家最重视生命价值。儒、墨、法家把人的生命作为实现社会价值的工具，后来的释家则把人的生命看作一个臭皮囊、一个累赘而已，认为需要尽早予以抛弃。而杨朱的轻物重生，最早在哲学层面把生命价值置于最高的位置。

二、全性葆真

接着来讨论第一个基本点"贵生",用更明白的话来说,就是全性葆真。《淮南子》中有记载:

全性葆真,不以物累形,杨子之所立也。(《淮南子·汜论训》)

就是说,全性葆真,不以物累形,是杨朱先生的核心观点。这说明,全性葆真是杨朱哲学非常重要的方面。

那么,到底什么是全性葆真呢?可以从两个方面来理解:其一,在外在形体方面,要活出形状来,能够活得全须全尾,不缺胳膊不缺腿;其二,更重要的是,在内在精神方面,要活得真实而自由,使个人的天性和个性得以充分保持和发展。通俗地讲,就是活出真性情来。可见,杨朱所重视的是如何最大限度地保持活泼泼的生命。我读《列子·杨朱》,时时感触到的就是一种无处不在的、蓬蓬勃勃的生命律动。

杨朱看重的全性葆真与庄子主张的"法天贵真"的内涵是一样的。庄子讲:

圣人法天贵真,不拘于俗。愚者反此。不能法天而恤于人,不知贵真,禄禄而受变于俗,故不足。(《庄子·渔父》)

悟道之人效法自然、看重本真,不拘于世俗规则的制约。愚蠢的人则与此相反。不能效法自然而忧心于人事,就不懂得本真的珍贵,忙忙碌碌、随波逐流地改变自己,所以贪得无厌。那么,何谓"真"?

真者,所以受于天也,自然不可易也。(《庄子·渔父》)

在对"真"的理解上，道家强调"受于天"的自然本性。人生短短几十年，许多人整天演戏作秀，一辈子从来没有真实地活过，那是多么苦、多么累、多么可惜！人最重要的是能活出自己的真性情来，不拘于俗，保持生命真实而自由的状态。

德国哲学家尼采关于成熟的见解很有意思："成为你自己！你现在所做的一切，所想的一切，所追求的一切，都不是你自己。"[1] 一般人所谓的成熟，不过是被习俗磨去了棱角，变得圆滑世故了。那其实不是成熟，而是精神的早衰和个性的夭亡。真正的成熟，是"成为你自己"，是独特个性和真实自我的形成，是真性情的发觉和发现。说到底，真正的成熟，就在于做到杨朱所强调的全性葆真。

我们常常祝愿别人或者期望自己：愿历尽千帆，归来仍是少年。人情世故要看透，赤子之心不可丢。多数人却只能停留于美好祝愿而已。这说明，做到杨朱所主张的全性葆真，何其难也！如何全性葆真，如何活出生命的形状来，如何活得真实而自由，其实是值得每个人不断深入反思的人生大课题。

那么，到底怎样才能做到全性葆真呢？这便要看随其后所谓的"不以物累形"。

三、以物累形

"以物累形"中的"形"，小而言之，指的是身体；更广泛地说，指的就是生命。杨朱首先以算账的方式，揭示了关于生命的一个非常简单，但又很容易被忽视的事实：

> 百年，寿之大齐；得百年者，千无一焉。设有一者，孩抱以逮昏老，

---

[1] 〔德〕尼采：《尼采著作全集（第一卷）》，孙周兴等译，商务印书馆2010年版，第388页。

几居其半矣。夜眠之所弭,昼觉之所遗,又几居其半矣。痛疾哀苦,亡失忧惧,又几居其半矣。量十数年之中,逌然而自得亡介焉之虑者,亦亡一时之中尔。(《列子·杨朱》)

其大意是讲,一百岁,是一个人寿命的大限。能够活到一百岁的,一千个人里很难挑出一个。即使有这么一个人活到一百岁,那么从孩提襁褓到衰弱老迈的阶段,几乎就占据了他生命中的一半时间。晚上睡觉所消耗的,再加上白天清醒时所浪费的,又几乎占据了剩余时间的一半。病痛哀愁劳苦,失意忧伤惊惧,又几乎占据了剩余时间的一半。算起来在这剩下的十余年里,能够怡然自得,心中没有丝毫挂虑的,不过是短暂的刹那罢了。

即便一个人以活一百年计,其有效生命充其量也不过十余年。更何况99.999%的人并活不到一百岁。以现在平均预期寿命77.9岁来计算,一个人的有效生命充其量也就七八年而已,犹如白驹过隙,也犹如一颗转瞬即逝的流星,何其短暂!这就是"形"的基本事实,也是生命的基本事实。

"以物累形",却是生存的常态。譬如,庄子在《至乐》中举例说:

夫富者,苦身疾作,多积财而不得尽用,其为形也亦外矣!夫贵者,夜以继日,思虑善否,其为形也亦疏矣!人之生也,与忧俱生。寿者惛惛,久忧不死,何之苦也!其为形也亦远矣!(《庄子·至乐》)

其大意是讲,富有的人,劳累身形勤勉操劳,积攒了许许多多财富却不能全部享用,那样对待身体也就太不看重了。高贵的人,夜以继日地苦苦思索怎样才能保全权位和厚禄,那样对待身体也就太疏忽了。人们生活于世间,忧愁也就跟着一道产生,长寿的人整日里糊里糊涂,长久地处于忧患之中而不死去,多么痛苦啊!那样对待身体也就太疏远了。

东汉末年的医圣张仲景,在其医学名著《伤寒杂病论》开篇就无限感慨地说:

> 怪当今居世之士……但竞逐荣势，企踵权豪，孜孜汲汲，惟名利是务；崇饰其末，忽弃其本，华其外而悴其内，皮之不存，毛将安附焉？……痛夫，举世昏迷，莫能觉悟，不惜其命，若是轻生，彼何荣势之云哉。而进不能爱人知人，退不能爱身知己，遇灾值祸，身居厄地，蒙蒙昧昧，蠢若游魂。哀乎，趋世之士，驰竞浮华，不固根本，忘躯徇物，危若冰谷，至于是也。（《伤寒杂病论·自序》）

近两千年来，张仲景痛惜万分的中肯话语可谓直指人心、振聋发聩，时时回荡于历史时空。

"以物累形"中最核心的一个关键字，是"物"。什么是"物"呢？概而言之，"物"有两种形式：一种是有形的物，如汽车、手机、互联网等各种工具，以及土地、金钱、物品等有形财产；一种是无形的物，如名、位、权、情等。

"物"与人的生命本来是什么关系？从本质意义上讲，物是为我们的生命服务的，是为了使我们能够活下来，且活得更方便、更快捷、更舒坦、更快乐、更自由等。也就是说，人的生命与物二者之间是主奴关系。但，实际情况如何呢？主奴关系经常倒置。假如缺少一点警醒和反思，本来是物为我所用，反过来就成了我为物所用。

人生而自由，但无往不在枷锁之中，现实中"以物累形"的现象比比皆是。举例来说，现在多少人成为手机控？早晨起床和晚上睡觉之前都在刷视频、玩游戏，昏天暗地；整个人成为手机的奴隶，一离开手机就像丢了魂似的，彻头彻尾成为手机的奴仆。本来，手机作为一个通信工具、综合娱乐终端、交易终端，是为人的生命服务的，它是奴隶，人是主人。但是一旦失去警醒，一旦缺乏自制力，不经意之间或者陶醉在媒体诱导的温柔乡里，主人和奴隶的关系就会发生根本的变化。其他的物，也是同样的道理。

我们了解更多、更熟悉的一种物，当然是金钱（或货币）。金钱本来是干什么用的？它是人类发明出来代替物物交换的一种交易媒介。物物交换的成本非常之高，人们才寻找某种一般等价物作为媒介，这就是最初的货币。货币本来旨在使交易更方便、更快捷，使我们的生活质量更高。但是，古往今来，多少人为之笑，为之哭，为之睡不着觉；多少人对金钱朝思暮想，利令智昏，最后成为阶下囚或上了断头台。

看起来逻辑如此简单，但事实上又如此复杂、如此滑稽。这就是一种人性的异化。本来，金钱是人的奴仆，反过来人变成了金钱的奴仆。奴仆也就罢了，有些人还为它失去快乐，为它失去自由，为它献出生命。

名、利、权、位各方面，亦然。关于人间世的这种名缰利锁，有一个小故事流传很广。乾隆皇帝下江南，观赏长江时，问南京金山寺住持法磐："长江中船只来来往往，这么繁华，一天到底要过多少条船啊？"法磐答道："整个长江中来往的无非就是这两条船，一条为名，一条为利。"[1]人间世，就是一个具有巨大磁力的名利场，名缰利锁都会累及我们的生命，会对生命造成伤害。当然，依我看，除了为名和为利这两只船，还有一只船——为游，即以审美游乐的趣味主义为取向，它完全可以超越为名和为利。

有人说，名、利、权是人间世最大的三个骗子。[2]之所以如此，最主要的是因为名、利、权本来都是天下之公器，不可占有，不可多用，而社会机器的激励法则却想方设法诱导人去多多攫取、多多占有，结果骗人不浅，误人终生。

无形的"物"中除了名、利、权、位之外，还有"情"。有诗词云：问世间情为何物？直教人生死相许。这虽然在正面歌颂情，但也不能忽视陷于情网造成的人生困局。

可以说，人没有"物"没法存活，但仅靠"物"又不复为人——因为自己已经异化为物，不成其为人。如前所言，本来名、利、权、位、情等这些"物"是为我们的生命提供服务的，但是利用它们的时候把握不住度，或者是没有一种坚韧的价值观支撑，不经意之间整个主奴关系就颠倒了，从而各种社会滑稽剧、各种人性异化的丑态不断上演且永不停息。

---

[1] 参见南怀瑾著述：《论语别裁（上）》，复旦大学出版社2018年版，第264页。
[2] 林语堂：《生活的艺术》，越裔汉译，陕西师范大学出版社2008年版，第113—114页。

被物所支配，就是"物于物"，难道不是我们绝大多数烦恼和痛苦的根源吗？归纳而言，"以物累形"造成烦恼或痛苦的情况，可以分为两个层次：第一，一个人对物的欲望超出了生命本身的需要。生命对物质的需要，其实是非常简单的。并且，生命中最重要的东西，往往都是免费的，如阳光、空气、水等。即便当今在城市要花点钱，但总体来说还是最廉价的。然后，基本的温饱或者基本的衣食住行，也是生命所需要的东西。温饱问题解决之后，物欲却常常超出生命的需要。

第二，物欲超出自己能力所及的范围。当物欲超出生命本身的需要时，新的烦恼和痛苦就层出不穷了。按理来说，人有点物欲也未尝不可，但是，要和个人能力相匹配。遗憾的是，现代人处在社会这个"物"的大磁场中，处在各种各样的诱惑之中，处在无尽的攀比之中，物欲水平不断抬高，人心不足蛇吞象，自己的能力与欲望之间因此永远存在不及的距离，甚至是一个永恒的距离。

把欲望当作志气，且以此来进行励志教育，成为现代社会的一种通病。人对物质的追求是无穷无尽的，欲望的满足是没有尽头的。根本原因在于，对于什么是高级的定义，永远在变化。一块石头本身没有价值，但给这块石头取个名字叫作"玉石"，并且告诉你这种玉石是高级的，那么这一块本身没有价值的石头就变得价值连城了。一个瓷做的小盘很便宜，但现在告诉你这个盘子是唐朝的，它很稀少、很高级，那么本身很便宜的瓷盘就变贵了。而当过上所谓高级的日子，只要改变一下高级的定义，创造一种更加高级的概念，那么马上就会有更加高级的生活。因此，如果你把物质生活作为追求的目标，那就永无止境，人也会变得越来越不快乐。

现代社会，人们的生活幸福感直线下降，和报刊、电视、互联网等各种媒体的宣传是分不开的。其实，自古以来就有富豪，自古以来就有奢靡的日子，而古代富豪的奢靡，除了他们富豪圈子里的人知道以外，百姓是不大可能知道的。百姓不知道这样的奢靡就不会与之对比，产生欲望，就不会感到痛苦。而到了今天就不是这样，人们现在可以轻而易举地通过报刊、电视、互联网媒体了解到富豪的活法,而富豪也在不断地借助媒体去宣扬他们的价值观。普通人大多看到这些,再对比自己的活法,马上就会自惭形秽。以前晒太阳很快乐,而现在要在海上游轮中晒太阳才会快乐;以前吃个麻辣烫很美味,而现在要吃燕窝、鱼翅才美味;以前骑个单车很开心,现在却要开跑车、名车才会快乐;以前住个小房子很舒适,现在却想要三层楼的别墅,还要带个游泳池才会舒心……而自身的收入实际上完全不能支持,当这些欲望得不到满足时,心中就会产生各种纷扰和不安,源源不断的压力和痛苦就会出现。

如此一来,就会引发各种各样的问题。有句网络语描述得很形象:身强力壮,东张西望;钱包鼓鼓,六神无主。现在多少人整天处于神不守舍的攀援状态,东张西望、六神无主,这难道不是一种非常普遍的"以物累形"吗?

那么,如何才能不以物累形呢?庄子表述得最为简练:

物物而不物于物,则胡可得而累邪?(《庄子·山木》)

所谓"物物而不物于物",就是善于用外物而不被外物所用,主宰外物而不被外物所主宰,始终做各种各样外物的主人,不成为外物的奴隶。领悟这句话的深刻内涵,反复玩味它,践行它,我们的人生就会发生很大的改变。当然,知道和能够真正做到之间的距离,就像有了地图和拥有领土一样,还非常遥远,还要慢慢修炼。

物从心为正,心逐物为邪。究其本源,并不是这些物质的东西造成的,而是我们自己的内心以及思维方式。我们要能够安静下来,不要任凭我们的欲望去发展,要从追求物质的满足变为追求精神的满足,从向外追求变为向内探索,面对社会上的种种诱惑,泰然处之,不让这些东西影响我们自身,适时逐渐减少我们的欲望,将我们的心性及时调整到一种与自然协调平和的状态。

最重要的是,要把人生真正看透彻。人到底是什么?我到底是什么?我究竟需要什么?当把这些问题想明白、把人生看透彻的时候,就能够出乎其外,真正做到物物而不物于物，就能够实现全性葆真、真实而自由地生活。否则，物越多，你越容易走入恶性循环的怪圈，你越容易身陷急匆匆、苦哈哈的生存状态不能自拔。

人离开物无法生存，仅靠物无法生活。我在研究企业文化时发现，企业里白领阶层往往活得最累、最悲催。按理来说，白领阶层的收入是很可观的，在企业里的地位相对来说是较高的。但是，各种各样的心理问题，各种各样的痛苦纠结，超负荷劳作、"过劳死"等问题却层出不穷。为什么？我的研究结论是一个字——比。他们必须比，且整个身心处于无尽攀比的过程中。充满竞争的生存环境好像让他们不得不这样做，但是，难道真的完全是不得已吗？现在白领的生存困局，尤其是各种各样的心理问题，至少80%是个人的问题。社会竞争的压力当然有，但是，主要还是个人价值观和财富观的问题。

关于价值观，以上已经聊得很多了。这里有必要稍稍论及财富观的问题。对于物质需求的满足，杨朱有一段非常有趣的话：

> 原宪之窭损生，子贡之殖累身。……善乐生者不窭，善逸身者不殖。（《列子·杨朱》）

杨朱认为，在物质上，一方面要避免太贫穷，另一方面也不要追求太富有。贫则害生，富则累生，最好是悠游于非贫非富之间的中道状态。杨朱还说：

> 丰屋美服，厚味姣色，有此四者，何求于外？有此而求外者，无厌之性。无厌之性，阴阳之蠹也。（《列子·杨朱》）

杨朱认为，高大的房屋，华丽的服饰，美味丰盛的食物，姣好的女色，有了这四样，又何必再追求另外的东西？有了这些还要另外追求，实在是贪得无厌之性。杨朱把这种对财富的贪得无厌，称为"阴阳之蠹"，即天地之间的最大祸害。

那么，现代人应该树立怎样的财富观？在我看来，合理的财富观应坚持四字箴言：够用最好。够用是福，匮乏是苦，多余是祸，至少是累。很多人说，人的欲望越来越大，到底多少算够用啊？其实，够用的标准也很简单：以衣食无忧为宜，越简单越自由。

美国石油大亨约翰·洛克菲勒所制定的家训中有句话说，财富是上帝的，而我们只是管家。这句话对所有人培育合理的财富观都是极为适用的，且事实也不过如此——说到底，财富与名、利、权、位一样，都是天下之公器，任何人都不可多用。对于超出自己享用范围的那些财富，除了做一个社会志愿者，忠忠实实、勤勤恳恳地履行管理的职责，你还能做什么呢？

四、制命在内

既然以物累形的现象比比皆是，那么，到底怎样有效避免以物累形？杨朱提出，避免以物累形，关键在于制命在内。

什么是制命在内呢？杨朱对当时以物累形的常见现象进行了归纳。他认为，人们之所以劳苦不堪、东张西望、六神无主、神不守舍，主要是因为四点：第一是寿命，第二是名声，第三是地位，第四是财富。四者代表了人们经常面对的各种各样的"物"。

> 生民之不得休息，为四事故：一为寿，二为名，三为位，四为货。有此四者，畏鬼，畏人，畏威，畏刑，此之谓遁民也。可杀可活，制命在外。（《列子·杨朱》）

其大意是讲，人们得不到休息，是为了四件事的缘故：一是为了长寿，二是为了名声，三是为了地位，四是为了财富。有了这四件事，便害怕鬼、害怕人、害怕权势、害怕刑罚,这种人叫逃避自然的人。这种人可以被杀死,可以活下去,其控制命运的力量在自身之外。

为了长寿,就害怕鬼。刻意追求长寿,也是一种伤害生命的"物"。追求长寿就会整天活得战战兢兢。我有个朋友很重视养生保健,这个不敢吃,那个也不敢动,他每天梳头达到 6000 次,说梳头有利于血液循环、延年益寿。他总忧虑哪个地方出了什么问题,哪个地方有点疼痛,整天担忧。如果养生保健到这种神经兮兮的程度,不就被长寿奴役了?还有什么快乐可言,还有什么健康可言?

为了名声,就害怕人。为什么?因为"名"的逻辑在于,它只能靠别人(或关注者)言说或者评价才能成立。既然如此,水能载舟,亦能覆舟,别人(或关注者)既可以把你捧到天上,同样也可以把你打入地狱。杨朱认为,"生民之不得休息"之要项,是"名",为名者,必然畏人。古往今来,人言可畏,众口铄金,积毁销骨,"名"不知折磨得多少人死去活来。事实上,只要不触犯道德和法律的底线,不管别人说你如何好或者如何不好,其实都与你没有丝毫关系,你依然是你,何必为之飘飘然或者戚戚然?明白了这点,就可以从外转向内,不被外在喧嚣所左右,所谓褒贬毁誉,无变乎己。

难道现在各种各样的明星(包括一些学术明星)不是这个样子?整天忙于"吸粉"、关注出镜率或者点击率,甚至不惜制造各种各样的噱头和假象来炒作,成了名的奴隶。

针对制命在外的名与利,杨朱甚至提出了一些反常的方式加以防范。譬如,慎做善事,他说:

> 行善不以为名,而名从之;名不与利期,而利归之;利不与争期,而争及之。故君子必慎为善。(《列子·说符》)

做好事不是为了名声,而名声却跟着来了;有名声不是希望获得利益,而利益也跟着来了;有利益并不希望同别人争夺,而争夺也跟着来了。所以,君子对于做善事必须非常谨慎。如此而为,恰恰为了能够制命在内。

为了地位,就害怕权势。在人间世,地位的逻辑是什么?你拥有什么地位,不是自己说了算的,而是有权势的人或组织给予你的。它既然有能力给你,也就有能力拿掉。人的社会意义亦然,它就是一套符号,谁给你的符号,谁就能拿掉这个符号。

为了财富,就畏刑。坐拥好多财富的人,一旦入了狱,所有的财富就被没收掉,历史上有多少例子?于是整天处在战战兢兢的状态。所有自主权是放在别人那里的,是外在决定的。

对此,杨朱看得相当透彻。名、利、权、位就是毛毛雨,转眼之间也就像雾、像雨、又像风,来来去去一场空,所以称为虚名浮利。当然,对一般人而言,前提是把温饱问题解决,其他的都是虚浮的东西,有也可以,没有也没关系。最后杨朱总结说:

> 不逆命,何羡寿?不矜贵,何羡名?不要势,何羡位?不贪富,何羡货?此之谓顺民也。天下无对,制命在内。(《列子·杨朱》)

其大意是讲,不违背天命,怎么会羡慕长寿?不以尊贵为满足,怎么会羡慕名声?不求取权势,怎么会羡慕地位?不贪求富裕,怎么会羡慕财富?这叫作顺应自然的人。这种人天下无敌,因为控制命运的力量在他自身之内。如果顺应自然而活,乐天而知命,何忧之有?你不想追求高人一等,愿意和每一个人平等相处,你还追求地位吗?要平等待人,每一个人都是平等的兄弟姐妹,我们拥有平等的人格,各自履行好自己的职责就好。

"顺民"是顺应自然规律和法则而为的人。顺自然规律和法则而为,便可以天下无对,制命在内。这时,你自己是一个顶立天地的大写的人,命运是自己掌控的——不一定是100%,但至少主要掌握在你的手里,或者90%以上取决于自己(表3-1)。事实上,难道是别人让你不快乐,别人让你不自由吗?不是。是谁把你捆绑住了?没有别人。没有谁使你不快乐,没有谁使你不自由,除了你自己。面对寿命、名声、地位、财富，要顺应自然，有也可，没有也无所谓，这样我们就会进入一种平和、安静的自然状态，也就从内心获得了自由。这便是不以物累形。

道家哲学与心理健康演习

表 3-1　关于"轻物重生""制命在内"的自问自答

自问	自答（第一轮）	自答（第二轮）
面对外物 VS. 生命的各种冲突，我的价值观是什么？		
身处市场经济时代，我的财富观是什么？		
面对名、利、权、位等诱惑，我应如何做自己生命的主人？		

在这里值得总结回味的是，杨朱把遁民和顺民两种活法对举得极佳。一种是形为物役，"可杀可活，制命在外"；另一种是自我主宰，"天下无对，制命在内"。遁民为外界而活，为他人而活，制命在外，充当社会机器的提线木偶，因而"不得休息"；顺民则为自己而活，是自己的主人，制命在内，遵循自己制定的法则，因而可以天下无对。唯有后者，方有可能坦然屹立于天地之间，且无敌于天下。

可见，道家不仅重视顺应自然，也非常重视自我主宰。二者可谓"一阴一阳之谓道"，"一阴一阳"体现为"顺应自然 + 自我主宰"（图 3-3）。一个人要实现阴阳动态平衡发展，且二者都须充分发挥人的主观能动性（人力）。顺应自然，首先需要"知命"，需要认识和通晓自然的规律或法则，并遵循自然的规律或法则而行动，这必然离不开人的主观能动性的发挥；其次要认清人生中哪些事项是个人可以说了算的，把自己能说了算的事项牢牢掌控在自己手中，这更需要人的主观能动性的充分发挥。这非但一点也不消极，反而恰是一种人生的大积极。

图 3-3 "顺应自然+自我主宰"构成的人生太极图

五、易方易性

杨朱认为,全性葆真要制命在内。杨朱为什么要强调全性葆真和制命在内?我们可以借用《庄子》的一句话来概括:

> 小惑易方,大惑易性。(《庄子·骈拇》)

怎样理解呢?"小惑易方",就是小诱惑会改变人的方向。一个人本来知道自己内心真实的需要是什么,知道应该往哪个方向走,可是,一旦看到名、利、权、位、情的某个诱惑,马上就改变方向。如此一来,就经常走向偏门、邪门,甚至南辕北辙、背道而驰。正如黎巴嫩诗人纪伯伦所讲,因为走得太远,忘记了为什么出发。一旦被诱惑支配,就可能离自己的初心越来越遥远。

"大惑易性",就是大诱惑会改变人的本性。庄子举证说:

> 天下莫不以物易其性矣。小人则以身殉利,士则以身殉名,大夫则以身殉家,圣人则以身殉天下。故此数子者,事业不同,名声异号,其于伤性以身为殉,一也。(《庄子·骈拇》)

其大意是讲，天下之人没有不因身外之物而迷失其本性的。小人为私利而牺牲自己，君子为名誉而牺牲自己，大夫为家族而牺牲自己，圣人为天下而牺牲自己。这四种人，所从事的事业不同，名声也有各自的称谓，而他们用生命做出牺牲以损害人的本性，却是一样的。

现实中很多人如此。我们不妨看一看一些贪官的忏悔录。比如，不少落马的贪官回忆说，自己是一个苦哈哈的穷孩子，通过勤奋吃苦求学，终于成为一个对社会有用的人才。但是拥有了权力和地位后，就抵御不住各种外物的诱惑，被周围的人围猎，甚至甘愿被围猎，长此以往，越陷越深，本性发生了改变。原来不敢做的事变得习以为常，应有的人性蜕变成了物性或兽性。最后锒铛入狱，甚至走向断头台，涕泗双流，追悔莫及。

以物易性，说到底是价值观出了问题，忘记了人之为人最重要、最宝贵的东西是什么。人之为人最重要、最宝贵的到底是什么？杨朱认为，第一位的是生命的真实和健康，其次是生活的快乐和自由。所有外物，都应服从、服务于活得真实、健康、快乐和自由，而绝不是相反。假如外物与人生的核心原则相冲突，应怎样选择？要把生命放到最重要的位置，其他的都是次要的或者不重要的。把主次关系搞清楚并不折不扣地予以践行，就是杨朱的轻物重生的价值观。

杨朱这种轻物重生的价值观，被后来的《老子》和《庄子》所继承和发展。比如，老子讲"宠辱若惊，贵大患若身"，并不是讲什么"忘身"或者"无身"，而是借"贵身"阐释道家一贯主张的"轻物重生"的基本价值观——进言之，人应时时以受惊的方式警惕"宠"和"辱"这两种无形凶器对于生命的伤害。"名与身孰亲？身与货孰多？得与亡孰病？甚爱必大费，多藏必厚亡。"（《老子》第44章）名利和生命相比，到底哪个更重要？我想，这些问话不需要回答，自己都清楚。但是真正能明白一个道理，能贯彻到日常生活中，还有很长很长的路。因此，只要人类还存在，这则振聋发聩的箴言就永远也不过时。

轻生重物，舍本逐末，可能是一个人最大的不明智。对此，庄子讲得好："凡外重者，内拙。"（《庄子·达生》）凡是太看重名、利、权、位等身外之物的人，其内在智慧必然被遮蔽，反思能力必然笨拙，自然本性必然丧失，当然就无法发挥自身的潜力。庄子还讲："其耆欲深者，其天机浅。"（《庄子·大宗师》）一个人的嗜欲与其智慧、灵性及感受力经常是呈反向发展的，嗜欲越是强烈，其智慧、灵性及感受力越是贫弱。低头打算盘的时间多了，仰头数星星的时间必然就少了。一个人贪婪无度，必然会减损或丧失生命的灵性与智慧。所谓利令智昏，就是指丧失基本感受力和判断力，与生命的本真法则和生活的核心原则渐行渐远，人变得越来越不是人了，什么坏事都做得出来。这可以说是从根源上对易方易性的阐释。

六、一毛不拔

杨朱人生哲学的价值观是轻物重生。这与在功利世界活着的人的价值观，是恰好相反的。人们在功利世界中生存，自觉不自觉地趋向于贵物或者重物轻生，因而杨朱可以给我们一个非常深刻的警醒。如前所论，杨朱围绕贵生的论述，有两个基本点，第一个基本点是通过去除以物累形来实现全性葆真，第二个基本点就是大家非常熟悉的一个成语——"一毛不拔"。

杨朱的"一毛不拔"思想，长期以来被严重误读和误解了。为什么这样说呢？其一是望文生义，一说到"一毛不拔"，往往与极端小气、自私自利连在一起。其二，更主要的是受孟子的严重误导。孟子多次提及：

> 杨子取为我，拔一毛而利天下，不为也。（《孟子·尽心上》）

杨朱主张为我，拔一根毫毛而利天下都不肯干。孟子批得更尖锐：

> 杨氏为我，是无君也……是禽兽也。（《孟子·滕文公下》）

在孟子看来，杨朱主张为我，是目无君主，禽兽不如。孟子骂得很重。由于儒家在中国古代社会长期占据正统和主流地位，这种责骂对后世影响极大。我们不禁要问：杨朱的"一毛不拔"到底是什么意思？他为什么提出"一毛不拔"的观点呢？我们以下围绕这两个问题来聊一聊。

首先，"一毛不拔"的含义到底是什么？我们有必要回归到"一毛不拔"的完整表达式。《列子》讲：

> 古之人，损一毫利天下，不与也；悉天下奉一身，不取也。人人不损一毫，人人不利天下，天下治矣。（《列子·杨朱》）

其大意是讲，古代的悟道之人损伤一根毫毛来施惠于天下，他不愿意付出；把整个天下拿来奉养他自己，他也不愿意获取。如果人人都不损一根毫毛，人人都无须利于天下，那么天下就大治了。

由此可见，杨朱着眼于天下大治，把个人贵生和天下大治统一起来了。这是自私吗？非但不自私，反而很无私。绝不能简单地用为我的自私自利来概括"一毛不拔"。所以，孟子是以断章取义、情绪宣泄的方式进行攻击而已。不能不说，孟子出于门派之见的批判，既不客观，也不厚道。

其次，杨朱为什么提出"一毛不拔"呢？《列子》紧接着记载的一段对话阐释了其中的内在逻辑：

> 禽子问杨朱曰："去子体之一毛，以济一世，汝为之乎？"杨子曰："世固非一毛之所济。"禽子曰："假济，为之乎？"杨子弗应。
>
> 禽子出，语孟孙阳。孟孙阳曰："子不达夫子之心，吾请言之，有侵若肌肤获万金者，若为之乎？"曰："为之。"孟孙阳曰："有断若一节得一国，子为之乎？"禽子默然有间。孟孙阳曰："一毛微于肌肤，肌肤微于一节，省矣。然则积一毛以成肌肤，积肌肤以成一节。一毛固一体万分中之一物，奈何轻之乎？"（《列子·杨朱》）

其大意是讲，禽骨釐问杨朱："拔掉你身上的一根毫毛来救济全社会，你干不干？"杨朱说："全社会不是靠一根毫毛就能救济的。"禽骨釐又问："假如能够救济，你愿意干吗？"杨朱不搭理他。

禽骨釐出门，将此事告诉了孟孙阳。孟孙阳说："你不能领会先生的心意，还是让我来说说看吧。假设有人侵害你的肌肤而让你获得万金，你干不干？"禽骨釐说："愿意干。"孟孙阳接着说："假如有人砍断你一段肢体而让你获得一个国家的补偿，你干不干？"禽骨釐沉默了一会，没有回答。于是孟孙阳说："一根毫毛比肌肤轻微，肌肤又比一段肢体轻微，这是明摆着的。然而正是一根根毫毛累积起来，形成了肌肤；一寸寸肌肤累积起来，形成了肢体。一根毫毛固然只占了身体的万分之一，可又怎能轻视它呢？"

我们仔细品读完这一段妙语，就明白杨朱为什么强调一毛不拔了。不难看出，杨朱的一毛不拔，在长久的流传过程中出现了很大的误读，所以需要好好品一品这个故事中蕴含的基本逻辑。

其内在逻辑是什么呢？一根毫毛、一片肌肤、一条腿或一只胳膊、整个生命，其性质是一样的。当你轻视一根极微小的毫毛时，按照这个逻辑，其实是在轻视你的生命，因为一根毫毛虽小，在本质上也是生命。由此可以设想，在一个人对自己的生命都不看重的情况下，所有的东西还有存在的价值吗？因此，杨朱认为，珍爱生命必须从珍爱每一根毫毛开始。

从《列子》的这段描述中不难看出，"一毛不拔"存在于一种由此及彼、由己及人、由小及大的社会场景。每个人都按照自己的天性和本心去做事，走好自己的人生轨迹和人生道路，顺应自然的规律和法则，不擅自干预别人，也不要求别人回报自己，不把自己所喜好的东西强加于人，也不让自己的天性和本心因别人的干预而发生改变。当所有人都能够这样行事，所有人都能够各司其职、各谋其政的时候，天下自然会呈现出一种稳定与和谐，同时也最符合人性的秩序，这样天下自然大治。这才是"一毛不拔"的内涵。所以，一毛不拔不仅仅是一种价值观，更是一种人生观。这种观点看似为己，实际上却是一种站位极高的处世方法和人生智慧。

进言之，杨朱所谓"一毛不拔"，绝不是宣扬自私自利，本质上是一部轻物重生的宣言书，也是个人生命权利的宣言书。"一毛不拔"阐释了一种非常质朴的生活态度，以及由此生活态度而自然延伸的社会治理思想。具体说来，其中包含如下相互联系的几个层次。

第一，恪守贵生重生的价值观。杨朱认为，对人而言，人之为人最宝贵者是生命，未经个人允许或认同，所有损害生命的行为都是不合理的，即使打着"救天下"的旗号也不行。或者说，没有什么比真实而自由地生活更重要，所有损害真实而自由的生活的行为都是不合理的。因此，"损一毫利天下，不与也"。

第二，把贵生重生作为治理天下的前提条件。在杨朱看来，只有贵生的人才具有治理天下的资格。恰如老子所讲："贵以身为天下，若可寄天下；爱以身为天下，若可托天下。"（《老子》第13章）珍贵自己的生命与天下一样，就可以把天下托付给他；爱惜自己的生命与天下一样，就可以把天下寄托给他。老子哲学直接继承了杨朱的"损一毫利天下，不与也；悉天下奉一身，不取也"的思想。可以想象，一个不珍爱自己生命的人，怎么可能珍爱别人的生命呢？一个连自己的生命都不看重的领导者，能看重他的子民的生命吗？他们在制定政策的时候，怎么可能充分考虑民生疾苦呢？

第三，实现权责利的对等和平衡，是基本的治理理念。杨朱认为，社会治理，要以每一个个体真实而自由地生活，以及为自己而活为出发点和归宿点；只有顺应人性需要，实现每个人的生命都不受伤害、每个人的利益都不受损害，天下才能算是实现了大治，即"人人不损一毫，人人不利天下，天下治矣"。这里，杨朱所谓"一毛不拔"既不损一毫利天下，也不悉天下奉一身，强调的是权责利的自然对等和平衡。每个人都立足本职、忠于职守、尽职尽责，何须治理？也就是说，每一个人能够立足自己的本职，把自己的事情做好，天下就大治了。比如，农民种好他的地，工人做好他的工，企业家管好他的企业，学者做好他的研究，老师上好他的课，学生好好学习，等等。每一个人都履行好自己的职责和本分，难道不是天下最井然有序的状态？

第四，小河无水大河干。人们常说，大河有水小河满、大河无水小河干。

真正的逻辑如何呢？可能恰恰相反。道理很简单，大河的水是千万条小河细流汇聚而成的，当每一条小河奔流不息的时候，大河也肯定是汹涌澎湃的。小河有水，大河才可能满；小河没水，大河就干涸了。整个社会的大河就是亿万条个人之小河汇聚而成的。马克思、恩格斯在《共产党宣言》里，把人类理想社会定义为共产主义，指出共产主义是自由人联合体，"在那里，每个人的自由发展是一切人的自由发展的条件"[1]。这就是人类最美好的理想社会图景。这与杨朱的"一毛不拔"宣言在逻辑上是完全一致的。后期庄子提出"相忘于江湖"，即每个人都像鱼一样在大江大湖里自由自在地畅游，这可以说是对于杨朱的"一毛不拔"的继承和发展。

爱因斯坦在获得诺贝尔物理学奖时，做了一个题为《我的信仰》的书面演讲。他在其中论证说："在人类生活的壮丽行列中，真正可贵的，不是政治上的国家，而是有创造性的、有感情的个人，是人格。"[2]当每一个具有创造性的、有感情的个人，能够立得住并自由全面发展的时候，这个国家肯定会立得住，并且是兴旺发达的。爱因斯坦作为一个世界级物理学家兼人文主义者，对于人类社会的命运做了非常精深的思考。如果每一个人都像一条涓涓涌动的小河或者溪流，那么这个社会、这个国家、这个天下难道不充满着无穷无尽的创造活力？

第五，归于一点，为自己而活才是最基本的活法。在杨朱看来，为别人而活既是对别人的损害，也是对自己的损害。

总之，杨朱人生哲学的核心是轻物重生。它是一体两面的，一方面是全性葆真，另一方面是一毛不拔。这两方面是为了最大限度地避免"以物累形"，最大限度地实现"制命在内"。虽然杨朱人生哲学看上去并不复杂，却牢牢地奠定了道家人生哲学的基石。如果我们能真正领悟轻物重生的价值观，真正把这种价值观变成指导我们人生的实践原则，知行合一，必将终身受用不尽。

---

[1] 《马克思恩格斯选集》第一卷，人民出版社1972年版，第273页。
[2] 〔美〕阿尔伯特·爱因斯坦：《我的世界观》，方在庆编译，中信出版社2018年版，第8页。

第四章
老子：自否定的生活辩证法

老子哲学不仅承继了前期道家贵生的基本理念和价值观，而且形成了一套具有系统性和极强思辨性的生活辩证法。我们在老子人生哲学中，主要讨论老子是如何生动而深刻地阐释生活辩证法的。我们将按照其哲学思想的内在逻辑从十个方面展开探讨。

一、核心思想

讨论老子人生哲学，首先要了解老子其人和《老子》其书。老子何许人也？简言之，老子是我国春秋时期道家哲学的代表人物，是道家哲学的重要创立者和集大成者。

最可靠的记载还是《史记》中关于老子的传记：

> 老子者，姓李氏，名耳，字聃，周守藏室之史也。(《史记·老子韩非列传》)

老子大概相当于周朝的国家图书馆和档案馆的馆长，一个副部级干部。大家想象一下，当时图书馆的竹简浩如烟海，最主要的可能是什么书籍？无疑是以史书为主。由此推想，老子作为国家图书馆和档案馆的馆长，肯定读的

第四章　老子：自否定的生活辩证法

史书最多，对整个人类历史发展脉络达到了洞若观火的程度，思考问题能够穿透几千年的历史尘埃，这让他具有了超凡入圣的哲学智慧。《史记》接着讲：

> 老子修道德，其学以自隐无名为务。居周久之，见周之衰，乃遂去。至关，关令尹喜曰："子将隐矣，强为我著书。"于是老子乃著书上下篇，言道德之意五千余言而去，莫知其所终。（《史记·老子韩非列传》）

老子研究道德学问，他的学说以隐匿形迹、不求闻达为宗旨。他在周朝住了很久，见周朝大势已去，于是就离开周朝，不知云游何方，后面可能大都是传说了。据说，老子骑青牛（图 4-1）到了函谷关，关令尹喜请求老子撰写了洋洋五千言。

老子撰写的这本书分上下两篇，阐述了道与德的思想，共五千多字。老子的著作叫《老子》，因为是由道篇和德篇组成的，所以后人也称之为《道德经》。但据专家研究，《老子》一书并不全部是由老子本人所写，而是由几个道家悟道之人对道家哲学思想的汇编，成书于战国中期。在春秋战国时期，老子的思想并没形成很大的影响力，经过汉初黄老之学推广，才逐步形成超强的影响力。

老子是道家哲学的集大成者，其思想往往最合乎中道，也具有极强的包容性和扩展性。沿着形而上的层面，可以自然而然发展为一种精神修养，列子、庄子就发展了老子形而上的精神境界的

图 4-1　老子骑青牛云游像

图片来源：参见 https://image.baidu.com/search/detail?ct=503316480&z，2023 年 3 月 10 日访问。

一面;沿着形而下的层面,可以自然而然发展为法家、兵家、纵横家的经世致用,韩非子、孙子、鬼谷子等则发展了其形而下的经世致用、运营落地的一面。因此,读列子、庄子、韩非子、孙子、鬼谷子等须以读老子为根本,读老子则须以读列子、庄子、韩非子、孙子、鬼谷子等为枝干。

老子哲学涉及的范围很广,概而言之,包括两个方面:如何治国和如何治身。因此可以说,老子哲学是以政治哲学主导,以人生哲学辅之。不过,老子在讲治国时,同时也在讲治身,也就是说,治国的政治哲学和治身的人生哲学实际上是一体的,所以我们从他的治国思想中,可以获得管理人生的智慧启迪。

迄今为止,从全世界的翻译和发行量看,《老子》是仅次于《圣经》的一本书,也可以说是世界上发行量最大、影响力最大的一本哲学书。《老子》拥有世界上几乎所有主要语言的译本,政商兵学工等各行各业都在学习或研究老子哲学,足见其对整个世界和人类社会的影响之巨大。作为中国人,我们如果不懂老子哲学,岂不有愧?

老子哲学如此重要,那么其核心思想是什么呢?我们不急于讲抽象的理论,不妨先聊一聊《高士传》中记载的一个有趣的故事。这个故事是讲老子如何完成他的毕业答辩的:

> 商容,不知何许人也,有疾。老子曰:"先生无遗教以告弟子乎?"容曰:"将语子。过故乡而下车,知之乎?"老子曰:"非谓不忘故耶?"容曰:"过乔木而趋,知之乎?"老子曰:"非谓其敬老耶?"容张口曰:"吾舌存乎?"曰:"存。"曰:"吾齿存乎?"曰:"亡。""知之乎?"老子曰:"非谓其刚亡而弱存乎?"容曰:"嘻!天下事尽矣。"[1]

据说,老子的老师叫商容,不知是哪个地方的人,总体来说是一个道家的

---

[1] (北宋)李昉等编著,谦德书院点校:《太平御览》,团结出版社2024年版,第3845页。

高士。这时可能到了病入膏肓的状态,不久要离开人世了,但是他的高足老子还没有出师,他要在自己离世之前把毕业答辩仪式完成。

我们看看他们是怎么进行答辩的。老子说,先生您可能不久于人世了,有没有遗教要告诉弟子的?随后就分别做了三轮答辩。商容问第一个问题:"经过故乡要下车,你懂吗?"老子回答:"经过故乡下车,就是要我不忘旧。"商容又问第二个问题:"看到高大的老树就小步快走,你懂吗?"老子回答:"看到高大的老树就小步快走,就是让我要敬老。"商容又张开嘴给老子看了看,问:"我的舌头还在吗?"老子说:"当然还在。"商容又问:"我的牙齿还在吗?"老子说:"早就没有了。"商容问老子:"你知道其中的道理吗?"老子回答说:"舌头所以存在,岂不是因为它是柔软的吗?牙齿之所以不存在,岂不是因为它是刚硬的吗?"商容总结说:"好啊!世界上的事理都已包容其中了。"

可见,商容对于老子的答辩非常满意。精通了这三个问题,就明白了天下最根本的道理,就可以出师了,就可以行走于天下了。于是,老子就以优秀的等级顺利通过毕业答辩了。

老子答辩的问题尤为关键,咱们不妨再来捋一捋要点。第一,不忘故,就是不忘本、不忘根。树高千尺不能忘了根,故乡是一个人生于斯、长于斯的地方,是一个人的根之所在。到故乡的时候一定要非常恭敬,不要忘掉自己的根。要是一发达了就忘乎所以,忘了根本,实际上就没有了初心,至少就不是一个成人了。而在道家那儿,不忘本、不忘根就是以道为本,不忘道,不远离道,始终遵道而行。

第二,敬老,本质上就是爱智慧。乔木代表高大的老树。一棵树能活上几百年甚至几千年,必然经历了风风雨雨,看到了无数的世事变迁,也便积累了极其丰富的生存智慧。人更是如此。一个老者读人、读路无数,经历了人世的风雨沧桑,一岁年纪一岁心,就拥有了丰富的人生阅历和深厚的人生智慧。敬畏老者,表面上是对年纪的尊重,说到底是对于智慧的敬畏、对于智慧的热爱,而哲学的本义就是爱智慧。

第三,齿亡而舌存,其实就是柔弱胜刚强。刚强的东西早早就会灭亡,而柔弱的东西却能够长久保存。这是老子生活辩证法的精华之一。对此，我们会在后面再展开讨论。

这个小故事虽不属于正史记载，但自有其高明之处，尤其是切中要害，直观有趣，值得细细玩味，至少以寓言故事的方式，使我们能够对于老子的核心思想有一个直观形象的理解。

对于老子思想的理论概括，我觉得最精练、最切当的莫过于《庄子·天下》篇所言：

> 以本为精，以物为粗，以有积为不足，澹然独与神明居。……建之以常无有，主之以太一。以濡弱谦下为表，以空虚不毁万物为实。（《庄子·天下》）

其大意是讲，老子的思想是以无形的道为精髓，以有形的物为粗鄙，以积蓄为不足，恬淡地独自与神明共处。其观点建立在常无与常有的基础上，以太一（道）为核心，以柔弱谦下为外表，以空虚不伤害万物为实质，让宇宙万物都能自由自在地生长。寥寥数语，把老子的"道""无为""守柔""致虚""不积"等核心观点都概括到位了。

其中值得稍微留意的是，"以濡弱谦下为表，以空虚不毁万物为实"。这里的"濡弱"指的不是懦弱或软弱，而是柔弱。懦弱或软弱是内在的孱弱无力，而柔弱则是外在的韧性和弹性，它恰恰是内在充满无穷能量的表现。老子讲"弱者道之用"，即柔弱是"道"之作用和实现方式，他反复以水为喻阐释柔弱的强大力量，比如"柔弱胜刚强""天下莫柔弱于水，而攻坚强者莫之能胜""天下之至柔，驰骋天下之至坚"等。随后我们会展开讨论。

了解了老子的核心思想，那么，老子人生哲学是一个什么结构呢？结合其核心思想，我们可以简要勾勒一下老子人生哲学的框架（图4-2），以便于先从整体上了解主旨，纲举而目张。

简单地说，老子人生哲学以"道"为本，以"道法自然"为主轴，以"为无为"

为总特征,以"反者道之动"和"弱者道之用"为两大基本规律,以"自知自胜"和"为道日损"为两大基本路径,以"和光同尘"和"小国寡民"为生活境界,形成了一套相对完整的生活辩证法。研究老子人生哲学要紧紧围绕老子生活辩证法展开,而生活辩证法最核心的就是"无A之A"式的自否定。我们将一层一层地进行讨论。

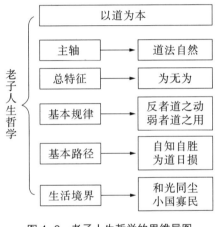

图 4-2 老子人生哲学的思维导图

二、以道为本

"道"是道家的核心概念以及道家之名的由来,当然也是老子哲学思想的精髓之所在。研读老子哲学,必须对道有所理解、有所体悟。但是,不能不说,这又是我们理解和体悟老子哲学最难啃的一块硬骨头。咱们前面讨论过,道是"不是之是",是一种不存在的存在,又是一种存在的不存在。那么,老子是怎样讲道的呢?道与人生到底有何关联呢?

《老子》一书涉及"道"字七十余次。既有高度抽象的,又有高度具象的;既有不可言说的,又有可言说的。归纳而言,老子的"道"基本上有这么四种含义。第一种是高度具象的含义,包括两种情况:其一,道的最原初、最基本的含义就是"道路",也就是具有通达功能的具体途径。如"夷道若纇",可以理解为,平坦的道路看上去有些崎岖不平。其二,道就是"说话",如第一章里"道可道,非常道",这里的第二个"道",意思就是言说,即道假如可以言说,那么它就不是永恒的道了。

除了非常具象的含义之外,其他近七十处"道",主要有另外三种基本含义。第二种是讲本根的,我们称之为本根之道。第三种是实际存在的道,或者老子体察到的道,我们称之为实存之道。第四种是讲规律的道,我们称之为规律之道。"道"的这三种含义最重要,也是最抽象、最难啃的硬骨头。后来,庄子在此基础上发展出体现人的精神境界的境界之道(等讲庄子哲学时再专门讨论)。下面,咱们一点一点地试着啃这块最难啃的硬骨头。

(一)具有观照功能的本根之道

首先讨论本根之道。本根之道是什么呢?我们看到宇宙万物,天上有日月星辰,地上有江河山川,社会有兴衰更替,人有生老病死,万物有成住坏空。我们必然会好奇并追问:宇宙万物背后的本源是什么?千变万化背后的不变是什么?老子勉强称之为"道"。他认为,道是宇宙万物和所有现象背后的本源、本质或本根。

《老子》第一章开篇就讲:"道可道,非常道。"此句尤为重要,可谓开门见山点明了老子哲学乃至道家哲学的第一原理。其中,第一个"道"和第三个"道"是指本根之道,它具有"第一义不可说"的意涵。因此,第一章告诉我们的最重要的信息就是:本根之道是不可言说的(只能通过直接体悟和践行),一旦说出来,它就不是本根之道了。不可说的东西,还要说,就是说不可说。老子开篇讲"道",就是说不可说。本根之道不可说,但又不得不说,这就是哲学的说不可说之神秘、言不可言之魅力。

关于说不可说之神秘、言不可言之魅力,可以从两个方面理解。第一,很多情况下是以某种烘云托月的方式说。我们想画一个月亮,不是直接画成月亮那个样子,而是把周围的云彩烘托出来,最后形成月亮的轮廓。画云彩不是画月亮,却烘托出了月亮。要通过说"道"不是什么,让人体会"道"是什么。第二,

第四章 老子：自否定的生活辩证法

以比喻的方式说——若什么、像什么，只能采取迂回的方式去说，启发人们去领悟。虽然老子开篇的"道可道，非常道"已经直言"道"不可说，但他通篇都在烘云托月般、以否定式或比喻式说这个不可说者。

道是宇宙万物的本根。它没法用言语表达。你没法说它是什么，你只能说出它不是什么；它不在某一具体地点，又无处不在；万物都蕴含着它，都依仗它。它又超越常驻和变化，超越部分和全体、有限和无限。它是绝对，是永恒，因为它自本自根，它的完整性和完美性与时间、空间无关。

为了帮助大家理解老子最抽象的本根之道，我们不妨根据人们的感知程度把宇宙万物分成三种。第一种是经验的事物。经验的事物，看得见，摸得着，比如我身前的桌子、手头的扇子。世界上有无数可感知、可触摸的物理事物，都属于经验的事物。但是，难道宇宙中仅仅只有经验的事物吗？以声音为例，一般人只能听见二十赫兹至两万赫兹之间的声音，高于或低于这个范围的声音都听不见。像地球自转和公转的声音非常之大，但人根本听不见。你能说它们不存在吗？其实，人们凭经验能把握的事物仅是宇宙万物中极少极少的一部分。

第二种是超验的事物。超验就是超越经验的。超验的东西超越所有概念、理解、属性、真理，甚至不能用存在或者不存在来进行表述。比如宇宙，我们思考"宇宙"，实际上永远思不到。因为宇宙是无所不包的整体，一思就把自己抛到整体之外了，当一思的时候它倏地就溜掉了，这样才知道整体不可思。这恰恰是哲学最恼人而又最迷人之所在。

超验的事物还有诸如康德的"自在之物"以及三大悬设——自由意志、灵魂不朽、上帝存在，都是没法用经验方式来证实或证伪的，但它们对人生却至关重要。"自在之物"、自由意志、灵魂不朽、上帝存在都不是经验的对象，没法用经验或逻辑理性的方法来证明。就像爱因斯坦在题为《我的信仰》的书面演讲中提到的那种无神论信仰一样："我们可以体验到的最美好的事物是难以理解的神秘之物。这种基本情感，是真正的艺术和科学的真正摇篮。……我们认识到某种为我们所不能洞察的东西存在，感觉到那种只能以其最原始的形式为我们所感受到的最深奥的理性和最灿烂的美——正是这种认识和情感构成了真正的宗教情怀。"[1]

第三种是先验的事物。先验，顾名思义就是先于经验而存在，但为构成经验提供了不可或缺的前提。比如时间、空间，用康德的先天统觉来说，人们长期积累形成一套关于时间和空间的概念，它们先于人的经验而存在。由此，我们把每个东西放在三维空间和一维时间之中，才能认识事物。

这样分析，大家也许就明白了：我们所经历的事物不仅有经验的，还有超验的和先验的——没法用经验的方式来把握，当然也没法用语言来描述，但它又不可或缺甚或至关重要。其实，老子所讲的本根之道就是如此。可以说，它既是超验的，也是先验的。

老子认为，"道"是宇宙的本原，是纷繁事物或现象背后的本质，是千变万化背后的不变，"道"是宇宙万物的总来源和总根据。它既不可思，也不可说。那么，我们怎么把握它呢？只能领悟或体悟，所以道家反复强调要悟道。

本根之道，是不可能用经验的方法来证实，当然也没法用经验的方式来证伪的。我们追问宇宙万物到底来源于什么？这个世界归根结底是什么？本根之道，恰恰就是宇宙万物或者世界的"到底"或者"归根结底"。庄子讲得颇有意思：

> 此之谓本根，可以观于天矣。（《庄子·知北游》）

把握本根之道，就可以观宇宙、观照天地万物了。天地万物（含人类）来源于道，最后都要归于道，道是万事万物的来源和归宿，同时也是万事万物的存在依据。因此可以说，本根之道，是终极追问的产物，也是人的终极关切的产物，具有很强的超越性。

（二）具有创生功能的实存之道

最抽象的、最难以言说的本根之道，是怎样下沉生成为宇宙万物的？或者，

---

[1] 〔美〕阿尔伯特·爱因斯坦：《我的世界观》，方在庆编译，中信出版社2018年版，第9页。

它呈现在世间是什么样的？这就到了"道"的第二个层面，叫实存之道。

实存之道，可理解为本根之道是怎样形成宇宙万事万物的。当然，这很大程度上是老子作为一个充满智慧的圣人能够体察到的道。老子将其描述为：

> 道冲，而用之或不盈。渊兮，似万物之宗。湛兮，似或存。吾不知谁之子，象帝之先。（《老子》第4章）

其大意是讲，"道"空虚无形，但它的作用又无穷无尽。深远啊！它好像万物的祖宗。隐没不见啊，又好像实际存在。我不知道它是谁的孩子，似乎是天帝的祖先吧。

更有趣的是第25章，可以说是老子对实存之道更细密、更具体的描述：

> 有物混成，先天地生。寂兮寥兮，独立而不改，周行而不殆，可以为天地母。吾不知其名，强字之曰道，强为之名曰大。大曰逝，逝曰远，远曰反。（《老子》第25章）

其大意是讲，有一个东西浑浑沌沌而成，在天地形成以前就已经存在。听不到它的声音，看不见它的形体，寂静而空虚，不依靠任何外力而独立长存、永不停息，循环运行而永不衰竭，可以作为万物的母亲或根本。我不知道它的名字，所以勉强给它起个字叫作"道"，再勉强给它起个名叫作"大"。其名与字合称为"大道"它广大无边而运行不息，运行不息而伸展遥远，伸展遥远而又返回本原。此处，我们可以结合庄子的描述来加深理解：

> 在太极之先而不为高，在六极之下而不为深，先天地生而不为久，长于上古而不为老。（《庄子·大宗师》）

这说明，实存之道不但具有超越性的一面，而且具有内在性的一面。实存之道是浑浑沌沌的太极，在运动中形成天地万物。如何在运动中形成天地万物？道怎么展现、怎么与天地万物建立连接关系呢？《老子》第42章描绘了由道形成天地万物的过程，尤为重要：

道生一，一生二，二生三，三生万物。万物负阴而抱阳，冲气以为和。（《老子》第42章）

其大意是讲，道是太一，太一形成元气，元气运动形成阴阳二气，阴阳二气在运动中相交而形成和气，由此形成天地万物（图4-3）。万物背阴而向阳，并且阴阳二气互相激荡而成为新的和气。

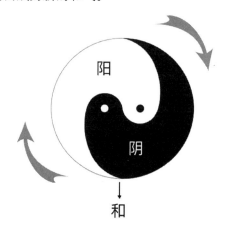

图 4-3 太极图演绎的"一分为三"及"三生万物"

由此可见，老子的宇宙生成论偏向"一分为三"。这和《易经》中"一分为二"的讲法有很大不同。《易传·系辞上》讲："易有太极，是生两仪，两仪生四象，四象生八卦，八卦定吉凶，吉凶生大业。"其基本思路是：一生二，二生四，四生八，然后生成天地万物（图4-4）。大凡以"一分为二"的二分法为主导的思维，往往都很容易走向两极思维，且很难摆脱两难的困局。

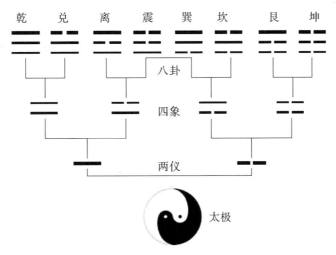

图 4-4 《易经》演绎的"一分为二"

相较而言,从宇宙生成论来看,老子"一分为三"或"三生万物"的讲法可能比"一分为二"更具有融贯性和解释力,相对更合理一些。为什么这样说呢?其一,它更能体现"道"形成万物生生不息的特性。道形成元气,元气相当于最原初的能量,元气运动形成阴阳二气,阴阳二气相交形成和气,阴阳二气与和气三者产生宇宙万物。万物背阴而向阳,并且阴阳二气互相激荡而成新的和气。所谓三生万物或者一分为三,就体现为阴阳二气相互激荡,形成和气,阴、阳、和三者产生万物。其二,它充分凸显道的功能——生。由浑沌的太一生一,一生阴、阳,阴、阳相互作用生和,阴、阳、和生天地万物,生一以贯之。其三,"一分为三"的讲法更倾向多元思维,它把两极的平衡和两极之间无限广阔的地带作为考量的核心领域,这往往更有利于找到解决复杂问题的合理方案。在某种意义上,道家所谓"守中""环中"都是对"一分为三"的具体论证。

老子还对于宇宙万物的形成进行了精妙的概括。他讲:

道生之,德畜之,物形之,势成之。(《老子》第 51 章)

道生成万物，德养育万物，万物使之呈现出各种各样的形态，时势使万物成为具体的样子。具体而言，万物之所以成长，是因为：第一，由道创生；第二，道创生万物之后又内在于万物，成为万物各自的本性即德；第三，万物依据各自的本性而形成自己的形状；第四，环境、条件等各种机缘聚合使万物趋于成熟。虽然"道"创生万物，"德"养育万物，但二者并不干涉万物的生长繁衍。

实存之道与人类的关系如何呢？毫无疑问，人是宇宙万物之一，我们每个人也同样是由道所创生。老子在本源处至少回答了哲学两问："我从哪儿来？""我到哪儿去？"他告诉我们，我们每个人都源于"道"，最终都回归于"道"。

如果说本根之道具有超越性，实存之道则是由超越性向现实性的过渡。道既有超越性，也有内在性，二者又内在于宇宙万物。那么，道在宇宙万物中具体怎样呈现呢？它具体呈现为万事万物的运行规律，这就是"道"第三个层次的含义：规律之道。

（三）具有统摄功能的规律之道

本根之道、实存之道都具有一定的超越性，甚至超出了我们的经验，但二者又内在于宇宙万物，进入我们的经验世界和现实人生，进一步下沉为万事万物的运行法则，这便是规律之道。

可以说，规律之道，就是自然界和人类社会的基本运行法则和生活的内在法则。老子讲规律之道是最多的，比如：

> 执古之道，以御今之有。能知古始，是谓道纪。（《老子》第14章）

这是说，把握着早已存在的"道"，来驾驭现实存在的各种事情。能认识宇宙的初始，这就叫认识了道的规律。再如，老子反复强调一个基本规律：

> 物壮则老，谓之不道，不道早已。（《老子》第55章）

其大意是讲，一个事物发展到非常强壮的时候，就开始趋于衰老，这就不合乎道，不合乎道就会早早完蛋。水满则溢，月满则亏。一个组织也好，一个人也罢，达到巅峰并不是好事，因为处于巅峰就意味着开始走向下坡了。所以，要想长久持续存在，不要太满，要保留持续上升的空间，没有最好，只有更好，花未全放月未圆，才合乎道的规律。

不管何种事物，只有具有持续的成长性，才是王道。比如，皇帝的尊位用九五之尊，为什么不用上九至尊？乾卦九五爻居正中，爻辞是飞龙在天利见大人；而上九爻是亢龙有悔，则太壮太满了，意味着要走下坡路了。再如，《易经》六十四卦以"未济"结束，而非"既济"，也是大有深意的。以未完成为完成，永远处于生长或成长状态，恰是最好的完成。人生亦然。人生应保持一种敞开的、未完成的状态，或者尽早打点行装，随时准备离场。

老子讲规律之道更有趣的是在第41章，他生动地描绘了人们对"道"的不同反应和态度：

> 上士闻道，勤而行之；中士闻道，若存若亡；下士闻道，大笑之。不笑不足以为道。（《老子》第41章）

颇耐人寻味的是，同样是听说"道"，不同的人由于对其觉解程度不同，表现也大不一样。

凡是有人集聚的地方，必有左、中、右三种人，也必然对道有上、中、下三个不同层次的认知：第一种，"上士"属于先知先觉者，一听说"道"马上就心领神会，并勤勤恳恳、坚持不懈地予以践行。第二种，"中士"属于后知后觉者，对"道"将信将疑、半信半疑，既没法否定又没法肯定，但在短暂犹豫或游移之后能够跟随而行。经常处于一种将信将疑、半信半疑、游移徘徊的状态，可以说是我们多数人的生存状况。

第三种，"下士"属于不知不觉者，一听说"道"既看不见，又摸不着，又毫无用处，便以荒诞不稽为由哈哈大笑。这可能是功利性生存的一种必然现象，不知不觉的人，头脑里可能最主要的是钱、名、利、权等这些看得见、摸得着、非常实用的东西。既然"道"看不见、摸不着、没有实用价值，就必然采取哈哈大笑的排斥方式。在老子眼里，这种不知不觉者是下等智慧的人，假如他不笑的话，显示不出"道"的高明。如果随便一个人不需要去修炼，或者不需要去动脑筋反思，就能够理解和掌握高明的"道"，"道"实在就不高明了。这种嘲笑的态度，恰恰表明其觉解程度之低，证明许多人行尸走肉一样生存的可悲、可笑和可叹。

规律之道具有主宰和统摄作用。它是宇宙运行法则，也是社会运行法则和人生运行法则。或者说，宇宙运行要遵循道的法则，社会运行要遵循道的法则，我们的人生也要遵循道的法则，这样才能有条不紊地行进。这是我们需要重点领悟和把握的层面。

规律之道在整个宇宙中是无所不在的，但它又不固定于某一个地方。关于这方面，庄子讲得非常风趣幽默，他这样描述道的无所不在：

东郭子问于庄子曰："所谓道，恶乎在？"庄子曰："无所不在。"东郭子曰："期而后可。"庄子曰："在蝼蚁。"曰："何其下邪？"曰："在稊稗。"曰："何其愈下邪？"曰："在瓦甓。"曰："何其愈甚邪？"曰："在屎溺。"（《庄子·知北游》）

在此，庄子意在启发我们每一个人，道在宇宙的每一种事物中、在每一个角落都存在，关键在于要善于发觉它、体悟它、践行它。

讲了这么多"道"，我们有必要再简要小结一下。整体而言，老子的"道"主要有相互关联、相互贯通的三重含义，体现了由形而上到形而下的一个过渡过程。第一，本根之道。"道"是世界的"到底"或"归根结底"，是宇宙万物存在的总依据，同时也是万事万物的来源和归宿。第二，实存之道。"道"的实际存在是恍恍惚惚的，但它能够实现道生万物，主要体现的是一种宇宙万物创生的过程或者生成的过程。第三，规律之道。规律之道就像冥冥之中一只看不见的手，无处不在，无时不有；规律之道统摄着宇宙万物以及人类社会的运行，是宇宙万物运行的基本法则。所以，人要遵循此而行，通过反思和体悟体会到它，体会到它之后，自觉地去勤而行之，应用到人生之中去。到了庄子阶段，这三个层面的道就进一步上升为精神境界之道了。

许多人会问，道家的"道"到底有什么用？也许，每个人只要追问一下自己100年之前在哪儿，100年之后又在哪儿，就恍然大悟了。一个铁一般的事实是，我们每个人，都不过是历史长河中的一个匆匆过客而已。我们日常体会更直接的可能是一个生老病死的变化过程：一个人经不住三晃，一晃大了，一晃老了，一晃死了。那么，自己的所有存在、所有奋斗、所有进取、所有获得最后都统统归于零，意义何在？这时，作为一个具有反思能力的人，必然要思考如何为这种极其短暂的存在找一种永恒的根据，为这种不确定性找一种有确定性的根据。老子及道家给我们提供了一个总依据，这就是道。

因此，对人生而言，"道"，说到底是终极关切的必然产物。"道"并不是仅仅停留于玄之又玄的形而上的清谈，而是落脚于人人必然面对的生老病死之类的具体的人生场景之中，这就为"道"建立了坚实的、形而下的根基。套用费尔巴哈的表述：正是人的坟墓，成为"道"的发祥地。

我、你、他都可以琢磨，假如我们每一个人长生不老、永远存在的话，"道"何以存在？我就是永恒，我何必再去找永恒？我就是无限，我就是确定，我还需要"道"干什么？"道"是没有意义的。事实上，情况恰恰不是这样。我们每个人的人生都是极其短暂的，都是不确定的，都是非常有限的，都处在一个飘摇不定的变化过程中，转眼之间就要消失得无影无踪。100年之后我们在哪儿？坟墓里。一切来自土地的，都将回归土地。正因为人要走向坟墓，所以才需要"道"，由此"道"就拥有了巨大纵深的真实。

换言之，为什么老子以及庄子、列子用如此大的篇幅描摹和论证看似荒诞不稽且难以凭借经验证明的"道"呢？每一个个体的一生在世间都不过是白驹过隙般的一瞬，极其短暂的一瞬在寻找其存在的意义性根基和确定性依据时，必然要建立与"无限之物"的某种沟通和连接，这必然会使"道"走向前台。

我们回到一开始提出的哲学三问。理解了"道"以后，对此可能至少有一个初步的答案：我从哪里来？源于"道"。我到哪里去？归于"道"。每一个人的人生都是从源于"道"到归于"道"的这样非常有限的一段路程，都要和"道"建立连接关系。那么，我是谁？或者，我是什么？道家说，每一个人都是"道"的一种呈现形式而已。假如再有第四问：我应当怎样度过这一生？既然来源于道，又要归于道，最好就是要同于道，也就是按照道的规律和法则去生活，就是依道而为，这便是好的生活。

在道家的语境中，每个人源于道，归于道，融于道，同于道，这既是其基本运思，也是其必然结论。因此，对于人生而言，"道"是人之为人之必需，是人的生活境界之必需。这样的意义上，"道"，在根本上是一种终极关切的哲学信仰，是一种建立在理性反思基础上的哲学信仰。这种哲学信仰提供了一种以道观物的宇宙观。有没有这种宇宙观，人的生活方式会大不一样。事实上，各种心理问题和身心疾病的根本就在于远离大道，没法以道观物，当然也就没法实现道通为一。身心健康的根本在于四通：一是道通，二是观念通，三是情绪通，四是气血通。反之，则容易造成各种心理问题和身心疾病。

捷克裔法国作家米兰·昆德拉曾这样描绘人生的困境："人永远都无法知道自己该要什么，因为人只能活一次，既不能拿它跟前世相比，也不能在来生加以修正……一次不算数，一次就是从来没有。只能活一次，就和根本没有活过一样。"[1]德国哲学家雅思贝尔斯认为，对于已经不相信宗教但仍然需要信仰的现代人来说，哲学是唯一的避难所，其意义在于鼓励人们寻找非宗教的信仰。同样，以道家哲学"道"的视野来考察，哲学一方面寻求信仰，另一方面又具有自觉理性探索的性质。哲学这种特性决定了，它能够成为处于困惑中的现代人最合适的、最可能的精神生活方式，尤其对于日益崛起的、庞大的知识阶层和中产阶层来说。

---

[1] 〔法〕米兰·昆德拉：《不能承受的生命之轻》，许钧译，上海译文出版社2017年版，第9页。

三、道法自然

前面讨论了老子的"道",那么道在实践中如何运行呢?简言之,道法自然。这便是老子那句流传最广的名言:

> 人法地,地法天,天法道,道法自然。(《老子》第 25 章)

那么,到底什么叫"自然"?为什么要"道法自然"?

一谈及自然,我们经常会将其和"大自然"(nature)混为一谈。但是,老子的"自然"绝对不是"nature"。"nature"指的往往是外在于人的大自然。而老子"自然"的本意是什么呢?很简单,是"自+然",也就是"自己这样""本来这样"。所以,老子所谓"自然"和西方所讲的"nature",其实是两码事。前者的基本含义是"自然而然""自己而然",是一种不被人刻意干预的状态,并没有实体的意义。后者则基本指代两种情况:一是与人类社会相对立的大自然或者自然界,二是现象背后的本质或者本性。有必要重申一遍,老子所谓"自然",并非咱们现在一般意义上的"自然",不是"大自然""自然界"或"本性""本质",而是"自然而然"和"自己而然"。

具体而言,需从两个方面来把握老子的"自然"。其一是自然而然的秩序,即不宜轻易改变的秩序,一旦改变的话,就必定会出现麻烦。如老子讲:

> 万物莫不尊道而贵德。道之尊,德之贵,夫莫之命而常自然。(《老子》第 51 章)

其大意是讲,万物莫不尊崇道而珍贵德。道之所以被尊崇,德之所以被珍贵,就是因为道生成蓄养万物而不加以干涉和主宰,顺任万物自然而然。比如,爱玩是孩子自然而然的天性,而早早让他们参与竞争,接受不要输在起跑线上的励志广告,从小学前推到幼儿园甚至前推到胎教和备孕阶段,越来越早进入没有归途的竞争轨道，一辈子没有童年，是非常可悲的。

其二是自己而然的状态，即没有任何外在干预或干涉的情形。如老子讲：

功成事遂，百姓皆谓"我自然"。（《老子》第17章）

事情做成功了，老百姓说"我自己本来就是这样的"，没有别人干涉，这是我自己如此的一种结果。举例言之。中国1978年开始进行农村经济体制改革，实行家庭联产承包责任制，分田到户。每个家庭男女老幼齐上阵，劳动热情和干劲儿空前高涨，农业收成也迅速提高。记得我老家当时分田到户是在1981年秋后。我当时还是一个五年级的小学生，就利用一早一晚加入面朝黄土背朝天的"修理地球"的行列，和大家一块儿担粪、刨地、浇水、锄草、收割等，忙得不亦乐乎。一年下来，看着硕果累累的丰收景象，我们不由自主地说，我们本来就是这样的哟。

这便是"自然"的基本含义。有必要提一下，道家的"自然"也有一个演变的过程：老子强调"辅自然"和"法自然"，庄子讲"因顺自然"，王弼讲"任自然"，郭象讲"以自然为正"……相较而言，老子更重视自然的内在性，而其后学则更重视自然的外在性，道家一直试图在有所追求（内在性）和有所顺应（外在性）二者之间达成某种平衡。

理解了什么是"自然"，我们再来探讨一下为什么"道法自然"。其实，"自然"这一概念本身已经隐含了部分答案。

第一，自本自根。其他任何东西都以别的东西作为它的本、它的根，唯有道是自本自根的。道是宇宙万物的总根据，是无法追溯的极点，它是自己的本，它是自己的根。

第二，自然而然、自己而然，是一种最高的价值原则，也是一种最好的运行状态和秩序。老子的"自然"作为一种自然而然的理想秩序，可以具体分为若干层次：没有外力干预或强制的"自己如此"；不能轻易改变的"本来如此"；保持相对稳定和持续状态的"通常如此"；体现基本发展趋势或走向的"应当如

第四章 老子：自否定的生活辩证法

此"。不管从哪个层次看，它都可以作为评价万事万物的至高标准。

如果单单基于人类文明社会的和谐秩序来理解老子的"自然"，那么，它首先是一种最高的价值，是一个最高的原则和标准——自然秩序高于一切强制秩序，自然原则高于正义、民主、自由等普遍原则。"道法自然"以自然的和谐与自然的秩序为最高价值，也成为超越其他思想体系的一个核心原则。

老子讲，道"以辅万物之自然，而不敢为"（《老子》第64章），遵循万物的自然本性而不会妄加干预。"辅自然"与"法自然"一样，都是遵循自然法则，体现的是一种主动自觉的状态，而不仅仅是因顺被动的状态。这也正是"道法自然"的意义之所在。在这方面，斯密的自然秩序和哈耶克的自发秩序，都可以看作是对于老子的自然思想的某种继承或诠释。

许多人把老子的"自然"理解为一种不知不觉、浑沌未分的自发状态，我以为，这本身就是一种不知不觉、浑沌未分的浅薄之见。老子所讲的"自然"，并不是自发的不知不觉、浑沌未分，而是自觉自为的自然而然，也就是说，是经过自否定之后从思想层面到实践层面重构的自然。道理很简单，假如没有与不自然状态的反复比较、审视和反思，没有对人为迷狂的痛彻体验和深刻反思，他们怎么知道自然才是最好且最值得追求的呢？

"道法自然"意在何为呢？在本质意义上，"道法自然"说到底是"人法自然"。何以言之？试想，既然"人法地，地法天，天法道，道法自然"，这样推导和推论下来，不就是人法自然？其实，人生也是一个自然而然的过程，它本来就是如此，自己就是如此。人生的根本目的是什么？人生本无目的，人生之外并无目的，人生本身就是人生的根本目的。遗憾的是，我们为人生设置了太多人为的目的，设置了太多的堆积物，使生活彻底变了味。"道法自然"告诉我们，要善于享受生命本身，善于享受生命的过程，把生命中的每一天都过得有滋有味。这就是道法自然和人法自然的最好活法。

那么，做到老子所谓自然，根本就无须学习吗？大错。"人法地，地法天，天法道，道法自然"中，"法"本身即效法、学习，强调的是人要老老实实地拜自然为师，要自觉地、凝心聚力地反复修炼和磨炼。况且，不但要向自然学习，而且还要做到毫无模仿的痕迹——达到自觉"忘"的状态。这谈何容易？不用心学习如何可能？

四、为无为

道法自然的本质在于人法自然，人法自然就要善于顺道而为、顺乎自然而为，这就是老子所讲的"无为"。《老子》一书中近六十处讲"无为"，可见老子对于无为的重视程度。那么，到底什么是"无为"？如何正确理解"无为"？咱们可以分三个层次来聊。

（一）无为而无不为

其一，无为是道的基本特点和属性。道在现实中的基本呈现方式，就是"无为"。老子反复讲："道常无为而无不为。"（《老子》第37章）道永远是顺应自然法则而为，但又没有什么事不是它所作为的。对于宇宙万物，老子讲，道"生而不有，为而不恃，长而不宰，是谓玄德"（《老子》第51章）。生成万物而不据为己有，抚育万物而不自恃有功，成长万物而不主宰。这就是道的无为。

其二，人要效法道的无为，应怎么做呢？为无为，即以无为的方式来为。无为，更加清楚和准确的表述，就是"为无为"。因此，我们可以把无为的总公式概括为：

无为 = 为无为 = 无为而无不为。

也就是说，以无为的方式（合乎自然的方式）来作为，从而可以实现无所不为的结果。可见，"无为"绝不是不作为，而是一种更高层次、更为自觉的作为，它与当下流行的所谓"躺平""摆烂"毫不相干。

无为适用于两大领域，一是政治领域的无为而治，一是每一个体生活领域的为而不争。

（二）无为而治

为无为，在社会治理方面叫无为而治，即本书第二章所讨论的"无治之治"，这是最好的治。老子讲："为无为，则无不治。"（《老子》第3章）按照"无为"的原则去做，顺应自然法则，那么天下就没有治理不好的。为什么要无为而治？老子讲："民之难治，以其上之有为，是以难治。"（《老子》第75章）人民之所以难以统治，是由于统治者总喜欢乱作为，如穷奢极欲、好大喜功、穷兵黩武等，这样，上下必然相互算计，上有政策，下有对策。

那么，怎样实施无为而治？老子讲：

> 圣人处无为之事，行不言之教，万物作而不为始，生而不有，为而不恃，功成而弗居。夫唯弗居，是以不去。（《老子》第2章）

有道之人用无为的方式对待世事，用不言的方式施行教化。听任万物自然兴起而不为其创始，有所作为，但不加自己的倾向，功成业就而不自居。正由于不居功，就不会失去，也无所谓失去。老子还讲：

> 天地不仁，以万物为刍狗；圣人不仁，以百姓为刍狗。（《老子》第5章）

其大意是讲，天地是没有偏爱的，有道的人也是这样，没有偏爱，顺任它自然发展。这就是无为而治。天地是无所谓仁慈的，它没有偏爱，对待万事万物就像对待刍狗一样，任凭万物自生自灭。圣人也是没有偏爱的，也同样像对待刍狗那样对待百姓，任凭人们自作自息。

对于"刍狗"，庄子在《天运》篇中解释得极为具体：

> 夫刍狗之未陈也，盛以箧衍，巾以文绣，尸祝齐戒以将之；及其已陈也，行者践其首脊，苏者取而爨之而已。（《庄子·天运》）

其大意是讲，古代祭祀时用草扎的刍狗来代替活的狗作为祭品，祭祀完之后便当作废物，随意丢弃。天地以及效法天地的治者并没有仁爱（小爱）的意识，已经超越所有爱，表现为不偏爱，对待万物和百姓就如同对待刍狗一般。所谓"天道无亲，常与善人"与"天地不仁，以万物为刍狗"的观念是完全一致的。道也好，天地也罢，圣人也罢，既不无情，也不有情，而是顺应自然的无情之情之谓大情。因此，所谓善人之善，也就无关乎善恶之善，而是指善于自为、善于顺应自然而为，或者善于无为而无不为。

所以，"圣人不仁，以百姓为刍狗"中所谓的不仁，并不是"不仁不义"，甚至也不是"非仁非义"，而是"大仁不仁"，是对于仁义的根本超越，进一步说，是对于儒家狭隘的仁义道德的超越。不仁，不是没有爱，而是没有偏爱，超越一般的爱。唯有实现这种超越，才有可能真正实现"人法自然"。

正由于如此，有智慧的领导者会采取"我无为，而民自化；我好静，而民自正；我无事，而民自富；我无欲，而民自朴"（《老子》第57章）的方式。就是说，我无为，人民就自我化育；我喜欢虚静，人民就自然上轨道；我不扰民，人民就自然富足；我无欲，人民就自然淳朴。我顺应自然而做，老百姓都自己发展，自己成长。这就是社会治理角度的"无为而治"。

作为一种理想的治理理念，我们平时所讲的"无为而治"至少有三个思想来源：一个是《论语·卫灵公》中所谓"无为而治者，其舜也与？夫何为哉？恭己正南面而已矣"。另一个是刚才提到的《老子》中的"我无为，而民自化；我好静，而民自正；我无事，而民自富；我无欲，而民自朴"。二者虽然都具有"垂拱而治"的意味，但其内涵及指向却明显不同：前者对应的是儒家的"为政以德，譬如北辰，居其所而众星共之"，其指向当然是"导之以德"的"德治"；后者对应的则是道家的"无治之治"，其指向是通过"道法自然"而实现"无为而无不为"的"道治"。第三个来源则是法家的"无为而治"，指向君逸臣劳、君无为臣有为的"术治",这是道家"无治之治"在形而下层面的一种坐实。

(三)为而不争

老子对于领导者"无为而治"讲得非常之多。那么,一般人又如何"无为"呢?这便是我们讨论的"无为"的第三个层次了,其最好的表述莫过于《老子》结尾的四个字:"为而不争"。也就是说,真正的"无为",并不是什么都不做,也不是什么"佛系""躺平"或者"摆烂",而是不加入个人好恶和名利动机,顺乎自然之道而行动,做事但不争结果,或者不计较成败得失,或者不以争名逐利为目的。

简言之,为而不争,就是不争之争。我们再以为而不争重新看老子的九字箴言——"为无为,事无事,味无味"(《老子》第63章),那就是以不争的方式去作为。以不争之争或者不争名逐利之心来做事,看得开,拿得起,放得下,可以超世的方式或超世的精神做入世的事业。

尤其是"味无味",最是有味。以平平淡淡为最好的味道,平常心是道,平平淡淡才是真。什么东西最有味道?可乐、雪碧、啤酒、茶等饮料,各有各的味道,白开水是最淡的味道,但恰是最有滋味的。假如我们能从白开水中品出滋味,就拥有了一种非常高的生活境界,这就是无为了。老子说,道像白开水一样,平淡无味,却最有味道。

平淡最甘醇、最有味,造平淡亦最难、最见功力。梅尧臣讲:"作诗无古今,唯造平淡难。"苏轼言:"凡文字,少小时须令气象峥嵘,彩色绚烂;渐老渐熟,乃造平淡。其实不是平淡,绚烂之极也。"[1] 唯有经过平淡到绚烂,再到平淡的自否定的修炼历程,才有可能真正达到"绚烂之极、归于平淡"的佳境。

对于生活而言,所谓味无味,可以从两个层面来理解:其一,能够在无色

---

[1] (宋)苏轼著,傅成、穆俦标点:《苏轼全集(全三册)》,上海古籍出版社2000年版,第423页。

无味的白开水中品出至味；其二，能够把每个平平常常的日子都过得有滋有味。如此，"味无味"方是生活的真功夫，把平常的每个日子过得有滋有味，对于每个人都适用。

为而不争，做事就能更加洒脱大度、开合自如。老子讲：

以其不争，故天下莫能与之争。（《老子》第66章）

像水一样善于处下，别人往高处走，我往低处走；人弃我取，人取我弃。巴菲特的投资法则是：别人疯狂时我恐惧；别人恐惧时我疯狂。当然，对"以其不争，故天下莫能与之争"也有另外一种解释：我与世无争，无人值得一争，我和谁都不争，和谁争我都不屑。这种不争之德，是建立在对于生命价值尤其是个体独一无二性的深度认知和高度觉醒基础之上的。

当然，"为而不争"是一种不争之争，根本在于以不争之心，尤其是不计较结果的方式去做事。有人会问：现实中，大家都在争，为而不争可能吗？如果大家都为而不争，还有做事的动力吗？这简直不可想象。由此，我们很有必要简单聊一聊个人"为而不争"或者"为无为"的几种可能的选择。

其一，出于责任或义务而为。以责任或义务为天职，一心一意做好本职工作，事不避难，义不逃责。当然，一个人一旦投入做事本身，就会发现每件事都有一万种做法，每件事都是一个无限宏大的世界，都可以从中获得无穷无尽的乐趣。

其二，以过程主义而为，即实现目的和过程的大反转，把过程作为目的，把目的作为手段。比如上课，许多人都把修学分作为目的，而把读书、听讲、思考、写作业和研究报告等作为手段，因而经常或者苦不堪言，或者投机取巧。反过来，如果把拿学分变成手段，把读书、听讲、思考、写作业和研究报告等整个过程作为目的，学习本身就变成一种至上的享受。这就是一种"无为"。如此一来，做事就可能超越得失、成败之类的表层结果计较，从而把享受实实在在的过程置于最高、最重要的位置。这样去做，就把有为变成"无为"了。假如人生事事都把目的仅仅作为手段，去享受做事的过程，把享受过程视作真正的目的，不计较做事的结果如何，我们整个一生就完全是另一个洞天了。这便是过程主义的"无为"。

有人问英国登山家马洛里为什么要去攀登，这个憨厚的年轻人笑了一下，回答说："Just because it's there!"仅仅因为："它就在那儿！"如此简单，这就是全部答案。这就是一种过程主义的无为。"Just because it's there!"这是一种无所为而为的进取精神，也是一种重视享受过程或以过程为乐的生活态度。

诚然，与其他生物相比，人更是一种有目的的动物。但是，有目的既包括有所为而为的目的，也包括无所为而为的目的。或者说，当我们因自己是有目的的动物而自豪时，无所为而为比有所为而为难道不更应是生活的目的吗？曾几何时，人们的生活已被太多的有所为而为的目的所淹没，最重要的过程反而越来越被缩略化、边缘化甚至荡然无存，于是在林林总总的目的混战中，生活本身变得越来越兴味索然、可有可无，生活之舟也由此迷失了行进的航标和方向。这难道不值得反思吗？

其三，以趣味主义而为，即顺兴趣而为或者以趣味为主导做事。着眼于做事本身，兴趣使然，乐在其中，欲罢不能。这种无所为而为，便是趣味主义的无为，也是一种当下主义的无为。

作为一个趣味至上主义者，梁启超认为，一个人常常活在趣味之中，活着才有价值。若哭丧着脸挨过几十年，那么，活着便成了沙漠，要来何用？凡有所为而为的事，都是以另一件事为目的而以这件事为手段，为达到目的，勉强用手段，当目的的达到时，便抛弃了手段。例如，学生为获得毕业证书而做学问，著作者为获得版权和版税而做学问，这种做法便是以学问为手段，便是有所为。有所为，虽然有时也可以为引起趣味的一个方面，但到趣味真发生时，必定要和"所为者"脱离关系。你问我为什么做学问？我便答道"不为什么"。再问，我便答道"为学问"，或者"为我的趣味"。凡趣味的性质，总要以趣味始，以趣味终。其实，人的合理的生活方式本来如此。人为什么生活？为生活而生活。生活，说到底不过是一场游戏而已。为游戏而游戏，游戏便有趣；为竞赛分数而游戏，游戏便无趣。[1]

其四，无心而为，或者不刻意而为。人来到社会上，很重要的特点是学会了分别。一旦分别，欲望就开始彰显，做什么事都有明确的目的，特别是明确的功利目的，这都是有心而为。现代人做事，功利的目的太多太强，做任何事都抱着明确的功利目的，这叫有为而为。如此一来，可能一无所得、一无所获，或者虽略有所得，却一无所乐。

无心而为的"无心"，就是没有刻意的目的。做事自然而然，瓜熟蒂落，水到渠成。刻意让自己做，勉强让别人做，最后都是很糟糕的，这都是"有为"。凡是刻意或勉强的，第一，都不自然；第二，都会变味；第三，都不可能持久。比如，人际交往中，我一向认为最佳原则是顺应自然、亲疏随缘。就像庄子所讲："君子之交淡如水，小人之交甘若醴。"（《庄子·山木》）如果刻意巴结，刻意傍大官、傍大款、傍大咖、傍名人，怎会不变味？况且，人人在考虑以相互利用为前提时，反思过自己有被利用的价值吗？

说到无心而为或不刻意而为，有个悟道小故事，很耐人寻味。有个学生问师父："师父，以我的资质多久可以开悟？"师父说："十年。"学生又问："如果我加倍苦修，又需要多久开悟呢？"师父说："得要二十年。"学生很是疑惑，又问："如果我夜以继日，不休不眠，又需要多久开悟呢？"师父说："那样你永无开悟之日。"学生惊讶："为什么？"师父说："你只在意结果，时时刻刻关注自己，又谈何开悟呢？"

其五，顺天性而为。从自然天性来看，每一个人都是独一无二的个体，可谓前无古人、后无来者，因而具有完全的不可替代性。从社会角色来看，任何一个人都不过是芸芸众生中的一员，其社会功能很大程度上由时势造就，不管他自以为多么独特、多么重要，其实都具有完全的可替代性。这是每个人所面对的永恒的困局。

要破解这个困局，关键在于对自己的自然天性进行深度反思和觉解。譬

---

[1] （清）梁启超：《梁启超全集（第七册）》，北京出版社1999年版，第4013—4014页。

如，A 顺 A 之天性致力于成为自己，就是无为，同理，B 顺 B 之天性致力于成为自己，也是无为；反之，A 逆 A 之天性想方设法成为 B，则是有为。倘使一个人不懂得无所为而为，不管他拥有的知识多么丰富或者物质多么丰饶或者地位多么崇高，都不过是生存而已，怎有生活可言？对个人而言，顺天性而为到底是本能的必然还是精神的自觉？没有对天性的清醒认知，怎有顺和不顺之分？因此，自觉顺天性而为至少应经历三个步骤或者三部曲：第一，认清自己的自然天性；第二，选择适合自己自然天性的做事方式和生活方式；第三，优游于适性而为的自由王国，也欣赏别人适性而为的自由王国，实现类似各美其美、美人之美、美美与共、天下大同的境界。这岂不是人生和人类最美好的图景？

其六，为求真、求善、求美而为。就西方古希腊以来的传统而言，哲学和科学都源于惊异，而惊异，说到底就是一种不受利害关系束缚的自由精神。和科学一样，哲学本身实际上也处于一个不断的由无知到有知的追问过程中，它始终要求人处于一种惊异状态，超然于世俗。自由精神所带来的沉思的愉悦，乃是推动哲学、科学持久前进的动力之源。例如，古希腊的阿基米德研究数学，只因为数学是美的；为艺术而艺术（Art for Art's Sake），为学术而学术；等等。这当然也与过程主义和当下主义的无为是一致的。

因此，老子的"无为"或者"为而不争"，具有自目的性、自足性、悠闲性、持久性等特征；"无为"有若干种可能的选择，不过是被现实中的各种追名逐利的贪欲和宣传遮蔽了而已。

归纳言之，老子的"无为"就是：

无为 = 为无为 = 无为而无不为

"无为"绝不是不为，而是以无为的方式而为，即以出乎或者合乎自然的方式更好、更高质量地做事。老子的"无为"，不是一个单一概念，它有一系列否定式表达，如不争、不武、不怒、无心、无知、无欲、无事等数十种。这些否定式表达并不是一种简单的否定，而是对有为的否定之否定。其本质是，通过更好地"为"，提升我们的生活品质和质量，尤其是更充分地享受生活本身的乐趣。

由是观之，老子乃至道家的"无为"，绝不关乎什么"躺平""摆烂"或者"佛系"，它本质上是更自觉、更积极的"有为"，恰恰是医治各种"躺平""摆烂"或者"佛系"的一剂良药。

五、反者道之动

在讨论老子的"道"的时候，我们明白了"道"的第三个基本含义是规律之道，与我们联系最密切的道也是规律之道，而规律之道是无所不在的。那么，在老子的视野里，总的规律之道是什么呢？老子在第40章讲得言简意赅：

> 反者道之动，弱者道之用。（《老子》第40章）

其字面意思是，道的运动是相反的，道的作用是柔弱的。这两句话揭示了道的两个最基本规律，即物极必反和以柔克刚，其中包含极其丰富和深邃的哲学内涵。

我们先来讨论"反者道之动"。它具有三层含义，即物极必反、循环往复、敝而新成，三者又恰好构成一种内生运转的闭环结构，使万事万物的变化都拥有一个不变的"轴心"。

（一）物极必反

我们前面讨论过，老子善于以否定形式来表达肯定或者以肯定形式来表达否定。例如，"大成若缺""大盈若冲""大直若屈""大巧若拙""大辩若讷""明道若昧""进道若退""夷道若纇""上德若谷""大白若辱""广德若不足""建德若偷""质真若渝""大方无隅""大音希声","曲则全，枉则直，洼则盈，敝则新，少则得，多则惑"等等。这种表达方式不是故弄玄虚或者做文字游戏，其背后的深层逻辑恰是对于"反者道之动"的深度体认。

反者道之动最基本的含义是物极必反。"有象斯有对，对必反其为。"（《正蒙·太和》）任何事物都有相反相成的阴阳两面，阴阳两面相互依存、相互转化。比如，《老子》第2章讲：

有无相生，难易相成，长短相形，高下相盈，音声相和，先后相随。（《老子》第2章）

有和无互相转化，难和易互相形成，长和短互相显现，高和低互相充实，音与声互相谐和，前和后互相接随。有无、难易、长短、高低、前后，以及好坏、美丑、善恶、真假、大小、贵贱、祸福等，都相互依存、相互转化。

盛极必衰、物极必反，是道的基本规律和运行法则，当然也是万事万物的基本规律和运行法则。所以，常保阴阳平衡的中道，才能长久，也才能防止出现盛极必衰、物极必反。对此，我们在太极思维以及辩证思维和反向思维的章节已进行过讨论，关键在于把握三个要素：第一，阴阳两面共处一体；第二，阴阳两面你中有我；第三，阴阳两面处于动态变化之中。

那么，进一步理解和把握物极必反的规律，其意义何在？我们说，"反者道之动"并不仅停留于反向思维和辩证思维，最主要的是在宇宙万物周流不息的动态变化过程中把握"反"，这样我们的智慧水平才能够得以提升。

第一，在认识事物方面，要破除或摒弃非白即黑、非此即彼的二元思维。我们这一代人小时候接受的教育，以及当今文旅产业领域普遍存在的"偶像塑造"，往往都基于一种黑白二分法，形成的是一种非白即黑、非此即彼的二元思维或者两极思维。比如，看人或者评价人，总是喜欢说这是好人，那是坏蛋；

或者一会儿神化人，一会儿鬼化人。我们在有了一些社会阅历以后，才知道现实中的人没有100%的好，也没有100%的坏，都是好中有坏、坏中有好，或者都是此中有彼、彼中有此、亦此亦彼的；再好的人，也有他的不好，十足的坏蛋也有他的好。这是人生经验的积累，也是认知的一次提升。

不过，这种认知还是静态判断而已，而事物或事态一直处于周流不息的变化之中，好坏、美丑、真假、善恶也处在不断转化之中。因此，实时动态旋转的阴阳太极图解，呈现的才是相对真实的生活图景，当然也是老子"反者道之动"教给我们的基本思维方式。这对于破除非白即黑、非此即彼的二元思维或者两极思维，尤其具有启迪价值（图4-5）。

对于人而言，每个人都有自己个性上的优缺点。比如，一般认为，多血质的人，一方面性格活泼，开朗大方，热情善交；另一方面，做事容易倦怠，无常性、难深入，表现为浮躁和浅薄。这是一个层面。还有更高层面的认知。人的个性上的优缺点在不同场景之中不断转化：此场景下的优点，在彼场景下恰是缺点；此场景下的缺点，在彼场景下恰是优点。因此，所谓优缺点仅是基于不同场景或不同标准的判断而已。或者说，根本无所谓优缺点，它们仅是在不同场景中的变换而已。

第二，善于进行反向思考和反向平衡。如我们在"反向思维"部分所聊，凡事都需要反向思考和反向平衡，并善于保持阴阳平衡的中道。[1] 比如，常言道，居安思危。处于安乐状态的时候，假如缺乏忧患意识，可能就埋下了隐患，马上变得危险了。因此，孟子讲生于忧患，死于安乐。为什么这样？因为它是反向运动的。所以我们想问题、做事情，都要考虑到反向的运动，才能让一个东西持久存在。比如，对于社会而言，不同的声音是社会有机体保持健康的必要条件，就像要根本遏制疟疾、天花等传染病必须靠疫苗接种、提升群体免疫水平一样。这是一个方面。另一方面，《老子》第42章还讲："物或损之而益，

---

[1] 张立波、陈少峰：《新中道的企业管理哲学》，北京大学出版社2012年版，第41—42页。

第四章 老子：自否定的生活辩证法

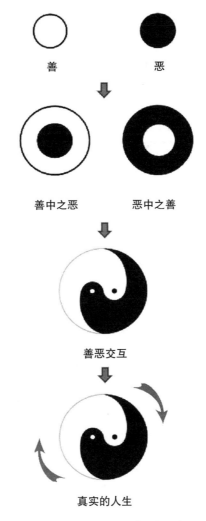

图 4-5 破除二元思维或者两极思维

或益之而损。"一切事物，如果减损它却反而得到增加，如果增加它却反而得到减损。比如，领导者自觉主动选择处下、处后的姿态，或者皇帝自称"孤""寡"，用最低贱的称号与最尊贵的地位进行平衡，以实现上下充分沟通与中和，如图 4-6 中泰卦和否卦对照；又如，以前婴儿存活率低，经常就给孩子取一个贱名，以求好养活、能长命。

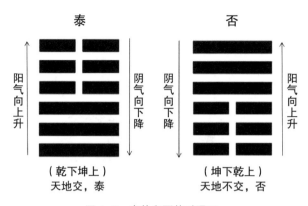

图 4-6 泰卦和否卦对照图

第三，善于分析形势和预测趋势。事物处于不断转换的过程中，一个人要把握转换的自然法则，才能做到以不变应万变，做到气定而神闲、游刃而有余。"塞翁失马"就是一个例子。塞翁无疑代表一种有智慧的人：一般人都是正着想（或正思），而塞翁却反向思考，处于福的状态时，他想到了祸，处于祸的状态时，他想到了福，所以他就能预知事态的发展趋势和规律。

凡是有智慧的人，都能够深悟"反者道之动"的规律。比如，懂得穷则变、变则通、通则久的变易法则；善于进行趋势分析，在危机中育新机、于变局中开新局。在变化中看到危和机并存、危中有机、机中有危、危可转机、机可转危，关键在于反向思考，由此未雨绸缪、把握主动。

《史记》中记载的许多古代成功的经商之道，可以说都是运用"反者道之动"的典范。比如，春秋时期著名商人计然总结了自己理政与经商并通的经营之道：

> 知斗则修备，时用则知物，二者形则万货之情可得而观已。故岁在金，穰；水，毁；木，饥；火，旱。旱则资舟，水则资车，物之理也。六岁穰，六岁旱，十二岁一大饥。夫粜，二十病农，九十病末。末病则财不出，农病则草不辟矣。上不过八十，下不减三十，则农末俱利，平粜齐物，关市不乏，治国之道也。积著之理，务完物，无息币。以物相贸，易

腐败而食之货勿留，无敢居贵。论其有余不足，则知贵贱。贵上极则反贱，贱下极则反贵。贵出如粪土，贱取如珠玉。财币欲其行如流水。（《史记·货殖列传》）

等到范蠡既雪会稽之耻，精心钻研计然经营之道，乃喟然而叹曰："计然之策七，越用其五而得意。既已施于国，吾欲用之家。"于是，范蠡：

原乘扁舟浮于江湖，变名易姓，适齐为鸱夷子皮，之陶为朱公。朱公以为陶天下之中，诸侯四通，货物所交易也。乃治产积居。与时逐而不责于人。故善治生者，能择人而任时。十九年之中三致千金，再分散与贫交疏昆弟。此所谓富好行其德者也。后年衰老而听子孙，子孙修业而息之，遂至巨万。故言富者皆称陶朱公。（《史记·货殖列传》）

还有一个著名的商人叫白圭，他更善于运用物极必反的法则，非常值得当今企业家乃至一切商业经营者细细琢磨：

白圭乐观时变，故人弃我取，人取我与。夫岁孰取谷，予之丝漆；茧出取帛絮，予之食。太阴在卯，穰；明岁衰恶。至午，旱；明岁美。至酉，穰；明岁衰恶。至子，大旱；明岁美，有水。至卯，积着率岁倍。欲长钱，取下谷；长石斗，取上种。能薄饮食，忍嗜欲，节衣服，与用事僮仆同苦乐，趋时若猛兽挚鸟之发。故曰："吾治生产，犹伊尹、吕尚之谋，孙吴用兵，商鞅行法是也。是故其智不足与权变，勇不足以决断，仁不能以取予，强不能有所守，虽欲学吾术，终不告之矣。'盖天下言治生祖白圭。白圭其有所试矣，能试有所长，非苟而已也。"（《史记·货殖列传》）

这些权变、决断、取予等法则，虽是就当时的农耕社会而言，但其基本原理对于市场经济和商业社会一样适用。所谓"乐观时变，人弃我取，人取我与"，岂不是"反者道之动"在商业上的最佳运用？

（二）循环往复

"反者道之动"的第二层含义，即循环往复。循环往复意味着什么？由正到反，由反到正，经历无数次循环，依然如故。譬如，每天有白昼黑夜的更替，每年有四季的周而复始，物有成住坏空的流转，人有生老病死的变化。以四季和昼夜更替言之，假如人一辈子能活百年，那就是 100 个四季，36000 多个白昼黑夜的循环往复。

如何在宇宙万物的千变万化之中把握不变？老子认为，把握了循环往复，就把握了不变的法则，善于把握不变的法则就有了智慧，叫作知常曰明：

> 万物并作，吾以观复。夫物芸芸，各复归其根。归根曰静，静曰复命。复命曰常，知常曰明。（《老子》第 16 章）

其大意是讲，万物都蓬蓬勃勃地生长，我从中考察其往复的规律。万物纷纷芸芸，各自返回它的本根。返回它的本根就叫静，静就叫复归于本性。复归于本性就叫常道，认识了常道就叫有智慧。老子还讲：

> 大曰逝，逝曰远，远曰反。（《老子》第 25 章）

道广大无边而运行不息，运行不息而伸展遥远，伸展遥远而又返回本原。返回本原的道，就容易把握循环往复的规律，把握宇宙恒久不变的法则。

老子的"吾以观复"，与《易经》的"无往不复"是一致的。《易经》中整体六十四卦的安排，大都是两两相对，相互或者可成复卦或者可成变卦，它们正好相互反过来了，是往复的，遵循了反者道之动的基本法则。六十四卦中还专门有个卦叫"复"卦，"复，其见天地之心"（《易经·复卦》）。一个人如果把握了循环往复的规律，就把握了天地之心或宇宙之心，就能从容不迫、泰然自若地行走于天地之间了。

老子的"观复"和《易经》的"无往不复""见天地之心",都讲要善于在万事万物的纷繁变化之中把握不变的东西,守住不变、守住大道、守住初心。

现在,许多人之所以活得很累、很疲惫,往往是因为太潮、太燃,整日疲于追风、赶时髦,跟着外面各种诱惑狂奔,而不善于把握循环往复的规律,结果经常在纷繁变化之中身心俱疲,无所适从,迷失自我,变成了不知所归的迷途羔羊。老子告诉我们,一定要善于把握循环往复的规律,本质上就是要须臾不远离大道。

任何领域都有循环往复的恒久规律。以我从业三十余年的教育领域为例。无论教育如何变革,教育的基本规律无非孔子提出的有教无类、因材施教、教学相长三大原则。以教学相长而言,古代的孔子谈话启智育人、雅典学院对话式教学,现代的互动研讨、线上教育互动交流等,都是万变不离其宗。总之,做任何事,认识了循环往复,守住了恒久价值和恒久不变的法则,不跟风,不折腾,不从众,还何须疲于奔命地忙碌不堪呢?

有必要补充说明的是,老子重视循环往复,固然与当时农耕文明周而复始的生产生活方式相关,但也反映了一个不容忽视的事实:不管如何强调进化和发展,循环论总比上升论更根本、更主流,尤其是从人与物存续的较长周期来考察。进而言之,在宇宙的大背景之下,循环往复是第一位的,螺旋式上升则是第二位的,甚至可以说螺旋式上升仅是循环往复的表现形式之一而已。

(三)敝而新成

"反者道之动"的第三个层面,是敝而新成或者推陈出新。《老子》中有一段文字对悟道之人进行了精彩的描述,最后得出一个更为精妙绝伦的结论,很值得细细玩味:

> 孰能浊以静之徐清?孰能安以动之徐生?保此道者,不欲盈。夫唯不盈,故能敝而新成。(《老子》第 15 章)

其大意是讲，谁能使浑浊状态安静下来，慢慢清澈下来？谁能使安静状态变动起来，慢慢显出生机？保持"道"的人不会自满。正因为他不自满，所以能够推陈出新。

可见，老子也讲创新，他并不主张死水般的沉寂和守旧，反而注重动中寓静、静中有动、动静交互所带来的勃勃生机。推陈出新的过程，实际上是心灵世界的"浊—静—清—安—动—生"的运转过程。他用水的动静、清浊变化，比喻反者道之动的规律，其实恰是我们的精神或心灵的运行规律。

先看"浊以静之徐清"。譬如，一杯浑浊的水，放着不动，平静下来，浑浊的泥渣沉淀下来，终至转浊为清，成为一杯清水。水在流动的时候，往往是浑浊不清的，它慢慢静下来，就变得清澈起来。我们的头脑、我们的精神、我们的心灵也是这样。在追逐外物的时候，头脑里都是一团乱麻的状态，不就像浑浊的水一样吗？假如能够静下来清空头脑，这时头脑就慢慢地变得清澈了，就变成一种大清明的状态。诸葛亮何时最有智慧？无疑是《隆中对》阶段的卧龙。他后期困于军政事务，变得头脑浑浊，昏招迭出，加速了蜀国在三国中最早灭亡。

我们现代人在忙于生存、疲于奔命、疲于追逐外物时，头脑经常处于一团乱麻的状态，不就像浑浊的水吗？假如静下来头脑清空，就慢慢变得清澈了。在头脑大清明的状态下，就可以做到耳聪目明、统观全局了。

由浊到静，由静到清，由清而安。这是悟道的前三个阶段。这里的"静"和"安"，与儒家所言"知止而后有定，定而后能静，静而后能安，安而后能虑，虑而后能得"（《礼记·大学》），完全是同一条路线，只是表达方式略有不同而已。

达到"安"，是心灵修养的至高境界。苏轼为其颠沛流离的挚友王定国的歌姬宇文柔奴作了一曲《定风波》，在结尾感慨万千地引用柔奴的话写道：

> 试问岭南应不好，却道：此心安处是吾乡。[1]

---

[1] （宋）苏轼著，傅成、穆俦标点：《苏轼全集（全三册）》，上海古籍出版社2000年版，第603页。

第四章 老子：自否定的生活辩证法

在滚滚红尘中生存，在熙熙攘攘、纷纷扰扰的世界里存活，一个人的基本定力从何而来？如何才能在躁动和喧嚣之中保持一种基本的静定和从容？可能并不仅仅来自幽僻处的打坐、冥想甚或瑜伽修炼，也不来自对未经反思的事物浅薄的热爱，更不来自咬紧牙关的所谓坚持，而根本源自对人情、人心和人性的洞悉，对宇宙、社会、人生全景图像的了然，对纷繁变化背后的不变的觉解和体认。唯有如此，心灵才有安处，才能无处不故乡；而所谓静坐和专注，不过是实现其根本的某种外在形式而已。

北宋哲人邵雍专门作了一首《心安吟》，更是有味：

> 心安身自安，身安室自宽。
> 心与身俱安，何事能相干。
> 谁谓一身小，其安若泰山。
> 谁谓一室小，宽如天地间。[1]

一个人善于保持静和清，就不论是在和风细雨之下，还是在惊涛骇浪之中，都能心安理得、安然自若、洒脱自如地生活。

再看"安以动之徐生"。由安静状态开始，徐徐发动起来，智慧之门一下子就打开了，可以慢慢创生出新的东西来。原来在浑浊状态下没有的东西，可能都冒出来了，如头脑中各种奇思妙想、新灵感、新创意、新想法、新构思、新创造等。我们经常这样进行动静结合的训练，就能永远拥有源头活水，就经常处于一种虚生万物的状态，就能不断吐故纳新、破旧立新、推陈出新。这种敝而新成，体现的是道家一贯的"静水潜流、虚生万物"的变革精神。

时时敝而新成，就会日有所思、日有所得、日有所进、日有所乐。所谓日新或者日日新，不就是一个由动到静、由浊到清，再由静到动、吐故纳新、推陈出新的循环创生过程吗？一个人不仅可以以"苟日新，日日新，又日新"为

---

[1] （宋）邵雍著，郭彧、于天宝点校：《邵雍全集（全五册）》，上海古籍出版社2021年版，第162页。

盘铭，而且可以用"孰能浊以静之徐清？孰能安以动之徐生？"日省其身。

"太阳底下无新事"与"太阳每天都是新的"，二者是并行不悖的。确实，对人生而言，真正重要的不是目标，而是敝而新成的过程，是苟日新、日日新的状态；只要过程和状态是好的，就根本不必在目标问题上较劲；目标的价值不在理论上，而在知行合一的实践中，就是为了保持一个敝而新成、日日新的过程和状态。

以个人经验而言，我觉得，"敝而新成"最简单、最有效的方法还是善于守静。如松下幸之助、稻盛和夫、乔布斯、赫拉利、马云、张朝阳等，都有不同形态的静坐习惯。每天静坐一分钟，松空匀乐妙无穷。每天静坐，头脑清澈，难道还有比这种最简单的日课更重要的事情吗？

六、弱者道之用

道的总规律，在第一方面是"反者道之动"，在第二方面是"弱者道之用"。"弱者道之用"的字面意思是，道的作用呈现为柔弱。也就是说，遵循道的规律，要以柔弱的方式来行事。为什么要以柔弱的方式来行事？"弱者道之用"有什么深刻的哲学内涵？我们分别加以讨论。

（一）柔弱胜刚强

老子为什么重视和强调柔弱？简言之，根本在于柔弱胜刚强，即以柔克刚。如何理解柔弱胜刚强呢？柔弱胜刚强，具体有三个层次或者三种情况。

第一，现实中的柔弱者战胜刚强者。如水滴石穿、绳锯木断等，这是我们容易看到的现象。我们到一幢破败的古建筑或一个老庄园考察时，经常看到屋檐下的石头上有很多小孔，屋檐上的水不断地往下滴，时间一长都把石头滴穿了。绳子是柔软的，木头是坚硬的，但时间长了绳子能把木头锯断。这是为现实所证明的。所以老子讲："天下之至柔，驰骋天下之至坚。"（《老子》第43章）

天下最柔弱的东西，却可腾越穿行于天下最坚硬的东西中。长江、黄河从青藏高原一直流向大海，也是在众多硬邦邦的大石大山之中浩浩荡荡腾越穿行。

第二，凡是硬邦邦的东西都会早早灭亡，而柔弱者却能够长久保持，且能够笑到最后。打得过谁并不重要，打得过时间才重要。前面聊的齿亡舌存，就是这种柔弱胜刚强的形象表达。

第三，更重要的是，柔弱代表着一种生生不息的生命活力，而刚强则是趋于灭亡的征兆。《老子》以生动的实例讲：

> 人之生也柔弱，其死也坚强。草木之生也柔脆，其死也枯槁。故坚强者死之徒，柔弱者生之徒。是以兵强则灭，木强则折。强大处下，柔弱处上。（《老子》第76章）

其大意是讲，人活着时身体是柔软的，死了以后身体就变得僵硬了。同样，草木生长时是柔软脆弱的，死了以后就变得硬邦邦了。所以坚强的东西属于死的一类，柔弱的东西属于生的一类。因此，用兵逞强就会遭到灭亡，树木高大了就会遭到摧折。凡是硬邦邦的东西，最终总是处于下位；凡是柔弱的东西，反而都居于上位。

为佐证以柔克刚，老子还对比了两种勇敢：

> 勇于敢则杀，勇于不敢则活。此两者，或利或害。（《老子》第73章）

勇于坚硬就会死，勇于柔弱就可以活，这两种勇敢，有的得利，有的受害。在老子看来，所谓勇敢有两种，一种叫勇于敢，另一种叫勇于不敢。勇于敢相当于坚硬的状态，很容易受害或灭亡。我们平时经常遇到勇于敢，如路怒。两个人本来素不相识，在公交车上或其他公共场合为了一点鸡毛蒜皮的小事就厮打起来，双方怒发冲冠、你刚我强，甚至打得头破血流，这叫勇于敢，属于匹夫之勇。这种好勇斗狠的匹夫之勇，其实是得不偿失的愚蠢之举。老子认为，勇于不敢才是真正的勇敢，可以称为大勇。为什么呢？它符合柔弱胜刚强的法则，柔弱才能够长久存在。

勇于不敢，往往需要一个通观全局的格局，由此自觉选择不做的方式。相对而言，勇于不敢比勇于敢需要更大的勇气，更大的魄力，更大的格局，并且，系统地放弃比勇往直前地进取，可能更艰难。因为勇于不敢，除了有胆之外，更需要有识，包括有所理解、有所敬畏、有所觉悟、有所控制等。

我们不妨看一下韩信的例子。《史记·淮阴侯列传》记载，韩信在年轻时是个破落的贵族，他虽然很穷，但仍要保持家传的贵族风度，其中一个重要标志是外出要佩带宝剑。有一次，他家乡的一个二流子看到他，就想当众羞辱他，说：你看你这个熊样子，还戴着宝剑附庸风雅，你敢刺我吗？有种的就朝着我刺，不敢刺就乖乖地从我胯下爬过去。这时，韩信如何表现呢？司马迁用了三个字描述："孰视之"。他瞪着眼与对方对视了好久。他在想什么呢？估计经历了一场激烈的关于勇于敢与勇于不敢的思想斗争。最后呢，他乖乖地从那个人胯下爬过去。这就是历史上著名的"胯下之辱"。可见，勇于不敢比勇于敢更难。如果当时逞一时匹夫之勇，结果会怎样？实在不值得。韩信是个有理想、有抱负、有格局的青年，后来成为连百万之众、战必胜、攻必取的大将军。这种勇于不敢，也是柔弱胜刚强的一种形式。

这里值得留意比较的是，儒家"三达德"所倡导的"勇者不惧"，一直关注的也是"勇于不敢"的大勇。孔子言：

> 暴虎冯河，死而无悔者，吾不与也。必也临事而惧，好谋而成者也。（《论语·述而》）

"暴虎冯河，死而无悔者"讲的是匹夫之勇，"临事而惧，好谋而成者"讲的才是大勇。何谓大勇？关键在于"义以为上"，"有勇而无义为乱"。正如苏轼在《留侯论》中所讲的，外表文弱如女人般的张良是大勇："天下有大勇者，猝然临之而不惊，无故加之而不怒。"[1] 做到大勇，至少要包括两个层次：第一是知耻，即以不义而羞耻，即知耻近乎勇；第二是舍弃，即敢于并善于为维护义而弃之。与道家略有不同的是，儒家对勇敢可能有另一种解说：对于"应该"之事要"勇于敢"，事不避难，义不逃责；对于"不应该"之事要"勇于不敢"，敢于拒绝，善于放弃。

那么，如何实现"弱者道之用"呢？老子对宇宙万物的观察细致入微，他发现水、雌性、婴儿等最像道，所以喜欢以水、雌性、婴儿等启迪式比喻来阐释如何实现弱者道之用。

（二）上善若水

对于"弱者道之用"，最为形象的表达就是我们耳熟能详的一个成语，即"上善若水"。老子讲：

> 上善若水。水善利万物而不争，处众人之所恶，故几于道。（《老子》第8章）

最高的善像水一样。水善于滋润万物而不与万物争抢，处在众人都讨厌的地方，所以最接近"道"。

大家想，一般人最讨厌什么？人往高处走，凡人都想往高处去，都想做人上人；到了下面，众人都讨厌这样。而水往低处流，所以说水几乎接近于道。水为何能够处下？处下是守柔的结果。而守柔，恰恰可以长久存在。老子讲：

> 天下莫柔弱于水，而攻坚强者莫之能胜，以其无以易之。（《老子》第78章）

---

[1] （宋）苏轼著，傅成、穆俦标点：《苏轼全集（全三册）》，上海古籍出版社2000年版，第715页。

其大意是讲，天下再没有什么东西比水更柔弱的了，而攻坚克难却没有什么东西可以胜过水。水是天下最柔弱的东西，同时也是天下最坚韧的东西。老子还讲：

> 江海之所以能为百谷王者，以其善下之，故能为百谷王。……以其不争，故天下莫能与之争。（《老子》第66章）

江海善于处下，所以它能够成为百川之王。这种不争之争，恰是大争。

老子的"上善若水"启迪我们，应"其动若水"，凡行动就都像水一样无形而顺势，善于守柔处下，善于无形、顺势而为，善于不争之争。这种善于守柔处下的姿态，也有点像卡夫卡在1920年9月17日的日记中所写的那种意味："在巴尔扎克的手杖上刻着：我能够摧毁一切障碍；在我的手杖上则刻着：一切障碍都能摧毁我。"[1]

（三）知雄守雌

以上我们讨论了上善若水，接着来看第二种比喻——"雌性"。老子经常以雌性的柔弱来讲弱者道之用，讲得含蓄而深邃：

> 谷神不死，是谓玄牝。玄牝之门，是谓天地根。绵绵若存，用之不勤。（《老子》第6章）

其大意是讲，生养天地万物的谷神（道）是永恒长存、空灵神秘的，这叫作玄妙的母性。玄妙母体的生育之门，就是天地的根本。它连绵不绝，这样永远存在，其作用是无穷无尽的。

老子对女性、对雌性非常崇拜，最主要的原因是女性、雌性近乎道，虽柔

---

[1] 〔奥〕卡夫卡：《卡夫卡全集（第5卷）》，叶廷芳等译，河北教育出版社1996年版，第153页。

弱却充满着创生的力量，所以能永恒地存在。就像近代德国思想家歌德对女性的评价："永恒的女性，引领我们上升。"[1]

在这个意义上，老子可谓人类历史上最早的女性主义哲学家。他对女性的赞美和对女性伟大作用的论证，是建立在"道"这一核心概念基础上的。最经典的一句话就是"玄牝之门，是谓天地根"，具体从两个层面展开：其一，女性的柔弱和包容，与道在性质上最为接近、最可比拟。其二，柔弱守静的女性，比刚强好动的男性反而更持久、更有力量。还是那句话，打得过谁不重要，打得过时间才重要。

老子还在以柔克刚的层面来阐释雌性的力量：

> 天下之牝，天下之交也。牝常以静胜牡，以静为下。（《老子》第61章）

也就是说，雌柔常以安静而胜过雄强，这是因为，它善于安静处下。譬如，孙权的四任大将军周瑜、鲁肃、吕蒙、陆逊，都是善于以柔克刚、以静制胜的儒雅将领，以雌柔为吴国的繁荣兴旺奠定了坚强的安全基石。

因此，老子反复讲，只有善于守柔，才能够长久。他提出人一定要"知雄守雌"：

> 知其雄，守其雌，为天下溪。为天下溪，常德不离，复归于婴儿。（《老子》第28章）

其大意是讲，知道雄强却安守雌柔，甘愿做天下的溪谷。甘愿作天下的溪谷，永恒的德性就不会离失，会重新回归到婴儿般的状态。

---

[1] 〔德〕歌德：《浮士德》，绿原译，人民文学出版社1994年版，第453页。

（四）复归婴儿

为什么重新回归到婴儿般的状态？或者说，为什么保持婴儿般的状态是最好的呢？老子做了非常精妙的论证：

> 含德之厚，比于赤子。毒虫不螫，猛兽不据，攫鸟不搏。骨弱筋柔而握固。未知牝牡之合而朘作，精之至也。终日号而不嗄，和之至也。（《老子》第55章）

也就是说，德性涵养浑厚的人，就好比初生的小宝宝。毒虫不螫他，猛兽不伤害他，凶禽不搏击他。他的筋骨柔弱，但拳头却握得很牢固。他虽然不知道男女之事，但他的阴茎却经常直挺挺地勃起，这是因为精气充盈。他整天啼哭，但嗓子却不沙哑，这是因为和气醇厚。

"骨弱筋柔而握固"，讲得可谓妙趣横生。一个人是握拳来到世间的（却两手一摊，撒手离开世间），紧紧攥着小拳头，内在充溢着无穷无尽的精气。元气或阴阳中和之气十分饱满，外表也呈现为活力四射、朝气蓬勃。这里需要留意，道家讲的握拳，不管是太极拳还是八段锦，一般都是拇指在内，其他四指在外。这样一方面可以最大限度地保守元气和能量，另一方面才能"握固"，很难掰开，最有力量。

一个人修养最深厚的状态，就像婴儿一样：表面上很柔弱，但紧紧攥着拳头，精气、元气、阴阳中和之气饱满，内在充溢着无穷无尽的能量。所以，老子进一步以反问的方式强调：

> 专气致柔，能如婴儿乎？（《老子》第10章）

聚结精气以至于保持柔弱，能像婴儿那样吗？他反复向人们指明，婴儿般的精神境界，才是人之修养的最高和最佳境界。

尤其需要注意的是,"弱者道之用"启迪我们每个人都要善于像水、像雌性、像婴儿一样地守柔、养柔、以柔克刚,而不是让我们每个人都变成水、雌性、婴儿。变是绝不可能的,也是不必要的。自觉地积极效法和修炼则是可能的,也是必不可少的。

对于个人来说,明白弱者道之用有何现实意义呢?第一,善于知强守柔,知雄守雌,这样才能时时保持阴阳平衡,才能时时合乎道;第二,更主要的是,对事对物常怀一颗恬淡沉静之心,如此才能长长久久,这也是所有长寿者的共性;第三,适当加强柔性锻炼,柔则通,通则健,健则久。如此一来,就像道家衍生出来的太极拳那样,能够顺势而为、借势用势、借力打力、四两拨千斤,从而以静制动、以柔克刚、绵里藏针,实现无为而无不为。一旦学会了守柔、养柔、以柔克刚,我们处理事情就可以更加从容自若,更加游刃有余。

七、自知自胜

以上讨论了道的基本运行规律:反者道之动,弱者道之用。这是天道的总规律。这个总规律落实到人类,也就是由天道落实到人道,便是人道的总规律,即老子的生活辩证法。老子的生活辩证法,本质上是由生存向生活提升的基本路径:其一,积极意义上的路径要立足"自知自胜";其二,消极意义上的路径要实现"为道日损"。

我们先来讨论自知自胜。可以说,自知自胜集中体现了老子生活辩证法的自否定的精髓。对此,《老子》第33章讲得最简洁、最深刻、最值得细细琢磨和玩味:

> 知人者智,自知者明。胜人者有力,自胜者强。知足者富,强行者有志。不失其所者久,死而不亡者寿。(《老子》第33章)

其字面意思是，能认识别人叫作聪明，能认识自己才算有智慧。能战胜别人是有力的，能战胜自己才算强者。知道满足的人才富有。坚持力行、努力不懈就是有志。不离失精神家园的人能长久不衰，身虽死而精神仍长存的，才算真正的长寿。

这一章对"自知自胜"概括得精练而深邃，每一句都可以作为我们终身勤而行之的座右铭。一点浩然气，千里快哉风。在我看来，一个人不管多么平凡或多么伟大，他只要能深刻领悟并真正践行以上这几句话，就是一个浩然立于天地之间的大写的人了。下面咱们一起细细品味这一章的每一个层次。

（一）自知

第一个层次是，"知人者智，自知者明"。人生在世，最重要的是知人。而知人，包括知别人与知自己。有人说，知人有啥了不起，我每天都见到很多人。其实，这仅仅是认人或者脸熟而已，离知人还远着呢。认人和知人，完全是两码事。有句话讲得好，我们因为不了解而相爱，因为了解而分道扬镳。交友、恋爱、婚姻常常如此，各种事业上的合作也常常如此。经常是一开始，自以为已经彼此了如指掌，走过一段路之后才蓦然发现，其实不然，彼此竟然如此陌生，根本不是一路人，根本不在一个频道上。

可见，知人何其难也！知人之难，难在何处？最主要在于人心难测。俗话讲：知人知面不知心；路遥知马力，日久见人心。《庄子》表述得更形象："凡人心险于山川，难于知天。"（《庄子·列御寇》）人心比山川还险恶，知人心比知天更困难。

人心，是一个无底的深渊。何以言之？其一，人心是立体的、多层次的。短暂接触，至多也就认识一个侧面或者一个层次而已。不用说短暂接触，老两口相处了大半辈子，都不敢说彼此完全了解透彻了。其二，人心是动态的，始终处于不断变化的过程中。现在是这样，转眼之间，他的思想、情感就会变成另一番样子。不然，怎么会有"士别三日，当刮目相看"呢？其三，人心还是善于伪装的。在功利算计、嫉妒、虚荣心等的作用之下，人心常常在进行各种形态的表演,你怎么可能仅仅基于表面的言行举止就断言别人如何如何呢?

认识别人已经够难的了,但是老子说,能做到认识别人,仅仅算是聪明,还不算有智慧。怎样才算是有智慧呢?自知。有人说,自知很简单啊,我对自己最熟悉不过了,你看我整天与自己打交道,每天光照镜子就有若干次。其实,这还是脸熟而已。比如,我不妨问你一下:你的气质如何?你的性格如何?你有何特点?你的能力和特长是什么?你有何优劣短长?你最需要的是什么?最适合你做的事情是什么?最适合你自己天性的活法是怎样的?等等。恐怕大多数人都很难说得上来。其实,完全可以将以上诸项开发为一份自知量表,每一至两年做一次全面的自我评估和测度,我想这对于心理健康和人格健全定然大有裨益(表4-1)。

道家哲学与心理健康演习

表4-1 关于"自知者明"的自问自答

自问	自答(第一轮)	自答(第二轮)	悟道
我的气质类型是什么?			认识我自己
我的性格特点如何?			
我的特长是什么?			
我的六大优点是什么?	1. 2. 3. 4. 5. 6.		成为我自己
我最难改变的缺点是什么?	1. 2.		

(续表)

自问	自答（第一轮）	自答（第二轮）	悟道
我最需要的东西的前三项是什么？	1. 2. 3.		
我最适合做的事情的前三项是什么？	1. 2. 3.		**成为我自己**
最适合我的天性的活法到底是怎样的？			

古希腊第一位哲学家叫泰勒斯。有一次别人问他："你认为人活在世上，什么事是最难做到的？"泰勒斯想了想，回答说："认识自己是最难做到的。"那人接着问："那什么事是最容易做的？"泰勒斯回答："指责别人最容易。"[1] 对于世界上什么最容易、什么最困难，泰戈尔也如是答：指责别人最容易，认识自己最困难。可谓英雄所见略同。

最难做的事情是认识自己，最容易做的事情是指责别人。这句话很值得我们反复细细玩味。我们平时所谓了解别人，在很大程度上是看到别人身上的不好，看到别人身上有什么毛病，然后指责别人。随口批评别人，随便"拍砖"，说不负责任的话，这是最容易的。最难的则是认识自己。当然，对于"自知者明"，也可以反过来理解：有自知之明，才有可能有知人之智。不以自知之明为基础的所谓知人，大都始于势利本位（有无用处），止于求全责备，如何算真正知人呢？

与知人相比，自知之难最主要的在于，自知是自我反思、反身内求的过程。很多人只会正思，不会反思（如喜欢挑别人的毛病）。反思需要跳出自己看自己，需要把自己当成别人来看。反思只有通过自觉修养或修炼，才可能形成，所以

---

[1] 北京大学哲学系外国哲学史教研室编译：《古希腊罗马哲学》，商务印书馆2021年版，第3—4页。

最难。正因为如此，能做到自知也是最有智慧的。

怎样认识自己呢？认识自己包括若干层次，我们先一块儿聊一聊道家最关注的几个层次。其一，认识自己的独一无二性。一个人生来注定只能是自己，同时，一个人生来注定是活在无数他人中间，并且是无法彻底与他人沟通的。任何人都是莫名其妙地出生，来到这个世界走一圈，都是极其偶然的事。从生物学角度看，每个人来到世上的概率也就是五百亿分之一。从哲学角度看，法国启蒙思想家卢梭在其自传《忏悔录》的开篇就讲，"大自然塑造了我，然后把模子打碎了。"[1] 大自然或者上天单单为一个人制造了一个独一无二的模子。我们每个人都是整个宇宙中独一无二的存在。充分认识自己这种独一无二性，可以最大限度地珍爱自己的存在，更重要的是，可以自觉专注于成为独一无二的自己，而不是成为平面化、单向度的别人。

其二，认清自己的天性。天性是一个人的身体特质与精神特质相互连接所形成的一种个性化倾向，也就是先天禀赋、自然本性以及自然能力，包括气质、性格、能力、优劣短长等方面。譬如，我是谁？我的天性是什么？我的优势或长处是什么？我最适合做什么？最适合我自己天性的活法是什么？由此，我到底需要什么、选择什么、放弃什么？一个人只要顺应自己的天性，找到了自己内在真正喜欢做的事，他在这个世界上就有了牢不可破的精神家园。

建立在认清自己天性基础之上的成熟，体现的是一种认识自己并成为自己的健全人格。一个人活着最重要的是，要认清并守住自己的优势或长处——把自己的优势或长处真正想明白、说明白、写明白、做明白，每天一点一滴地浇灌、培育，使之不断生长。永远不艳羡别人，永远不与别人攀比，只希望一心一意做好适性的分内之事，只追求自己今天比昨天更强一点、更深一点、更新一点。立足自己的优势或长处，不动摇、不懈怠、不折腾，于是天天有新鲜的感觉。如此一来，自己一辈子就越活心里越踏实，人格越健全，人生越幸福。说到底，人生的幸福，无非是做自己当下能行的事情，越做越行，越行越做，

---

[1] 〔法〕卢梭：《忏悔录》，范希衡译，人民文学出版社1996年版，第1页。

越做越充盈、越快乐。

其三，认识自己的有限性和渺小性。在时间维度上，一个人的人生至多百年，仅仅是永恒的时间长河中一个匆匆瞬间而已；在空间维度上，一个人只是浩渺宇宙之中一个微生物而已。不管拥有什么经天纬地之才，不管拥有什么丰功伟绩或盖世功名，都应深知自己的渺小，永远自知没有任何自高自大的资本，永远保持一种虚怀若谷的心态。

其四，充分认识自己的无知。这是一个人最高层次的自知，也是最高的智慧之所在。人最难做到的就是认识自己，更何况是要认识自己的无知——知道自己不知道，也就是说，知道自己无知。这更需要有点哲学素养了。老子设专章讲道：

> 知不知，尚矣；不知知，病也。圣人不病，以其病病。夫唯病病，是以不病。（《老子》第71章）

其大意是讲，知道自己无知，是最智慧的。明明无知却自以为知，是大毛病。悟道的人没有毛病，因为他把自己的毛病当作毛病。正因为他把自己的毛病当作毛病，所以他没有毛病。

老子反复强调深刻反思自己的无知的极端重要性。由"知不知"到"病病"，其实是一个不断自省的过程。老子的"知不知，尚矣"，与孔子的"知之为知之，不知为不知，是知也"以及王国维的"知识增时只益疑"，是相通的。尤其是，对自身存在的不足以及可能出现的问题，只有积极正视不足并善于把问题当作问题，"为之于未有，治之于未乱"，才可以不出或者少出问题。

这就很容易使我们联想到古希腊大哲苏格拉底。有一次，德尔斐神庙祭司传达神谕说：在雅典人当中，苏格拉底是最智慧的。苏格拉底听到后，感到困惑不解。他一向认为，世界这么大，自己知道的东西实在太少太少了，神为什么说他是最智慧的呢？为了弄清楚神谕的真意，他走访了雅典城那些以智慧著称的人，包括政治家、学者、诗人和工艺人等。结果他发现，所有这些人都只具备某一方面的知识和才能，却都自以为无所不知。这时，他才恍然大悟，神谕的真正意思是说：真正的智慧不在于有多少学问、才华和技艺，而在于懂得面对无限的世界，这一切算不了什么，我们实际上是一无所知的。他懂得这一点，而那些聪明人却不懂，所以神说他是最智慧的人。[1] 由此，"认识你自己"作为刻在古希腊德尔斐神庙里的箴言，告诫人们要有自知之明，要以自知自己无知为一个人的最高智慧。

大科学家、经典物理学的奠基人牛顿也是如此。其临终遗言大家耳熟能详：我就像是一个在海边玩耍的孩子，为捡到比通常更光滑的石子或更美丽的贝壳而欢欣鼓舞，但真理的大海我还从没看见过。[2] 牛顿不是谦虚，是说真话，且是十足的事实。

事实上，一个人真正的学识水平是与其对于自己无知的认识程度成正比的。一个人只有在真正到达了知识高峰的时候，才能真正认识到自己的无知；拥有的知识越多，学识水平越高，越有机缘发现自己的无知；越认识到自己的无知，越拥有学识。反之，一个人拥有的知识越少，越容易自以为是、自信满满；在仅仅一知半解的时候，往往感觉好像懂得好多好多。

（二）自胜

"自知自胜"的第二个层次是，胜人者有力，自胜者强。字面意思很好理解：能战胜别人是有力量的表现，能战胜自己才算强者。比如，你是个拳王，把别人都统统打趴下了，说明你拳头硬、有力量；你是单位最优秀的骨干，说明在某种程度上你的业务实力很强。但，这都不算是强者。

什么才算是强者呢？老子认为，唯有自胜者。我们平时面对很多竞争对手，但最大的竞争对手是谁？其实是自己。只有不断地战胜自己、征服自己、超越自己，真正成为自己主人的人，才是生活的强者。

---

[1]　〔古希腊〕柏拉图：《柏拉图全集（第一卷）》，王晓朝译，人民出版社2017年版，第7—9页。
[2]　于立文：《世界为人大传》，辽海出版社2010年版，第1214页。

这种现象随处可见。一个人经常面对的困难是什么？是灵魂指挥不了肉体。这种情况可能是我们每个人几乎每天都在经历的战斗。比如，灵魂要做这事，肉体则是另一个样子；灵魂说要勤奋，肉体则懒惰。一个人由此可能反复被肉体拖垮，成为肉体的俘虏或者手下败将。比如，你打算早六点要起床锻炼和读书，六点时闹钟叮叮响了，这时就得经历一场战斗：被窝里热乎乎的，多么惬意，多么舒适，于是可能把闹钟一关，呼噜呼噜睡到八九点，然后一天一天就这样沉沦下去了。也许，有的人一咬牙翻身而起，然后天天如此，行动多了成习惯，习惯多了成自然。这就是日常的自胜。

不管是治理自己的懒惰、限制自己的欲望，还是与各种无聊的从众、跟风、随大流作斗争，人都往往要经历一个自胜的过程。假如你经常战胜自己，就会不断超越自己，这样就会不断地自我进步和成长。反之，则不断堕落、沉沦，不断走下坡路。真正的成长，就是这样一种自我成长。

实际上，快乐的过程也是不断自胜、不断超越自己的过程，是善于和自己战斗。你为什么不快乐呢？因为你选择不快乐，你自己的快乐的神经没有战胜不快乐的神经。也没有哪一个人让你不自由，真正拴住你的只是你自己。

进言之，所有心理问题或心理疾患的一个共同特点是，自己钻牛角尖，自打心结。既然是自己钻牛角尖，自打心结，就只能靠自己走出来，只能靠自己解开。所谓心理咨询，仅是助人自助、助人自解而已，根本上还是靠自胜自强。

自胜的道理很简单，但做到却很不简单。比如，似乎人人都知道"生不带来，死不带去""赤条条地来，赤条条地走"，但大多数人即便衣食无忧，也依然在贪婪地积聚财富，拼命地争名夺利；都知道静坐是一种最好的休息，也是一切修养的最方便易行的功法，但许多人每天以忙为借口，连一分钟都不舍得投入；都知道早睡早起身体好，但往往晚睡晚起，整得身体疲惫、精神萎靡；知道各有各的脑袋，可以独立思考、独立判断，但一看到别人干什么，往往就跟着一窝蜂从众，把自己的脑袋挂到腰上成了一种摆设。

事实上，凡是真理，往往都是最简单、最平实的，关键在于知行合一。老

第四章 老子：自否定的生活辩证法

子语重心长地讲：

> 吾言甚易知，甚易行。天下莫能知，莫能行。(《老子》第70章)

我的话很容易理解，很容易施行，但是天下人竟没有谁能理解，没有谁能施行。这说明，知道和做到是两码事；偶尔做到和始终知行合一是两码事。唯有知行合一的知，才算是真知。喊口号很容易，但喊口号毕竟不等于知道，知道也不等于做到，做到也不等于如如不动地知行合一。就像有了地图不等于拥有领土一样，由知道，到做到，再到始终知行合一，往往有很长很长的路要走。

以自胜的逻辑来考察，一个人自胜的过程就是自律的过程，也是追求自由的过程。英国前首相丘吉尔在回顾自己的一生时说：在人生的头二十五年，我渴望自由；在人生接下来的二十五年，我渴望自律；后二十五年，我充分意识到，自律就是自由。自由，绝不是任性，而是自律，是坚定不移地执行自己制定的规则。德国哲学家康德曾经系统论证了自由即自律，唯有自律而不是他律，才是真正的自由。一个人是在不断自胜或自律之中成长成熟的。无论做什么事，前提都是要善于自胜或自律，否则根本不可能做好事情。

那些不是建立在自胜或自律基础之上的所谓自由，其实都是受必然性支配的、被动的不自由——或者受本能驱动，或者被从众驱使，或者随外在褒贬毁誉而悲喜无常，不可能有自作主宰、自主选择的空间。不过，"自由即自律"虽然道出了自由的本质，却不免给人一种望而生畏、望而却步的感觉。我觉得不妨用"自律＋自决"来补全——自律是克己，自决是由己，如此一体两面的表述，也许更容易被公众理解和接纳。

对个人而言，无论在事实上还是在逻辑上，自胜总优先于做事。或者说，无论做什么事，前提都是要善于自胜自强，至少是要自觉锻炼自我强大的心理素质及调适能力。否则，人或者缺乏做事必备的基本精神资源，当然也不可能做好事情；或者还没有做成事情，精神已经提前崩溃了；或者即使做成了事情，也没什么稀罕。因为并不存在实质意义上的精神收益和精神成长，其结果不过还是在得不到的痛苦和得到了之后的无聊之间游来荡去罢了。

所以，我一向认为，做事并非仅仅靠做事本身就能做好，做事的好歹在很大程度上依赖学习能力，而学习能力则在很大程度上依赖自胜自强的人格。由是言之，自胜自强始终是第一位的，学习能力是第二位的，做事则是第三位的。如果一个人具备了前两者，在做事方面就会因为有了"资本"和效率而变得容易得多，甚至是小菜一碟。

在自胜方面，我们面对的最大困扰是什么？是比较。世间大多数烦恼或苦恼往往都源于相互之间的各种比较。所谓人比人、气死人，所谓羡慕、嫉妒、恨，层层堆积，永无快乐可言。而从本质上看，人与人之间是不具有可比性的，因为人人都是独一无二的存在，是异质的。异质的，怎可比较？

殊不知，从更深层次看，这种相互之间的比较本就是社会为实现治理或管理而设置的种种控制和圈套而已，无非使人如提线木偶一般生存。譬如，关于优秀、卓越、幸福、智慧等都没有固定的标准，却非得搞出标准来进行评价，人为制造了诸多冲突和麻烦。各种"内卷""躺平""摆烂"，经常也是这样产生的。所以，我们要让自己活得好，就一定要充分认识和珍爱自己的独一无二性，多关注那些无限的问题，多关注那些没有标准的问题，多关注那些不可比较的方面。

对此，我们完全可以换一种思路：我不与任何别人比，我能相比的只能是自己，因为唯有自己是同质的、可比的。比如，我要做一个日新之人，我要使今天之我超越昨天之我，使勤劳之我战胜懒惰之我，使灵魂之我战胜肉体之我。这样比的时候，人非但不会烦恼，反而天天活在快乐之中，因为每天的每一点点进步或者每一点点超越，都是无尽快乐的源泉（表4-2）。

道家哲学与心理健康演习

表 4-2 关于"自胜者强"的自问自答

事项	现实的我	理想的我	别人眼中的我	日新的我（如今日之我与昨日之我的比较、今年之我与去年之我的比较）
出身				
相貌				
性格				
能力				
特点特长				
兴趣爱好				
文化程度				
人际关系				
职业				
家庭				
收入				
一日常规				
……				

如此一来，假如一个人能充分意识到并珍爱自己的独一无二性（或不可比较性），他就会最大限度地淡化或消解社会给自己所设置的枷锁，同时自觉坚定地走最适合自己天性的发展之路，建立自己与自己的比较体系（比如昨天之我与今天之我的比较），也只有这种自己与自己的同质比较，才算是合理的比较，并能真正激发出无穷无尽的内在能量。

长跑就是一个很好的例子，其本身是战胜自我、超越自我的心灵修炼过程。日本作家村上春树在《当我谈跑步时我谈些什么》中的两句话值得玩味："我超越了昨天的自己,哪怕只是那么一丁点,才更为重要。在长跑中,如果说有什么必须战胜的对手,那就是过去的自己。""不管全世界所有人怎么说,我都认为自己的感受才是正确的。无论别人怎么看,我绝不打乱自己的节奏。"[1] 不消说,作为一个跑者,我本人数十年来也感同身受,并从中受益良多。

(三) 自富

"自知自胜"的第三个层次是,知足者富。其字面意思是,善于知道满足的人,才富有。富有,一般指的是物质上的富有。求富,是人之常情,人人都想富有。那到底拥有多少物质才算富有呢?恐怕是没有标准的。假如自己不知足的话,就将永远处于一种匮乏和穷困之中。

道理很简单。就财富而言,如果你没有解决温饱问题,与衣食无忧的人相比,你是穷困的;解决温饱之后,与拥有 10 万元存款的人相比,你是穷困的;拥有了 10 万元之后,与拥有 100 万元的人相比,你依然是穷困的;拥有了 100 万元之后,与拥有 1000 万元之后的人相比,你仍然是穷困的;即便实现了拥有两个亿的梦想,与拥有 10 个亿、100 个亿财富的人相比,你依然是穷困的……总之,只要自己不知足,就会永远感觉匮乏和穷困。

财富是这样,地位是这样,所有物质的东西都是这样。宇宙无穷大,永远是人外有人,天外有天,无极之外复有无极。什么时候才能感觉富有?唯有善于知足。我们经常看到乡下,很多农民扛着锄头走在乡间的小路上,哼着小曲儿,吹着清凉的山风,优哉游哉,感觉自己很惬意、很满足、很富有;而许多腰缠万贯的城里人,反而感觉很沮丧、很贫困、很匮乏。

老子洞悉人的贪婪本性,所以进行了发人深省的规劝:

知足不辱,知止不殆,可以长久。(《老子》第 44 章)

---

[1] 〔日〕村上春树:《当我谈跑步时我谈些什么》,施小炜译,南海出版公司 2009 年版,第 13—14 页。

懂得满足就不会受到屈辱，懂得适可而止就不会遇见危险，这样才可以保持长久。老子认为，长长久久，才是最重要的。他还进一步直指人之祸患的根源：

> 祸莫大于不知足，咎莫大于欲得。故知足之足，常足矣。(《老子》第46章)

最大的祸害是不知足，最大的过失是贪得无厌。知道到什么地步就满足了的人，才能获得永久的满足。那么，一个人真正能够享用的物质究竟有多少呢？常言讲：广厦千间，夜眠不过六尺；家财万贯，日食不过三餐。庄子打的比喻更为有趣：

> 鹪鹩巢于深林，不过一枝；偃鼠饮河，不过满腹。(《庄子·逍遥游》)

其大意是讲，小鸟在大森林里筑巢，树林再大，也不过占据其中一根枝子而已；田鼠到河里饮水，河水再多，也不过灌饱自己的小肚子而已。明白了这一点，知道有所要，更知道有所不要，自然可以知足不辱、知止不殆。

《史记》中有个著名的"东门逐兔"的故事，可谓发人深省、警钟长鸣。李斯作为大秦帝国的开国元勋之一、秦始皇的开国丞相，曾经拥有一人之下、万人之上的显赫地位。最后被执行腰斩前，面对着要一并临刑抄斩的二儿子，老泪纵横。他万分感慨地说：

> 吾欲与若复牵黄犬俱出上蔡东门逐狡兔，岂可得乎！(《史记·李斯列传》)

他说，我真想和你重牵黄色的猎狗，一起出东门去追逐野兔，但哪里还能办得到啊！我每次读《史记》到这儿，都唏嘘不已。李斯最后也明白了，正是自己的贪得无厌，为日后的江河日下、走向穷途末路埋下了灾祸的种子。他一步一步地被卑鄙小人赵高威逼利诱、绑架挟持，误入歧途，一失足，酿成千古恨。这正是其从小尊奉的物欲至上的"仓鼠哲学"的必然结果。李斯是何等聪明、何等风云一世的人物，最后连享受"东门逐兔"这样最普通的生活，竟也成了遥不可及的奢望，岂不悲哉！

人心不足蛇吞象，人的欲望永远是一个无底洞。顺着欲望的法则行事，会出现什么情况？精神分析学派创始人弗洛伊德认为，人生有两大悲剧：一个是没有得到心爱的东西，另一个是得到了心爱的东西。德国哲学家叔本华更是打了个非常生动的比喻——人只能是一个在痛苦和无聊之间摆来摆去的钟摆：生命是一团欲望，欲望不能满足时便会痛苦，满足时便会无聊，人生就在痛苦和无聊之间摇摆。幸福不过是欲望的暂时停止。[1]为什么如此？

道理其实很简单。欲望的特点就是贪得无厌，它只有两种可能的状态：一是没有得到想要的东西，二是得到了想要的东西。没有得到想要的东西时，就必然痛苦不堪。得到时，就快乐了吗？不然。得到一个东西，可能会高兴一小阵子，但很快就会感觉得到的东西也不过如此，马上就又陷入无聊。无聊了怎么办？就要再去追求得到新的东西。这样就永远在痛苦和无聊之间游来荡去。人生不如意十有八九，也就注定十有八九只能处在纠结和痛苦之中。这是欲望的一般逻辑，也是人性的一般法则。

古往今来，这种案例数不胜数。人一旦有了认知和分别，就必然生发出各种欲望。欲望往往一开始很小，然后越刺激，胃口越大，并且无穷无尽，永远难以满足。比如，你还没吃饱肚子的时候，最大的愿望是吃饱；温饱问题解决之后，你很快又开始追求用名牌、开名车、住豪宅，还要拥有鞍前马后的那些光鲜的东西，就会生发更多的贪婪和虚荣心。明朝的朱载堉在其散曲《十不足》中描绘得更生动：

---

[1]〔德〕叔本华：《叔本华文集：悲观论集卷》，王成译，青海人民出版社1996年版，第20—21页。

第四章 老子：自否定的生活辩证法

> 终身奔忙只为饥，才得有食又思衣。
> 置下绫罗身上穿，抬头却嫌房屋低。
> 盖了高楼并大厦，床前缺少美貌妻。
> 娇妻美妾都娶下，忽虑门前没马骑。
> 买得高头金鞍马，马前马后少跟随。
> 招了家人数十个，有钱没势被人欺。
> 时来运转作知县，抱怨官小职位低。
> 做过尚书升阁老，朝思暮想要登基。
> 一朝面南做天子，东征西讨打蛮夷。
> 四海万国都降服，想和神仙下象棋。
> 洞宾陪他把棋下，吩咐快做上天梯。
> 上天梯子未做好，阎王发牌鬼来催。
> 若非此人大限到，升到天上还嫌低。[1]

这首散曲可谓道出了人的欲望的一般逻辑。那么，严重的情况会怎样呢？一个人若不断地在欲望的驱使下行动，除了会永远在纠结、痛苦、无聊的漩涡中挣扎之外，还会埋下灾祸的种子，走向各种过失和罪恶。我们想一下当今违法犯罪的案例，多数人都是由于不知足、不知止，越来越不能自拔，最后走向毁灭，给国家和社会造成无可挽回的重大损失。这样的案例古往今来，可以说并不鲜见。

总之，不知足的第一个层面是自己永远在痛苦无聊中挣扎，永远烦恼不尽；第二个层面是不断走向灾祸的深渊。这是人的欲望的逻辑使然。所以，老子才反复告诫"知足者富"，要善于知足、知止。

这时，另一个问题就来了。很多人经常会问：老子强调善于知足、知止，强调善于限制欲望。如此，一个人进取和上进的动力何在？社会发展和前进的

---

[1] 参见杜景丽：《乐圣朱载堉》，中州古籍出版社2006年版，第113页。

动力何在?

对一般人而言，这儿可能要有一个前提，就是解决温饱问题。老子反复强调，"实其腹，强其骨"，实际上就是讲解决温饱问题。然后"虚其心、弱其志"，主要讲把物质欲望控制在适当范围之内。这是一般人的一个底线。就经济效用而言，实现了温饱和衣食无忧之后，物质的边际效用就开始递减，精神的边际效用开始递增。

但是，现实情况是：现在，可能99%的人早就解决了温饱问题，可仍然不知足，永远在物质欲望的驱使之下处于永不知足的痛苦深渊里不能自拔。

因此，现实之中一般有两种走向：一种是在没有更高精神追求的情况下，多数人依然循着物欲的逻辑和法则，靠获得更多的财富、更高的地位、更大的名声来获取短暂的虚荣心的满足；另一种则是追求超越名、利、权、位的精神享受，如追求基于责任的道德境界、基于快乐和自由的天地境界或信仰境界等（前文在讨论老子的"无为"观念时已详细谈过，在此不再赘述）。

老子的"知足者富"，与"金玉满堂，莫之能守。富贵而骄，自遗其咎"（《老子》第9章）体现的价值取向是一致的。前文讨论杨朱哲学时提炼过，合理的财富观或者人生的物质财富定律，其实很简单：

够用最好。够用是福，匮乏是苦，多余是祸，至少是累。

那么到底多少算够用？以衣食住行无忧为宜，越简单越自由。正如庄子所言：

平为福，有余为害者，物莫不然，而财其甚者也。（《庄子·盗跖》）

持平就是福，有剩余就是祸，事物无不如此，财物尤其如此。庄子还举例说，如今的富人，耳朵谋求钟鼓管弦的乐声，嘴巴满足于佳肴美酒的滋味，由此引发享乐的意趣，遗忘了自己的正业，可以说是乱套了。财物积压不能尽享，

第四章 老子：自否定的生活辩证法

念念不忘又不肯放弃，内心充满烦恼，还在追求增加财富不肯休止，可以说够忧愁的了；在家里担心家贼，在外边害怕强盗，房屋周围砌满栅栏，外出不敢一个人走，可以说是受惊吓了。人们遗忘了这人世的祸患，等大祸临头，就算完全豁出性命、耗尽家财来换回一天的平安无事都办不到了。纠缠心神倾尽体力去追逐这些，最后落得个人财两空，不也太迷惑了吗？

老子和庄子讲的意思一样，对个体而言，基本需求其实是非常有限的。满足基本需求是福，而超出基本需求的欲望则是无底的深渊，必然会乱人心智、适得其反，因而经常是祸不是福。达到够用状态（类似于衣食无忧的小康状态），就是真正的福气，如果过多，便成了祸患——凡物多了都是如此，财物更为突出。大富大贵并不见得是什么好事，反而很容易变为负担和祸患。由此可见，"够用最好、多余是祸"，诚为金玉之言。

这里还潜藏着一个十分有趣的问题：老子为什么讲"知足者富"，而非"知足者乐"呢？在我看来，老子作为一个洞察人性和洞悉人心、人情的哲学家，之所以讲"知足者富"而不讲"知足者乐"，是因为他充分意识到了"知足"只能让人感到富有，还不足以达到真正快乐的层次。

那么，如何才能达到真正快乐的层次呢？我们可以将人生常乐的公式总结如下：

$$物质上善于知足 + 精神上永不知足 = 人生常乐$$

也就是说，一个人需要两方面发力，一方面是在物质追求上善于知足，另一方面是在精神追求上永不知足。这两方面叠加起来、相互结合，能够双向拓展快乐的空间，才有持久的快乐可言。老子讲"知足者富"的高明之处，也许就在这儿。

就个体而言，明白了知足和不知足的辩证法，就可以在知足和不知足之间开拓出一片无限宽阔的生活空间。更具体地说，只有将物质生活上的善于知足和精神生活上的永不知足二者相互结合，才能在双向扩展的背景下获得更辽远、更自由的天地，才会有真快乐、真自由可言。尤其是在温饱问题解决之后，更要自觉确立和形成自己的精神追求，善于追求超越名、利、权、位的精神享受。

现代人的麻烦往往就在这儿。解决温饱问题、实现衣食无忧之后，要如何自觉地转换人生赛道，转换一种活法？温饱之余，虽然极简主义并不是对每个人都适用，却是快乐、自由的生活不可或缺的基本条件。超出基本需要的欲求，其实都是有待向更高的精神层次转化的。

每个人都有其物质生活和精神生活，如何在二者之间保持一种良好的平衡感？如何在实现衣食无忧之后，自觉转换一种活法？一般而言，这可能需要以温饱为标准来画一条界线：在基本温饱问题没有解决的情况下，精神生活要服从服务于对物质生活的满足或追求；而在基本温饱问题得到解决之后，则应反过来，让物质生活忠实地做精神生活的奴仆或附庸。

根据柏拉图对三种财富的划分，可以重新定义个人的财富观：最高层次的财富是精神财富，其评价标准是自由程度；第二层次的财富是身体财富，其评价标准是健康程度；第三层次也是最低层次的财富是物质财富，其评价标准是殷实程度。一个人拥有了这种广义的财富观，至少生活空间可以大大得以扩展。

（四）自立

"自知自胜"的第四个层次是，"强行者有志"。怎么理解呢？坚持不懈地施行或践行，才是有志。这里的"强"，是"勤"的意思。我们前文讨论的"上士闻道，勤而行之"，意思是上等智慧的人听到道，马上就勤勤恳恳、坚持不懈地践行，这就是立志、有志。

平时所谓有志，一般可能分两种情况：一种是有志者立长志，这是真正有志，即勤而行之。一种是无志者常立志，今天一个理想，明天一个目标，后天一个宏伟战略，头脑发热一阵子，虎头蛇尾，朝令夕改，虽然表面上踌躇满志、豪情满怀，实际上都仅仅停留于夸夸其谈而已。

真正的有志是一个怎样的过程？是"独上高楼，望尽天涯路"，是高瞻远瞩和长期的深思熟虑，然后一旦认定了，就说了算，定了干，一不做，二不休，不动摇，不折腾，咬定青山不放松，任尔东西南北风。

所以，看一个人是否有志，不是听他谈什么宏伟设想、远大抱负，而是看他数年如一日、终始如一地在做什么，这便是老子的"强行者有志"。我和我的研究生们谈论理想时，很少问：你的理想和抱负是什么？而经常问：你三年如一日做的一件事是什么？有的人说，吃饭啊，睡觉啊。还有呢？还有上网啊。我开玩笑说，除了吃饭、睡觉、上网之外，还有没有数年如一日坚持做得最多的事情？有的人捧着脑袋想了半天，支支吾吾地说，他坚持最多的事就是，凡事都坚持不下去。有的人说，他每天都读书至少三个小时。那就了不起。有的人说，每天锻炼一小时，每天写日志，每天静坐两分钟，数年如一日。如此，天长日久，必定受益无穷，也必定有所建树。所以，在我的眼里，有志的标准就是数年如一日做某件事。

老子还强调："慎终如始，则无败事。"（《老子》第64章）做事，并不是要着眼于一定成功，而是要着眼于无败。无论做什么事情，倘若能做到慎终如始、终始如一：第一，现实成功的概率必定非常之大；第二，即使没有取得现实的成功，又有什么关系呢？整个过程中的美好享受以及因此形成的优秀习惯和品质，难道不是比成功更重要的东西？何"败"可言？所以，一个人只要有恒，就算有志，就已经是一个大写的人了。

清代重臣曾国藩，可谓深悟老子"强行者有志"之道。他提出，无论是读书、治学还是做事，若有成，须具备三个必要条件：

> 第一要有志，第二要有识，第三要有恒。有志则断不甘为下流；有识则知学问无尽，不敢以一得自足，如河伯之观海，如井蛙之窥天，皆无识者也；有恒则断无不成之事。此三者缺一不可。[1]

---

[1] 檀作文译注：《曾国藩家书（全三册）》，中华书局2016年版，第62页。

由于"有识"需要日积月累，非一日之功所能得，故曾氏重点劝诫诸子弟须时时"有志""有恒"。先要立真志，无论何时何地都要能安心苦读：

> 且苟能发奋自立，则无塾可读书，即旷野之地、热闹之场亦可读书，负薪牧豕，皆可读书；苟不能发奋自立，则家塾不宜读书，即清静之乡、神仙之境皆不能读书。何必择地？何必择时？但自问立志之真不真耳！[1]

虽有了志向，如果一曝十寒，人而无恒，便一事无成。他直指人性之通病——懒，并指出：百种弊病，皆从懒生。事实难道不是这样吗？一懒百弊生，一懒百事懈。曾国藩自己最简单的治懒法就是早睡早起，今日事今日毕。这个治懒法简单且有效，值得我们借鉴。

（五）不失其所

"自知自胜"的第五个层次更有趣，叫"不失其所者久"。就是说，不离失其"所"的人，就能保持长久。那么，什么是"所"？所谓所，就是所在或者住所。对个人而言，住所有两种：一种是有形的住所，比如家。有家，就有了温暖的港湾，就有了安定感和幸福感，否则居无定所，就活得像流浪猫、流浪狗一样了。

更重要的一种住所，则是无形的住所。比如，心有所安顿，心中有盏明灯，精神有家园，此心安处是吾乡等。无论何时何地，只要有此心安处，就能保持一种长久的快乐。比如，孔子周游列国急急如丧家之犬，但每天依然弦歌不辍，庄子对此多有描述和赞语。

那么，一个人如果"失其所"会怎样呢？那就必然思想漂泊，灵魂流浪，没有精神家园。现代社会普遍的心理问题的主要表现就是：永远处在追逐的状态，永远处在焦躁不安的状态，永远处在流浪的状态，永远处在心无家园的状

---

[1] 檀作文译注：《曾国藩家书（全三册）》，中华书局2016年版，第229页。

态。这样，外面的一点点风吹草动都会时时牵动人的神经，使人神不守舍，东张西望，左顾右盼。我觉得，微信朋友圈和短视频似乎正好契合了人们喜欢左顾右盼、东张西望的心理。许多人每天将大把时间浪费在刷朋友圈和短视频上，时时关注"外面的风景"，看别人怎样活，自己却不知所归。事实上，世界是自己的，与别人有何关系呢？

回到《老子》原文。"不失其所者久"的"所"，主要是指什么？一般是指寂兮寥兮、唯恍唯惚的"道"，具体则是指人的安身立命之地。一个人只要顺应大"道"，他就在这个世界上拥有了安身立命之地，就能足够清醒以面对外界形形色色的诱惑，就能从容不迫地承受各种外在的遭际或境遇，不管逆顺，无论毁誉贬褒。

据我观察，现在许多人在与外面的世界打交道时，灵魂经常是裸露在外面的。大多数麻烦难道不是因此造成的吗？心理疾病难道不是与此有关吗？按理来说，灵魂作为人之最重要的东西，应沉沉地藏在深处。所谓"鱼不可脱渊，国之利器不可以示人"。怎么才能深藏起来？就是要建立独独属于自己的、内生而封闭的精神世界。否则，灵魂就只能裸露在外面。所以，不失其所，自觉建立自己的精神家园，使自己心有安处、灵魂有自己的住所，这是对每个人来说都非常重要的人生命题。

实际上，我们品读道家哲学经典很重要的意义就是从中汲取精神营养，以时时保持心灵的从容与平和，从而建构起属于自己的精神家园，真正拥有属于自己的安身立命之地。

（六）死而不亡

"自知自胜"的第六个层次更重要，叫"死而不亡者寿"。就是说，身虽死却能长存，才算真正的长寿。这与刚才讨论的"不失其所"紧密相连。一个人心有安处，找到了自己的安身立命之地，必然会思考"死而不亡"。

实际上，每一种哲学、每一种宗教都注重在死而不亡这方面下功夫。譬如，道教是追求形体长生不老、羽化成仙的。"登昆仑兮食玉英，与天地兮同寿，与日月兮齐光",在很大程度上就体现了神仙家长生不老的理想。

儒家也是追求死而不亡的。《左传》提出了经典的"三不朽"原则:

> 太上有立德,其次有立功,其次有立言,虽久不废,此之谓不朽。(《左传·襄公二十四年》)

最高的不朽是立德。如三皇五帝、文王周公,都是有极高道德修养的圣人,他们虽然死了,但人们都念其无上品德、高风亮节。其次是立功,就是立下经得起历史检验的、长久存在的丰功伟绩。如秦始皇在统一中国方面是立了功的,包括统一度量衡、文字,修建万里长城,进行国土的大一统等。第三种不朽是立言,即著书立说。如老子、庄子、列子、孔子、孟子等先秦诸子。现在我们仍然在读他们的书,汲取他们的智慧(这也是我们作为中国人最值得引以为豪,且具有幸福感的地方)。他们虽然死了,却仍然活在我们的头脑中。除了"三不朽"之外,儒家还有一种不朽,我权且称之为"立后",算是在立德、立功、立言之后的"第四立"了。儒家强调"不孝有三,无后为大""有后祀",立后当然就是一种更容易被普通人接受的、更世俗层面的形体不朽了。

基督教追求灵魂不朽,与上帝同在。虽然肉体消亡了,但灵魂永远不消亡。所以,每个基督徒都想方设法在世俗中修行,追求死后上天堂,使灵魂与上帝在一起。

那么,作为道家的集大成者,老子讲"死而不亡"时具体指的是什么呢?简单地说,就是悟道、体道、行道。道家认为,人活在世界上最主要的使命是明白体悟道是什么,然后勤而行之,按照道的法则去做事,与道同在,与道融合为一。道是永恒存在的,于是,我们每个人也都永恒存在。我们在前面已经聊过,道最主要的是给我们提供了对于人生的一种终极关切——我们每个人都源于"道",最后都归于"道",那么活着的时候就要同于道,整个过程与道融合为一,这样就达到了"死而不亡"。

至于到底赞成哪种"死而不亡",大家自己可以去琢磨。但不管怎样,这确实对于每个人来说都是至关重要的。一个人假如从来没有考虑过这方面的问题，他可能就永远找不到可以和永恒对接的支点，只能永远在现实的牢笼中挣扎，永远处于一种不安心的状态。

（七）不自见

前面咱们讨论了老子关于自知、自胜、自富、自立等思想，其核心是善于进行自我否定，这是自知自胜的生活辩证法的一方面。自知自胜的生活辩证法的另一方面，则是要尽可能少做自我肯定。所谓自我肯定，指的是自以为是、自我吹嘘、自我表现、自我表演、自我显摆。实际上，自以为是、自我吹嘘、自我表现等一向也是人性的固有弱点，即人人都喜欢追求某种虚荣心的满足。因此，老子讲：

  自知不自见，自爱不自贵。（《老子》第72章）

一个人要自知但不自我表现，自爱但不自显高贵。自我表现就是自我表演，就是作秀给别人看。由此，人生就成了一场表演：言不由衷，没有一句真话；行不靠谱，做事情都是演戏。如此一来，整个人生便成为虚假的人生。一旦卸下妆来、褪去面具，却是空空洞洞、一无所有、恐惧不已。这似乎也是现代人最怕独处和寂寞的原因之一。

为什么不要自我表现呢？老子举例阐释：

  企者不立；跨者不行；自见者不明；自是者不彰；自伐者无功；自矜者不长。其在道也，曰余食赘形。（《老子》第24章）

踮起脚跟想要站得高，反而站立不住；迈起大步想要前进得快，反而不能远行；自我表现的反而得不到显明；自以为是的反而得不到彰显；自我夸耀的建立不起功勋；自高自大的不能长久。从道的角度看，以上这些急躁炫耀的行为，只能说是多余的剩饭赘瘤。

自我表现、自以为是、自我夸耀除了像多此一举的剩饭赘瘤这一面之外，还有值得留意的另一面。自己突出的优长，要是不能顺应自然并被合理利用，反而成了负累，甚至置自己于死地，岂不悲哉？

所以，老子进一步从正面强调：

> 不自见，故明；不自是，故彰；不自伐，故有功；不自矜，故能长。（《老子》第22章）

不自我表扬，反能显明；不自以为是，反能突出；不自我夸耀，反能有功劳；不自我矜持，所以才能长久。关云长集忠、义、武于一身，其致命弱点就是自矜，结果大意失荆州、败走麦城，身死人手，为天下笑。

对于老子所讲的"不自伐，故有功"，庄子用诸多寓言做了具体生动的诠释。正面的寓言，如"其美者自美，吾不知其美也；美而不自知，吾以美之更甚"（《庄子·山木》），意在让人善于自知其丑，摒除自吹自擂之举。因为一个人如果仅仅知晓自己的长处，那么他就可能没有真正的长处；一个人如果清楚地知晓自己的短处，那么他就算不上有真正的短处。反面的寓言，如"之狙也，伐其巧，恃其便以敖予，以至此殛也"（《庄子·徐无鬼》）。那只喜欢自我表现、自我炫耀的猴子，就是因炫技而白白丧失了性命。

对于"不自见，故明""自知不自见"，汉魏时期的刘劭在《人物志》中根据知人和识人的原理，给出了一种更为辩证、更有趣味的解释，具体划分了实现"越俗乘高"的三个阶梯：

> 大无功而自矜，一等；有功而伐之，二等；功大而不伐，三等。愚而好胜，一等；贤而尚人，二等；贤而能让，三等。缓己急人，一等；急己急人，二等；急己宽人，三等。

他把达至第三等最高的，即"功大而不伐""贤而能让""急己宽人"，作为真正优秀者不争之德的具体标准，值得现代人借鉴。

在现代社会，许多人过于注重自我营销、自我宣传、自我标榜、自我吹捧，各种"帽子"满天飞舞，名片头衔一大串，让人看半天都不知道其真实身份是什么。由这么多堆积物支撑着的生存者，如果一下子跌倒了，"落水凤凰不如鸡"，如何长久？况且，一个人在人际交往中过分注重自我表现，必然会走进自以为是、自作多情、自寻烦恼的怪圈，因而更容易陷入人情冷暖、世态炎凉的纠结和痛苦，岂不也是一种得不偿失？

（八）自否定是核心

对于"自知自胜"，有必要小结一下。老子自知自胜的生活辩证法的要点在于：一方面，善于做自我否定（简称自否定），自知、自胜、自强、自富、自立；另一方面，不要自以为是、自我吹嘘、自我表现。一个人将自知自胜与不自我表现两个方面相结合，就能健康茁壮地成长。这就是一种自否定的生活辩证法。

理解这种自否定的生活辩证法，要把握好两个关键。第一，凡事都要立足于"自"。为什么？可以联系前面讨论的"道法自然"来思考。"道法自然"，说到底是人法自然，而自然则是自己如此。在我们每一个人由道生出之后，道就任我们自己发展了。那么，我们究竟成长和发展得如何，能不能真正成长好、发展好，归根结底取决于自己。有一句话说得好，自助者，天助之。只有立足自助，上天以及一切外在条件才会对你有所帮助。这就是道的法则。就像列子所讲的愚公移山，最后感动上天一样。假如自作孽，则不可活，所有走向穷途末路的人，都不是因为别人而是自己走向穷途末路的。

立足"自"，包含自知、自胜、自强、自富、自立等，进一步延伸就是自教育、自成长、自发展等。以教育言之，一个人到学校接受教育，实际上真正能够受到的教育是什么？不过是自己对自己的自教育。英国哲学家怀特海说得好，一个人所受的教育，是在把学校里老师教的东西都忘掉了之后，剩下的东西。剩下的是什么？难道不就是一种自我反思、自我启迪、自我超越、自我成长、自我发展的能力？

立足"自",就要善于认识自己,不断地发现自己、成为自己。一个人不要以为整天扛着自己行走,好像没有丢失自我,实际上他整天跟着别人狂奔,非但不可能变成别人,反而经常把自己丢掉了,最后一无所有、空空如也,就像庄子所说的邯郸学步、东施效颦一样。自知,就是不断认识自己、发现自己。在认识自己、发现自己的基础上,更加艰难的是成长为真正的自己。

第二,善于自否定。自己要善于否定自己,自己要善于淘汰自己,这样才能实现真正的成长。自否定的核心,就是不断进行自我反思。其中非常重要的是,经常思考一下我是谁、我到底需要什么、我的天性如何、到底什么样的活法才是适合我的活法。借用《中庸》的话来说:"天命之谓性,率性之谓道,修道之谓教。"(《礼记·中庸》)平时,我们经常是被外界遮蔽或者自我遮蔽的,只有在反思的过程中,自己才能够呈现出来。

老子认为,在"道"把每一个个体生出来、任凭每个人自己发展的时候,实际上有两种可能性:有的人能够以出乎道或者合乎道的方式去生活,这是先知先觉的人;而多数人一旦成长,都在不同程度上偏离了道或者违反了道,甚至彻底把道遗失掉了。所谓"道也者,不可须臾离也",只有在不断反思的过程中,才能与道常在,与道合而为一,这就是悟道、体道、行道的过程。

在此,自我反思尤为重要。我们一开始是一个个具有活泼泼生命的小小少年,转眼间成为一个个急匆匆生存、充满烦恼、矛盾纠结堆积于一体的青年。当人有了一种反思意识的时候,才能够明白这种活法是不好的,想去寻求一种更好的活法,从而由急匆匆的生存上升到洒脱脱的生活。入乎其内,故能生存;出乎其外,方能生活。由生命到生存到生活,实际上是经过了两次否定之后的反思成果,不是随随便便就可以达到的。

在自我反思的过程中,要分身有术。凡是有反思意识的人的头脑里都有两个我或者多个我。比如,有一个肉体之我,代表的是欲望,要满足底层的感官需求,还有一个超拔出来的精神之我。这两个我经常打架、不断战斗,甚至每天都要如此。再比如,理想之我和现实之我。有理想就是对理想之我有一种描绘，但现实却不是这个样子的，所谓理想很丰满，现实很骨感，于是这两个我也在不断交战。每天交战的结果到底怎样？最重要的是，要让精神之我战胜肉体之我，让理想之我战胜现实之我，如此，必然会不断成长、不断进步。

作为一个参照系，奥地利精神分析哲学家弗洛伊德把我分成"本我""自我""超我"。本我类似于肉体之我，代表欲望，欲望总体来说是下沉的、懒惰的，它遵循感官快乐原则；自我类似于现实之我，大部分属于意识，负责处理现实世界的事情，它遵循现实原则；超我类似于精神之我或理想之我，部分有意识，尤其是良知或内在的道德判断，它遵循道德原则或完美原则。本我、自我和超我，大致对应人的兽性、人性和神性三个层次。在自我反思的过程中不断作战，将结果付之于自我行动，这就是分身有术的状态。

因此，"我"是在不断战斗中提升的。婴儿状态在很大程度上是无我的状态，到了小小少年时，有了分别，就处于有我的状态。正是分别，造成了许许多多烦恼和问题。往上提升，还要进行一次否定，即对有我再做一次否定，就成为无我之我，不是原来那个意义上狭隘的小我了。习近平主席经常说，"我将无我，不负人民"。任何人想做一点大事，都需要不断对我进行反思和否定，由原来的无我到有我，再到无我，再到无我之我，这时就形成了更开阔的视野和更宏大的格局，才能够在做事的过程中积聚无穷无尽的能量。

事实上，无我之我恰是一个人成熟的标志。只有通过不断反思，对有我进行两度否定，才能达到无我之我；只有独立思考，才能形成自己独立的人格。所谓人格，就在于把自己最珍贵的东西好好地珍藏起来，建立起内生封闭，且独独属于自己的精神世界。这时，你在与外界打交道时，就应付自如、游刃有余了。

在这方面，李嘉诚有个"鸡蛋论"，非常耐人寻味。他说，鸡蛋，从外打破是食物，从内打破是生命。人生亦是如此，从外打破是压力，从内打破是成长。如果你等待别人从外打破你，那么，你注定成为别人的食物和社会的累赘；如果你主动从内打破自己，那么自己会不断重生，不断成长壮大。

《世说新语》中也有个小故事，非常有趣：

> 桓公少与殷侯齐名，常有竞心。桓问殷："卿何如我？"殷云："我与我周旋久，宁作我！"(《世说新语·品藻》)

桓温想通过与殷浩比较进行自我炫耀，这也是人之常情。殷浩说得好：我不愿意和任何人比较，我长期和我自己交往，我宁愿做我自己。当今充满竞争的时代，尤其需要具有这种"宁作我"的精神自觉。这种"宁作我"就像一首歌《我》所唱的，"我就是我，是颜色不一样的烟火"。它启示人们，要达到无我之我的境界，需要经历一个自知不自见的过程。

总之，"鸡蛋论""宁作我"与老子的"自知自胜"一样，给我们的最大启迪是，我们要善于立足自己，善于不断地发现自己、认识自己、成为自己。对我们每个人来说，这都是最重要的人生使命，当然也是一个需要不断反思和持久践行的人生课题。

八、为道日损

前面谈到，老子总结的关于人道的总规律即老子的生活辩证法，实际上是由生存状态向生活状态提升的基本路径。一方面是积极意义上的路径，其核心是自知自胜；另一方面是消极意义上的路径，其核心则是为道日损。

（一）为学为道

毫无疑问，自知自胜需要不断学习，事实上我们每天都在学习。但是，到底怎样算是一种好的学习？学习的辩证法是怎样的？这就是为道日损。对此，老子讲得极为深刻：

> 为学日益，为道日损，损之又损，以至于无为。(《老子》第48章)

其大意是讲，学习一般知识或做学问的过程要做加法，一天比一天增加；悟道、明道或者提升人生智慧的过程，则要做减法，一天比一天减少，减少又减少，最后以至于达到"无为"的状态。

其中包含一种学习或修养的辩证法。一方面是善于做加法，日知其所无；另一方面是善于做减法，日日减损。这两方面形成一种良好的匹配或平衡，才是合理和健全的学习。这种学习达到的状态，可以称为丰富的简单。

我大半辈子也算接触过不少大师级人物了，比如国学大师、诺贝尔奖获得者等。我发现，凡是真正学识渊博、造诣精深的人，他们的人格往往都是非常淳朴简单的，就像孩子一般，相处起来平易近人。反过来，那些一知半解的人，却一瓶子醋不响，半瓶子醋晃荡，经常自以为是，趾高气昂，甚至不可一世。

这可能是关于健全人格的一个基本法则。大师级的人能够实现丰富的简单，就源于在日益和日损之间达成了良好的平衡。一方面是学富五车、才高八斗，另一方面是精神境界非常单纯、淳朴，两个方面结合，可以形成一种丰富的简单，造就大师风范。

能够实现丰富的简单，也必然经历了一个自我反思的过程，经历了一个否定之否定的过程。举个例子，苹果公司创始人乔布斯在2005年回母校斯坦福大学做演讲的时候，说了一句大家耳熟能详的名言："Stay hungry, stay foolish。""stay hungry"可以译为求知若渴，就是为学日益，是认识不断增多。"stay foolish"可以译为大智若愚，就是为道日损，是不断领悟一——善于返回太极的浑沌状态。只有当这两个状态实现了良好平衡的时候，才能成就一个健全的人。否则，人就是畸形的，当然这种学习也是畸形的。乔布斯的话难道不是说明了这样一个道理吗？难道不正是与老子所谓"为学日益，为道日损"的一种暗合吗？

老子言"为道日损"，不断地"减损"，不断地做减法，才能使精神经常处于被清空的"大清明"境界，这在一定程度上也与诸葛孔明所言"非淡泊无以明志，非宁静无以致远"是相通的。当然，话说回来，如果我们认定"为学"之"学"，学的不是关于对象或技术的知识，而就是大"道"本身，那么，"为学日益"和"为道日损"就毫无二致、合而为一了，因为二者不过是一枚硬币的两面，且完全是同一个过程。这是学习辩证法的基本道理。

从"为道日损"来看，人之认知的发展一般要经历四个阶段。第一个阶段是不知道自己不知道，比如，无知者无畏；第二个阶段是知道自己不知道，比如，有了基本的自知之明或许就不再那么踌躇满志；第三个阶段是知道自己知道，比如，成为某一领域的行家里手，或者艺高人胆大；第四个阶段是不知道自己知道，比如，自觉忘却差别和超越是非的"道通为一"之人。只有经历了这四个阶段，才算具备了合理健全的认知。在这里我们最主要的是要善于不断减损，以使我们的认知、智慧、精神境界、快乐指数、自由度同步提升。

（二）涤除玄鉴

所谓为道日损是就精神境界而言的，"为道"只有通过减损或做减法才能实现。无论是实存之道还是本根之道和规律之道，都是精神境界得以挺立的基石。那么，"为道日损"要减损什么？在老子看来，至少有二：第一，减损欲望；第二，减损分别。且二者是相互结合的。

如何减损欲望呢？老子提出一个重要方法，就是涤除玄鉴。老子讲：

涤除玄鉴，能无疵乎？（《老子》第10章）

清除杂念，深入观照心灵之镜，就能没有瑕疵吗？"玄鉴"就是玄妙的镜子。镜子，要经常擦拭，没有瑕疵，没有灰尘，才能非常光亮，照出人的清晰面目来。假如上面满是灰尘、满是瑕疵，镜子显然是毫无作用的。当然，这里比喻的是人的心灵之镜。我们在现实滚滚红尘之中与外物接触，心灵之镜会沾染上各种各样的灰尘，会出现很多瑕疵，需要不断擦拭。

大家可能都知道，禅宗五祖弘忍选择接班人时，让每个弟子做一首偈，相当于一种论文答辩。其中有个叫神秀的大禅师做了一首偈，与"涤除玄鉴"完全吻合：

第四章 老子：自否定的生活辩证法

身是菩提树，心如明镜台，时时勤拂拭，勿使惹尘埃。(《六祖坛经》)

其大意是讲，我们的心灵像镜子一样，要不断擦拭它，不要让它染上尘埃。这是神秀对禅的理解和领悟。当然，作为对照，还有六祖惠能的一首偈：

菩提本无树，明镜亦非台，本来无一物，何处惹尘埃。(《六祖坛经》)

无疑，惠能对禅宗"空"性的领悟更深，阐释层次也更高，但对于缺乏顿悟能力的一般人来说，我觉得神秀的修养方法可能更有借鉴价值，也更有可操作性。

那么，心灵之镜上的尘埃是怎么产生的？最主要的原因是欲望的侵入。人一旦有了欲望，尘埃就来了，如果严重了，镜子上面就像沾上油渍一样，擦都擦不下来。因此，"涤除"既包括洗清各种杂念和妄见，也包括清除头脑中僵化陈旧的认知，更包括经常剔除各种不合理的欲望。涤除是为了保持心灵之镜的明澈，实现像《庄子·应帝王》所言那样："用心若镜，不将不迎，应而不藏，故能胜物而不伤。"用心犹如明镜，物来不迎，物去不送，顺应自然无所隐藏，就能够驾驭外物而不为外物所伤害。

理解了涤除玄鉴的原理，《老子》中许多似乎违反常识、令人费解的章节就迎刃而解了。比如，老子讲：

塞其兑，闭其门，终身不勤；开其兑，济其事，终身不救。(《老子》第52章)

其大意是讲，塞住欲念的孔穴，闭起欲念的门户，终身都不会有烦扰之事；打开欲念的孔穴，增添纷杂的事情，终身都不可救治。老子还有一句话，在这儿就好理解了：

> 不出户,知天下;不窥牖,见天道。其出弥远,其知弥少。(《老子》第47章)

其大意是讲,不出门户,就能够推知天下的事理;不望窗外,就可以认识日月星辰运行的自然规律。一个人向外奔逐得越远,他所知道的道理就越少。因为如果出去就很可能被外面的东西吊住而不能自拔,逐万物而不返。

关键点在于,这不是讲为学,而是讲为道。这与一般的科学研究,正好是两条相反的路径,一条是朝外的外观,一条是朝内的内观。为什么这样说呢?为道本质上是一种内观,是一种内在超越,它体现为一个自我认识、自我省察的过程,最主要的是反身求求,必然要向内心去看、向精神世界去探求。其实,对应无穷无尽的大宇宙,每个人的精神世界也是一个自足充盈、宏大无比的小宇宙。或者说,每个人都是一个宇宙,每个人的天性中都蕴藏着大道赋予的无限活力和创造力。如果不觉悟,在无穷追逐外物时,就把这个无穷无尽的小宇宙给遮蔽和浪费掉了。岂不可惜?

通过"涤除玄鉴",去除心灵内外的一切欲念和偏执,变得像一潭清澈见底的水,才能观照和体悟超越万物的"道"。"涤除玄鉴"重在直观自省,而不重外在实证经验,因而它不可能是一种科学方法,而只能是一种哲学方法。只有从这种哲学的认知出发,才有可能明白"塞其兑,闭其门,终身不勤""不出户,知天下;不窥牖,见天道;其出弥远,其知弥少"的深层观照。这种哲学观照,不是反科学的,而是非科学的——它在科学之外或之上。

有必要留意的是,"涤除玄鉴"作为一种注重直观内省的修养方法,不仅为老子所倡导,而且为中国儒释道三家所共通。在老子看来,为道要通过内省直观去观照"无",与之形成对比的是,儒家基于"有"提出其修养功夫。孟子说得好:

> 学问之道无他,求其放心而已矣。(《孟子·告子上》)

这是说,做学问没有别的事情,无非是把自己放逐了的本心找回来而已。

孟子还重视:

> 我善养吾浩然之气。(《孟子·公孙丑上》)

> 万物皆备于我矣,反身而诚,乐莫大焉。(《孟子·尽心上》)

宇宙万物的基础要素实际上都在我们自己的精神世界里储存着,当善养浩然之气、反身内求的时候,快乐就会无穷无尽。宋朝有一个哲学家叫陆九渊,他在十几岁的时候一下子就悟出来一个非常重要的哲理,"宇宙内事乃己分内事,己分内事乃宇宙内事",由此他说出了一句对后世影响深远的话:"宇宙即是吾心,吾心即是宇宙。"[1]

总之,深刻地意识到每个人都有一个充满无限能量的小宇宙,都有一个自足充盈、宏大无比的精神世界,我们就会不断地反身内求,从自身去勘探和挖掘精神之宝。

(三)致虚守静

涤除玄鉴之后,实现减损的第二步叫"致虚守静",即要以虚静最大限度地减损区别。老子讲了六个字:

> 致虚极,守静笃。(《老子》第16章)

就是说,要使心灵虚静达到极致,并长期保持如一。庄子的解释为"虚静恬淡寂漠无为者,万物之本也"(《庄子·天道》);李叔同对"虚静"的解释更具体:不为外物所动之谓静,不为外物所实之谓虚。致虚守静,是反身内求的一种功夫;只有拥有了致虚守静的明澈,才可能充分地把握芸芸万物纷繁变化背后的循环往复的基本法则。致虚守静可以使天地万物各安其位、各得其所。

---

[1] (宋)陆九渊:《陆九渊集》,中华书局1980年版,第482—483页。

对此，我们可以从虚和静两方面分别来讨论。

其一是虚。虚是道的基本状态，道的表现形式就是虚。道既不是有也不是无，而是介于有无之间的若有若无、非有非无的浑沌状态，即虚。道因为虚，所以特别有能量。对此，《老子》第5章诠释得非常生动形象：

天地之间，其犹橐龠乎？虚而不屈，动而愈出。（《老子》第5章）

天地之间，岂不像个大风箱吗？它空虚而不枯竭，越鼓动，风就越多。道体之空虚，可以创生出无穷无尽的能量，因而生生不息。同样，心灵处于虚的状态，也能够不断产生无穷无尽的活力。

其二是静。水静，则镜子明，心静，则智慧生。老子论证说：

重为轻根，静为躁君。……轻则失本，躁则失君。（《老子》第26章）

厚重是轻率的根本，静定是躁动的主宰。在轻重关系中，重是根本，轻是末节，注重轻而忽略重会失去根本；在动静关系中，静是根本，动是末节，注重动而忽略静会失去主宰。

涵养动中静，虚怀有若无。一个人坚持以重为根本、以静为主宰，就可以闹中取静、苦中取乐，即便在喧哗烦乱的场景之中，仍可以葆有内在的平和与安静，犹如古代士大夫所追求的那种境界，"身在庙堂之上，心在江湖之远"。

在当今躁动和焦虑的时代，人类最稀缺的精神资源是什么？就是安静。现在许多人就像浮萍一样，飘在社会海洋的表层，整日活得轻飘飘却心事重重，米兰·昆德拉称之为"生命中不能承受之轻"：人生的悲剧总用沉重来比喻，但是，许多人的悲剧"不是因为重，而是在于轻。压倒她（或他）的不是重，而是不能承受的生命之轻"[1]。

---

[1] 〔法〕米兰·昆德拉：《不能承受的生命之轻》，许钧译，上海译文出版社2017年版，第144页。

失去了重，失去了静，就失去了主宰，就会活得飘。美国女作家玛格丽特·米切尔有一部小说就叫《飘》，英文原名为 Gone with the Wind，中文翻译得很传神，后来改编为电影《乱世佳人》，很能传达人像浮萍一样飘的感受。人为什么这样飘呢？因为没有重，没有静，没有根，就像船没有压舱石，一有风吹来，就被刮得东倒西歪了。

安静是躁动的主宰，人只有在安静时，才能对外部环境具有足够的统摄能力。就像诸葛亮《诫子书》开篇所讲：

> 静以修身，俭以养德。非淡泊无以明志，非宁静无以致远。(《诫子书》)

一个人有智慧，最主要的是要站得高、看得远；他必须处在淡泊宁静的状态，才能够有自己的生命主宰，才能够有一种高人一等的人生智慧。

基于"致虚守静"，老子除提出了一种重视虚静的价值观，还提出了一些保持虚静的方法。我觉得，对于普通人，要守静，不必搞得太玄，先不要追求打通任督二脉，贯通大周天、小周天，最实在的是选择简单易行的方法。

譬如，掌握守静四诀，即松空匀乐。我自 1990 年以来就长期受教于教育家魏书生总结的守静四诀（以及静坐、气功、八段锦等）。在我的眼里，魏书生可谓一个早早就已悟道和行道的人了。守静的松空匀乐就是，首先学会每天静坐或者站桩（图 4-7）一分钟。预备式可以是深呼吸，嘴唇轻闭，舌尖轻轻抵在上腭与上牙龈的中间，然后依次进入松空匀乐。松，是周身放松。从头到脚全身每个部位、每个细胞都放松下来，就像伸伸懒腰一样舒坦。空，是大脑清空。眼睛微闭，清除一切杂念，一心一意专注于当下的一呼一吸。匀，是呼吸均匀。呼吸要深沉、自然、徐缓，有必要的话可以先深呼吸三次，再进入自然状态。乐，是情绪和乐，亦无欢喜亦无忧，整个情绪保持平和宁静的状态。身体松，头脑空，呼吸匀，情绪乐，四者融贯为一，关键在清空，核心在守静，目的在养心。

图 4-7 静坐或站桩示意

起先可以每天松空匀乐守静一分钟（表 4-3），然后可以适当延长到两分钟，逐步延长到不超过五分钟。养成习惯之后，再把松空匀乐推而广之。起床松空匀乐，跑步松空匀乐，读书松空匀乐，上班松空匀乐，听课、上课松空匀乐，开会松空匀乐，吃饭松空匀乐，睡觉松空匀乐，如此干得好、吃得甜、睡得香。见朋友松空匀乐，见领导松空匀乐，见对手、仇人松空匀乐，呆若木鸡一样把对方一下子整蒙了。由此，松空匀乐，无时无刻。

静坐一分钟

道家哲学与心理健康演习

表 4-3　"每天静坐一分钟"的要诀

事项	口令	时长
预备式	深呼吸两次，眼睛微闭，舌尖轻抵上腭	5 秒
松	周身放松	10 秒
空	大脑清空	10 秒
匀	呼吸均匀	15 秒
乐	情绪和乐	20 秒

年龄稍大，如果再配之以气功、八段锦和太极拳练习，守静效果更佳。这样，把虚静这种最稀缺的资源实实在在地转化为自己内在的精神能量、转变为基本的生活方式，生活必然无往而不乐。

（四）抱一守中

减损欲望、减损分别的最高层次是"抱一守中"，与道合一。为道日损，可以实现学习之道的自否定，从而实现为学日益和为道日损有机结合，也就是以"一"驭"多"。

"一"是什么？首先，"一"就是道，就是浑沌的整体。道家重视把握"一"。老子讲："抱一为天下式。"（《老子》第22章）有智慧的人，总是把坚守"道"作为通晓天下事理的范式。老子还进一步阐释：

> 道生一，一生二，二生三，三生万物。（《老子》第42章）

> 天得一以清，地得一以宁，神得一以灵，谷得一以盈，万物得一以生，侯王得一以为天下正。（《老子》第39章）

其大意是讲，道是"太一"，也是一，它生成天地万物。天得到道而清明；地得到道而宁静；神得到道而英灵；河谷得到道而充盈；万物得到道而生长；侯王得到道而使天下安定。因此，体认和把握"一"成为智慧的至高层次。庄子则反复讲"道通为一"，如"通于一而万事毕，无心得而鬼神服"（《庄子·天地》）等。前面我们聊过的无知之知，就是通过体悟"一"来实现的。

其次，"一"是"多"的母体，更是"多"的归宿。现实中纷繁复杂的"多"，都是"一"呈现的各种现象。因此，在某种程度上，纷繁复杂的"多"都是虚妄的，唯有"一"才是真实的。进言之，道以及无形世界才是真实的，有形世界的万事万物则是虚妄的。这也是以道为本的基本规律。世界上最根本的规律就是"一"，而各学派或各学科，仅仅是在对"一"进行不同角度的解读罢了。

这就好比每一个人身体里的 DNA 基因。人体不管长成什么样子，都是以人类基因组的 23 对染色体为基础发展出来的，23 对 DNA 染色体才是根本。这个世界也是一样的，同样存在一个最根本的 DNA 染色体，而在 DNA 染色体的基础之上生发出了万物，这个 DNA 染色体，道家把它称作"道"。

所有的古圣先贤都用各自的方式在讲同一个东西、同一个道理，只不过表现的形式和方法各有不同。而可惜的是，许多人只注意到了表现的形式，因此只在乎属于什么学派，信仰哪一个学说，而没有去深入地理解先贤们的思想，没有去理解他们想要给我们传递的信息的本质。因此，我们看到的是不同学派在争斗，不同宗教在争斗，甚或同一个学派或宗教的不同流派之间也在争斗，甚至引发了暴力和流血事件。在人类发展的历史上，这种争斗直到现在也没有停止。

当今，科学成了主流话语系统，许多人认为科学能够解决一切问题。而事实上，科学并不是万能的。从本质上来讲，科学与神学一样，也是从一个角度在解释"一"。不管是科学、宗教还是哲学，不管什么思想流派，如果我们都能够从一个足够高的视野来考察，就会发现这些东西都只是某一个角度而已，永远只是"一"的一个部分。就像盲人摸象。有的人摸到了象鼻子，就说大象是细长的；有的人摸到了象的身体，就说大象是平面的；有的人摸到了象腿，就说大象是粗壮的。他们说错了吗？没有错，都说对了，但是都只说对了其中的一个角度、一个部分。真正的大象长得什么样子，谁都没有说清楚。这本身其实是不足为怪的，因为人类本来就没有足够高的视野来看清整个世界的根本。然而，问题的核心在于，我们没有看到世界的本质，却又非常自信地认为我们看到了，并且把本该用于继续探索的精力用在打压其他探索者的身上，这就非常荒唐、非常糟糕了。

因此，老子的"抱一"，就是由回归到相通，返回一致的本原。也就是说，要尽量少地去追求那些细枝末节的东西，回归最初的根本——道。做事要牢记自己的初心和初衷，这样才能不被各种诱惑带偏；做学问应专注于最根本的道理，而不是陷入形式上或末节上的差异。以此类推，其实工作、人生皆是如此，推而广之，我们就能够走向更高远、更广阔的天地。

抱一守中，最关键的是要善于以"一"驭"多"。为学日益是认识"多"，学习各种科学知识，一点一点积累了多，学得越多，越是一团乱麻，人活得越不明白，越是糊里糊涂。对此，列子用"亡羊"的寓言阐释得尤为深刻：

> 大道以多歧亡羊，学者以多方丧生。学非本不同，非本不一，而末异若是。唯归同反一，为亡得丧。（《列子·说符》）

其大意是讲，大路岔道太多，羊因此走失，学习的人因学科太多、专业方法太多而丧失了性命。学习时并不是根源不同、本源不一样，而结果的差异却如此之大。只有回归到相通相同，返回到大"一"，才没有得与失的问题。

当忘了"一"而迷恋"多"的时候，人必然会迷失，不知所归。而体悟了"一"之后，反过来以"一"统摄"多"，以"一"驾驭"多"，这时学的东西，能成为一个有机的、系统的、完整的、有生命的体系，就为我所用了。否则，人就跟着各种分叉跑，一个一个岔路，岔路越来越多，走得越远，越忘记了为什么出发，最后必然成为一只迷途羔羊。

为道日损，非常重要的也在于处理"一"和"多"的关系，时时刻刻以"一"驭"多"。在很大程度上，"一"和"多"、"日损"和"日益"之类的加减法，可能是一个人一生都需要熟练掌握的基本"运算"。"为道日损"，减损欲望可能仅是一个次要的方面，更为主要的是，通过自觉的"忘"领悟一，达到无知之知的境界。理想的状态应是常态化地在"日益"和"日损"之间保持一种平衡。退而求其次，前半生要学会做加法并习惯于做加法，而到了后半生比如四十岁之后，则须转换人生轨道，自觉做减法并习惯于做减法。做加法多半是基于生存的惯性，做减法才是出于生活的自觉。

顺便提一下，一个人越聪明，往往越容易患上心理疾病，而似乎不怎么聪明的人，每天反而乐天知足。为什么会出现这种现象？聪明的人尤其是天才，都有一个特点，就是喜欢追根溯源和独立思考，往往一件事情放在面前，总愿意去想为什么。长此以往，思考的东西就会越来越多。如果他思考的东西是值得思考的，且他沿着一条合理的路径去思考，那么很有可能他会像老子、孔子、列子、庄子、苏格拉底、释迦牟尼、耶稣、康德等圣哲一样，最终大有所成。然而，遗憾的是，大多数人一开始就在沿着一条错误的路径思考一些毫无必要的事，这就违背了自然法则。思考到后期，他就会钻牛角尖，自己也爬不出来，这样就容易产生各种各样的心理问题或心理疾病。

现代人常见的强迫症就是非常好的例子。研究发现，患有强迫症的人往往本身非常聪明，但是思考的路子出了问题。因此，在日常生活中怎样利用我们自身的聪明，如何找到一条合乎自然法则的路径，如何把握思考的度，非常值得我们反思。

（五）再谈复归婴儿

涤除玄鉴、致虚守静的目的是，通过减损的方式回到自己的心灵世界。通过减损的方式，才能实现实质性的提升。减损欲望、区别应到什么程度？老子讲，"损之又损，以至于无为"。无为的一个最佳表述，就是复归于婴儿。无为的最佳样态或者最佳参照系，就是婴儿。婴儿状态是没有区别、无知、无欲、无我的状态。所以老子讲：

> 我独泊兮，其未兆。沌沌兮，如婴儿之未孩。（《老子》第20章）

老子说，自己要独自淡泊宁静，没有行迹，浑浑沌沌如同婴儿还不会发出嬉笑声。从本质看，复归于婴儿，不是简单地保持天真，也不是回归天真，更不是装天真，而是创造天真，即创造像婴儿一般的没有区别、无知、无欲、无我的境界。保持是保持不住的，回归也是回不去的，装老小孩，只是徒然增加几层矫饰的面具而已。唯有通过自我否定、自我创造获得的真性情，才是长久且受用不尽的精神财富。

其实，葆有婴孩状态、童真、童趣，一向是人生哲学中亘古不变的主题，也是古今中外几乎所有圣贤都津津乐道的话题。老子喜讲"常德不离，复归于婴儿"，"如婴儿之未孩"，孔子喟叹"吾与点也"，孟子侈谈"大人者，不失其赤子之心者也"，袁宏道赞美"当其为童子也，不知有趣，然而无往而非趣也"，卢梭崇尚毫无污染的"自然状态"，现代贤者倡导"不忘初心""回归本真""活出真性情"，等等。

因此，问题的关键不在于婴孩状态、童真、童趣等对人及社会的发展是否重要，而在于如何使人真正拥有婴孩状态、童真、童趣——更确切地说，到底是守望还是重构？试想，一个人在童年时，他本身就无忧无虑地生活在童话世界里（当然也是迷迷糊糊、不自觉地生活在游戏之中），自然而然也最爱读各种各样诸如"白雪公主"或者"美人鱼"之类的童话故事或传说。但随着他渐渐长大、逐步融入社会，才越来越晓得生活世界之纷繁复杂远远不是童年所读的童话王国所能容纳、所能解释的。假如他只守望美丽的童话王国、坚定如一地做一个老小孩，能够从容应对现实生活世界中种种困顿和险恶而生存下来吗？百分之九十九是不能的。

那剩下的就可能是两种选择：一种是走向随波逐流或者老谋深算的所谓"成熟"，另一种则是走向经过痛苦反思之后的重构。这种重构必定经历了一个由原初的自发肯定（迷迷糊糊的童年），到中间的否定（成年的社会化），又到再次的自觉否定（所谓活出真性情）的过程。所以，作为一个曾经读过安徒生、格林以及民间童话故事的人，我对所谓守望或者回归童年的可能性一向表示深深的怀疑。我以为，致力于否定之否定之后的自觉重构，可能是唯一有益的思路。

有必要再重复一遍，老子所谓"复归于婴儿"不是回归到婴儿——婴儿是永远回不去的，而是自觉知道婴儿的状态最好，要修炼得像婴儿一样。它是一种自觉的精神创造，是一种自觉的返璞归真，是由有我的状态到无我之我的状态，由有知的状态到无知之知的状态，由复杂的状态到简单的状态。当然，这种"简单"也不是原来的简单，而是一种丰富的简单，是经过了千锤百炼之后的简单。"删繁就简三秋树，标新立异二月花"，这种简单是经过了风霜雨雪历练之后重新创造出来的简单。

成熟者，丰富的简单之谓者也。未经几十年世事磨砺的所谓简单，不过是青涩稚嫩、弱不禁风的简陋而已。靠构筑重重城府维系的所谓复杂，到头来也是貌似辉煌实则昏暗的半吊子工程。丰富的简单则不然，它是真性情的自然流淌，更是"人情世故已看透、赤子之心常葆有"的自如挥洒……其实，老子在其字里行间亦反复强调"人情世故要看透，赤子之心不可无"之意，且认为这两个方面是生活必不可少的条件。人情世故看不透，如何能够生存？不善造赤子之心，如何能够生活？

所以，"复归于婴儿"式的简单，是一种自觉的修炼和精神创造。因简单而丰富，因简单而深刻。不过，这里的"简单"，并不是简陋，而是历经风霜之后的删繁就简。由简入繁易，由繁入简难。这里第一个"简"是"简陋"，第二个"简"是"简单"或"至简"。习惯于做生存的加法，是人之本性使然；善于做生活的减法，则是一种自觉的精神创造。道家所倡导和推崇的正是由繁入简、做生活减法的功夫，使人由习惯于得到自觉向习惯于失去转变（表4-4）。这就是一种生活的辩证法，也是一种人生的大智慧。

道家哲学与心理健康演习

表4-4 关于"为道日损""做减法"的自问自答

自问	自答
对我自己人生最重要的五件东西是什么？	
因人生的不得已，必须减少一件，剩下的四件东西是什么？	
因人生的不得已，又必须减少一件，剩下的三件东西是什么？	
因人生的不得已，又必须减少一件，剩下的两件东西是什么？	
因人生的不得已，又必须减少一件，最后剩下的一件东西是什么？	

第四章　老子：自否定的生活辩证法

举例言之。画家兼作家黄永玉，可谓学富五车、才高八斗，耄耋之年活得像一个顽童，他不仅长寿到 99 岁，更重要的是拥有无穷无尽的生活乐趣。他 90 岁生日时的自画像《九十啦》着实可爱，活脱脱一个老顽童的形象（图 4-8）。他真正达到了婴儿一样的精神境界，于是拥有了无穷无尽的快乐，当然也容易长寿。这就是丰富的简单。如果套用表 4-4，黄永玉最后剩下的最重要的一件东西无疑是真性情——像婴儿一样的真实而自由。

图 4-8　黄永玉九十自画像

图片来源：《90 后黄永玉，画了中国最贵的猴子》，2019 年 7 月 14 日，https://www.sohu.com/a/326774111_785891，2024 年 5 月 2 日访问。

在这方面，著名漫画家丰子恺有一部漫画集，极具慧眼禅心。其中，它对比了小时候和长大后的人生况味，其实也可以看作一种对"为道日损"的反思，非常有趣有味。我们不妨截取一些小花絮一块品味一番：

> 小时候，微笑是一种心情。长大后，微笑是一种表情。
>
> 小时候，我们把玩具当朋友。长大后，我们把朋友当玩具。
>
> 小时候，觉得一天好长，一学期好长，长大就是梦想。长大后，觉得一年好短，一辈子好短，放慢已成奢望。
>
> 小时候，总以为那些不上班的人是混日子。长大后，才知道那些只上班的人才是混日子。
>
> 小时候，什么都不重要，只有我非常重要。长大后，什么都很重要，只有我最不重要。

小时候，总以为成人是最自由的，想干什么就能够干什么。长大后才明白，小时候才是最自由的，想干什么就可以干什么。

小时候，总以为世界很美好，人们很善良。长大后，才明白人性很复杂，社会很险恶。

小时候总觉得，自己长大后肯定能成为伟人。长大后才发现，我们拼尽全力，也刚刚能成为一个普通人。

小时候，我们总以为，到不了的才是远方。长大后，我们才明白，回不去的都是故乡。

小时候，我们恨不得一夜长大。长大后，我们恨不得返老还童。

小时候，幸福是一件很简单的事。长大后，简单是一件很幸福的事。[1]

这篇"小时候 VS. 长大后"，富含对"为学日益"和"为道日损"二者之间的平衡的反思。尤其是，明白什么叫生活的减法，自觉去做生活的减法，才能够获得类似小时候的那种无边无际的快乐。

九、和光同尘

为道日损在于善于减损，而减损，最后达到的一种境界就是和光同尘。老子如何讲和光同尘呢？《老子》中有一段完整的论述：

> 塞其兑，闭其门，挫其锐，解其纷，和其光，同其尘，是谓玄同。故不可得而亲，不可得而疏；不可得而利，不可得而害；不可得而贵，不可得而贱。故为天下贵。（《老子》第56章）

---

[1] 丰陈宝、丰一吟编：《丰子恺漫画全集"儿童相"册》，京华出版社2001年版，https://www.sohu.com/a/389920450_100021268，2023年12月11日访问。

第四章 老子：自否定的生活辩证法

什么是和光同尘呢？收敛光耀，混同尘世，这就是深奥的玄同。玄同就是玄妙的同化境界，可以说是减损"分别"应达到的一种境界。善于减损分别，所能达到的最高境界，便是"默然不言，与道合一"的玄同状态，本质上其实是一种经过自否定之后自觉的"与道合一"的浑沌状态。达到玄同境界的人，就超脱了亲疏、利害、贵贱的世俗范围，为天下人所尊重。

那么，道家为什么要重视和光同尘呢？第一，出于积极入世的需要。我们反复说，道家并不主张悟道之人离群索居、特立独行，而主张练就一种超越的眼光和格局之后，以心明眼亮的方式更积极地入世。也就是，以超世的方式来入世。超世就是超越世间，而超越的前提是包容。用更高的眼光看世界，对世界的整体和真相看得很透彻、很明白，但是始终立足于这个世界、不脱离这个世界。超越必先包容，这就要和光同尘。

和光同尘比那种利欲熏心、锋芒毕露、咄咄逼人的处世方式，更有力量，也更能够深沉地入世。前面提到，每当国家遇到危难时，就有道家人物来救国了，历史上有商代的姜子牙、春秋时期的范蠡、汉初的张良、唐代的李泌和郭子仪、明代的刘伯温等众多例子。对于悟道的人而言，和光同尘并不是要成为"鹅卵石"和"老油条"，而是要趋于玄同状态，在做事时更加开阔、更加自由、更加从容。

假如有人非要说道家崇尚隐藏的话，我们只能说，它赞成"中隐隐于市"和"大隐隐于朝"，以超越的方式过平常人的生活。这方面大家感兴趣的话，可以研究一下唐代诗人王维的经历。他就是以一种比较超越的方式去当高级官员（尚书右丞，相当于副部级），自己却经常像农夫一样活得有滋有味，非常滋润。道家重要的代表人物列子也很有趣，"列子居郑圃，四十年人无识者"（《列子·天瑞》），是说他居住在郑国的一个村子里四十几年，当地的人都不知道他是一个得道的高人，一个非常有智慧、非常有才能的人，而认为他不过是一个很平常的人。这就是一种和光同尘的状态。

第二，和光同尘可以有效地防止物极必反。一个人有智慧、有才能，可能会给别人造成心理压力、引人嫉妒，按照老子的辩证法，就会物极必反。并且李康在《运命论》中也讲：

> 木秀于林，风必摧之；堆出于岸，流必湍之；行高于人，众必非之。前监不远，覆车继轨。

人生需要通过反向方式，实现一种平衡，前文讲道家的反向思维时讨论过这一点。老子讲："物或损之而益，或益之而损。"（《老子》第70章）一切事物，如果减损它却反而能得到增加，如果增加它却反而减损。为什么？因为损和益，要达成一种平衡。和光同尘可以形成一种良好的平衡，实际上是一种大智若愚或者抱一守中。

那么，如何做到和光同尘呢？一方面，当然是"塞其兑，闭其门"。堵住嗜欲的孔窍，关住嗜欲的门户。根本在于，去除或减少争名逐利之心。前面已经提及，不再赘述。

另一方面，是"挫其锐，解其纷"。通过不露锋芒，来消解或减少纷争。为什么？假如一个人有非凡的才能、极高的智慧又表现出超人一等的样子，在众人当中，如鹤立鸡群，羊群里跑出一头骆驼来，会无形中给周围人施加一种巨大的心理压力。鹤和骆驼的日子是不好过的。因为，第一，不协调；第二，很重要的是，招人嫉妒和怨恨，而一旦被嫉妒和怨恨，自身生存都成了问题，怎么做入世的事业？

《列子》中有个关于孙叔敖的故事精彩之至：

> 狐丘丈人谓孙叔敖曰："人有三怨，子知之乎？"孙叔敖曰："何谓也？"对曰："爵高者，人妒之；官大者，主恶之；禄厚者怨逮之。"孙叔敖曰："吾爵益高，吾志益下；吾官益大，吾心益小；吾禄益厚，吾施益博。以是免于三怨，可乎？"（《列子·说符》）

其大意是讲，一般而言，有三种被人怨恨的事：爵位高的，别人嫉妒他；官职大的，君主厌恶他；俸禄厚的，怨恨包围着他。孙叔敖说：我的爵位越高，我的志向越低；我的官职越大，我的雄心越小；我的俸禄越厚，我施舍得越广。他用这种方法，来避免人性中普遍存在的三种怨恨。你看，孙叔敖的官升得越高，他反而越谦卑、越低调。因为官职越高，就越容易凸显出来，这时就容易给周围的人造成很大的压力，而越谦卑、越低调，就在某种程度上尽可能实现平衡了。

孙叔敖之所以能够做到这种程度，关键在于他洞悉人性和人心，也洞彻了一切荣辱得失的本质。他曾经"三为令尹而不荣华，三去之而无忧色"。他解释说：

> 吾以其来不可却也，其去不可止也。吾以为得失之非我也，而无忧色而已矣。我何以过人哉！且不知其在彼乎？其在我乎？其在彼邪亡乎我，在我邪亡乎彼。方将踌躇，方将四顾，何暇至乎人贵人贱哉！（《庄子·田子方》）

可见，孙叔敖非常明白荣辱得失的外在性，达到了"定乎内外之分"，这才奠定了他和光同尘的基石。

第三，光而不耀。这可以作为"挫锐解纷"的一种延伸，老子讲：

> 方而不割，廉而不刿，直而不肆，光而不耀。（《老子》第58章）

其大意是讲，方正而不生硬，有棱角而不伤害人，直率而不放肆，光亮而不刺眼。比如，有才而不恃才放旷，有理而不咄咄逼人，有权而不飞扬跋扈，都是"光而不耀"的具体表现。地位越高，表现得越谦卑和低调，在某种程度上就可以减损光芒。但是在现实中，没有这种修养的人，一般都喜欢自我显摆、自我吹嘘，结果招致麻烦和祸患，这其实很不明智。

与孙叔敖的故事一脉相承，《庄子》中还有一个宋国大夫正考父的故事，也极有意味：

> 正考父一命而伛，再命而偻，三命而俯，循墙而走，孰敢不轨？如而夫者，一命而吕钜，再命而于车上儛，三命而名诸父，孰协唐许？（《庄子·列御寇》）

其大意是讲，正考父一命为士就曲着背，再命为大夫便躬着腰，三命为卿便俯下身子，让开大道、顺着墙急步快走，这样谁还敢不效法？如果是凡夫俗子，一命为士就会傲慢矜持，再命为大夫就会在车上手舞足蹈，三命为卿就要直呼叔伯的名号了，这样，谁还会同唐尧、许由一样谦让呢？

谈到光而不耀，不能不关注另一个角度，恰可形成鲜明的对照。任何人都活在某一个特定的社会环境中，他为了实现自我保全，而不得不借沾染灰尘、自污以自全，如管仲、萧何、曾国藩等。以刘邦的丞相萧何言之。他很有治国才能且兢兢业业，刘邦就担心他会对自己的皇位构成威胁。萧何觉察之后，就自污。刘邦知道后，哈哈大笑，放心了。当然，这不是和光同尘的主流，只是一个思考的维度。

第四，外圆内方。老子用的是"被褐而怀玉"（《老子》第70章），即有道的人总是像穿着粗布衣服、怀里揣着美玉一样。外表很普通，内心很光明。实际上，这是一种形象的比喻，对应我们中国人崇尚的那种外圆内方的人。以前用的铜钱叫孔方兄，外面是圆的，中间一个方孔。外圆内方的人，很有智慧、很有想法，但对外却不显山露水。对此，庄子讲得更精到——"外化而内不化"，即一个有智慧的人，内在始终保持与道合一，而外在环境却随境而变、随遇而安，他与外在环境没有冲突、没有摩擦、没有矛盾。

第五，大白若辱。老子反复强调"大白若辱"。《庄子》中记载了一段老子对于阳子居（杨朱）"大白若辱"的训诫，恰恰体现了道家一贯重视的和光同尘的人格境界。阳子居到郊外恰巧碰见了老子：

第四章 老子：自否定的生活辩证法

老子曰："而睢睢盱盱，而谁与居！大白若辱，盛德若不足。"阳子居蹴然变容曰："敬闻命矣！"其往也，舍者迎将其家，公执席，妻执巾栉，舍者避席，炀者避灶。其反也，舍者与之争席矣！（《庄子·寓言》）

其大意是讲，老聃说："你仰头张目傲慢跋扈，你还能够跟谁相处？过于洁白的好像总会让人觉得有什么污垢，德行最为高尚的好像总会让人觉得有什么不足之处。"阳子居听了，脸色大变，羞惭不安地说："弟子由衷地接受先生的教导。"阳子居刚来旅店的时候，店里的客人都得迎来送往，那个旅店的男主人亲自为他安排坐席，女主人亲手拿着毛巾、梳子侍候他盥洗，旅客们见了他都得让出座位，烤火的人见了也就远离火边。等到他离开旅店的时候，旅客们已经无拘无束、跟他争席而坐了。阳子居前后判若两人的变化，正体现了大白若辱对于平常心和平实人格的塑造功能。

对于人们普遍赞扬的那种"众人皆醉我独醒"的显山露水的做法，道家一向都在和光同尘的高度，采取一种同情和规劝的态度。非常有趣的是，假如策划设计屈原、老子和渔父（道家的"形象代言人"）合演一小幕cosplay剧的话，就会颇有对比度：

屈原高呼："举世皆浊我独清，众人皆醉我独醒。"
老子慨叹："俗人昭昭，我独昏昏；俗人察察，我独闷闷。"
屈原苦苦寻求出路："新沐者必弹冠，新浴者必振衣；安能以身之察察，受物之汶汶者乎？"
老子提出解决方案："挫其锐，解其纷；和其光，同其尘。"
渔父最后出场，调和一番，高声歌唱："沧浪之水清兮，可以濯吾缨；沧浪之水浊兮，可以濯吾足。"

无疑，老子和渔父所言，体现的恰是一种和光同尘的境界。而屈原所言，代表的是某些儒者那种执着入世的立场。不管端午是否发端于屈原，它作为一个深藏于国人血脉的精神坐标，是不容置疑的。但同时，也不能不说，才高志大而器量狭小，造成了一种古往今来的屈原们最普遍的人格悲剧——这在某种程度上也表明了以入世的方式入世的可能限度，以及和光同尘这种以超世的方式入世的必要性。

道家也好，儒家也好，禅宗也好，其实都崇尚这种和光同尘的人格。对于和光同尘的境界，儒家称之为"极高明而道中庸"，即拥有极高明的智慧，而以平常为道。道家和儒家都认为，一个悟道之人具有极高的修养、极高的智慧，但他并不需要做不同于平常的事，他不可能表演奇迹，也不需要表演奇迹。他做的事情和平常人一样。差别何在？在于觉悟。因为，他透彻领悟大道，他以心明眼亮的方式做相同的事，在觉悟之中做相同的事，其做事的意义就完全不同。这种意义集合就是一个人的精神境界。

禅宗也讲，觉是万妙之源，所谓砍柴担水无非妙道，或平常心是道。比如，一个人自觉是宇宙公民，做事的意义在于有利于宇宙整体的利益。做的事情很平常，其体悟的意义却不平常。学会平常，其实很不平常。因为这本质上就是以超世的方式入世，最平常、最真实、最有滋味。平常，方有快乐；平常，方有自由。这也是老子教给我们的和光同尘的智慧。

当然，和光同尘也是一种最恰当的与世界交流的方式。仰视、俯视和平视，不仅仅是观察事物的角度，更主要的是体现了一个人学习以及修养的历程。对于周围的各种事物和各种人，一个人在初始涉世阶段学会的往往是仰视，经过若干年之后学会了俯视，再经过若干年历练和觉悟之后才学会了平视——非达到平视，不足以显示其学习以及修养的真功夫。

平视，不仅是一种学习及修为的成果，也是一种观人观物的境界。无论观人还是观物：卑微者我平视之，高贵者我亦平视之；卑鄙者我平视之，伟大者我亦平视之；誉我者我平视之，毁我者我亦平视之；知我者我平视之，罪我者我亦平视之……平视在我，在于我对和光同尘的领悟，与人或物的高低贵贱何干呢？

十、小国寡民

为道日损所达到的另一种境界是小国寡民。对于小国寡民,许多人大都仅仅理解为老子的政治理想或社会理想。我以为,这可能仅停留于表面,而没有了解其精神实质。其实,小国寡民和老子讲的"水""雌性"和"婴儿"等一样,不过是一种比喻而已。

(一)守其素朴

我们还是一起细细品味《老子》中的经典论述:

> 小国寡民。使有什伯之器而不用;使民重死而不远徙;虽有舟舆,无所乘之;虽有甲兵,无所陈之;使民复结绳而用之。甘其食,美其服,安其居,乐其俗。邻国相望,鸡犬之声相闻,民至老死不相往来。(《老子》第80章)

这里的"国",意思是邦,指的是小诸侯国或封地。周朝分封最多的时候,诸侯国多达一千八百多个,一个国充其量相当于现在的一个县。国很小,人民很少。即使有各种各样的器具,却并不使用;使人民重视死亡,却不向远方迁徙;虽然有船只车辆,却不必每次坐它;虽然有武器装备,却没有地方去布阵打仗;使人民再回到远古结绳记事的状态之中。人民有甜美的饮食,漂亮的衣服,安适的住所,快乐的习俗。邻国之间互相望得见,互相都可以听得见鸡鸣狗叫的声音,但人民从生到死,也不互相往来。

在此我们可以体会到,有各种各样的先进器具而不用,有舟有车,有武器设备,说明社会已经比较发达了,但是却没有必要用它们,或者主动选择不用。原始社会并没有这样先进的东西,怎能简单地说这是原始社会呢?小国寡民不是一种具体的社会形态,更无关乎开历史的倒车——这简直可以说是风马牛不相及的乱弹琴。

那么，小国寡民，究其实质讲的是什么呢？用冯友兰先生的话说，讲的是一种有而不用、能而不为的境界。更进一步地说，是一种自觉复归于朴的境界。套用老子的话来说，小国寡民实质上是知其文明、守其素朴，体现了一个由简陋到复杂，再由复杂到简单的自觉的自否定过程。

老子反复讲："见素抱朴，少私寡欲。"（《老子》第19章）这是说，保持纯洁朴实的本性，减少私欲杂念。各种各样的好东西都有了，但是我主动地选择不用或少用，主动地选择与之保持距离，守住一颗简单素朴的心，于是就有了一种新的活法，就有了一种生活境界。

单就养生而言，"见素抱朴，少私寡欲"也是绝对必要的。任何养生之道，都离不开这八个字。东晋葛洪曾经专门撰写《养生论》，其核心就是围绕如何实现"见素抱朴，少私寡欲"而展开的，见地之精到值得反复体味：

> 善养生者，先除六害，然后可延驻于百年。何者是也？一曰薄名利；二曰禁声色；三曰廉货财；四曰捐滋味；五曰除佞妄；六曰去沮嫉。六者不除，修养之道徒设耳。盖缘未见其益，虽心希妙道，口念真经，咀嚼英华，呼吸景象，不能补其短促。诚缘舍其本而忘其末，深可诫哉！所以，保和全真者，乃少思、少念；少笑、少言；少喜、少怒；少乐、少愁；少好、少恶；少事、少机。夫多思则神散；多念则心劳；多笑则脏腑上翻；多言则气海虚脱；多喜则膀胱纳客风；多怒则腠理奔血；多乐则心神邪荡；多愁则头鬓憔枯；多好则志气倾溢；多恶则精爽奔腾；多事则筋脉干急；多机则智虑沉迷。斯乃伐人之生甚于斤斧，损人之命猛于豺狼。[1]

可见，《养生论》的核心是讲，养生莫过于寡欲，无论何时何地何境，"见素抱朴，少私寡欲"都是养生的基本条件。

---

[1] 国学整理社编：《诸子集成（第八卷）》，中华书局1954年版，第232页。

经常有人会问，人类社会不是越先进越发达越好吗？为什么还需要"见素抱朴，少私寡欲"，或者知其文明、守其素朴的境界呢？对此，老子是做了精深思考或者深入反思的。他基于自然主义和人本主义的立场，尤其重视把生命本身的自然需要和社会诱发的各种欲望加以区别。人的自然需要是比较容易满足的，但如果超出自然需要，去追逐对无尽欲望的满足，就会走上一条永无尽头的不归路。老子讲得好：

> 五色令人目盲；五音令人耳聋；五味令人口爽；驰骋畋猎，令人心发狂；难得之货，令人行妨。是以圣人为腹不为目，故去彼取此。（《老子》第12章）

其大意是讲，五颜六色使人眼花缭乱；嘈杂的声音使人耳朵失灵；丰盛的食物使人长口病；纵情狩猎使人心情放荡发狂；稀有的物品使人行为不轨。因此，悟道之人但求吃饱肚子而不追逐声色之娱，摒弃物欲的诱惑而保持恬淡安静。

事实上，社会的先进或发达有其两面性：一方面最大限度满足人的物欲需求，另一方面容易使人异化为非人。人的生存离不开吃穿住行、繁衍生息等基本物质需求的满足。但是，如果人顺着欲望的法则，整天无穷无尽地追逐外物，就很容易成为外物的奴隶，非但不快乐、不自由，甚至会人不像人。现代科技难道不是这样吗？随着各种声、光、电以及如元宇宙、VR、AR、AI、BC、IoT、ChatGPT、Sora等科技的进步，人类越来越不能靠眼耳鼻舌身意等感官来应对世界了，反而越来越成为各种算法机制的奴仆，活得犹如怪物一般；当一举一动都受制于科技时，人的自由和快乐何在？随着科技快速发展，人们普遍担心的可能还不是算法会控制真实的个人和真正的现实，而是真实本身也成为重叠虚拟——每个人都被困在一个人类大脑的盒子里，而且盒子之外还套着一个更大的盒子，即充满着各种虚构故事的社会场景……

这常常使人低回有感，不胜惆怅。尤其是，随着元宇宙、ChatGPT、大模型等的快速发展，由AI来治事的时代已经来临。与AI共生的关键在于，知道什么东西可以由人工智能来做，哪些方面需要运用人的智慧。总的来说，结构性、重复性、模块化的事情要靠人工智能，非结构性、创造性、非模块化、出乎常理的事情要靠人脑和人的智慧。那么，反观我们今日之人，云山雾罩，真真假假，虚虚幻幻，似乎只当是世界大银幕中的一番表演而已。

老子还进一步讲：

> 不尚贤，使民不争；不贵难得之货，使民不为盗；不见可欲，使民心不乱。是以圣人之治，虚其心，实其腹，弱其志，强其骨。（《老子》第3章）

其大意是：不过分推崇有才德的人，使老百姓不互相竞争；不珍爱难得的财物，使老百姓不萌发偷窃的念想；不炫耀足以引起贪心的事物，使民心不被迷乱。因此，圣人的治理原则是：排空百姓的心机，填饱百姓的肚腹，减弱百姓的竞争意图，增强百姓的筋骨体魄。

老子主张"不尚贤"，至少可能基于两个基本事实。其一，每一个个体都是独一无二的存在，设置贤能的标准往往会对个体的独一无二性造成严重的戕害甚至阉割。其二，尊崇贤能，必然会引诱并造成虚荣、虚伪、摩擦、内斗、纷争甚至战争，以致成为社会性痛苦的重要根源。比如，如果社会刻意推崇贤能，如劳模、先进、三好学生等各种头衔、各种帽子，人们的欲望就会越发膨胀，在一窝蜂争抢的时候，必然有人用不正当手段或者歪门邪道，甚至无所不用其极，这样人心就开始乱了，社会就会人心浮动。

任何治理都离不开赏、罚二柄，而赏、罚必然以通过"尚贤""贵难得之货""见可欲"等刺激人的贪欲为条件，如此一来，便会造成人世间永无休止的各种麻烦、纷争和祸患。孔子也讲，"苟子之不欲，虽赏之不窃"（《论语·颜渊》），对应老子所讲的"不贵难得之货，使民不为盗；不见可欲，使民心不乱"，它们都揭示了，许多社会乱象不过是上行下效的某种结果而已。这也从某种程度上揭示了社会机器运转的基本法则——社会（尤其是近现代社会）能够运转，依靠的就是"尚贤"+"贵难得之货"+"见可欲"。这可能也对应恩格斯所讲的，"在黑格尔那里，恶是历史发展的动力……表现出来的形式……正是人的恶劣的情欲——贪欲和权势欲成了历史发展的杠杆"[1]。对个体而言，理解这种一针见血的批判倒是次要的，更主要的在于，要在认清社会机器本相的基础上，自觉与之保持适当的距离。

老子以上这两段话，解释了为什么需要小国寡民的境界。前者是从个人的角度来说，后者是从统治的角度来说，二者的共同指向是，不刻意分别，去除分别，减损欲望。通过这种小国寡民去除分别，通过去除分别减损人的欲望，回归到本心，回归到本真，然后回归到大道，真正享受生活本身。

（二）上下同愚

那么，怎样实现"小国寡民"呢？小国寡民这种精神境界，需要通过相应的途径进行培育或建构。在国家和社会治理的层面，老子提出了上下同愚的"圣人之治"。

"圣人之治"，类似《理想国》中的"哲学王"之治。在《理想国》里，柏拉图提出了一个最理想的社会治理模式，这个模式的核心就是最有智慧的人成为国王。柏拉图认为，最有智慧的人就是哲学家，哲学家应该成为国王，故称为哲学王：

> 除非哲学家成为我们国家的国王，或者我们目前称之为国王和统治者的那些人物，能严肃认真地追求智慧，使政治权力和聪明才智合而为一；那些得此失彼、不能兼有的庸庸碌碌之徒，必须排除出去，否则的话……对国家甚至我想对全人类都将祸害无穷，永无宁日。[2]

---

[1]《马克思恩格斯选集》第四卷，人民出版社1972年版，第233页。
[2] 北京大学哲学系外国哲学史教研室编译：《古希腊罗马哲学》，商务印书馆2021年版，第240页。

老子的"圣人之治",在很大程度上也是这样一种"哲学王"的思路。《老子》五千言中,"圣人"一词出现了三十余次。"圣人"指的是什么?是悟道之人。"道",看不见、听不到、摸不着,怎么向众人宣讲呢?老子让"圣人"来讲。说到底,"圣人"是"道"的虚拟化、人格化,或者说,"圣人"是虚拟化、人格化的"道"。因此,不要简单地把老子的"圣人"理解为现实的人,更不要狭隘地理解为现实的统治者或领导者,"圣人"是指包括普通人在内的一切悟道之人。一个人只要能够悟道,能够体道、行道,能够充分把握"道可道,非常道"这个第一原理,就是"圣人"了。

悟道的"圣人",怎么实现国家和社会层面的治理呢?以道治国。老子认为,以道治国须上下同愚。这里的"愚",不是愚弄或愚蠢,而是"朴"的一种表达。具体而言,就是使人归于纯朴,或者使人回归自然状态。在老子的多数语境下,"愚"和"朴"或者是一体两面的,或者是合而为一的;愚就等于朴,朴就等于纯朴和简单。因为,道的特性就是朴。

一方面,老百姓要变得"愚"一些。如老子讲:

> 古之善为道者,非以明民,将以愚之。民之难治,以其智多。故以智治国,国之贼;不以智治国,国之福。(《老子》第65章)

其大意是讲,古代善于为道的人,不是教导人民知晓智巧伪诈,而是教导人民淳厚朴实。人民之所以难以统治,乃是因为他们使用太多的智巧心机。所以用智巧心机治理国家,就必然会危害国家;不用智巧心机治理国家,才是国家的福气。

前面提到,老子重视"虚其心,实其腹,弱其志,强其骨。常使民无知无欲,使夫智者不敢为也"(《老子》第3章)。排空百姓的心机,填饱百姓的肚腹,减弱百姓的竞争之心,增强百姓的筋骨体魄,经常使老百姓不用智巧和欲望,由此那些有才智的人也不敢妄为并制造事端。

另一方面,更重要的是,作为领导者的圣人,也要与老百姓一样"愚",一样纯朴和简单。老子讲："我愚人之心也哉！沌沌兮！"（《老子》第20章）我真是只有一颗纯朴、浑浑沌沌的心啊！由此，从上到下都愚，都变得简单、纯朴，都自觉合乎大道，这就很容易进行社会和国家治理了。

在现实中，对于不同的人，"愚"可能有不同的表现形式：精明的人喜欢把别人当成傻子；聪明的人喜欢把别人看作与自己一样聪明；智慧的圣人则喜欢把自己和别人都变得傻一些、朴一些。

有必要强调的是，老子所谓"愚"的本义是"朴"，即自觉回归简单，其本质上是一种精神境界的再造，因此它与一般所说的"愚民"并没有多大关系。而其后学法家的集大成者韩非子系统阐述了，"明主之国，无书简之文，以法为教；无先王之语，以吏为师"（《韩非子·五蠹》），这才是彻头彻尾的"愚民"政策。

（三）复归于朴

在个人的层面，为了达到小国寡民的境界，老子提出了"复归于朴"，即个人要自觉创造简单或纯朴的生活方式——简单即快乐，简单即自由。因此，学会简单，其实并不简单。

首先，在物质上要朴，要简单。"虽有舟舆，无所乘之"，对应"甚爱必大费，多藏必厚亡"。实际上，对于物质与生命的权衡，很大程度上是要实现精神对于物欲的胜利。维持人之生最重要的物质，是阳光、空气、水和食物这些极其简单的东西，其他的则是可有可无、无关紧要的。撇开或抛弃最重要、最简单的东西，痴心于追逐可有可无、无关紧要的东西，岂不是舍本逐末？比如，当人们在沙漠中时，就会明白水和食物比黄金和钻石更珍贵、更有价值；当地震和海啸发生时，人们才会明白，无论多么豪华的别墅和公馆，在大自然的巨掌里都相当于一团泥巴；当人们为攫取财富把地球折腾得不适合居住时，什么国家、民族、领土、领地都将变得毫无意义。

以切近的状况言之。当今普遍存在的各种富贵病，如"肥胖症""三高"等越来越趋于年轻化，往往是贪吃所致；如身体酸痛、颈椎病等，往往是因为贪图享乐而宅居、疏于运动。再如，追逐名牌包、名牌衣服、名牌车、豪宅，互相攀比，永远满足不了虚荣心，会造成无尽的纠结和痛苦。其实，物质上，简单实用最好、最舒服、最惬意。当一个人拥有物质上守朴的自觉时，物质追求就自然变得简单多了。

老子反复讲"见素抱朴，少私寡欲"。老子很实在，也很人道，他针对人之多欲或纵欲，不像佛教那样主张禁欲，而主张限欲，即要少私寡欲。对现实之人而言，禁欲，不可；而少私寡欲，则可。要懂得世间琳琅满目的物品，99.99%是自己根本不需要的；各种沸沸扬扬的信息，99.99%是与自己毫不相干的——把自己的物欲限制在或降低到比较低的程度，是可能的，也是完全可以做得到的；最大限度地避免欲望膨胀，是可能的。事实上，适当节制或者减损物欲，也是一个人必要的修养功夫，更是由生存提升到生活的必要条件。

古往今来，致力于采取纯朴、简单的生活方式，一向不乏其人。譬如，美国自然主义作家梭罗在其随笔体名著《瓦尔登湖》中谈了自己的追求："我希望生活得从容一些，只面对基本的生活事实，看看是否能够学到生活要教给我的东西，而不要等到死之将临时发现自己没有生活过。"他愿意深深地扎入生活，吮尽生活的骨髓，过得扎实简单，把一切不属于生活的内容剔除得干净利落，把生活逼到绝处，用最基本的形式，简单，简单，再简单。[1]当梭罗写下这些话时，无非在表明这样一种观点：对每一个人而言，极简主义是健全生活不可或缺的一种观照，不管是被迫接纳，还是主动为之。

对生活必需品和奢侈品加以区分，一向是大多数自然主义者立论的基础。梭罗凭借自己长期湖畔生活的经历，阐发了他对生活必需品和奢侈品的独特理解："所谓生活必需品，我是指人类通过自己的努力获得的，从一开始，或者由于长期使用，已经变得对人类的生活如此重要的东西，以致即便是有人、也只有极少数的人试图过没有它们的日子，他们这样做或者是处于未开化状态，或是由于贫困，或是人生哲学所致。……人的生活必需，准确地说，可以分为下

---

[1] 〔美〕梭罗：《瓦尔登湖》，王家湘译，北京十月文艺出版社2009年版，第91—92页。

列各项：食物、遮蔽处、衣服和燃料；因为我们只有获得了这些，才能自由地、怀着成功的期望去考虑生活中的真正问题。"[1]"大多数的奢侈品，以及许多所谓的使生活舒适的东西，非但不是必不可少的，而且必定阻碍人类的崇高向上。就奢侈和舒适而言，最明智的人过着比穷人更为简单和贫乏的生活。"[2]梭罗的话所表达的，在很大程度上正是老子乃至道家一以贯之的"复归于朴"。也许，在人类生活日趋复杂的现代，神性只好以朴素的动物性的方式存在，回归生命的单纯正是神的召唤。贬低人的动物性也许是文化的偏见，在某些情况下，动物状态也许是人所能达到的最单纯的状态。

其次，在技术上要朴，要简单。"使有什伯之器而不用""使民复结绳而用之"，其实是技术上的知其文明、守其素朴。不管科学技术如何发达，都不可能一劳永逸地解决人的自由、快乐和幸福问题。科学技术基于理性和效率，而真正属于自由、快乐和幸福范围内的东西，往往都只有通过疏于算计和效率低下方可获得。

当今，人类已经进入数字化、智能化时代，技术一往无前、突飞猛进。其实，道家并不反对技术的进步，更不反对先进技术的使用。道家始终关注的是技术对人的异化，或者说，通过反思技术，警醒人们不要成为技术的奴隶。因为，技术，也是一种物，一不小心，人就会被技术所绑架，被绑在技术的战车上任其蹂躏、不能自拔，上贼船容易，下贼船难。比如，各种App的一般商业逻辑是什么？无非是培养你的应用习惯，让你上瘾，使之成为你日常离不开的依赖对象。"爱"你没商量，似乎成了当今高科技的一个突出特点。或者说，高科技在给人带来便利性的同时，也很容易以温柔乡或者温水煮青蛙的方式把人变成它的奴隶，尤其对缺乏反思意识的意志薄弱者来说更是如此——它经常以一种非常强暴的方式来"爱"你。

所以，面对日新月异的技术，我觉得比较合理的态度是：技术必须为我所

---

[1] 〔美〕梭罗：《瓦尔登湖》，王家湘译，北京十月文艺出版社2009年版，第11页。

[2] 同上书，第13页。

用，而绝不是我为技术所用；对于不能为我所用的技术，我宁愿拒之千里之外。老子的"小国寡民"中的确包含对于技术采取"虽有而慎用"的自主态度，至少分为两个方面：一方面，为技术发展留出空间；另一方面，要依据人的自由意志进行自主选择。因此，在技术上守朴，须第一，所有的技术应为我所用，而不是我为技术所用。第二，与各种技术化生存适当保持距离，如对于汽车、网络、手机、各种各样的App、算法机制、大模型等，既不要抛弃它，又不要沉迷其中不能自拔，而要善于与之保持若即若离、不即不离的适当距离。

以上网为例。作为身处网络化时代的现代人，我们不可能不用互联网，但完全可以自主精选内容和自我限制上网的时间。比如，每天休闲类上网时间要严格控制在半小时至一个小时之内，这样既享受了互联网的便利，又不会跟着网络狂奔，不会让过多宝贵的时间和精力淹没在网络中。再如汽车。事实上，在当今汽车逐渐普及千家万户的情况下，全世界参与包括马拉松在内的各种路跑的人数，反而越来越多。全民路跑是伴随着全民开车而活跃起来的：人一方面需要代步，另一方面需要迈步，二者总要寻找某种平衡。这难道不是一种反者道之动吗？

最后，在人际关系上要朴，要简单。所谓"邻国相望，鸡犬之声相闻，民至老死不相往来"，在本质上是讲，人际关系要简单一些，纯朴一些，真诚一些。这方面，庄子借桑雽和孔子的对话，进一步提出了顺应自然、遵从本性的处世之方，即人们所熟知的："君子之交淡若水，小人之交甘若醴；君子淡以亲，小人甘以绝。彼无故以合者，则无故以离。"（《庄子·山木》）君子之间的交情淡得像清水一样，小人之间的交情甜得像甜酒一样；君子淡泊却心地亲近，小人甘甜却利断义绝。大凡无缘无故而接近相合的，也会无缘无故地离散。

当然，"君子之交淡若水"，也体现了一个人对于人情、人心的认识和历练过程。试想，假如我们处在个个是人精、人人都精明的环境中，肯定活得心力交瘁、身心俱疲。现代人将处理人际关系，毫不遮掩地叫作经营人际关系，说到底不过是功利性生存而已。如此以功利或势利维持的人际交往，即便可使人甜甜蜜蜜一小阵，转眼之间也会形同陌路甚至成为你死我活的仇家。越是当权得势的人，越容易充分体味人情冷暖、世态炎凉，如得势时门庭若市，一旦失势则门可罗雀。人情、人心的基本法则使然。

道家尤其看重"淡若水"的、相对简单的交往，如此才是良好而自由的人际关系。其基本原则，可以概括为：顺应自然，亲疏随缘；有缘则聚，无缘则散；自自然然，洒洒落落。假如人人秉持这样一种态度，人际关系就变得简单多了。

还是那句话，人情世故要看透，赤子之心不可丢。一个人在人际交往之中，对于人是什么，人性是什么，要看得非常清楚，但是又要始终葆有一颗简单纯朴、真诚善良的赤子之心。假如有了这样一种自觉，人际关系可能就变得和谐自如多了，既最大限度地保持真实的自己，又保留与别人自由相处的空间。

（四）善享拥有

要实现小国寡民的境界，在个人层面还要善于享受拥有的东西。老子讲："甘其食，美其服，安其居，乐其俗。"吃得香甜，穿得漂亮，住得安适，过得快乐。即使吃的不是什么美食，穿的不是什么名牌，住的不是什么高档别墅，周围的风俗文化也不是多么先进，但自己善于享受，也会感到很合适、很受用、很惬意、很幸福。

其中包含对快乐的本质的一种极为有趣的理解。所谓快乐，并不在于醉心于获取未得到的东西，而是善于享受已经拥有的东西。我们平时所谓快乐，一般有两种：一是得到自己想要的东西，二是享受自己已经拥有的东西。自己想要某个东西，得到了的时候心里会有满足之乐。但是，人生不如意之事十有八九，或者说，十有八九都是得不到的。即使十有一二得到了，其满足之乐也转眼之间变为无聊了。于是，第二种快乐就显得非常重要，它更经常、更现实、更直接，更值得珍视、更值得充分欣享。

现在，许多人整天都瞄着得不到的东西，两眼放光，为之烦恼为之忧，而对已经拥有的东西却熟视无睹，丝毫不懂得珍惜、不善于享受，结果往往两头落空、一无所有。整日等待得不到的东西的心态，意味着，你不要自己所拥有的，而要自己所没有的。任何等待的心态，都在此时此刻制造了一种内心的冲突，即你不愿意要此时此刻，而只愿意把希望寄托于未来。而当下，才是最为珍贵、最为重要的。因为，当下才是唯一真实存在的，人的生命是在这个永恒的当下展开的，生命就是此时此地此境此身，它绝不在过去，也不在未来，更不在别处。专注当下，乐在当下，珍视此时此地此境此身，才是一个人最大的生活智慧。反之，丧失对当下的自觉意识，会大大降低生命的质量。譬如，当沉浸在一本自己喜爱的书中时，你会觉得时间仿佛停止了；当合上书本时，你又会觉得时间过得真快。这正是一切美好享受的共同特点——当下即享受，当下即永恒。阅读的美好，就在于享受当下活泼泼的生命。

善于常享拥有，常想一二、不思八九，便事事如意。古希腊哲学家德谟克利特认为，一个人不愁自己所没有的东西，而善于享受自己所拥有的东西，才是有智慧的。"愚蠢的人永远向往着不在眼前的东西，但却贬低眼前的东西，即使那些东西对他们比那些过去的东西更有好处。"[1]苏轼曾引用战国时期齐国高士颜斶的秘方，提出了自己的二十字养生箴言，颇有意味：无事以当贵，早寝以当富，安步以当车，晚食以当肉。[2]有钱是一种富贵，有闲也是一种富贵，善于悠闲更是一种富贵。早早睡觉，精神头十足，容光焕发，岂不是一种大富大贵？安步当车，即便家家有小汽车，假如行程在五千米之内又没急事，完全可以走一走，让心肺脾肾等五脏六腑都做一次小小的体操，岂不快乐？晚一个小时吃饭，吃个馒头或者窝窝头，比吃大鱼大肉还香，比鲍鱼海参燕窝还有滋味。苏轼的二十字养生箴言，也可以说是善享拥有的一种形象表达。总之，善于享受已拥有的东西，真正的快乐就无处不在。

当然，道家所谓真乐，不是狂喜或者大笑，而是平淡的和乐，亦无欢喜亦无忧。因为喜伤心，忧伤肺。一切绚烂至极，终要归于平淡。事实上，我们生活中最有价值的东西也恰恰是那种平平常常、平平淡淡、平平凡凡的东西，唯

---

[1] 北京大学哲学系外国哲学史教研室编译：《古希腊罗马哲学》，商务印书馆2021年版，第120页。
[2] （宋）苏轼著，傅成、穆俦标点：《苏轼全集（全三册）》，上海古籍出版社2000年版，第1830页。

有在平常、平淡、平凡之中才有真乐。

有首叫《再回首》的歌唱得好:"曾经在幽幽暗暗反反复复中追问,才知道平平淡淡从从容容才是真。"我觉得,这歌词在某种程度上道出了一种人之常情:一个人苦苦寻觅和追索若干年之后才明白,真正重要的、真正值得珍视的恰恰是每个平平常常、平平淡淡、平平凡凡的日子。在平平凡凡的岗位上过着一天又一天平平常常的日子,用一颗平平常常的心,做着一件又一件平平淡淡的事。不攀不比,眼睛向内,脚踏实地。把每件平平淡淡的事情都干得有声有色、如诗如歌,把每个平平常常的日子都过得有滋有味、从从容容。到晚年或者临死之时回顾一生,由衷地说"我这一辈子过得很幸福"。这难道不是最成功的人生?这难道不是一个普通人最伟大的成就?

由此我们说,一个人的最大智慧以及人生的真正成功,并不在于做出什么丰功伟绩,也不在于多么出类拔萃,而恰恰在于能够把每个平平常常的日子都过得有滋有味。生活就在此处,就在此时此地此境此身,它不在别处。永远不要以比较的方式存活,永远不要羡慕别人,要始终活在自己的当下,只是一心一意、专心致志地拥有当下、享有当下(表4-5)。顺应自然、活在当下,是面对各种悖论和两难时所可能拥有的最佳选择,甚至是唯一可行的选择。当然这也是老子教给我们的基本生活智慧之所在。

道家哲学与心理健康演习

表 4-5 关于"善享拥有"的自问自答

自问	自答
我已经拥有了什么?	
我应怎样珍爱和欣享当下拥有的东西?	
我应怎样安然自若地活在当下?	
我应如何把每个平平常常的日子都过得有滋有味?	

不过，有必要提示的是，真正能称得上平常、普通、简单之类，都是经历无数轮自我否定之后修炼的成果，或者说是经过无数次大浪淘沙之后沉淀下来的真金。平常、普通、简单之类，怎可以是不假思索和未经反省就接受的前提？怎可以是糊里糊涂和得过且过的特定理由？其实，不管是道家、禅宗还是儒家，都认同"平常心是道"，只不过其具体用语略有不同而已。所谓修养、修身、修炼、修为，修什么？说到底，不过是修一颗平常心而已。对于平常心，一种最通俗、最简单的表达就是，"饿了吃饭，困了睡觉"。多么简单，多么容易！但是，真正做到或者始终如一地做到，岂是轻而易举的？试想，现实中多少人遇到连鸡毛蒜皮都算不上的事儿就寝食难安——或者高兴得忘乎所以、睡不着觉，或者辗转反侧、茶饭不思，遑论面对那些大幸运、大磨难、大起伏了。所以，"饿了吃饭，困了睡觉"就像"看山还是山，看水还是水"一样，本质上是一种经历若干轮自我否定之后的修养成果。无论在什么境遇之中，都能做到"饿了吃饭，困了睡觉"，把每个平平常常的日子过得从从容容、有滋有味，才算真正拥有了平常心。

总之，老子的"小国寡民"，讲的并不是一种社会形态，更不是试图开历史的倒车，而是提出了一种见素抱朴、少私寡欲的精神境界，一种知其文明、守其素朴的反思方式。对现代人而言，尤其要善于与物化生存、技术化生存（如过分依赖汽车、手机、互联网、算法机制、人工智能等），保持必要的距离。真正意义上的文明，不是离人的原初状态越来越遥远，而是在更高层次向人的原初状态回归。为什么？因为道即朴，道是非常纯朴、非常简单的。循道守朴，遵循道的法则，遵守素朴的原则，对于我们每个人的生活质量提升大有益处。当我们有了小国寡民这种自觉的时候，就会在生活方式、生活质量方面有一个巨大的转变。

至此，对于老子的人生哲学，我们分别从以道为本、道法自然、为无为、反者道之动、弱者道之用、自知自胜、为道日损、和光同尘、小国寡民等九个方面讨论了其核心思想。老子人生哲学的核心突出体现为一种反思的智慧，最主要的是建构了一种反思的思维方式：通过不断反思来认识自己，发现自己，成为自己，使自己不断成长壮大，由量到质地提升整个精神境界，逐步成为一个具有健全人格和自由精神的通达、旷达、豁达之人（我们所谓的"达人"）。

这种反思的思维方式的主轴，恰是一种自否定的生活辩证法。凡是人生诸事项，必须经历由 A 到无 A，再到无 A 之 A 的提升。由 A 到无 A，由无 A 再到无 A 之 A 的提升，是相互连贯、相互贯通的。入乎其内，故能生存；出乎其外，方能生活。只有经历这样的过程，才算是让生存上升到了真正生活的层面。

老子哲学中包含许多值得反复玩味的东西。我们可以把《老子》中的某些章节作为座右铭，挂在桌前、床边等最显眼的地方，时时反省、玩味和践行。我在三十余年前初次品读《老子》的时候，感触最深且被我作为座右铭写在小本子上的话有两句。一是要吾日两省吾身，使自己成为一个日新之人："孰能浊以静之徐清？孰能安以动之徐生？"每天，我都去琢磨并配以松空匀乐的静坐、八段锦或气功，经历这样一个"静—定—安"的过程，有所沉静和沉淀。我觉得受益非常之大。二是将终身勤而行之作为自否定的法则："知人者智，自知者明；胜人者有力，自胜者强；知足者富强。"这些都是受用不尽的精神资粮。我相信，每个人都可以从老子哲学中找到自己的座右铭、精神坐标和精神资粮，并在反复诵读、玩味的过程中受益终身。

道家人生哲学是一座高山，而反思的思维方式是它的基座。领略了杨朱哲学，算到了山脚下；领略了老子哲学，相当于爬到了山腰；而最美的风景则在陡峭的山峰，那就是庄子哲学。"天生一个仙人洞，无限风光在险峰。"我们将在攀登这座思想险峰的旅途中，进一步充分领略庄子哲学的无限风光。

第五章
庄子：常超越的生活境界（一）

前面讨论了老子人生哲学，接下来我们一起聊庄子人生哲学。作为道家哲学的核心代表，庄子与老子哲学之间具有明显的承继关系，故人们一向称"老庄"。整体而言，如果说，老子人生哲学给我们提供的主要是一种建立在反思基础上的自否定的生活辩证法，那么，庄子人生哲学给我们提供的则主要是一种使人成为真正的人的常超越的生活境界。

一、宇宙公民

要探讨庄子人生哲学尤其是他所追求的超越的精神境界，需要先了解庄子其人和《庄子》其书的特点。

庄子何许人？简单地说，庄子是战国中期道家哲学的一个重量级代表人物。《史记》这样记载：

> 庄子者，蒙人也，名周。周尝为蒙漆园吏，与梁惠王、齐宣王同时。庄子其学无所不窥，然其要本归于老子之言。故其著书十余万言，大抵率寓言也。（《史记·老子韩非列传》）

庄子（图5-1），姓庄，名周，字子休，是战国中期宋国蒙地（现在河南和

第五章 庄子：常超越的生活境界（一）

山东交界处）的人。他曾经当过蒙地的一个小官叫漆园吏，很可能相当于一个林场的场长。庄子对当时所有领域的学问无所不通，是一个学富五车、才高八斗的大学问家，但是他一以贯之的研究主线，就是以老子思想为中心。他著书十余万言，主要以寓言为主。

关于庄子的身世，除了以上《史记》中的记载之外，其大部分事迹则记载在《庄子》外篇和杂篇中。读《庄子》外篇和杂篇，可以充分了解庄子的日常生存和生活状况。总体来说，可以用一个字来概括：贫。明天的早餐在哪里不知道，吃了上顿没有下顿，穷得揭不开

图 5-1 庄子像

锅——他经常面临日常生计问题。因为要等米下锅，所以他经常要钓鱼、打鸟、织鞋等，有时还不得不去借贷、乞讨等。我小时候就有三年外出乞讨的经历，深知当叫花子的滋味。

我们可能会问，庄子如此有学问、如此有智慧，却活得如此贫困不堪，难道他就没有本事、没有机会使自己活得富裕一点、有尊严一点吗？对此,《史记》随后有一段描述做了某种回答：

> 楚威王闻庄周贤，使使厚币迎之，许以为相。庄周笑谓楚使者曰："千金，重利；卿相，尊位也。子独不见郊祭之牺牛乎？养食之数岁，衣以文绣，以入大庙。当是之时，虽欲为孤豚，岂可得乎？子亟去，无污我。我宁游戏污渎之中自快，无为有国者所羁，终身不仕，以快吾志焉。"（《史记·老子韩非列传》）

对于人人趋之若鹜的千金之利、卿相之位，庄子却以自快和快吾志为由，轻悄悄地拒绝了。也许，我们设身处地想一想就能体会到其中的不易。庄子对千金之利、卿相之位都淡然于心，而我们许多人往往为获得一个小小处长甚至一个小小科长的职位，心猿意马、茶饭不想。《秋水》篇中也有一个与之相似的故事：

> 庄子钓于濮水。楚王使大夫二人往先焉，曰："愿以境内累矣！"庄子持竿不顾，曰："吾闻楚有神龟，死已三千岁矣。王巾笥而藏之庙堂之上。此龟者，宁其死为留骨而贵乎？宁其生而曳尾于涂中乎？"二大夫曰："宁生而曳尾涂中。"庄子曰："往矣！吾将曳尾于涂中。"（《庄子·秋水》）

楚王听说庄周非常有学问，就派大臣厚币迎他做丞相。庄子正在濮水边垂钓，两位大臣恭敬地说："楚王想将国内政事托于先生您了。"庄子手把钓竿，头也不回地说："我听说楚国有一神龟，被杀死时已活了三千年，楚王用锦缎覆盖的竹箱装它的骨头，将其珍藏在太庙里。这只神龟，是愿意死了留下骨头而显示尊贵呢，还是愿意活着在泥水里拖着尾巴打滚呢？"两位大臣说："当然是愿意活着在泥水里拖着尾巴打滚了。"庄子说："你们回去吧！我将拖着尾巴在泥水里打滚。"

《秋水》篇中接着一个关于庄子身世的故事，更饶有趣味：

> 惠子相梁，庄子往见之。或谓惠子曰："庄子来，欲代子相。"于是惠子恐，搜于国中三日三夜。庄子往见之，曰："南方有鸟，其名为鹓鶵，子知之乎？夫鹓鶵发于南海而飞于北海，非梧桐不止，非练实不食，非醴泉不饮。于是鸱得腐鼠，鹓鶵过之，仰而视之曰：'吓！'今子欲以子之梁国而吓我邪？"（《庄子·秋水》）

庄子的好朋友惠子在梁国做宰相，庄子去看望他。有人对惠子说："庄子来梁国，是想取代您做宰相。"于是，惠子马上恐慌起来，在都城内搜寻庄子整整三天三夜。庄子后来大摇大摆主动来见惠施，说："南方有一种鸟，它的名字叫鹓鶵，即一种凤凰。这只凤凰从南海出发飞到北海，不是梧桐树它不会停息，不是竹子的果实它不会进食，不是甘美的泉水它不会饮用。正在这时，一只猫头鹰抓到一只腐烂了的老鼠，凤凰刚巧从空中飞过，猫头鹰抬头看着凤凰，发出一声'吓'！先生您也想用您的梁国宰相的位子来吓唬我吗？"

《秋水》所讲的这两个故事，将庄子描写得惟妙惟肖。一个讲，楚王请庄子去当一人之下、万人之上的丞相，他毅然决然予以拒绝，拿着鱼竿连头都不回，他宁愿像乌龟一样摇着尾巴在淤泥里打滚。另一个讲，他的老朋友惠子以小人之心度君子之腹。惠子如此看重的丞相之位，在庄子眼里，不过像一只根本不值得一顾的死老鼠而已。难怪备受猜忌和打击的唐代诗人李商隐引用这个故事时慨叹，"不知腐鼠成滋味，猜意鹓雏竟未休"[1]。

读了这两个故事，我们也许会有所思：为什么庄子作为一个学识渊博、智慧超群的大师级人物，却过得非常贫困？人人都追求富贵，他为什么主动选择贫困？他的价值观是什么？他到底追求的是什么？

由以上记载可以看出，贫困是庄子主动选择的结果。他本来完全有能力、有机会获得富贵，但他却主动选择过贫困的日子。在庄子看来，一个人最重要的是生活，生活的本质在于活得真实、快乐和自由；如果物质的拥有与真实、快乐和自由发生冲突，他宁愿放弃前者而选择后者。这，无疑是经过反复历练、深思熟虑甚至自我否定之后确立的一种价值观——一种宇宙公民的价值观。

庄子的哲学思想，集中于《庄子》一书里。《庄子》和《老子》《易经》在魏晋时期并称"三玄"。何谓"玄"？"玄"就是深奥、玄妙，对应老子所讲的"玄之又玄，众妙之门"。《庄子》《老子》《易经》的思想都是非常深奥和玄妙的，只要我们读懂了"三玄"，中国哲学和中国文化的精髓就尽收囊中了。前文中我们已经一块读过《老子》，应该已略有体会。

---

[1] 丁远、鲁越校正：《全唐诗》，国际文化出版公司1994年版，第1788页。

《老子》和《庄子》这两本书，虽然都是道家哲学经典，但其表达风格却迥然有异。老子是通过格言隽语的方式，表达他深奥的哲学思想，所以《老子》中的许多篇章都可以作为座右铭来启迪我们的人生。而《庄子》的语言风格基本上是诗化语言，可以说庄子的表达方式是哲学的诗、诗的哲学，尤其是把高深、玄妙的思想寓于美妙的故事之中。

《庄子·天下》把庄文的风格概括为"三言"，即"以卮言为曼衍，以重言为真，以寓言为广"。"寓言"为寄寓之言，以故事阐发事理，在庄文中应用最普遍；"重言"借重先哲时贤之言，以对话性情境增强现场感和说服力；卮言则为自然无心之言或者无言之言，可谓行云流水、洒脱自如、任意东西、酣畅淋漓。

最主要的是，庄子作为一个寓言大师，善于通过寓言来阐释人之为人所应追求的那种超越的、宇宙公民的精神境界。其实，人生无处不故事，无处不寓言，故事寓言比理论更能揭示人生的本相，因此善于讲故事寓言，大约是一切有智慧的人的共性。我们在读庄子的寓言的时候，一定要着眼于把握故事背后的深层寓意，只有联系个人的生活实际，以自己心灵为"实验室"来反思领悟故事所寄寓的哲学思想和人生哲理，才算真正读懂了庄子。

我个人不敢说读书破万卷，但大半辈子读的书至少也有五六千本吧。就我阅读所及，我一直认为最有趣、最有料、最有嚼头、最耐读的一本书，就是《庄子》。《庄子》一书之所以耐读，当然是与庄子本人的精神气质和才情密不可分的。

假如用一句话来概括庄子的精神气质和才情，我以为，最准确的莫过于《庄子》中形容盗跖的八个字：

心如涌泉，意如飘风。（《庄子·盗跖》）

庄子的心灵世界就像汩汩涌动的泉水一样，他的灵感、他的才情、他的思想就像飘逸洒脱的山风一样，随处给我们无穷无尽的启迪。不能不说，《庄子》一书中各篇表面上东一句、西一句，东一榔头、西一棒槌，杂乱无章，实际上有其内在缜密的思想逻辑。可以说,《庄子》是典型的形散而神聚,是通过飘风式的语言来表达深邃的哲学思想的。

因此,读《庄子》的过程中,要了解庄子特有的言说方式:其一,篇篇是散文诗。形散而神聚,意识流动、叙事跳跃而思想血脉相连,言有尽而意无穷。其二,处处是寓言。意象叠着意象,故事套着故事,梦中有梦,如梦之梦。其三,每每玩吊诡。角色的客串和反串,场景的亦实亦虚和亦真亦幻,用心的若即若离和不即不离,如此种种吊诡,时时考验着我们的"脑洞"。

现存《庄子》一书共三十三篇,是西晋哲学家郭象和向秀整理和编注的,可以说是庄门哲学思想的汇编。据专家考证,其中有一些是庄子自己写的,有一些是他的学生或者学生的学生整理的。那么,这三十三篇里有哪些最能体现庄子本人的哲学思想?根据多年对道家经典的品读和研究,我以为,最能够充分表达庄子本人的哲学思想尤其是庄子人生哲学智慧的,也就是庄之为庄的主轴,是《逍遥游》《齐物论》《养生主》三篇。而与这个主轴构成一条主线的,是《庄子》内七篇加上《秋水》《知北游》外两篇,共九篇。对此,我们将重点结合以上九篇尤其是前三篇,进行研读、阐释和玩味。

了解了庄子其人其书,那么,庄子哲学的核心思想是什么?要把握其核心思想,非常重要的前提是要弄明白庄子关注社会和人生问题的视野。庄子的视野,和一般人有很大的不同。简言之,最大的不同在于,他在天上俯视人间、以宇宙公民的视野来看社会和人生。比如,咱们一般人仅仅能意识到我是某单位的一分子、我是某社会的一个公民,如我是华为人、我是海尔人、我是北大人等,这是从社会角度看人生;而庄子则能意识到我除了是一个社会的公民之外,更是一个世界公民、一个宇宙公民,这是从宇宙的视野看人生,就像跳到太空的杨利伟、翟志刚、聂海胜、王亚平、刘洋等宇航员一样,在太空中看地球、看人类社会一样。有了这样一种视野和高度之后,才容易理解庄子哲学的核心思想。

西晋哲学家郭象以"知本"二字来概括庄子哲学。什么是"知本"呢?郭象认为,庄子的"知本",体现为"通天地之统,序万物之性,达死生之变,而明内圣外王之道，上知造物无物，下知有物之自造也"[1]。可见，庄子哲学穿越了时间、空间和世俗认知高度的宇宙视野。

对于庄子的"知本"，对于庄子哲学的核心思想，《天下》篇中有两句话概括得极为精妙：

> 独与天地精神往来，而不敖倪于万物；不谴是非，以与世俗处。（《庄子·天下》）

独自与宇宙精神往来而不傲视天地万物，超越是非与世俗相处。这两句话在某种程度上说，最好地概括了庄子哲学思想的核心。

其实，对这两句话，《庄子》内篇中都有对应的表达。内篇如何表达的呢？"独与天地精神往来，而不敖倪于万物"，对应《逍遥游》中的"乘天地之正，而御六气之辩，以游无穷"。意思是，顺应天地万物的本性，驾驭着阴阳、风雨、晦明六气的变化，优哉游哉遨游于无穷的境界。《齐物论》也讲"天地与我并生，而万物与我为一"，即天地与我共生，万物与我为一体。"不谴是非，以与世俗处"，则对应《齐物论》中的"和之以是非而休乎天钧"，即把是与非调和起来，优游地生活在自然均衡的境界里，这样万物与我都各安其位、各得其所、各享其乐。这就像《中庸》所谓的"万物并育而不相害，道并行而不悖"。

对于庄子以上核心思想所体现的精神境界，冯友兰先生将其概括为16个字，可谓切中关键："游于逍遥，论以齐物，超乎象外，得其环中。"[2]理解了庄子的核心思想，就有了打开庄子宏大精神世界的一把钥匙。

综上所述，我们可以把庄子人生哲学的框架概括为：庄子人生哲学以"游于逍遥"为思想主旨，以"不谴是非""道通为一""以道观之"为哲学方法，以"有待无待""大觉大梦""缘督为经""善生善死"为提升路径，追求一种"天人

---

[1] （晋）郭象、（唐）成玄英疏，曹础基、黄兰发点校：《庄子注疏》，中华书局2011年版，序言。

[2] 冯友兰：《中国哲学史新编（上）》，人民出版社1998年版，第436页。

合一""天地大美"的"诗意栖居"的精神境界(图5-2)。我们将一层一层地加以讨论。

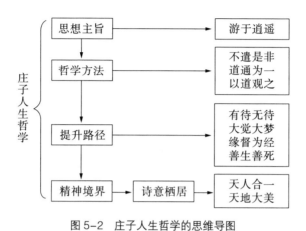

图5-2 庄子人生哲学的思维导图

二、游于逍遥

庄子人生哲学是围绕"游于逍遥"展开的。我们每个人的人生面对的最大问题是什么?无非是活得不真实、不快乐、不自由。不真实、不快乐、不自由的生,我们称为生存;而真实、快乐、自由的生,才是生活。

生活是一种"游"的状态,是一种优哉游哉在宇宙中遨游、畅游的状态,庄子称之为逍遥游,即游于逍遥。否则,就只能"爬",像物一样或者像奴隶一样地生存。庄子的"游于逍遥"对西方现当代哲学启发很大,如德国思想家荷尔德林、海德格尔等人倡导的理想人生,被称为诗意地栖居。也就是说,诗意地栖居在大地上,才是一个人最好的活法。

(一) 鹏举万里

什么是游于逍遥或诗意地栖居呢?当我们打开《庄子》的第一篇《逍遥游》时,

首先跳入我们眼帘的是一种无限开阔、无限宏大的鹏举万里的大气象，这种大气象展开的正是一种宇宙公民的大视野、大格局。我们可以一起来朗读并体味其中的意境：

> 北冥有鱼，其名为鲲。鲲之大，不知其几千里也。化而为鸟，其名为鹏。鹏之背，不知其几千里也。怒而飞，其翼若垂天之云。是鸟也，海运则将徙于南冥。南冥者，天池也。(《庄子·逍遥游》)

其大意是讲，北海里有一条鱼，它的名字叫作鲲。鲲巨大无比，不知道有几千里长。鲲变化为鸟，它的名字就叫作鹏。鹏的脊背，也不知道有几千里长。当它振动翅膀奋起直飞的时候，翅膀就好像挂在天边的云彩。这只大鸟，在大风吹动海水的时候就要迁徙到南海去了。南海是一个极大极大的天池。

大鹏在从北海往南海飞的过程中在太空看到了什么景象呢？

> 野马也，尘埃也，生物之以息相吹也。天之苍苍，其正色邪？其远而无所至极邪？其视下也，亦若是则已矣。(《庄子·逍遥游》)

看到像野马奔腾一样的游气、飘飘扬扬的尘埃，活动着的生物都在风吹之下飘飘而动。接着，庄子借大鹏之口一连问了两个问题：天空苍苍茫茫的，难道就是它本来的颜色吗？它也是辽阔遥远没有尽头吗？鹏往下看的时候，看见的应该也是这个样子吧。

大鹏在天空中和在地上有两种完全不同的视野，二者的强烈反差必然会引起人们对原来所见到、所认知的东西的猜疑：我们原来看到的一切是真实的吗？我们原来看到的一切是其本来的样子吗？在鹏举万里的天空中和站在地面上，当然是两种不同的视界，看到的事物的样子也全然不同。前者是以天看人，后者是以人观天。

试想，假如我们跳出现有的狭小时空看问题，如跳到金星上、跳到几百千米外的太空、跳到几十亿光年外的某个天体上,或者跳到几百万年之前或几百万年之后,至少跳到一百年之前或一百年之后,当我们一下子拥有这种宇宙人的视野时,再回过头来看自己短暂渺小的人生,不过是浮游在太空之中的一粒尘埃(地球)上的一个旋生旋灭的微生物而已。对人世的各种纷争,深陷其中看时往往是巨大的,但跳到几百千米外的太空看时,恐怕连细菌蠕动都算不上。蜗牛角上争何事,石火光中寄此身。人们各种自以为了不起的丰功伟绩、名利权情、成败得失,小得几乎可以忽略不计。

接着看,大鹏如何能够展翅高飞万里呢?或者,它是怎样具备翱翔万里的能力的呢?庄子接着讲:

> 水之积也不厚,则其负大舟也无力。覆杯水于坳堂之上,则芥为之舟。置杯焉则胶,水浅而舟大也。风之积也不厚,则其负大翼也无力。故九万里,则风斯在下矣,而后乃今培风;背负青天而莫之夭阏者,而后乃今将图南。(《庄子·逍遥游》)

其大意是讲,如果聚集的水不深,那么它就没有负载一艘大船的力量。在堂前低洼的地方倒上一杯水,一根小草就能被当作一艘船,放一个杯子在上面就会被粘住,这是因为水浅而船大。如果聚集的风不够强大,那么它也就没有力量负载一个巨大的翅膀。因此,大鹏在九万里的高空飞行,风就在它的身下,凭借着巨大的风力,背负青天又毫无阻碍,然后才浩浩荡荡地朝南飞去。

大家看,庄子一开始就给我们展示了一种辽阔无比的鲲鹏气象,一个无限宏大的视野,使我们一下子跳出了已有的狭小空间,获得了一种宇宙人的胸怀,这是一种自由自在的逍遥、一种无拘无束的洒脱。

对于这则鹏举万里的寓言,很多人喜欢将其解读为充满瑰丽想象的浪漫主义。我以为,这仅停留于表层。鹏举万里的寓言一点也不浪漫,反而非常现实,尤其是具有超强的思想震撼力和现实穿透力。鹏举万里的寓言中蕴含着非常深刻的哲理,即如何实现游于逍遥,其中包含两个关键字。

第一个关键字是"大"。"大",是一个人实现快乐和自由的根本条件。《逍遥游》围绕的主轴就是这个"大"字。现实中并没有这样大的鱼,也没有这样大的鹏,当然我们也没有见过这样大的人。庄子描写的形体之大,仅仅是一种比喻而已,其本质是心灵之大,即大其心。一个人的形体是绝不可能放大的,唯一可以放大的是你的视野、你的格局、你的境界。所以,实现游于逍遥,根本在于跳出世间看世间,跳出人生看人生,在于善于放大视野、放大格局、放大境界,否则就只能在地上爬行,永远不可能在太空中畅游。

实际上,人的生活世界的大小,根本取决于人心的大小。人的心可以很小很小,甚至比针眼还小。比如,一些人因为没有拿到奖金、做某事受挫、失恋等,就钻到牛角尖里爬不出来,觉得这事儿比天还大。同时,人的心也可以无限放大。一旦把心放大,就是另一个样子。对同样一件事、同样一个东西,在太空看和在这个房间看完全不一样。

庄子认为,宇宙才是一个人的极限。很多时候,敢于挑战这种极限,才知道自己能飞多高;不给人生设限,才可能精彩无限。一个人如果拥有了宇宙人的视野和格局,日常生活中绝大多数痛苦和烦恼就都不会计较了:视野大了,心就大了;心大了,事就小了。

一个人想放大自己的视野、格局和胸怀,最主要的是提升自己的学识水平。"欲弘其量,不可不大其识。"[1]这种学识不仅是指读有字之书,更是指善读人生、社会、宇宙等无字之书。从升维思考的角度看,鹏举万里的根本在于打开了一条由狭隘走向广阔的学识通道:在茫茫太空反观的大视野,可以使人从他设和自设的囚笼中超拔出来,充分意识到自己除了是一个单位的分子、一个城市的市民、一个社会和国家的公民,同时还是一个世界的公民和宇宙的公民。

总之,逍遥的前提是,善于跳出人生看人生、跳出世间看世间、跳出社会看社会,善于放大视野、放大格局,形成真知灼见。否则,就只能爬,永远不可能游。一个人的视野能放到多大,格局就有多大,心胸就有多大,境界就有

---

[1] (明)洪应明著,乙力编译:《菜根谭》,三秦出版社2008年版,第56页。

多高。画地为牢或者作茧自缚,到处都会遮眼阻路;置身山峰或遨游太空,景致便能一览无余。视野大了,心就宽了;境界高了,事就小了。一切烦恼,说到底是由于你心太小、太在乎。在不危及基本生存的前提下,只要心放大,看得开,不在乎,那些所谓大事伤不了你一根毫毛。

第二个关键字是"积"。实现游于逍遥,关键在于积。积什么?积累或积聚能量,或者说,积累或积聚真知灼见。鹏举万里是按照这样的逻辑主线展开的:因"积"而成就"大",因"大"而能够"化",因"化"而得以"飞",因"飞"而得以"升",因"升"而视野、格局为之大开,才能逍遥游。经过这样的过程,一条水中的"鲲",才变成遨游太空的大"鹏"。这表面上是形体的变化过程,本质上则是一种精神的超拔过程。

游于逍遥,基础也在于积。一方面是外在积聚如水力和风力,好风凭借力,送我上青云;另一方面更重要的是积聚内在能量,如人生和社会阅历的积累、真知灼见的积累、生活智慧的积累等。庄子打比方说:

> 适莽苍者,三餐而反,腹犹果然;适百里者,宿舂粮;适千里者,三月聚粮。(《庄子·逍遥游》)

其大意是讲,到近郊旅行的人,只带当天吃的三餐食物,回来肚子还是饱饱的;到百里外的人,要用一整夜时间舂米准备干粮;到千里外的人,要聚积三个月的粮食。

就人的心智成长而言,人生从四十始。我这样说大概是有依据的,连心智发育优于常人的智者或圣者也不例外,譬如,孔子讲自己"四十不惑",孟子讲"我四十不动心"。不管是"四十不惑",还是"四十不动心",可能都不是指经验或知识层面的不惑,而在很大程度上是特指生活境界层面的通达。一个人过了不惑之年,如果仍然沽名钓誉,以功利追求为核心法则或核心动力,岂不是一种莫大的悲哀? 功利化生存是生活的一个较低或者最低层次——人生还有更值得追求的无限广阔的美妙领域呢!一个人四十岁以前,心智可能基本上是碎片化的、鹦鹉学舌式的,因而大都是起伏波动、游移不定的;到了四十岁,有了一定的阅历积累之后,才可能逐步对世界是什么、人是什么、我是谁等问题形成一种系统、稳定的认知。

不过,以前我一直以为,一个人的年纪、阅历的增加与智慧的提升是正相关的。但是,经过十余年的观察,我已渐渐地改变了原先的看法。事实上,年纪越大,阅历越多,活得反而越糊涂、越狭隘的,大有人在。这至少说明,那种正相关性绝不是自发实现的,离开了持续自觉修炼这一关键要素,无相关性或者负相关性恐怕也是常态。

实际上,我们看到的庄子的逍遥自在,也是他长期积累、长期修炼的成果。庄子在《人间世》《养生主》中对社会、对人性的刻画可谓入木三分。可以说,假如没有庄子在人间世的入世之深和参世之透,就根本不可能有逍遥游的超世之绝。对此我们后面会慢慢讨论。

(二) 小大之辨

在大鹏遨游万里的理想畅游中,必然会遭遇许多现实的困顿。这就是著名的"小大之辨"。因为,一个人虽然可以提升自己的境界,但他又不能不活在现实之中,而现实中有各种各样的人,其中必有很多视野、格局狭小的人。毕竟,能达到大鹏那样高境界的人永远是少数。庄子是以"蜩""学鸠""斥鷃"这些蓬间雀与大鹏为喻来讲这种"小大之辨"的,整个《逍遥游》也是围绕"小大之辨"展开的。

蜩、学鸠、斥鷃之类的蓬间雀,看到大鹏扶摇而上、展翅向南冥高飞,采取了什么态度呢?庄子分别做了两段意思相似的描述。其中一段讲:

> 蜩与学鸠笑之曰:"我决起而飞,抢榆枋而止,时则不至,而控于地而已矣。奚以之九万里而南为?"(《庄子·逍遥游》)

此段意为,蝉和小斑鸠讥笑大鹏说:"我们奋力而飞,碰到榆树和枋树就停止了，有时飞不上去，落在地上就是了。何必要飞九万里到南海去呢？"随后又有一段讲：

> 斥鴳笑之曰："彼且奚适也？我腾跃而上，不过数仞而下，翱翔蓬蒿之间，此亦飞之至也，而彼且奚适也？"此小大之辨也。（《庄子·逍遥游》）

此段意为，麻雀讥笑大鹏说："它要飞到哪里去呢？我一跳就飞起来，不过数丈高就落下来，在蓬蒿丛中盘旋，这也是极好的飞行了。而它还要飞到哪里去呢？"这就是"小大之辨"了。

什么是"小大之辨"？其字面意思就是，小和大的分辨，或者小和大之间的不同。蜩、学鸠、斥鴳等蓬间雀对于大鹏扶摇而上、展翅高飞，都以"笑"待之——或者讥笑或者嗤笑。可见，小和大的分辨，直接表现为小境界者对大境界者的讥笑或嗤笑，其背后则是严重的不理解——难怪诗仙李白会高唱："仰天大笑出门去，我辈岂是蓬蒿人？"假如大鹏做回应的话，我相信它可能会借用陈胜的话来讲："燕雀安知鸿鹄之志哉？"当然，大鹏根本无暇也不屑于进行任何回应。这恰恰是大鹏之大的一种表现：大胸怀、大肚量、大格局。

因此，"小大之辨"，绝不在于形体的小和大，甚至也不在于外在视界的小和大，关键在于蓬间雀以自己的"小安"对鲲鹏的"大举"进行嚼舌式的臆测和嘲讽——体现了两种格局、两种境界之间的巨大差别。《逍遥游》中的蓬间雀与大鹏，对应《秋水》中的河伯与北海若、坎井之蛙与东海之鳖，其背后往往都存在着深度的不可沟通性，这种不可沟通性外在表现为"笑"，就是蓬间雀对于大鹏的讥笑或嗤笑，当然也包含羡慕、嫉妒、恨。因此，"小大之辨"也可以称为讥笑之辨。

从本质上看，"小大之辨"讲的并不是小物（如蓬间雀）和大物（如大鹏）之间的形体小大的分别，而是小气和大气、小格局和大格局、小境界和大境界的精神分别。现实中的人也是如此，假如某个人出类拔萃、鹤立鸡群的话，一般都会引发周围人的不理解，所谓羡慕、嫉妒、恨的套路随即而来，这是人性的法则使然。就像辛稼轩的千古名篇《青玉案·元夕》，不知感动了一代一代的多少中国人："众里寻他千百度。蓦然回首，那人却在，灯火阑珊处。"[1] 独自在灯火阑珊处、卓尔不群的那人是谁？那就是我，是不被众人理解的我，也是辛稼轩心目中的理想之我。每每读之，都潸然泪下。

聊到这儿，有人会问，庄子在《齐物论》《秋水》中强调大小平等、大小为一，而在《逍遥游》里提出小大的分辨，这不是自相矛盾吗？其实不然。前文提到，大鹏和蓬间雀的形体大小区别仅仅是一种比喻，二者真正的区别是其精神境界的高低或者格局的大小。庄子认为，一个人要提升智慧或者精神境界，关键不在于放大形体，而在于"大其心"，即放大心灵，放大格局。只有放大了心灵、格局，才能实现更深刻的相通和相融。

举例来说。我们如果读《史记》等史书，就可以至少穿越三皇、五帝、三王那么久远的时间，虽然我们从来没有在那个时代生活过，但是依然会对于生命有一种"活过若干遍"的深刻理解和感受。各种学识的核心也是让人充分意识到境界小大之间的区别，从而善于"大其心"。

那么，为什么会产生这种"小大之辨"？如前文所析，其根本在于小境界者对大境界者的严重的不理解、深度的不可沟通性。庄子分析得可谓透辟之至：

> 小知不及大知，小年不及大年。奚以知其然也？朝菌不知晦朔，蟪蛄不知春秋，此小年也。楚之南有冥灵者，以五百岁为春，五百岁为秋；上古有大椿者，以八千岁为春，八千岁为秋。而彭祖乃今以久特闻，众人匹之，不亦悲乎！（《庄子·逍遥游》）

其大意是讲，小智慧的理解不了大智慧的，短命的理解不了长寿的。怎么知道是这样的呢？朝生暮死的菌类不知道一天早晚的变化；春生夏死、夏生秋死的寒蝉，不知道一年的时光，这就是短命。楚国的南方有一种神龟，它把

---

[1] 徐汉明校注：《辛弃疾全集校注（上、下）》，华中科技大学出版社2012年版，第352页。

五百年当作一个春季，五百年当作一个秋季；上古时代有一种树叫作大椿，它把八千年当作一个春季，八千年当作一个秋季，这就是长寿。可是彭祖到如今还以长寿闻名于世，人们与彭祖比寿，岂不太可悲、太可叹吗？

小智之人理解不了大智之人，寿命短的人理解不了寿命长的人，其中是有深刻原因的：二者代表着两种格局、两种境界，更是基于两种阅历、两种见识。如蝉，一般是夏生秋死，从来就没有经历过一年的春夏秋冬，你跟它讲春天的万木萌发和冬天的白雪飘飘，就是对牛弹琴，对它来说简直就像天方夜谭。同样，人生不满百，一般人和活了八百岁的彭祖岂能相比；而彭祖和活了数千岁的神龟、活了数万岁的大椿相比，也显得渺不可及，就很难理解神龟和大椿的境界了。

对于"小知不及大知，小年不及大年"，《秋水》篇讲得更加形象和明白：

> 井蛙不可以语于海者，拘于虚也；夏虫不可以语于冰者，笃于时也；曲士不可以语于道者，束于教也。（《庄子·秋水》）

其大意是讲，不能与井里的青蛙谈论关于大海的事情，因为井口局限了它的眼界；不能与夏天的虫子谈论关于冰雪的事情，因为它被生存的时令所限制；不能与见识浅陋的人谈论关于大道的问题，因为他的眼界受到教养的限制。在某种程度上，"小大之辨"指出了人们相互理解的可能限度和可能空间。

人们经常会问，庄子论证"小知不及大知，小年不及大年"时，为什么仅仅举了"小年"不理解"大年"的例证，而没有举"小知"与"大知"的例证呢？因为，在庄子以及道家看来，年纪和智慧往往是一体两面、密不可分的；或者说，年纪增长会带来经验和智慧的增长，"小年"就意味着"小知"，"大年"就意味着"大知"。人生智慧，必定是以经历和阅历为基础的。任何外在包装，也代替不了经历和阅历的积累。所以，道家的悟道者或得道者，一般都以鹤发童颜的老者为主导形象。虽然年龄和阅历并不直接等于智慧（还需要拥有不断反思的意识和能力），但没有年龄和阅历，智慧必定无从谈起。

我读"二十四史"时也发现了一个规律：越是有基层或民间经历的皇帝，越懂得百姓的疾苦，越有政治智慧，如虞舜、夏禹、商汤、周文王和周武王、汉高祖、宋高祖等多数开国皇帝，再如晋文公、汉文帝、汉宣帝、光武帝等少数中兴之君。而那些守成的"职业"皇帝，像晋惠帝司马衷、南唐后主李煜那样成长于深宫之中的，往往缺乏丰富的社会阅历，必然也缺乏基本的政治智慧。比如，晋惠帝司马衷就说过"百姓无粟米充饥，何不食肉糜？"之类的荒唐话。

对于经历和阅历问题，我个人的经验是，大致以四十岁为界线：人生问题，向四十岁以上的人请教；技术问题，向四十岁以下的人请教。因为，一般而言，人到四十之时，才可能形成对于世界、社会和人生的完整而稳定的图像。孔子讲"四十而不惑"，孟子讲"四十而不动心"，至少要到四十岁，人才可能有足够的阅历积淀，才可能有人生智慧可言。黑格尔也讲，同一句格言，从一个饱经风霜的老人嘴里说出来，与从一个不谙世事的孩子嘴里说出来，含义是根本不同的，而且产生的效果也相差极大。为什么？老者的格言，是由大半辈子的阅历反复检验和论证过的。

（三）适性逍遥

庄子所谓的逍遥，往往都是把自由和快乐合而为一，兼有快乐和自由双重含义，自由即快乐，快乐亦即自由。这当然也符合我们每一个个体的实际感受和体验。事实上，当我们感到很快乐的时候，也感觉到是自由的。

虽然庄子反复阐释的"小大之辨"，让人充分意识到唯有通过"大其心"、放大格局和境界才能实现逍遥，但庄子并不偏执于平面化的一端。或者说，他重视两个层次的逍遥，也可以称为快乐的两个层次：一种是适性逍遥，即相对快乐；一种是无待，即最高快乐。

适性逍遥或者相对快乐，即顺应天性且把天性中的自然禀赋和能力充分发挥出来，也就是顺应天性而为的足性状态。一个东西不管多大或多小，如果能够认识清楚自己的天性，充分地实现自己的天性，就是逍遥的。

庄子所谓天性，就是自然本性。假如蓬间雀能够认识清楚自己的自然本性，按照自己的本性去做，而不随意地讥笑或嗤笑别人，实际上也可以活得非常惬意。其最大的毛病是什么？没有认识清楚自己的本性，用自己的小格局去猜度大鹏，这时候一连串的羡慕、嫉妒、恨、烦恼、纷争就出来了。

凡是具有自然本性的东西，都有它的自然能力。天高任鸟飞，海阔凭鱼跃。鸟儿在树林和天空中自由生息，保持鸟的本真；鱼儿自由自在地游于江河湖海中，保持鱼的天性。毛泽东主席有一句极有意境的词："鹰击长空，鱼翔浅底，万类霜天竞自由。"[1] 鹰的本性是在高空中自由翱翔，鱼的本性是在水里自在畅游，当各自把自然本性和能力实现出来的时候，各自就是逍遥的，世界由此也就是最和谐美好的。就自然能力而言也是如此。鹰的能力是在高空中翱翔，鱼的能力是在水中畅游；对老虎，要给它一座山，老虎的能力适合做一山之王；对猴子，要给它一棵树，猴子作为一棵树的主人在上面优哉游哉地荡秋千最适合。反过来，假如给猴子一座山，它就会累得要命；给老虎一棵树，估计它也会遭受莫大的委屈，没法生存。我们每一个人也一样，须考虑自己的本性是怎样的，然后适性而为。

万物的自然本性不一样，自然能力不一样，由此各自的快乐和自由也不一样，庄子对这方面讲得非常之多。比如，《骈拇》以打比方的方式论证：

> 长者不为有余，短者不为不足。是故凫胫虽短，续之则忧；鹤胫虽长，断之则悲。（《庄子·骈拇》）

鸭子的腿很短，但是，给它接上一截让其长一点，像踩着高跷一样，它会非常悲苦。鹤的腿修长，你看这么长，给它截一段，它也是痛苦无比。自然界有的动物高，有的矮，有的大，有的小，这是它们的自然本性。断长续短，就违反了自然本性和能力，由此就会造成许多痛苦和灾难。再如，《马蹄》言：

---

[1] 毛泽东：《沁园春·长沙》，载《毛泽东诗词鉴赏》，新疆人民出版社2002年版，第35页。

> 马，蹄可以践霜雪，毛可以御风寒。龁草饮水，翘足而陆，此马之真性也。（《庄子·马蹄》）

违反此天性的许多"落马首"之类的妄作，就会造成马的痛苦或悲剧。

每一个人也是如此。各人有各自的自然本性，有各自的自然能力，且每一个人都是独一无二的存在。如前所述，法国思想家卢梭在《忏悔录》里讲过这样一句话："大自然塑造了我，然后把模子打碎了。"[1] 老天让每个人生出来，生出来以后就打碎了模子，永远不再塑造第二个了。可以想象一下，我们每一个人都是前无古人、后无来者的存在。每一个人只能成为他自己。可惜的是，多数人忍受不了这个失去了模子的自己，于是又用公共的模子把自己重新塑造一遍，结果变得彼此相似、如出一辙。

每一个人都是宇宙间独一无二的存在，这种独一无二性可以称为自然本性，也可以称为天性。具体而言，所谓天性，就是一个人的身体特质与精神特质相互连接所形成的一种个性化倾向，如气质、性格、能力、特长等。每一个人的气质、性格、能力各不相同，千人千模样，万人万脾气，脾气里包含着气质和性格。天性，决定了一个人最适合走的人生之路。譬如，每一个人的天赋能力各不相同，有的人擅长画画，有的人擅长音乐，有的人擅长数学，有的人擅长外语，有的人擅长体育，有的人擅长哲学思考，有的人擅长交际，有的人擅长写作。一般内倾型的人善于思考，善于写东西，外倾型的人善于交际——这一般是多血质的气质、活泼型的性格。

一个人首先要认识自己是什么样的人，由此知道什么是自己可以做和能够做的事。对于每个人来说，把最符合自己天性的事情做好，就是最大的幸福。一个真性情的人，听从自己的天性召唤做人做事，不勉强自己接受不喜欢的东西，这样最快活。世人认为再好的事，如果不符合他的天性，他也要主动放弃，绝不为此后悔。

---

[1] 〔法〕卢梭：《忏悔录》，范希衡译，人民文学出版社1996年版，第1页。

清清楚楚地知道，每一个人是各不相同的，至少就有了一种自我意识，即认识自己。前文中在聊老子哲学的时候，我们曾经谈到了自知。认识自己，然后才能够想方设法成为自己，而不是成为别人，更不是成为一个平面化的、抽象意义的人。每一个人都有独一无二的天性，他的天性决定了他应该走的路，决定了他只能成为自己。假如你想方设法使自己成为别人，毫无疑问痛苦就来了，因为违反了自己的本性。

哲学三问之一的"我是谁"中就隐含我的天性是什么，如气质、性格、能力、偏好等，进而隐含最适性的活法是什么。一般来说，一个人在二十来岁的时候，慢慢地就开始显现出天性来。当有反思意识的时候，就要考虑最适合自己天性的活法是什么。有了这样一种意识之后，他会顺着自己的天性去生活，想方设法成为自己，这时自己肯定也处于一种快乐而自由的状态了。

人之所以不快乐、不自由，最主要是因为什么？——本来是这样一种自然天性，却非要逆天性而为。现实的悲哀经常是，认识不到自己是独一无二的存在，明明是 A，却老是痴心妄想成为 B，或者想成为社会机器上的一种抽象的工具。比如，某个人是内倾型、善于思考的，非得要去学交际，他的气质、性格、能力等各个方面正好与之相违背，此时痛苦倍儿大，当然成功率也倍儿低。

在道家看来，每个人都有自己的天性，且都是前无古人、后无来者的存在。一个人如果真正体认到此，他就一不羡慕别人，二不与别人攀比，三不随波逐流，从而专心致志且恬然自足地做他自己。作家周国平说得颇有意思：一个人不论伟大还是平凡，只要他顺应自己的天性，找到了自己真正喜欢做的事，并且一心把自己喜欢做的事做得尽善尽美，他在这世界上就有了牢不可破的家园。于是，他不但会有足够的勇气去承受外界的压力，而且会有足够的清醒来面对形形色色的机会的诱惑。[1] 每个人各顺其性、各展所能、各得其所、各如所愿，这就是一种自由而全面的发展了。

快乐和自由是一种选择，而不是一种结果。各人有各人的活法，只要不相

---

[1] 周国平：《人与永恒》，北岳文艺出版社 2006 年版，第 96—98 页。

互损害，别人如何活与己何干呢？我们每个人能认清自己的天性、顺天性而为，达到这一步，人生就算是没有白活，甚至就是足够幸福了。因为，认识清楚自己的天性，选择适合自己天性的活法，就是适性逍遥了。

（四）最高快乐

对于一般人而言，能够适性而为，自觉自己的本性并顺应本性而为，全面而充分地实现本性，达到适性逍遥，已经是非常高层次的生活了。适性而为，能清楚意识且自觉享受这种快乐，就算活得有滋有味了。一个人能做到适性而为，至少不枉来世间走这一圈了。这无疑也是一种极高的逍遥境界了。

但是，在庄子的视界里，适性逍遥只能获得相对快乐，仍然受到一些限制，还不是最高快乐。那么，最高快乐是一种什么状态呢？

我们先来看《逍遥游》中所描述的逍遥境界者的四个层次，由低到高，分别是以蓬间雀为代表的人、以宋荣子为代表的人、以列子或大鹏为代表的人，及以至人、神人、圣人为代表的人。

庄子归纳了这几种人的特点，值得我们反复琢磨和品味：

> 夫知效一官，行比一乡，德合一君而征一国者，其自视也，亦若此矣。而宋荣子犹然笑之。且举世而誉之而不加劝，举世而非之而不加沮，定乎内外之分，辩乎荣辱之境，斯已矣。彼其于世，未数数然也。虽然，犹有未树也。夫列子御风而行，泠然善也，旬有五日而后反。彼于致福者，未数数然也。此虽免乎行，犹有所待者也。（《庄子·逍遥游》）

第一层次是以蓬间雀为代表的人。"知效一官，行比一乡，德合一君而征一国者，其自视也，亦若此矣。"其大意是，那些才智能胜任一官职守的（如担任一个单位的领导），行为能够庇护一乡百姓的（如当一个乡长或县长），德行能投合一个君王的心意而取得一个诸侯国信任的（如当一个部长或总理），他们看待自己和对待外界的方式，都是自以为是、自视甚高、见识短浅、喜欢讥笑别人，与学鸠、斥鴳等蓬间雀的格局一模一样。宋荣子对之不以为然，甚至不屑一顾。

第二层次便是以宋荣子为代表的人。宋荣子，何许人也？《庄子·天下》介绍，宋荣子名宋钘，是战国时期道家学派的代表人物之一。宋荣子的逍遥境界又如何呢？他做到了"举世而誉之而不加劝，举世而非之而不加沮，定乎内外之分，辩乎荣辱之境，斯已矣。彼其于世，未数数然也"。对于宋荣子这种人，世上所有的人都称赞他、褒奖他，他并不因此就特别奋勉，更不飘飘然；世上所有的人都诽谤他，他也并不因此就感到沮丧和郁闷。因为，他认定了内在和外在的职分，分辨清楚了荣辱的境地，就觉得不过如此罢了。他对待人世间的一切，都并不拼命去追求。

可见，宋荣子已经非常了不起了。他能够对世间名声毫不动心，能够认清自我与外物的分际、辨明一切荣辱的界限和本质，清楚地知道所有褒贬、毁誉、荣辱之类都是外在的，在本质上与内在的自我没有任何关系。能达到这种境界的人，在很大程度上对世间的名利权情有了足够的参透和觉悟，对内在精神和一切外物有了足够清楚的理解和感受。

因此，"举世而誉之而不加劝，举世而非之而不加沮"，无疑是一种大多数人难以企及的境界，已算是世俗层面所能达到的一种极致了。试想，我们一般人经常为外界而活，为别人的评价而活，为身前名和身后名而活。听到一句恭维，就飘飘欲仙，忘记了姓啥；人家批评一句，就暴跳如雷，气急败坏，几天睡不好觉。这在很大程度上源于对世间的名利权情的本质缺乏理解，对自我与外物的分际缺乏基本的觉悟。

人唯有像宋荣子那样"定乎内外之分，辩乎荣辱之境"，才能对外物不动心。坚守内在的不动心，就能长久保持一种快乐和自由的状态。不管外面说好说坏，我还是我，我还是那棵白菜、那根葱。这方面有很多例子。我本家有个老哥，现已九十六岁了，终身务农，大字不识，但说话却极有见地。我每次回老家时都喜欢和他聊天。我问：你为什么经历这么多坎坎坷坷、风风雨雨，却还活得这么悠然自得？他说了一句话，很有意思：人家说咱是牛是马，批咱、骂咱、打咱都没关系，只要不要咱的命，就权当耳聋听不见好了。我一听就知道，老哥真是活出了境界，至少达到了耳顺的境界。由此，我就一下子想到了庄子的"举世而非之而不加沮""一以己为马，一以己为牛"的那种明澈和豁达。

杨绛先生在晚年面对人生问答时说，"我正站在人生的边缘上，向后看看，也向前看看。向后看，我已经活了一辈子，人生一世，为的是什么呢？"[1]她以百岁老人的睿智谈道，每个人如此期盼外界的认可，到最后才知道：世界是自己的，与他人毫无关系。这至少可以触发我们自己反省，我的前半辈子或许属于别人，活在别人的评价里，那至少要把后半辈子还给我自己，追逐和倾听自己内心的声音。

事实上，人到中年之时，免不了会收获一点儿虚名浮利。一个人将其作为可有可无的一味佐料也许未尝不可，但如果以此为主食主菜来建构自己的生活，恐怕就成为不明事理的糊涂蛋，或者是摇尾乞怜的可怜虫了。虚名浮利，充其量不过满足一下漂浮不定的虚荣心而已，而把每一天过得有滋有味，才是实实在在的真享受，当然也是最需用心修炼的真本事。假如放到"举世而誉之而不加劝，举世而非之而不加沮"等更广阔的视野里考察，虚名浮利可能连一味佐料也算不上了。

欲达至"举世而誉之而不加劝，举世而非之而不加沮"的境界，从形而上的层面说，可能需要的主要是个体自我的精神挺立和觉解。但在大一统的文化传统以及人们普遍偏爱单一活法的背景下，这在很大程度上也只能停留于表层。因此，从形而下的层面说，需要一系列条件的相互支持：其一，个体要有一颗大心，习惯于在异议、争论和争吵之中保持行动能力；其二，社会对于"和而不同"的价值观要有普遍认同；其三，国家要有相应的尊重自由、强调制衡的法律及机制保障。

回到原典，宋荣子虽然已经有一种极高的生活自觉和人生境界了，但是，庄子认为，"虽然，犹有未树也"，即宋荣子虽可对褒贬、荣辱、毁誉不动心，但还是有没树立的东西。为什么？因为宋荣子的做法是基于物我之分和内外之

---

[1] 杨绛：《走到人生边上——自问自答》，商务印书馆 2007 年版，第 15 页。

分，没有达到物我一体、心物一体、万物一体的最高境界。而只有忘却了物我或内外的界限，达到物我一体、心物一体、万物一体，无所依凭而游于无穷，才是真正的与道合一的最高逍遥。

于是，庄子又举了第三层次的逍遥者，也就是以列子和大鹏为代表的人。"夫列子御风而行，泠然善也，旬有五日而后反。彼于致福者，未数数然也。此虽免乎行，犹有所待者也。"大意是：列子乘风而行，腾云驾雾，飘然自得，在空中轻巧自在地飞翔。十五天由北到南一个往返。他对于人世间功名利禄的事，没有拼命去追求。这样虽然免了步行，还是有所凭借的。

列子和大鹏一样可以御风而行，一样超越了人间世的名缰利锁的羁绊，但还没达到最高逍遥，因为他还有依赖或凭借的东西。依赖或凭借什么？风。没有风，列子和大鹏也只能在地上行走。那么，到底什么状态才是最高层次的逍遥境界呢？

最高层次也就是第四层次的逍遥境界者，是以至人、神人、圣人为代表的人。在庄子看来，最高层次的逍遥境界是无待，或者无所待，即最大限度地摆脱或者超越对外物的依赖，达到物我一体、万物一体。因此他说：

> 若夫乘天地之正，而御六气之辩，以游无穷者，彼且恶乎待哉！（《庄子·逍遥游》）

其大意是讲，顺应天地万物的本性，驾驭着阴阳、风雨、晦明六气的变化，优哉游哉遨游于无穷的天地境界。与宇宙万物合为一体，随宇宙万物变化而变化，自由自在地在宇宙中畅游，这就是无待，也是最高快乐了。

实现游于逍遥，之所以须由相对快乐向最高快乐提升，主要是由于适性逍遥仍然要受一些阻碍和限制，尤其是生老病死等任何个体都无法抗拒的自然法则的限制。唯有对已有认识和实践予以突破或者超越，才能最大限度地接近最高层次的逍遥境界。

最高层次的逍遥境界是无待。无待是绝对的快乐，即达到个体与万物一体、人与宇宙同一、人与道合一。庄子对于这种无待的最高逍遥境界做了一个总结论：

> 故曰：至人无己，神人无功，圣人无名。（《庄子·逍遥游》）

其字面意思是讲，修养最高的人能无意于自己，无意于求功，无意于求名。其本质上就是忘掉了自己，忘掉了功业，忘掉了名声。更进一步说，就是超越了小我，超越了功业，超越了名声。忘掉就意味着超越，唯有超越才可以接近甚至达到无待。

如果一个人不执着于小我，超越功和名，他就不会被外物所困扰、所捆绑、所主宰，由此，他的自由和快乐的指数就可能达到最高程度。比如，主观与客观之间就不会对立了，心和物就形成了合一，这恰恰就是与道合一的状态。道就是浑沌的整体，当达到这个状态的时候，人就实现了最高快乐，也可以称为绝对逍遥。

那么，到底应如何理解"无名、无功、无己"的具体内涵呢？庄子在《逍遥游》中做了不同程度的阐释。

（五）无名、无功、无己

我们首先来看"无名"。《逍遥游》中随后有一则寓言：

> 尧让天下于许由……许由曰："子治天下，天下既已治也，而我犹代子，吾将为名乎？名者，实之宾也，吾将为宾乎？"（《庄子·逍遥游》）

其大意是讲，尧让天下于许由，许由拒而不受，说：你治理天下，天下已经获得了大治，而我却还要去替代你，我为了名声吗？名是实派生出来的附属物，我会去追求这附属的东西吗？

一个人无意于追求名声，就不会被名声所羁绊和捆绑。而我们日常生活中不是这样,给一个小小的名声,如"三好""优秀""先进""模范"等各种帽子、头衔、名誉或称号,很多人内心就蠢蠢欲动,这时就容易被套上相应的绳索。

再看"无功"。《逍遥游》中随后也有相关寓言:

> 宋人资章甫而适诸越,越人断发文身,无所用之。尧治天下之民,平海内之政。往见四子藐姑射之山,汾水之阳,杳然丧其天下焉。(《庄子·逍遥游》)

其大意是讲,宋国有个人采购了一批帽子到越国去卖,越人的风俗是剪断长发,身刺花纹,帽子对他们毫无用处。尧治理好天下的百姓,安定了海内的政局,到姑射山上、汾水北面,去拜见四位得道的高士,不禁怅然若失,忘记了自己居于治理天下的至高地位。

这两则寓言都意在阐释"无功"。前者讲宋人抱着求功的心态去卖帽子,结果却无所用之,劳而无功;后者讲功高盖世、富拥天下的尧帝,一看到肌肤若冰雪、绰约若处子的四个神人过着悠然自得、自由自在的生活,便怅然若失,对于自己天下之主的功勋深感惭愧。

古希腊罗马也有类似的故事。亚历山大大帝,横扫欧亚大陆,功高盖世。有一天,他顺路去拜访犬儒学派的大哲学家第欧根尼,正赶上第欧根尼在晒太阳。亚历山大煞有介事地问第欧根尼:"第欧根尼,我是个国王,你需要我为你做点什么?"第欧根尼连头也不抬,懒洋洋地说:"我只要你快闪开,不要遮住我的阳光!"亚历山大在返程的途中想,自己的功业和第欧根尼的这种悠然自得的生活相比,简直算不了什么。他艳羡之余怅然若失地说,"如果我不是亚历山大的话,我就去当第欧根尼。"这类故事都发人深省:人生最重要的意义是什么?

至于"无己",层次更高,理解起来就更难一些。我们以下将结合"无待"来进一步加以讨论。

三、有待无待

怎样才能实现游于逍遥呢？简言之，根本在于由有待到无待的无限接近；或者说，越接近无待，人的自由和快乐越多。可以说，如果把《逍遥游》的主题认定为"小大之辨"的话，那么，这种"小大之辨"至少有三个层面，同时也是三条线索：其一，分别以蓬间雀和大鹏为代表的小格局（小我）和大格局（大我）之辨；其二，分别以功利之用和超功利之用为主导的小用和大用（小大之用）之辨；其三，分别以依赖和限制为形式的有待（不自由）和无待（自由）之辨。

（一）由有我到无我

无己就是无我，无我说到底是要通过忘我而超越小我。相较来说，这是最难理解的。在"无我之我"一节，我们已经进行了一般性讨论。这里，我们还是回到庄子的《逍遥游》原文：

> 之人也，物莫之伤，大浸稽天而不溺，大旱金石流、土山焦而不热。（《庄子·逍遥游》）

其大意是讲，对于那样的悟道之人，没有什么外物能伤害他。滔天的大水不能淹没他，天下大旱使金石熔化、土山焦裂，他也不会感到灼热。在《齐物论》里也有对"无己"的类似描述：

> 至人神矣！大泽焚而不能热，河汉冱而不能寒，疾雷破山、飘风振海而不能惊。若然者，乘云气，骑日月，而游乎四海之外。死生无变于己，而况利害之端乎？（《庄子·齐物论》）

其大意是讲，进入物我两忘境界的至人实在是神妙不测啊！林泽焚烧不能使他感到热，黄河、汉水封冻了不能使他感到冷，迅疾的雷霆劈山破岩、狂风翻江倒海不能使他感到震惊。假如这样，他便可驾驭云气，骑乘日月，在四海之外遨游。死和生对于他自身都没有变化，何况利与害这些微不足道的方面呢？

这两段描述，作为对悟道、得道之人"无己"状态的描述，似乎远远超出我们的经验，不容易理解。不过，我们仍可以用经验来理解这种超乎经验的忘我状态。比如，当你非常专注地在山坡上采集野花、野果或者进行其他劳作时，你的腿上不知什么时候被划破了一道大口子，鲜血直流，你却全然不觉，直到歇下来时发现了，才突然感到疼得要命。这种聚精会神、专注凝神的状态，就是无我或者忘我。专注凝神，由此没有了我的感觉。

事实上，我是什么？在经验领域里，我不过是一堆感觉组合而已。而忘我，则意为暂时没有这堆感觉，即"无己"。

当然，更主要的是从超乎经验的角度去理解，可能有三个层面：第一层面，由有我，到无我，再到无我之我。前文中我们已经有所讨论。一个人往往太执着于我，坚定地相信我的重要性，破我执变得异常艰难，但恰恰通过破我执的方式，通过忘我或无我的方式达到无我之我，这时人才是更自在更自由的。一个人只有通过无我或忘我，才能超越狭隘的小我而跃升到大我，才能拥有开阔的格局和境界，才可能做成大事。对于每一个人而言，由有我到无我，通过两次否定之后确立起无我之我时，我才是有快乐和自由可言的。

第二层面，无己，则"物莫之伤"，外物不能伤害自己。关于庄子对"无己"的描述，如果明白"无己"只不过是实现"无待"的一种形式，就可以从另一个角度来理解或把握：所谓外在的冷热、水旱对我都不起作用，其实是在比喻一切外在物质性的东西。物质性，永远是一种限制。唯有最大限度地从各种物质性的限制中超拔出来，唯有最大限度地超越物质性限制、实现精神对物质的胜利，才能最大限度地实现由有待向无待的跨越。

因此，实现逍遥，意味着必须最大限度地摆脱物质性限制，最大限度地让精神统摄物质性存在。当一个人认识到人最主要的是精神性存在的时候，所有物质性的东西对他的限制就非常小，这时自由和快乐才能自然而然地显现出来。唯有达到精神的层面、超越有的无的层面，才有可能体悟神合于无的自由和快乐之境。反之，停留在物质的层面，停留于有形的层面，就永远处处受限制。只要陷入一种物质性的漩涡，你就永远会因受限制而没有真正的自由和快乐可言。

第三层面，更进一步下沉到现实意义上，无己或无我的关键在于不为名利权情所困。庄子寓言背后的深层道理是，不执着于己或我，不为物役，就可以最大限度地用物而不为物所用。

比如，苏轼在《超然台记》中以"游于物之外"来阐释"乐哉游乎"的依据："予之无所往而不乐者，盖游于物之外也。"人都倾向于"求福而辞祸"，而实际情况却往往适得其反，结果多是"求祸而辞福"。为什么呢？

> 夫求祸而辞福，岂人之情也哉？物有以盖之矣。彼游于物之内，而不游于物之外。物非有大小也，自其内而观之，未有不高且大者也。[1]

对于普通人而言，利是一道很难逾越的坎。但即使看穿了利，也不一定能看穿功；即使看穿了功，也不一定能看穿名；即使看穿了名，也不一定能看穿己；即使看穿了己，也不一定能看穿死亡。而一旦看穿了生死，所有的利、功、名、己便通通明澈了。

《逍遥游》把无待的最高逍遥描述为"乘天地之正，而御六气之辩，以游无穷"，相应地提出了无功、无名、无己的标准。对于一般人而言，达到无己、无功、无名无疑非常艰难；即使暂时达不到无己、无功、无名，退而求其次，能够把握无用之用之为大用，也会达至一种极高的逍遥境界。

（二）由小用到大用

《逍遥游》中最后两则寓言就是围绕"小大之用"展开的。第一个是关于大瓠的故事，讲的是庄子和他的老朋友惠子之间的一段对话，极为精彩，也极具

---

[1] （宋）苏轼著，傅成、穆俦标点：《苏轼全集（全三册）》，上海古籍出版社2000年版，第875页。

第五章　庄子：常超越的生活境界（一）

启发性。

　　惠子谓庄子曰："魏王贻我大瓠之种，我树之成而实五石。以盛水浆，其坚不能自举也。剖之以为瓢，则瓠落无所容。非不呺然大也，吾为其无用而掊之。"庄子曰："夫子固拙于用大矣。宋人有善为不龟手之药者，世世以洴澼絖为事。客闻之，请买其方百金。聚族而谋之曰：'我世世为洴澼絖，不过数金。今一朝而鬻技百金，请与之。'客得之，以说吴王。越有难，吴王使之将。冬，与越人水战，大败越人，裂地而封之。能不龟手一也，或以封，或不免于洴澼絖，则所用之异也。今子有五石之瓠，何不虑以为大樽而浮乎江湖，而忧其瓠落无所容？则夫子犹有蓬之心也夫！"（《庄子·逍遥游》）

　　该对话的大意是，惠子对庄子说："魏王赠送我大葫芦的种子，我将它种植，结出的果实有五石重。我用大葫芦去盛水浆，可是它的坚固程度承受不了水的压力。把它剖开做瓢也太大了，没有什么地方可以放得下。这个葫芦不是不大呀，但我因它没有什么用处而砸烂了它。"庄子说："先生实在是不擅长使用大的东西啊！宋国有一善于调制不龟手的药物的人家，世世代代以漂洗丝絮为职业。有个游客听说了这件事，愿意花百金的高价购买他的药方。全家人聚集在一起商量：'我们世世代代在河水里漂洗丝絮，所得不过数金，如今一下子就可卖得百金。还是把药方卖给他吧。'游客得到药方，来游说吴王。正巧越国发难，吴王派他统率部队，冬天跟越军在水上交战，大败越军，吴王划割土地封赏他。能使手不龟裂的药方是同样的，有的人用它来获得封赏，有的人却只能靠它在水中漂洗丝絮，这是不同的使用方法。如今你有五石容积的大葫芦，怎么不考虑用它来制成腰舟，而浮游于江湖之上，却担忧葫芦太大无处可容？看来先生你还是不开窍啊！"

　　尘世一切皆寓言。庄子的寓言则经常是寓言套着寓言，故事叠着故事。这则寓言的核心是讲了两种用处，一种叫小用，一种叫大用。同样一个大葫芦，同样一副不龟手之药，不同的人，其认知和理解不一样，由此所赋予其的意义和产生的价值也大不一样。前者考虑它的小用，在很大程度上是停留于功能之用的有用之用，后者考虑它的大用，实际上是无用之用。

其实，任何一个东西的用处可能有很多层次。当一个人没有那种高度、没有那种格局的时候，往往就停留在很小的范围之内，就会受到视野和格局的限制，所以庄子启发我们，要善于用大，善于把握无用之用，而只有思路、格局被充分打开的时候，才有可能用大、把握无用之用。

用处，要从小用到大用去提升；格局，要从狭小的空间向更广阔的空间去开拓。这时，我们才会有更大的快乐和自由。泰戈尔有一句诗："不要试图去填满生命的空白，因为，音乐就来自那空白深处。"我们平时所有的时间、空间被各种各样的杂事杂物填得满满的，没有留下足够的空白，音乐、诗歌、美如何产生？欣赏音乐，欣赏诗，欣赏大自然，没有实用价值，而这些恰恰是我们生命的最重要的滋养，或者说是使人成为人的精神养料。欣赏音乐，欣赏诗歌，欣赏小说，领悟哲学，都需要一种悠然自得的心境。如果没有这样一种超然、淡然、悠然的心境，这种快乐和自由便是与我们无缘的。

（三）由功利到审美

《逍遥游》紧接着讲的一棵大树的故事，和刚才大瓠的故事比较相似，其实是在进一步阐释小大之用，同时也体现了两种不同的境界：

> 惠子谓庄子曰："吾有大树，人谓之樗。其大本臃肿而不中绳墨，其小枝卷曲而不中规矩。立之涂，匠者不顾。今子之言，大而无用，众所同去也。"庄子曰："子独不见狸狌乎？卑身而伏，以候敖者；东西跳梁，不避高下；中于机辟，死于罔罟。今夫斄牛，其大若垂天之云。此能为大矣，而不能执鼠。今子有大树，患其无用，何不树之于无何有之乡，广漠之野，彷徨乎无为其侧，逍遥乎寝卧其下。不夭斤斧，物无害者，无所可用，安所困苦哉！"（《庄子·逍遥游》）

该对话的大意是，惠子又对庄子说："我有棵大树，人们都叫它'樗'。它的树干有很多疙瘩，不符合绳墨取直的要求；它的树枝弯弯扭扭，也不满足圆规和角尺取材的需要。虽然生长在道路旁，木匠连看也不看。现今你的一套理论，大而无用，大家都会鄙弃它的。"庄子说："先生你没看见过野猫和黄鼠狼吗？低着身子匍匐于地，等待那些出洞觅食或游乐的小动物。一会儿东，一会儿西，跳来跳去；一会儿高，一会儿低，上下窜越。不曾想落入猎人设下的机关，死于猎网之中。再有那氂牛，庞大的身体就像天边的云；它的本事可大了，不过不能捕捉老鼠。如今你有这么大一棵树，却担心它没有什么用处，怎么不把它栽种在什么也没有生长的地方，栽种在无边无际的旷野里，悠然自得地徘徊于树旁，悠游自在地躺卧于树下。大树不会遭到刀斧砍伐，也没有什么东西会去伤害它。虽然没有派上什么用场，可是哪里又会有什么困苦呢？"寓言所谓的无何有之乡，就是指那种无己、无功、无名的空灵逍遥之境。

关于大瓠和大樗这两则寓言，其字面意思很简单，关键在于理解字面背后的深层哲理。两则寓言讲了我们刚才说的两种用处——小用和大用，更主要的是阐释了两种境界，一种叫功利境界，另一种叫审美境界。我们可以从以下几个层面来把握。

第一，每个人的世界取决于他的视界。在现实中，每个人其实都是戴着"有色眼镜"在看周围的一切的。所谓"有色眼镜"，就是他的世界观。世界观就是观世界，世界观是观世界的结果，所以说，世界即视界。我们每个人虽然处在一个相同的物理世界，但所拥有的生活世界却全然不同，因为不同的世界观和价值观使人们看到的事物不同，由此造成各人实际所拥有的生活世界也不一样。

第二，每个人的生活世界并不是物理世界，而是一种意义世界，亦即境界。不同的世界观和价值观，赋予事物的意义不同（如大瓠和大樗），由此所形成的生活世界也不一样。每个人看世界的时候，看到的层次不一样，意义不一样，由此所形成的个人的生活世界也不一样。对个体而言，一切物理存在由"观"形成与个人连接的意义世界。以做事言之，做相同的事，不得已而为之和自主自觉而为之，对个人的意义大不一样；做相同的事，理解或体悟程度不同的人对其感受和定位也会大不一样，由此可形成完全不同的意义世界。在现实中经常有这么四种意义世界：

一是以功能之用特别是功利之用为主导，关注的是事物的功利价值，看到的是功利世界。比如，木匠看一棵树时，往往考虑的是能不能做桌椅、梁柱等，他总是从实用的角度看每一棵树。司马迁在《史记·货殖列传》中讲："天下熙熙，皆为利来；天下攘攘，皆为利往。"普天之下，芸芸众生为了各自的利益而奔波，这是普遍的现象，当然也是人所面对的基本的生存层面。

二是以科学之用特别是因果法则为主导，关注的是事物的科学研究价值，看到的往往是物理世界。比如，一棵树属于哪个门纲目科属种、有什么结构和特性等，即事物的物理属性。

三是以欣赏之用为主导，关注的是事物的审美价值，呈现的是一个艺术世界。比如，同样一棵树，在艺术家或诗人的眼里，则是一种人格和情感的化身。当代诗人舒婷在《致橡树》中写：你有你的铜枝铁干，像刀，像剑，也像戟；我有我红硕的花朵，像沉重的叹息，又像英勇的火炬。我们分担寒潮、风雷、霹雳；我们共享雾霭、流岚、虹霓。仿佛永远分离，却又终身相依。这才是伟大的爱情，坚贞就在这里。三毛在《一棵树》中则把一棵树视为一种理想生活的象征：如果有来生，要做一棵树，站成永恒，没有悲欢的姿势。一半在土里安详，一半在风里飞扬，一半洒落阴凉，一半沐浴阳光，非常沉默，非常骄傲，从不依靠，从不寻找。

四是以自由体验之用为主导，以哲学的眼光来看，关注的是事物所体现的自由价值，看到的可能是一个觉悟或觉醒的世界。所谓"一花一世界，一叶一菩提"，或者"一沙一世界，一花一天堂，双手握无限，刹那是永恒"[1]，或者"一切即一，一即一切"。从任何事物中，都可以领悟到永恒、自由的真义。总之，对相同的事物，每一个人的理解和领悟不一样，赋予的意义不一样，由此

---

[1] 〔英〕威廉·布莱克：《天真的预言》，黄雨石等译，人民文学出版社2017年版，第130页。

每一个人的境界就不一样。所谓诗意地栖居中的"诗意",并不是狭义的,而是广义的——或者说,诗意地栖居之根本在于哲学地栖居。

第三,不同的境界体现为对用处有不同的理解。比如,审美是一种用处,它满足的是人们精神愉悦的需求;哲学也是一种用处,它满足的是人们对自由的追求。这都属于无用之用,不是满足吃饱、穿暖等功能性需要。但是,人之为人最重要的恰恰是精神的满足,比如悠闲、快乐、自由等。

最主要的在于无用之用(如审美之用和自由之用)恰是人之为人的大用,是一切有用之用得以成立的基本前提。无用之用需用心主动求之,靠学习、修炼才能够获得。它恰恰是人们通过对世界或者事物的不同理解,去自己获取的,也可以说是自己创造的。而有用之用则一方面有外在的功利磁场强力牵引,一方面由自发的欲望内在驱动。

要评价人,也一样。我们应怎样看人有用或没用呢?一般人看人,就看他是否在社会上有所作为,能否建功立业。一旦这人没能建功立业,他就没用吗?当然不是。在这方面,庄子自己就是一个典型的例子。楚王请庄子做国相,庄子拒绝了,此后他也没做大官,可以说在事业上没有什么建树。但你能说庄子无用吗?他的智慧启迪和影响了后世多少人!所以庄子认为,这种世俗的功利性的评价标准是有问题的。标准本身都有问题,再加上时代那么混乱、社会那么黑暗,有才之人如果去迎合那种标准、投身那样的社会,岂不是飞蛾扑火、自取灭亡吗?

庄子讲无用之用之谓大用,还特别重视"全生"之用。《人间世》中有好几篇类似的寓言。《人间世》讲,"无用"是栎社树多年来孜孜以求修炼的成果,是一种保全生命的方式:"予求无所可用久矣,几死,乃今得之,为予大用。"(《庄子·人间世》)栎社树托梦说,我没有用,恰恰是我的大用。我追求无用已经若干年,为此甚至几乎要牺牲我的生命,才能够实现无用,无用对于我来说则恰恰是大用。栎社树之所以能够存活几千年,就是因为没有用。有用的李树、杏树或者是其他木材树,早就被砍了。庄子说的有用,是合乎世俗标准的有用,就好比故事中的大树能做船、做栋梁、做门板、做棺材,是有用的。长得弯弯曲曲不能做这些，当然是无用的，但这恰恰是它的大用，因为这保全了它的活泼泼的生命。难道还有比生命更重要的吗？

所以，庄子借栎社树这个故事告诉我们，在乱世中要想保全自身：一方面，不要迎合世俗的标准而活，不要活成世俗眼光中的有用之人，要自觉活成不合乎世俗标准的无用之人，这样才能避开来自社会的祸患，才能寿终正寝，享尽天年。另一方面，又不能一无所用，而要像栎社树一样成为树神，被众人祭祀、膜拜观赏，这则是另一种用处——无用之用之为大用，否则也就会被当作毫无用处的废物早早除掉。

可以说，庄子是中国历史乃至世界历史上第一个把有用和无用的问题上升到哲学高度来研究的思想家。他主张，人不要固守有用和无用，要将有用和无用放在与时俱进的生活实践之中，要善于处于有用和无用之间、处于材与不材之间，似有用又似无用，若有用又若无用。

有人说，这不是耍滑头吗？表面上像，但本质上恰是一种极高的人生智慧。为什么？因为，处于有用和无用之间的根本指向在于"物物而不物于物"，类似孔子所讲的"君子不器"，康德所讲的"人是目的"。一个人不应成为某种器皿，不应成为某种可用的工具，不应作为某种手段而存在，而应成为一个傲然屹立于天地之间、全面而自由发展的人。

一个人的真正价值，就在于他的不可定义性，人之自由和快乐也恰在于他的不可定义性。庄子主张要处于有用与无用之间，最主要的是与世界保持一种若有若无、若即若离、不即不离的关系，最大限度地实现人的自由而全面的发展，最大限度地实现人的不可定义性。譬如，我不喜欢别人称呼我为某某专家，如文化产业或文化旅游专家、管理哲学专家、道家哲学专家等，因为我从不愿意作为任何一种工具或器皿而被定义。

有人问，庄子讲无用之用之为大用，今天还有用吗？当然有。人活一世，无非希望对外能有所作为，功成名就；对内能福气满满，健康长寿，快乐自由。在一般人眼中，功成名就的人是有用的人，而生命的健康、快乐和自由是一些不重要的东西。但是，在庄子眼中，这种无用恰有大用。就是说，没有符合世俗功利标准的用处，却保全了活泼泼的生命，这对一个人而言不是最大的事吗？跟外在的功名利禄相比，生命不是更珍贵吗？

庄子以无用之用之为大用的故事告诫世人，不要盲目追随社会功利性的价值导向，不要在世俗的追名逐利中失去自己的宝贵生命和自由精神。当今时代，人们常常用身份、地位、金钱、权势、头衔、官位、房子、车子等标准，来衡量一个人是否成功，因此许多人为了业绩、为了头衔、为了利益、为了金钱、为了权势、为了地位，甚至为了人脉、为了虚荣，一个劲地拼命，完全被外物所奴役，损害和透支自己的身心健康、精神快乐，这实在是得不偿失。易言之，很多人为了证明我有用，在损害自己的生命，而庄子为了保护自己真实的生命，在努力装成无用的样子。

第四，无用之用决定着人的思维层级。无用之用与人的思维方式是有密切关联的。人的思维层级可以分为四个圈层：最顶层的是人文思维，其核心是哲学思维和审美思维，其次是科学思维，再往下依次是技术思维、商业思维（图5-3）。相较而言，商业思维和技术思维大致对应有用之用，科学思维、人文思维大致对应无用之用。

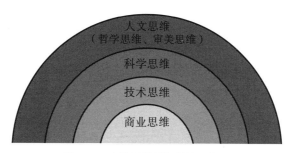

图 5-3 人的思维层级结构示意图

第一层级也是最低层级，即商业思维，追求的是功利价值，遵循的是功利原则，如企业管理要追求经营业绩、投入产出比、最大利润、KPI 考核指标等。第二层级是技术思维，一般追求高效率，因为高效率的东西才能够行销市场，说到底也是实用性的功能价值。第三层级是科学思维，遵循的是理性原则。最高的思维层级，则是人文思维，有的是审美思维，有的是哲学思维，它遵循自由的原则。科学思维和人文思维，其实都是无用之用，其核心价值是自由。

在强调文理分科的背景下，人文思维对于理工科的学习者来说，显得尤为重要。理工科的学习者或研究者为什么也需要用心阅读一些道家哲学经典？因为哲学是智慧之眼，也是科学之根（比如对幸福、自由等的终极追求）。在当今社会，理工科的思维中多数是技术思维，只有极少数是科学思维。只有上面占的比重大一些，下面占的比重小一些，下面的为上面服务，才是一种健全的结构。如北京大学人工智能专业博士、"中国诗词大会"年度冠军陈更所言：我爱我的机器人生涯，它是我理性现实的左岸；我也爱我的诗情画意的诗词世界，它是我柔软感性的右岸。

每一个人只有善于从比较低的思维层级往高的思维层级提升，才能成为一个具有越来越健全人格的人。否则，如果仅仅停留在商业思维或技术思维的层面，就永远只能充当一个工具或容器。

（四）由有待到无待

要实现游于逍遥，根本就在于有待向无待的无限接近。庄子经常用的"有所待"和"无所待"，可以简称为"有待"和"无待"。我们分析了，由有我到无我、由小用到大用、由功利境界到审美境界的根本都在于，实现由有待到无待的提升。下面有必要对有待和无待进行归纳和小结。

我们会想，庄子一开始讲蓬间雀，都不能从这棵树到那棵树，整个飞翔所受的限制是非常大的。又讲大鹏，扶摇而上九万里，但仍然是有待的，必须凭借足够大的风。庄子又讲了像蓬间雀一样的人，他认为这些人的思维都像麻雀一样，都是受限制、受制约非常之严重的。而宋荣子已经处于非常高的境界了，但是还停留在内外、荣辱之分上，没达到物我合一、万物一体的最高程度。至于列子腾云驾雾，相较来说，自由度已经非常之大，但他仍然像大鹏一样要依赖风。

什么样才算是无待的状态？那就是"乘天地之正，御六气之辩，以游于无穷",就是"无己、无功、无名"的状态。达到无己、无功、无名的人才是得道的人,才算是达到了无待的状态。无待呈现为无己、无功、无名,呈现为万物一体、心物合一、与道合一,是最高快乐。以上我们把前文中聊过的稍微回顾一下。

为了加深对于"待"的理解,我们不妨看《齐物论》中倒数第二段的一则寓言:

> 罔两问景曰:"曩子行,今子止;曩子坐,今子起。何其无特操与?"景曰:"吾有待而然者邪?吾所待又有待而然者邪?吾待蛇蚹蜩翼邪?"(《庄子·齐物论》)

其大意是讲,有一次影子之外的微影(影子的影子)问影子:"刚才你在走,现在又停下;以往你坐着,如今又站了起来。你怎么没有自己独立的操守呢?"影子回答说:"我是有所依赖才这样的吗?我依赖的东西又有所依凭才这样的吗?我依赖的东西难道像蛇的蚹鳞和鸣蝉的翅膀吗?我怎么知道这是什么缘故?我又怎么知道这不是什么缘故?"

影子与影子的影子的所作所为都身不由己,不是自己决定的,而是由另一个东西所决定的。影子的影子凭借影子而存在,影子凭借形体而存在,形体凭借精神而存在。当然可以再进一步推演,精神可能是源于造物主,也可能源于自造。凡是有形的东西都会有依赖,所以就身不由己。当然,同样是有待,依赖的程度可能是不一样的。《秋水》篇中有则寓言一开篇也讲得很妙:

> 夔怜蚿,蚿怜蛇,蛇怜风,风怜目,目怜心。(《庄子·秋水》)

其大意是讲,独脚的夔羡慕多脚的蚿,多脚的蚿羡慕无脚的蛇,无脚的蛇羡慕无形的风,无形的风羡慕明察万物的眼睛,明察万物的眼睛羡慕具有无限想象力的心灵。

怜就是羡慕，或者被怜悯。我们至少可以理解到，层层连锁的羡慕背后，是后者相对前者来说，所依赖的东西更少，而依赖的东西越少，自由度越大。依赖的东西最少、自由度最大的，恰是人的心灵、人的精神。正如法国作家雨果所言：比海洋更辽阔的是天空，比天空更辽阔的是人的心灵世界。[1]

其实，我们每个人都处于世界之"网"中，个体犹如一粒粒微尘，飘落在某一时代、某一社会的大网上，我们只能被这张时张时收的网支配。每一次我们以为自己已经打破了这张网，开始迈向自由的前方时，其实只是从一张小网到了另一张稍大的网，最多不过是活动范围稍稍扩大了一点而已——仅仅是依赖的程度有些差别罢了。

通过以上这两则寓言，我们进一步加深了对有待和无待中的"待"的理解。归纳言之，"有待"具有三层含义。

第一个层次，有待就是有所依赖、有所凭借。一般来说，任何一个存在物都是有所依赖、有所凭借的，每个人活着也一样都是有所依赖、有所凭借的。这是最简单、最基础的一层含义。

第二个层次，有待就是有对待、有对偶。一方面，有象斯有对，对立的两面必然形成一种对待关系，比如上与下、好与坏、美与丑、贵与贱等，这是对待或对偶的一种形式。另一方面更重要的是，对待或者对偶之所以形成是由于只要我们去说某个东西，都是把这个东西作为对象的，一旦说，就形成了一种主观与客观的对立。这是更深层的，也是对我们思维最大的一种限制。我们前文讲非对象化思维时曾经讨论过。这是有待的第二层含义。

第三个层次更加深奥。有待就是有分别心，就是把任何东西都加以分别，比如是非、美丑、善恶、真假、好坏、多少等。凡是设置某种分别的，就必然会形成某一种执着，就必然被限制于其中，受这种分别的束缚。

由此我们可以设想，为什么芸芸众生并不都能成为圣人？庄子认为，不是因为他们地位不高、能力不强，也不是因为他们太"有待"于物，而是因为他

---

[1] 〔法〕雨果：《悲惨世界》，李玉民译，中央编译出版社2010年版，第162页。

们没能悟道，未能在无待的高度"得其所待"。他们之所以没能悟道，则是因为他们太"有心"，太注重分别，尤其是太在乎自己和他人之间的相对位置或地位，总要为比较、攀比而愤愤不平或争强好胜。所以，"无心"才能无待，"无心"者才能成为圣人，哪怕他们处于社会最基层。

明白了"有待"的含义，就很容易理解"无待"了：第一层次就是没有依赖、没有凭借；第二层次就是没有对待或者没有对偶；第三层次就是万物一体、没有分别心，即"天地与我并生，而万物与我为一"。这是一层比一层高的。以道言之，老子说"道可道，非常道"，也就是说本根之道是没有对待的，是独立不改的，是浑然一体的，是没有任何分别的浑沌的"大一"，所以是没法言说的。不可说，不可说，一说就错。因为一说就成为主客对立的对象，就不是大全，不是道本身了。

把握了"无待"的这几层含义之后，我们回到现实人生中。游于逍遥，根本在于由有待到无待的无限接近。在现实中，如何做到无限接近？

"无待"的基本含义是无所依赖，回归对外物的态度，首先在于无"物"（工具、名利权情等），不为物役，尤其是不以物累心。对于我们每一个人来说，有所依赖最主要的是依赖外物，依赖各种外在的东西；你依赖的东西越多，受它们的限制越厉害。现实中，人不自由，是因为依赖外在的东西，就会被它所役使，就成为各种各样有形的、无形的物的奴隶。

在这样的意义上，依赖外物的程度决定了我们个人的快乐和自由的程度，"待"的程度决定境界的高低。如果要归纳一个快乐和自由的基本定律的话，似乎可以这么表述：

> 在基本温饱有保障的前提下，一个人对于外物的依赖程度越高，他的快乐和自由程度越低；反之，一个人对于外物的依赖程度越低，他的快乐和自由程度越高。

具体而言，一个人在基本生存有保障的情况下，快乐与自由程度与对外物

（含物化工具、利、名、位、权等）的依赖程度成反比：对外物依赖度越大，快乐与自由度越小；对外物依赖度越小，快乐与自由度越大。反过来说，在基本生存有保障的前提下，他在多大程度上不依赖外在物质的东西，就在多大程度上是快乐和自由的，可参考表5-1进行自测和调适。

道家哲学与心理健康演习

表5-1 "快乐和自由的基本定律"的自问自答

自问	自答（依赖程度的高、中、低）	自答（自由和快乐程度的高、中、低）	自答（我将如何予以适度调整？）
我对基本生活物品或工具的依赖程度如何？			
我对温饱之上的财富的依赖程度如何？			
我对名、位、权的依赖程度如何？			

为什么有此定律？因为快乐和自由，说到底都属于精神生活的范畴，而外在物质的东西，仅仅提供了快乐与自由的必要条件，永远不是充分条件，永远不可能直接带来自由，永远不可能直接带来快乐。

回到有用之用和无用之用。相对来说，大凡有用之用，所待的程度就高；大凡无用之用，所待的程度就低。一个人的精神境界的高低，一个人的快乐和自由指数的高低，根本取决于有用之用尤其是功利之用在他的生活中所占权重的大小。

有些人总喜欢以鄙夷功利甚至反功利的方式，来标榜自己的高雅、高洁和不俗，不免会让人感到有点虚而不实或者口是心非——如果不是鹦鹉学舌，就是别有用心。试想，古往今来，凡是真实实存者，难道有完全超越功利而得以存活的人吗？追求功利难道不是最基本、最自明的人性需求吗？就连最看重精神自由的庄子和最系统阐述并热切推崇道义论的康德，都不得不为个人生计而奔波或者折腰，遑论芸芸百姓！

因此，问题的关键并不在于是否追求功利，而仅仅在于把追求功利放在人生的什么位置。也就是说，一个人不可能离开功利追求，但又不能止于功利追求，必须善于超越功利追求（超越以包容为前提）；一个人的逍遥境界，取决于功利追求在他的生活中所占据的位置。

一个人只要活着，就不可能彻底脱离或者不追求功利之用，因为他至少需要基本的吃穿住行吧。因此，功利之用问题的关键不在于是否需要，而在于层次和程度：

> 一个人的精神境界或者快乐自由水平的高低，很大程度上要看他把功利之用放在一个什么位置上——是放在最高层次，中间层次，较低层次，还是最低层次？

有的人把它放在最高位置，全部生活都追求功利之用，满眼都是用、用、用；有的人把它放在中间位置；有的把它人放在较低位置，仅把功利作为更高精神追求的某种可有可无的副产品；有的人把它放在极低的位置，当作维持基本存活的手段。这决定了一个人逍遥境界的高与低，也许同样可以成为一个生活的基本定律。

举个例子。民国时期弘一大师（李叔同）有一次到青岛湛山寺讲学，他有一条毛巾用了若干年，上面满是小洞和补丁。湛山寺方丈想给他换一条新毛巾，他谢绝了。他用的所有东西都是最便宜、最破旧的，他自觉地把对物的需求放在了最低的位置。

当然，我们一般人不可能放得这么低，但至少可以放到较低的位置，退而求其次，达到中等的程度，而不是满眼都是功利之用的物质层面的东西。当满眼都是功利之用的时候，毫无疑问，快乐和自由与你基本上是没有关联的，你只能永远处在痛苦、纠结和无聊之中。

我们说，穷人是不自由的，因为他的生存受制于物质的匮乏；那些没有精神目标的富人更是不自由的，因为他的全部心灵都受制于物质的泛滥。富人在名利磁场中永远欲壑难填、不能自拔的焦虑或痛苦与穷人遭受饥饿或物质匮乏一样，本质上都属于生存挣扎式的不自由。

对一般人而言，所谓不依赖，即把功利之用放在较低的位置，是在生存有基本保障的前提下，自觉修炼的一种精神境界。一个人实现了衣食无忧之后，实际上完全可以有非常大的空间去享受快乐和自由。之所以你不快乐、不自由，根本在于你的觉悟程度，心有所待，被各种各样的东西缠绕得太紧，由此作茧自缚。难怪有人讲，一无所需，最像神。

所以，庄子讲无待，其实与老子讲小国寡民一样，就是要使人的精神境界自觉回归简单纯朴的状态，简单而快乐、简单而自由。简单纯朴就意味着，对于外界的物的依赖度相对低，由此快乐和自由的指数就高。

举个运动的例子。我年轻时也参与过不少运动，如篮球、乒乓球、羽毛球和游泳等，但随着年龄越来越大，我发现自己真正能够始终如一坚持的还是跑步，基本上是每天十千米。我反思，能够数年如一日坚持长跑的原因，可能有三：第一，跑步最适合我笨拙的天性，尤其是每天可以不断战胜自己、超越自己；第二，在跑步的过程中可以听音乐、经典文章，赏美景，获得无尽的享受；第三，最主要的是跑步对于外在条件依赖最少，它几乎不需要什么器械，也不需要什么场地，当然也不需要呼朋引伴，只要有双鞋子就可以了，随时随地，随身随性，即使在国内国外出差时，也可坚持如一。也就是说，跑步对于外物依赖程度最低，所以自主性最强，自由度最大。其他的事情也一样。比如，读书对于外界的依赖程度非常低，一个人可以以最简单、最廉价、最容易、最快捷的方式，获得快乐和自由。

当然，无待是一个长久甚至永恒的过程，现实之人永不可能达到绝对无待，但是，一个人能否游于逍遥，取决于他由有待向无待的接近程度：第一，无待，即若一颗指引前行的北极星；第二，无待，不求一定达到，而是在北极星的指引下,在原有的基础上不断地提升或接近。这也是一切由有待的现实层面向无待的理想层面提升的基本逻辑(图5-4)。

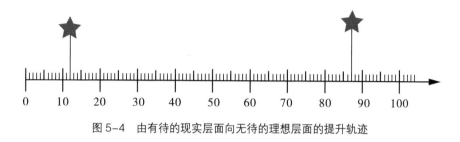

图 5-4　由有待的现实层面向无待的理想层面的提升轨迹

如何实现由有待向无待的无限接近?第一,在态度上,不为物役,前文中已经讨论;第二,在认知上,不谴是非;第三,在境界上,道通为一。

四、不谴是非

如何接近"无待"?如何游于逍遥?须在认知上实现转变和提升。庄子提出的一个重要命题,叫"不谴是非"。儒家主张明辨是非,佛家主张彻底去除是非,而以庄子为代表的道家则主张不谴是非。什么是不谴是非呢?所谓不谴是非,实际上是调和是非、不拘泥于是非,更进一步地说,就是要善于超越是非,不被是非所困扰。

(一)两种知识

当然,庄子所说的是非,是广义的是非,包含是非、美丑、善恶、真假、贵贱、多少等各种分别。这些是非,使人永远处于无穷无尽的纠结之中。如何做到"不谴是非",超越是非?这可以说是庄子的《齐物论》的一个核心命题。

《齐物论》是《庄子》三十三篇中思想最深奥、最难懂也最具哲学思辨性的一篇,当然也是最能体现庄子之为庄子,尤其是庄学之能成为哲学的一篇,它奠定了庄子伟大哲学家的地位，使庄子超越一般的诗人或文学家而成为哲学家。不仅思考和研究人文以及社会科学问题的人要读《齐物论》，而且思考和研究自然科学问题的人也要读《齐物论》——这可能是由科学匠（或技术匠）成为名副其实的科学家的一个必要条件。在我看来，研究自然科学的人要成为真正的科学家，除了须读懂庄子的《齐物论》，还须读托马斯·库恩的《科学革命的结构》和康德的《纯粹理性批判》，由此才能对自然科学何以可能、科学如何演进等具有一种基本的自觉。

大家如果能啃下这块最难啃的硬骨头，把《齐物论》读懂了，对庄子的哲学思想也就一览无余了，读其他书可以说就像喝白开水一样轻松自如了。

假如说《逍遥游》是通过"小大之辨"来讲游于逍遥，其核心在于讲了两种快乐，即相对快乐和最高快乐，那么《齐物论》就是通过"不谴是非"来论以齐物，其核心在于讨论了两种知识。要理解《齐物论》，须把握其论证的一条主线，即两种"知识"之间的碰撞和交织。

庄子认为，世上有两种知识，一种可以称为有知之知。有知之知，具体来说，就是关于物的知识，是对于有限的东西的认知，比如桌子、树、人体的结构等物理知识，都是关于物的知识；但凡是有形之物，不管它多大或者多小，永远都是有限的。这种知识，在庄子的视野里，属于俗知即世俗的知识。这种知识的特点是什么？重视区分，如分大小、对错、是非，把生物分成动物、植物，等等。一区分，就有分别，有分别，就有了各种各样的是是非非。

另一种知识，可以称为无知之知。无知之知是对于无限的认知、关于整体或大全的知识，虽然我们无法想象无限或整体。宇宙就是无限，道就是无限，它是无所不包的整体，我们只能体悟，当我们和它融为一体的时候，才有感觉。庄子认为，关于道的知识，关于无限的知识，关于生命的知识，才是真知。真知的特点是什么？真知强调的是通。既然通，就没有分别，是非也就随之消失或者消解掉了，这其实就是超越是非。

庄子关注的重心，无疑在于如何获得关于道的知识、关于无限的知识、关于生命的知识等真知，即无知之知。这与老子所强调的"为学日益，为道日损"

一样。老子的为学日益对应的是有知之知,为道日损对应的是无知之知。对此,庄子和老子都是一致的。明白了这个基本框架,也许就拥有了一把开启《齐物论》大门的钥匙,庄学的艰涩之处就迎刃而解了。

(二)心如死灰

如何才能做到不谴是非呢?对此,庄子有一个系统的阐释。《齐物论》开篇讲了一个非常精妙的寓言——心如死灰。我们平时说某某"心如死灰",都是偏贬义的,类似悲观绝望、看破红尘、毫无生机。但是,庄子的意思却恰恰相反,讲它是一个人悟道的至高境界。我们回到《齐物论》的原文:

> 南郭子綦隐几而坐,仰天而嘘,荅焉似丧其偶。颜成子游立侍乎前,曰:"何居乎?形固可使如槁木,而心固可使如死灰乎?今之隐几者,非昔之隐几者也?"(《庄子·齐物论》)

其大意是讲,南郭子綦靠着桌子坐着,仰起头向天缓缓地吐着气,那离神去智的样子真好像精神脱离了躯体,进入了忘我的境界。他的学生颜成子游侍立在前,问道:"您这是怎么了?诚然可以使形体像干枯的树木,难道也可以使精神和思想像死灰一般吗?您今天凭几而坐,跟往昔凭几而坐的情景大不一样呢。"

这段话包含极为深刻的哲学内涵。首先,"形如槁木,心如死灰",描述的是一种致虚守静、与道合一的状态,是一种没有分别的浑沌状态,也是一种可能的、非对象化的无待状态。达到致虚守静、与道合一的状态时,外表看上去像枯木一样,内心就像死灰一样寂然不动。非常虚静,没有对待,没有分别,没有主客二分,因为他自己和整个大道融合为一了。"丧其偶"就是忘掉了一切对待或对偶,由对象化思维到非对象化思维,由物我二分到物我不分,由心物对立到心物合一。

我们从描述中看得出,南郭子綦应是一个经历了人生风吹雨打的老者,对于世态炎凉、人情世故参透了，蓦然回首，达到了悟道的状态。这需要一个长期修炼的过程。单从对世态人情的考察来看，老庄共同剖析了知世故而不世故的两面——人情世故要看透，赤子之心不可丢。老子以冷眼透视了前者，庄子以温情留意了后者。没有前者，何以生存？没有后者，何以生活？

为了帮助大家理解这种"心如死灰"的境界，我不妨举一个苏轼的例子。就秉性和才情而言，苏轼可谓是庄子的铁杆拥趸了。庄子是真性情的鼻祖，而中古以降，把真性情发挥得最为淋漓尽致的，大概非苏轼莫属了。苏轼的一生充满坎坷和磨难，可以说，不是被贬谪，就是在被贬谪的路上。他曾上书力言王安石新法之弊，因"乌台诗案"作诗讽刺新法而下狱，被贬到黄州，又几度被贬到惠州、儋州等地。可以说，他经受了起落沉浮、九死一生的炼狱磨砺。

苏轼最后一次被赦免时，已年逾64岁，可以说到了人生日薄西山的老迈阶段。1101年3月，苏轼从海南岛往北返程，由虔州出发，经南昌、当涂、金陵，5月抵达真州（今江苏仪征）。他在真州金山寺看到自己当年的画像，回忆自己一生的起起伏伏、跌跌宕宕，抚今追昔，五味杂陈，感慨万千。于是，他挥笔写下一首题画诗《自题金山寺画像》：

心似已灰之木，身如不系之舟。
问汝平生功业？黄州惠州儋州。[1]

两个月后，苏轼去世，这首诗在某种程度上就相当于他的自题墓志铭。该诗中的"已灰之木"和"不系之舟"，就分别化用了《齐物论》中的"形固可使如槁木，而心固可使如死灰乎"和《列御寇》中的"巧者劳而智者忧，无能者无所求，饱食而遨游，泛若不系之舟，虚而遨游者也"。该诗以自省和自嘲的口

---

[1] 据《金山志》所载："李龙眠画东坡像留金山寺，后东坡过金山寺，自题。"参见 https://so.gushiwen.cn/shiwen/default_2A3b99a16ff2ddA4.aspx，2023年7月18日访问。

吻，抒写自己平生到处漂泊、屡屡遭贬尤其是三起三落的经历，既有对当下垂垂老矣、日薄西山的慨叹，也有对起伏跌宕的一生的总结，多重感情交织在一起。其造句苍凉深沉，寓庄于谐，可谓言有尽而意无穷。

尤其是，"问汝平生功业，黄州惠州儋州"，以"一蓑烟雨任平生"的旷达取代了人生老迈失意的哀愁，其自我解脱的力量是相当惊人的。苏轼认为，自己一生的功业，不在做礼部尚书或兵部尚书，更不在杭州、密州、徐州三地做通判或知州，恰恰在被贬谪的三州——黄州、惠州、儋州。他把自己一生遭受磨难最为深重的三地串联起来，奉为自己的毕生功业，自嘲自慰，真可谓"满纸荒唐言，一把辛酸泪"。每次诵读苏轼这首对自己一生"丰功伟绩"的总结，我都心有戚戚焉——单是这种澄明的见解和旷达的心胸，就足以让人咀嚼和玩味终身了。

苏轼作为一个旷世奇才，兼有赤子的率真、诗人的敏感、哲人的超然、智者的幽默，这些品质集于一身，真可以说是造化的奇迹。然而，以世俗的眼光看，他的一生可谓不幸，充满坎坷和苦难。在他的时代，读书人的唯一出路是做官，而他的率真使他在官场上到处碰壁，连遭贬谪。他在人生困境中始终保持真性情，源于其哲人的悟道和达观。他能够超然物外，不受外部事物和外在遭遇支配，随时随地欣赏人生的无尽妙趣。

大家想一下，这难道不是苏轼最大的功业之所在吗？不正是他这种精神、人格坐标不断熏陶激励着你、我、他吗？而他最主要的成就在什么地方取得？——他最高的诗文成就和悟道高峰恰恰就出现在这三个一般人认为他最倒霉的地方。

"今之隐几者，非昔之隐几者也"，也是极具哲学意蕴的。一切皆流，无物常驻。宇宙中的万事万物永远处于周流不息的变化之中，所有的东西都是短暂的存在，今天的你已经不是昨天的你了，今天的我已经不是昨天的我了。古希腊哲学家赫拉克利特有句名言，"一个人不可能两次踏进同一条河流"[1]。我们蹚过一条河，当再次踏进这条河时，那已经不是原来的河了。因为原来的水已

---

[1] 北京大学哲学系外国哲学史教研室编译：《古希腊罗马哲学》，商务印书馆2021年版，第21页，第50页。

经流过去了，一去不复返了。逝者如斯夫，不舍昼夜。每个人的人生也是如此，时时处在生老病死的不断变化之中，今天的你已经不是昨天的你了。

（三）吾丧我

如何达到"心如死灰"的悟道状态呢？"吾丧我。"

> 子綦曰："偃，不亦善乎，而问之也！今者吾丧我，汝知之乎？"（《庄子·齐物论》）

其大意是讲，子綦回答子游说："偃，你这个问题问得很好！今天我忘掉了我自己，你知道吗？"其意在说明，今天的我已经不是昨天的我了。今天我之所以是这个样子，是因为"吾丧我"。字面意思是，我已经把我自己丧失了。其实，"吾丧我"就对应前文讲的"至人无己"。"吾丧我"，就是忘我，实际上是通过无我的方式，抛弃有成见之我，达到一种更高的无我之我的境界。原来的小我是有成见的，有分别的，有是非的，有主客对立的。我把那个小我忘了。

小我，通常把"拥有"等同于"存在"：我拥有，所以我存在；我拥有得越多，我的存在感就越强；小我经由相互比较而存在；别人如何看待我，会变成我看待自己的方式；所有负面心态，总是来自小我。[1] 只有忘掉或者超越小我，才能进入无我之我的大我。

《齐物论》为什么以"吾丧我"为开端呢？因为，只有去除小我的成见、成心，才能打破普遍存在的人类中心主义和自我中心主义，放弃各种是是非非的纠葛，达到某种程度的物我两忘状态，才有可能领悟万事万物无差别的大道。因此，"吾丧我"也是齐物和齐论的前提条件。只有通过自我抛弃和自我清空，消除物我对待或者固有成见，才有可能齐大小、齐贵贱、齐成毁、齐生死、齐是非、

---

[1] 参阅〔德〕艾克哈特·托尔：《新世界：灵性的觉醒（第2版）》，张德芬译，南方出版社2012年版，第177—179页。

齐善恶、齐美丑。

因此，吾丧我，根本在于忘掉小我、超越小我。而"我"是我们每个人最难放下、最纠结、最受困扰的一个东西。至少根据我们的人生经历，一个人面对的最顽固的堡垒，最顽固的敌人，就是我。这个我，很大程度上都是有成心、有成见的小我。其实，要真正追问一下，会发现我们平时整日盘算的所谓我是立不住的。所有的我，都不过是一种感觉的组合而已。忘我的关键在于，对平日的我执进行反思，从而抛弃成见、成心。吾丧我，通过无我的方式，抛弃成见之我，达到一种更高的无我之我的境界。只有把那个小我忘了，进入大我，进入无我之我，才能体道悟道，听到浑然的天籁之音。

（四）闻天籁

唯有通过吾丧我，才能闻天籁。子綦接着说：

> 汝闻人籁而未闻地籁，汝闻地籁而未闻天籁夫！（《庄子·齐物论》）

其大意是讲，子綦对子游说："你听见过'人籁'却没有听见过'地籁'，你即使听见过'地籁'却没有听见过'天籁'啊！"

什么是籁？籁的本义，是箫的声音。那么，地籁、人籁、天籁各是什么？

> 子游曰："地籁则众窍是已，人籁则比竹是已，敢问天籁。"子綦曰："夫吹万不同，而使其自己也。咸其自取，怒者其谁邪？"（《庄子·齐物论》）

其大意是讲，子游说："'地籁'是风吹万种窍穴发出的声音，'人籁'是人用不同的竹管吹出的声音。我再冒昧地向您请教什么是'天籁'。"子綦说："虽然有万般不同，但使它们发生和停息的，都出于自身，哪有谁发动它们呢？"

人籁，就是人吹箫、吹笛子等乐器的声音，说话也是一种人籁。人籁是"有我之我"发出的声音，这是庄子最警惕的，也是留待之后进行系统批驳的。因此，"三籁"之中，庄子对"人籁"先用"比竹是已"一语带过，而对"地籁"则描摹得绘声绘色、妙趣横生：

> 子綦曰："夫大块噫气，其名为风，是唯无作，作则万窍怒呺，而独不闻之翏翏乎？山林之畏佳，大木百围之窍穴，似鼻，似口，似耳，似枅，似圈，似臼，似洼者，似污者。激者，謞者，叱者，吸者，叫者，譹者，宎者，咬者，前者唱于而随者唱喁。泠风则小和，飘风则大和，厉风济则众窍为虚，而独不见之调调之刁刁乎？"（《庄子·齐物论》）

地籁是指风吹各种空穴发出的声音。在狂风怒号的旷野上，对如此"众窍"之声感受得最为全面而真切。我体会最深刻、最丰富的还是在敦煌的"魔鬼城"，那个地方属于雅丹地貌，一到风季，经常是山呼海啸，鬼哭狼嚎，飞沙走石。天长日久，一座座小山都被磨成一朵朵大蘑菇。

庄子描摹的各种地籁之声，就更加精妙绝伦了：像湍急的流水声，像迅疾的箭镞声，像大声的呵斥声，像细细的呼吸声，像放声叫喊，像号啕大哭，像在山谷里深沉回荡，像鸟儿鸣叫叽喳，真好像前面在呜呜唱导，后面在呼呼随和。清风徐徐就有小小的和声，长风呼呼便有大大的反响，迅猛的暴风突然停歇，万般窍穴也就寂然无声。

人籁是人吹乐器的声音，地籁是风吹万窍的声音，那么到底什么是天籁呢？子綦的回答很有意思：天籁者，"吹万不同，而使其自己也。咸其自取，怒者其谁邪"？各种孔穴发出的声音千差万别，那是由各种空穴的自然状态造成的。既然各种不同的声音都是由它自身决定的，那么使它怒吼发声的，还有谁呢？没有谁，都是自己而然，自然而然。每一个东西都有自己本来的样子，它就会在风的作用之下发出不同的声音，背后没有什么。这便是"道法自然"，一切出于自然，即自己而然、自然而然。

联系老子的"人法地，地法天，天法道，道法自然"看，所谓天籁，不过是自然而然或自己而然的那种无心之声而已。天籁，并不是人籁和地籁之外的一籁，而是蕴藏在人籁和地籁之中的自然之籁、无心之籁。凡是自然而然的声音，都属于天籁，没有成心，没有应和，没有突兀，与大道合为一体。由此，天籁才有可能成为人籁和地籁的最后尺度。正如苏轼的《琴诗》所描述的：

> 若言琴上有琴声，放在匣中何不鸣？若言声在指头上，何不于君指上听？[1]

此诗用两个反问句意在强调：离开人的弹奏，琴本身不能发声；离开弹奏乐器，人的指头也不能发声。只有当人的指头作用于琴时，才会生发出悦耳动听的音乐。这实际上在讲，人籁，没有人不行，没有琴也不行；地籁也一样，没有风不行，没有那些空穴也不行。唯有天籁，无须任何东西，是发乎自然、纯任自然的。

天籁是自然而然的声音，本质上就是道的声音。或者说，天籁就是道法自然的声音。谁听见过自然而然的声音？你听到过日出日落的声音吗？你听到过花开花谢的声音吗？你听到过春去秋来的声音吗？你听到过人闲桂花落的声音吗？你听到过夜静春山空的声音吗？你听到过种子发芽的声音吗？你听到过庄稼长高的声音吗？你听到过人由孩童变为成人的声音吗？你听到过人由强壮转为衰老的声音吗？你听到过人由生到死的声音吗？……恐怕我们很少甚至根本没有听到过，这些都是自然而然的天籁，它们每时每刻都在无声无息地进行着——不管你愿意不愿意，也不管你喜欢不喜欢。自然而然的规律和法则主宰着万物运行，但从来都是默默无言的。

庄子讲"闻天籁"，对现代人尤其有现实意义。南郭子綦到达"吾丧我"的忘我之境时，才感受到了天籁，而我们世俗之人满脑子都是各种物质和事务，满心思都是功名利禄，怎么肯清空内心、到达忘我的境界，去感受一下天籁之音？庄子告诉我们，对于日出日落、春去秋来、花开花谢、长大衰老、成住坏

---

[1]　（宋）苏轼著，傅成、穆俦标点：《苏轼全集（全三册）》，上海古籍出版社2000年版，第1870—1871页。

空、生老病死等天籁之音，要用心感受、用心聆听，这样才会与大道常在。

正是因为司空见惯，人类才会忽视自然而然的存在，忽视道的存在，从而盲目自大，傲视一切，把自己作为宇宙万物的中心。其实，人类仅仅是宇宙万物中的一类，我们每个人只是宇宙中的一粒微尘，都是大道的下载和呈现形式而已。从这个角度讲，宇宙万物和我们人是一样的，都受大道的约束。换句话说，用道的眼光来看，宇宙万物都是一样的，没有差别。正是因为人类总是把我和物予以区别对待，才会无休止地追求外物，深陷欲望的泥淖而不能自拔。

如果我们想要活得逍遥，不被外物所役，就要平等地来看人和宇宙万物，这需要一种万物一体的觉悟，可能也是"吾丧我""闻天籁"中最难理解的大智慧。

（五）去成心

吾丧我，就能闻天籁；闻天籁，就可以去成心。更具体地说，就是善于解构小我，尤其是消除小我的成见、成心。我们前文聊过庄子的追问："夫随其成心而师之，谁独且无师乎？"（《庄子·齐物论》）顺着自己已经形成的偏执己见，并把它当作判断事物的标准，谁没有这样的标准呢？每一个人都有标准，每一个人都在按照自己的成见、成心做判断，所以造成了无穷无尽的分别和无穷无尽的争执，争执严重就产生摩擦、对抗和战争。庄子接着讲：

> 道恶乎隐而有真伪？言恶乎隐而有是非？道恶乎往而不存？言恶乎存而不可？道隐于小成，言隐于荣华。故有儒墨之是非，以是其所非而非其所是。欲是其所非而非其所是，则莫若以明。（《庄子·齐物论》）

这段近似绕口令的论辩，大意是讲：大道是怎么隐匿起来而有了真伪呢？言论是怎么隐匿起来而有了是非呢？大道怎么出现而又不复存在？言论怎么存在而又不宜认可？大道被小小的成功所遮蔽，言论被浮华的辞藻所掩盖。所以，就有了儒家和墨家的是非之辩，都是在肯定对方所否定的东西，而否定对方所肯定的东西。想要肯定对方所否定的东西而非难对方所肯定的东西，不如用事物的本然去加以观照。

现实中充斥的无穷无尽的关于是是非非的争论，到底是如何造成的？根本在于每一个人或者每一方都有各自的成心。那么，成心如何体现呢？第一种成心是设定立场。立场决定一切，是非仅是立场的附庸。所谓"凡是敌人赞成的，我们都反对；凡是敌人反对的，我们都赞成"，即立场使然。最为典型的例子是各种辩论赛。辩论赛都设置正方和反方，分别支持和反对某一观点。在已经确定支持和反对立场的情况下，双方必然挖空心思极力为自己一方辩驳；比赛中，其实是根据所谓雄辩的逻辑、精妙绝伦的言辞、压倒别人的磅礴气势，决定输赢。我们只要稍微有点常识，就知道各执一端的双方都不过基于偏颇的成见、成心而已，辩论赛说到底是一种语言雄辩的游戏。同样，媒体宣传也大致如此。例如，A、B两个组织之间的关系比较紧张的时候，双方在媒体上基本上都是在抹黑对方。反正你赞成的，我就反对，你反对的，我就赞成。各种"口水仗"，亦然。如此纷纷纭纭，往往都是"是非成败转头空"。

第二种成心是系统化偏见，比如学术观点的分歧、政见的分歧等。任何一个命题，都有其相反命题；任何一种观点，都有其相反观点。正如苏轼诗所言：

> 横看成岭侧成峰，远近高低各不同。不识庐山真面目，只缘身在此山中。[1]

因此，任何一种理论，都是某种系统化的偏见，说到底都是某种"不识庐山真面目，只缘身在此山中"，也可以说是某种形式的"盲人摸象"（图5-5）。

盲人摸象的故事直观、形象，非常能说明问题。可以借喻大象为大道或者真理，而一个人受自己的角度和格局限制，就像一个盲人，仅仅摸到其中一个

---

[1] （宋）苏轼著，傅成、穆俦标点：《苏轼全集（全三册）》，上海古籍出版社2000年版，第287页。

图 5-5 盲人摸象

图片来源：宋怀芝主编：《盲人摸象：汉英对照》，刘浚译，五洲传播出版社 2016 年版等。

部位就自以为了解了大象，岂不荒唐？

其实，科学理论亦然。任何一种科学理论，都是仅仅在一个特定的时空范围之内成立，稍微扩展一下范围，也许它就成了谬误。因为任何一个命题都有其反命题，也都有其否定性论证。比如，欧几里得几何学被非欧几何学颠覆，牛顿经典力学被以不确定性为基础的量子力学颠覆，绝对时空观被相对时空观颠覆，等等。美国哲学家托马斯·库恩的《科学革命的结构》一书提出"范式革命"的理论，英国哲学家波普尔提出证伪主义，认为任何科学都是在范式不断变化、不断被证伪的过程中发展的，否则它不能成为科学。道理很简单，因为任何一种理论，对于宇宙整体和大道而言，永远只是盲人摸到的象的一部分。

第三种成心是说话拿不着调儿。庄子讲："夫言非吹也，言者有言，其所言者特未定也。"（《庄子·齐物论》）我们平时听到的话，并不像风吹那样自然而然，而是或者出于已设定的某种成心，或者出于对当前利益的权衡和维护，

第五章　庄子：常超越的生活境界（一）

或者出于拿不着调儿、没定准儿的从众念头，真正经过充分论证或深思熟虑的见解往往少之又少。比如，对自己没有思考过的问题，信口乱说，到处拍砖；对自己不懂也不相信的东西，鹦鹉学舌，人云亦云，甚至拿着鸡毛当令箭。

　　为了帮助大家进一步理解去除成心的重要性，我不妨举个例子。古罗马一位著名的哲学家皇帝叫奥勒留，他戎马一生，经常利用骑马打仗的间隙对宇宙和人生问题进行哲学思考，完成了一系列随想体的哲学著作，其中有这样两句话："Everything we hear is an opinion, not a fact." "Everything we see is a perspective, not the truth." 其大意是讲，我们听到的一切都仅仅是一种意见，而不是事实；我们看到的一切都仅仅是一个视角，而不是真相。[1]仔细琢磨和玩味这句话，再看一看图5-6，兴许就会明白庄子为什么反复强调"莫若以明"了。

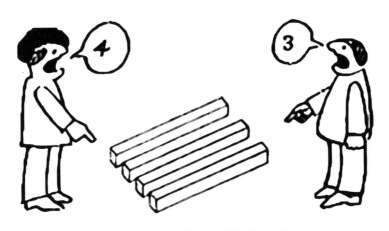

图5-6　基于不同视角争论的示意图

　　我们经常讲眼见为实、耳听为虚，那么，眼见就真的为实吗？其实不然，我们所看到的东西永远仅仅是出于一个视角，永远不是事实。如图5-6这幅漫画。从这边看，是4；从那边看，不，应是3。于是，二人就争得面红耳赤、不

---

[1] Marcus Aurelius, *Meditations*, translated by George Long, Prometheus Books, 1991, pp.7-8.

可开交。为什么？不同的视角罢了。现实中类似的各执一端的争执，可谓比比皆是。

事实上，整个宇宙是一个有机的整体，大道是一种不可分割的浑沌。看到其中的一个小小的角落时，能说这是宇宙的整体、能说这是大道吗？如果我们真正明白了庄子和奥勒留的分析，我们的智慧水平就能够向上提升一大截。对于平时听到的、看到的东西，都需要沉下来反思一下。千万不要听到什么，马上就认为那是事实；看到什么，就认为看到了真相。

尤其在如今眼球经济活跃的移动互联网时代、信息爆炸的 AI 时代，我们每天都听到许多消息、许多新闻、许多视频、许多理论、许多"雷人"的说法，看到五花八门、林林总总的场景，实际上这些都是某种形式的 opinion 或者 perspective 而已，都是某种成见、成心的呈现。

可见，去除成见、成心，是多么重要的事！庄子之所以不惜笔墨致力于破除各种各样的成见、成心，主要是因为现实中充斥着太多未经反思或确证的东西，它们反而被当作论证其他命题的前提条件。假如我们没有去除成见、成心的话，就将永远停留在非常低的层次看世界，在充斥着各种蒙骗忽悠的"黑箱"中远征。当然，对于这样形成的所谓宇宙观、价值观、人生观的指导价值，都须大大地打上十几个问号。这也正如《金刚经》反复使用的那种三段论："所谓 A，即非 A，是名 A。"对于世间万事万物、各种观点或说法，都须用这个三段论重新反思和省察一番，从而以解放思想为前提来实现独立思考能力和智慧水平的提升。

需要注意的是，庄子主张去除个人的成见、成心，却并非一般的反对分别，而是强调尊重自然的分别（如自然的差异），坚决反对人为的分别——人为设定某些标准，进行关于是非、美丑、善恶、好坏之类的评判。任何一个命题都有其反命题，也都有其否定性论证。由此，选择相信和接受便往往成为能够进入某一命题或理论的前提条件。试想，如果这些标准本身都难以立得住，甚至根本经不住推敲和辩驳，依此做出的所谓是非、美丑、善恶、好坏之类的评判怎么会立得住？因此，庄子的立场就是不设立场。这正如古希腊哲人皮浪所言，既然天地万物是一体而不可分别的，那么，最高的善就是毫不动摇地坚持不发表任何意见，不做任何判断。[1]

要去除成见、成心，最主要的是要超越是非，而要超越是非，就是要以事物本来的样子、自然而然的样子观照它，这叫"莫若以明"。那么，到底如何通过去除成见、成心达到不谴是非呢？庄子提出了一种方法，我们权且称之为"以辩止辩"。

（六）以辩止辩

老子和庄子都反复讲，"知者不言，言者不知"。这里面包含一种悖论：真正有智慧的人，不说话；凡是滔滔不绝的说话者，都没有智慧。并且，这个悖论是没法彻底消除和克服的。凡是说话者，都永远不可能逃出"言尽悖"的怪圈。像老子和庄子这样的超级智者，也是一边反复申明"知者不言，言者不知""善者不辩，辩者不善"，一边又洋洋洒洒地写下几千言或几万言而成了超级辩者。有人甚至说："庄周雄辩，数千年一人而已。"（《皇极经世·观物外篇》）如何理解这种评判？恐怕只能借用孟子的一句话回答了：

予岂好辩哉？予不得已也！（《孟子·滕文公下》）

其大意是讲，我难道喜欢争辩吗？我是不得已而已。假如庄子一句话都不说，我们就只能一无所知，于是，他不得不说，甚至不得不说不可说。不过，他的不同之处在于，一般辩者往往都是想用名言和名辩来击败对手，而庄子则是要用名言和名辩来击败所有辩者。

庄子不谴是非的基本方法是"以辩止辩"。或者说，他辩论的目的是消灭辩论，正像古人一贯主张的"止戈为武"一样。借用毛泽东主席的话来说，战争的目的就是要消灭战争，是为人类永久和平而战。

---

[1] 北京大学哲学系外国哲学史教研室编译：《古希腊罗马哲学》，商务印书馆2021年版，第356页。

总体来说，庄子的"以辩止辩"也是一种止戈为武，是为了让人们充分认识到所有的辩论都是没有意义的。他清清楚楚地告诉每一个人，一切辩论都没有意义，以此来彻底消除一切辩者试图以辩论来确定是非曲直的念想，彻底拔掉所有辩论的根，亦即为了永久无辩而辩。

归纳言之，庄子的"以辩止辩"可以分为两个层次。第一个层次是，他认为，根本没有"物之所同是"，即根本没法确定共同的评判是非的标准。我们评判是非，首先要能够确定一个标准。那么，到底有没有这个标准？或者，到底这个标准能不能成立？《齐物论》中有这样一段发人深省的论证：

民湿寝则腰疾偏死，鳅然乎哉？木处则惴栗恂惧，猨猴然乎哉？三者孰知正处？民食刍豢，麋鹿食荐，蝍蛆甘带，鸱鸦耆鼠，四者孰知正味？猨猵狙以为雌，麋与鹿交，鳅与鱼游。毛嫱西施，人之所美也；鱼见之深入，鸟见之高飞，麋鹿见之决骤，四者孰知天下之正色哉？自我观之，仁义之端，是非之涂，樊然淆乱，吾恶能知其辩？（《庄子·齐物论》）

其大意是讲，人们睡在潮湿的地方就会腰部患病甚至半身不遂，泥鳅也会这样吗？人们住在高高的树上就会心惊胆战、惶恐不安，猿猴也会这样吗？人、泥鳅、猿猴三者究竟谁最懂得居处的标准呢？人爱吃肉，麋鹿爱吃草，蜈蚣爱吃小蛇，猫头鹰和乌鸦则爱吃老鼠，人，以及麋鹿、蜈蚣、猫头鹰和乌鸦这四种动物究竟谁才懂得真正的美味？猿猴把猵狙当作配偶，麋喜欢与鹿性交，泥鳅则与鱼交配。毛嫱和西施，是人们称道的美人了，可是鱼儿见了她们深深潜入水底，鸟儿见了她们高高飞向天空，麋鹿见了她们撒开四蹄飞快地逃离。人、鱼、鸟和麋鹿四者究竟谁才懂得天下真正的美色呢？依我来看，仁与义的端倪，是与非的途径，都纷杂错乱，我怎么能知晓它们之间的分别？

对人类而言，吃穿住行、饮食男女之类，无疑是最基本的需求，也是人性最自然的层面。但是，对于到底什么是最好的住处，没有共同的标准；对于到底什么是最好的味道，没有共同的标准；对于到底什么是最好的美色，也没有共同的标准。实际上，不同的人有不同的标准，不同的事物有不同的标准。世间各种争执，乱哄哄你方唱罢我登场，各领风骚三两年，都源于不懂得没有"物之所同是"这个最基本的道理。

道理很简单，根本就在于，不可能确定一个共同的标准。既然连一个公认的标准都没法确定，是非之类的辩论又如何能够辩得清呢？可见，庄子分析得多么透辟！

无论对于人还是对于物（含技术），简单地做是非、好坏、长短之类的评判是毫无意义的，因为这种是非、好坏、长短之类的评判，都是以设定某种价值标准为前提的。但是，第一，这种价值标准本身能否立得住都是存疑的或有待证明的；第二，一旦换成另一个价值标准，所谓的是非、好坏、长短就顷刻间变成另一番情景了；第三，有高峰必有深涧，从一方面看属于是、好、长，从另一方面看恰属于非、坏、短——既然如此，怎么可能得出一成不变的定论呢？

这是"以辩止辩"的第一层次，即根本不存在共同的是非评判标准。"以辩止辩"的第二层次是"辩无胜"，即所有辩论都没法最终确定孰胜孰输、孰是孰非。《齐物论》中有一段话阐释得极为透辟和犀利：

> 既使我与若辩矣，若胜我，我不若胜，若果是也？我果非也邪？我胜若，若不吾胜，我果是也？而果非也邪？其或是也？其或非也邪？其俱是也？其俱非也邪？我与若不能相知也。则人固受其黮暗，吾谁使正之？使同乎若者正之，既与若同矣，恶能正之？使同乎我者正之，既同乎我矣，恶能正之？使异乎我与若者正之，既异乎我与若矣，恶能正之？使同乎我与若者正之，既同乎我与若矣，恶能正之？然则我与若与人俱不能相知也，而待彼也邪？（《庄子·齐物论》）

其大意是讲，倘使我和你展开辩论，你胜了我，我没有胜你，那么，你果真对，我果真错吗？我胜了你，你没有胜我，我果真对，你果真错吗？难道我们两人有谁是正确的，有谁是不正确的吗？难道我们两人都是正确的，或都是不正确的吗？我和你都无从知道，而世人原本也都承受着蒙昧与晦暗，我们又能让谁做出正确的裁定？让观点跟你相同的人来判定吗？既然看法跟你相同，怎么能做出公正的评判？让观点跟我相同的人来判定吗？既然看法跟我相同，怎么能做出公正的评判？让观点不同于我和你的人来判定吗？既然看法不同于我和你，怎么能做出公正的评判？让观点跟我和你都相同的人来判定吗？既然看法跟我和你都相同，怎么能作出公正的评判？如此，那么我和你跟大家都无从知道这一点，还等待别的什么人呢？

庄子的逻辑可谓非常雄辩，他把所有评判是非和输赢的可能性都列举出来了，均无果。最后根本没法去评判谁是谁非、谁赢谁输，或者说，所有的评判，在很大程度上都是视角而已。庄子的结论是，以辩论评判孰是孰非是没有意义的。

那么，为什么不能评判是非？其根源何在？根本在于宇宙是一个浑沌不分的整体，且处于阴阳相互渗透和相互转化的动态变化之中，它本无是非；所谓是非、美丑、善恶、高低、贵贱等，都不过是一种人为的设计或规定而已。就像两个辩论队，正方、反方已经确定好了，所有的是非都是如此，是顺着人为的设计或规定去做的，我们每个人都可能被蒙在鼓里。庄子的深刻之处在于，他就像那个说所谓穿了新装的皇帝实际上一丝不挂的孩子一样，一针见血地揭示了真相。世界本无所谓是非，本无是非却又评判是非，实际上只是人为的设计或者表演而已。

因此，庄子的不谴是非，亦是一种是非双谴、对错两忘。或者说，它不是不对事物做是非判断，而是主张要超越是非判断。因为，第一，所有是非判断都是基于某个标准，而公认的标准根本上是不存在的，且各种标准都永远处于不断变化之中，是立不住的；第二，是非判断只可能存在于主客二分前提下的场景，而事实上，主客并不可截然分开；第三，最主要的是，是非判断只适用于物理世界，并不适用于人的精神世界（如快乐、自由、灵魂、信仰等）；第四，是非判断是以物观之的结果，超越是非判断则是以道观之的结果，二者分属两种格局、两种维度、两个层次。

由是观之，假如说世界上有问题存在的话，可能只有两类。第一类是常识性问题，比如饿了吃饭，困了睡觉，生命在于运动。这是常识，一目了然，何须辩论？第二类问题是终极性问题，譬如道、人生的意义、灵魂是否存在等问题，永远没有最终答案，只能靠每个人自己去感受、去体悟，所有的辩论也辩不清楚。既然只有这两类问题，一类不需要辩论，一类辩也辩不清楚，那么所有的辩论又有何意义呢？所以，庄子提出：

忘年忘义，振于无竟，故寓诸无竟。（《庄子·齐物论》）

其大意是讲，忘掉死生，忘掉是非，到达无穷无尽的境界，因此把自己寄托于无穷无尽的境域之中。把所有纷纷纭纭的是是非非统统忘掉，在与道合一的境界中找到自己活动的舞台，这就由认知层面的不谴是非，达到境界层面的道通为一了。

五、道通为一

我们超越了是非之后，要到哪儿去安身立命呢？庄子认为，要达到道通为一，要与大道融为一体。道通为一，是庄子非常重要的哲学命题。

（一）得其环中

怎么实现道通为一呢？其第一个层次是，"得其环中"。这是一种极为高妙的哲学方法与哲学境界。庄子的哲学思辨能力非常强，我们一不小心就被搞得一头雾水，这就更考验我们的智力水平和思辨能力了。

物无非彼，物无非是。自彼则不见，自是则知之。故曰，彼出于是，是亦因彼。彼是方生之说也。虽然，方生方死，方死方生；方可方不可，方不可方可；因是因非，因非因是。是以圣人不由而照之于天，亦因是也。

是亦彼也，彼亦是也。彼亦一是非，此亦一是非，果且有彼是乎哉？果且无彼是乎哉？彼是莫得其偶，谓之道枢。枢始得其环中，以应无穷。是亦一无穷，非亦一无穷也。故曰：莫若以明。(《庄子·齐物论》)

这段绕口令式的论证，大意是讲：世界上的事物没有不是彼的，也没有不是此的。从彼的那一面看不见的，从此的这一面就知道了。所以说，彼方是此方对立而来的，此方是因与彼方对立而来的。彼与此是相对而生、相依而存的。虽然这样，刚刚兴起的随即便覆灭，刚刚覆灭的随即又会兴起；刚刚肯定的随即就是否定，刚刚否定的随即又予以肯定。因此，圣人不走划分是非的道路而观察事物的本然，也就是顺着事物自身的情态。事物的这一面也就是事物的那一面，事物的那一面也就是事物的这一面。事物的那一面同样存在是与非，事物的这一面也同样存在正与误。事物果真存在彼此两个方面吗？事物果真不存在彼此两个方面的区别吗？彼此两个方面都没有其对立面，这就是大道的枢纽。抓住了大道的枢纽也就抓住了事物的要害，从而顺应了事物无穷无尽的变化。"是"是无穷的，"非"也是无穷的。所以说，不如用事物的本然来加以观察和认识。

彼此、是非、生死之类，都是相对而生、相依而存、随起随灭的观念，它们并非由外界关系使然，而在很大程度上是由"一念所生"使然，因而具有极大的不确定性。所以，有智慧的人不会被彼此、是非、生死等诸如此类的纷纷纭纭所牵制，而选择以本然状态来观照万事万物。因为确立了此，所以有了彼，因为确立了是，所以有了非，因为确立了可，所以有了不可。任何事物生的同时就死，死的同时就生，这就是对方生之说的一种解释。我们一出生就意味着开始走向亡死。今天的你已经不是昨天的你了，因为昨天的你已经死掉了。试想，今天你身上的细胞相比昨天不知更新了多少亿个。所有的东西都要经历一个由生到死的过程，生和死是随起随灭、共生共存的。任何东西都是这样的。

最重要的是，"彼是莫得其偶，谓之道枢。枢始得其环中，以应无穷"。各种是非区别只是因站在不同角度上才产生。实际上，如前所析，事物并没有什么彼此、是非之分，所谓彼此、是非都是人们给的一个规定，都是 perspective 或者 opinion。彼此相互对待的，取消对待，即把二者之间的对立关系去掉，这就进入了道的枢纽。

只有走出彼此是非之类的对待，进入非彼非此、即彼即此的状态，才可能把握道的枢纽。道的枢纽，类似于圆环的中心；得其环中，以应无穷。到了相当于一个圆环的中心时，就可以以不变应万变。把握了道的枢纽，就像是处于圆的中心，也就相当于处在高速旋转的太极阴阳鱼的中心（可以想象，阴阳鱼快速旋转会演变为一个浑沌的点，见图 5-7），这时便可以从容应对万事万物的无穷变化了。否则，始终在圆环的外圈上，跟着外面的是是非非、真真假假、可与不可等纷纷纭纭狂转，就会晕头转向、头昏脑涨、焦头烂额。弱弱一问，为什么你会整日感觉心力交瘁？因为，你还处在圆环的外圈上。

图 5-7　阴阳鱼快速旋转将呈现为一个浑沌的点

得其环中，站到圆的中心，以事物的本来状态来观照它，这时你就有了自己的安身立命之地。有了这种认识以后，你要想方设法通过修炼，占据圆的中心。外面的事物有无穷的变化，但是，你有千般妙计，我有一定之规，以不变应万变，以静制动，这才是悟道的智者。可见，庄子思考问题多么独到而深刻，他提出的得其环中的方法又是多么高妙而含蓄！

（二）休乎天钧

要实现无待，在认知上要不谴是非，在境界上要实现道通为一。道通为一，得其环中，要在哪个地方好好休息呢？能够自己站在圆的中心，这时就能在自然均平的地方休息，这就是"休乎天钧"。庄子以近似绕口令的方式继续讲：

> 道行之而成，物谓之而然。有自也而可，有自也而不可；有自也而然，有自也而不然。恶乎然？然于然。恶乎不然？不然于不然。恶乎可？可于可。恶乎不可？不可于不可。物固有所然，物固有所可。无物不然，无物不可。故为是举莛与楹，厉与西施，恢诡谲怪，道通为一。（《庄子·齐物论》）

其大意是讲，道是人走出来的，物的名称是人叫出来的。认可，一定是因为有需要加以肯定的东西；不认可，一定也是因为有不需要加以肯定的东西。什么叫对呢？对有对的道理。什么叫不对呢？不对有不对的道理。什么叫可以呢？可以有可以的理由。什么叫不可以呢？不可以有不可以的理由。万物都有它自己的本性，万物也都有它存在的依据。没有什么事物是不对的，也没有什么事物是不可以的。所以细小的草和高大的柱子，丑陋的癞头和美丽的西施，千奇百怪的各种事态，从"道"的观点看都是相通而浑然为一的。

"道行之而成"，就其一般意义而言，可以借助鲁迅关于路的那句话来理解："世界上本没有路，走的人多了，也便成了路。"[1]究其深层含义则是，只有在实践道的时候，那个道才存在，或者说，在悟道或者修道的时候，道就自然而然地显现出来了。"物谓之而然"，叫它的时候物才有了称呼，叫的人多了，它就有了名字或者符号。比如，我们称这个是杯子，那个是桌子，都是叫它们使然；假如我一开始称这个是桌子，那个是杯子，它们不就有别的名字了？每个人也一样。我叫李四，给我起了一个名字，给我一个符号，李

---

[1] 鲁迅：《呐喊》，人民文学出版社1979年版，第66页。

四就是我吗？不是。我叫李四，我不是李四。李四是我的一个符号，而我是我。

任何事物都有其自然本性，也有其自然能力。"物固有所然，物固有所可。无物不然，无物不可。"万事万物都有其自在的价值和自在的根据，这决定了其存在的合理性。任何事物，从一方面看，它有可的一面，有然的一面；从另一方面看，它有不可的一面，有不然的一面。但对于它本身来说，无所谓然与不然、可与不可。举例来说，公鸡打鸣报晓，狗见了生人汪汪叫来护院，这是它们的然、可的方面。反过来，要是让狗打鸣报晓，让公鸡汪汪叫来护院，这就是它们的不然、不可的方面。因为狗与鸡，各有其自然而然、自己而然的本性和能力。

可有可的原因，不可有不可的原因，对有对的原因，不对有不对的原因。为什么不对或者为什么不可？是因为不适合或者不自然这样。以人体器官为例言之。眼睛能看，嘴能吃东西、说话，鼻子能呼吸和闻气味，大脑能思考问题，腿脚能行走和站立，等等。假如反过来，错位应用，则不成。让眼睛去干嘴的事情，让鼻子去干眼睛的事情，行不行？让腿脚去干大脑的事情，让大脑去干腿脚的事情，行不行？

人制造出的物也是如此，各有各的特性和用场。比如，车是在陆地上跑的，船是在水上航行的。车有车的然和可，船有船的然和可。反过来，假如让车在水里航行，让船在陆地上奔驰，这就是它们的不然和不可了。当然可能有人非要抬杠说，现在有水陆空三栖的工具啊，那就另当别论了。

以上例子可以加深我们对于然与不然、可与不可的理解，然、可是每一种事物的自然本性和能力，是自然而然。

对于每一个人来说，也是如此。比如孔子的学生，子贡能言善辩，适合经商和外交，而颜回好学深思，善于进行形而上的哲学思考。假如他们两个换一下：让颜回去经商和外交，肯定办得一塌糊涂；让子贡去做那种形而上的哲学思考也不成，他缺乏这种悟性和思考能力。

"物固有所然，物固有所可。无物不然，无物不可"，既可以说是个体存在权的宣言书，也可以说是为个体的独特性所做的背书。具体到人而言，一个人如果要保持自己的特点，一般离不开三个要件：第一，充分意识到个体的特点根源于天生的"唯一性"（天性）；第二，自觉在珍爱和顺应天性的基础上形成和发展自己的特点；第三，在形成和发展自己特点的同时，悦纳和欣赏他人的特点，从而各美其美、美人之美、各安其性、各得其乐。

不管是个体还是群体，其优点和缺点、长处和短处往往就像一枚硬币的两面，是不可分割甚至不可区分的。或者说，优点往往同时又是缺点，长处往往同时又是短处。一人的特点和长处在成为其自身优势的同时，也必然会构成自身的一种限制，因此他除了成为他自己，不可能有更好的选择。人们之所以区别优点和缺点、长处和短处，不过是源于不同角度或者在不同境遇下观察罢了。

同时，不管是人还是事，其所谓优点和缺点本是不可分割的，就像一体两面，消除了其中一面，另一面也就不复存在了。所以，在用某人或某事之利的同时，必然要承受其弊，这似乎是题中应有之义，只不过要把其弊限制在适当的范围内罢了。正因如此，所谓发挥优点、克服缺点、扬长避短、取长补短之类的话，在实践中一般是很难做到的。合理的改进之道也许就是在自觉的基础上进行整体性转化，即逐步由一个自然阶段向另一个自然阶段整体迁移。在这一过程中，顺应自然的内在自觉、内在主动性始终是第一位的。

尤其就个人而言，人的基本性格是难以改变的，也不必刻意改变。因为性格本身无所谓好坏，关键在于合理地使用，使之产生好的结果。如何合理地使用？就是最大限度地发展、发扬性格本身所谓优长的一面，而不必计较、不必刻意弥补所谓弱短的一面，只要这一面不损害别人和社会。由此，在这种意义上，要做自己的性格的主人，不要做性格的奴隶。一个人做了自己的性格的主人，也就是做了自己的命运的主人。

人的自然能力，亦然。李白说得好，天生我材必有用。既然我们降生了，就都有我们自己的然，都有自己的可，同时也有我们自己的不然，有自己的不可。并且，一个人的长处，同时也是他的短处，所谓长短，仅是因从不同角度看而已。这也是自我认识的一个方面。

总之,每一个事物都有它的自然本性以及自然能力。所以从自然本性和自然能力来看,宇宙万物奇奇怪怪,但它们都是相通的,这便是道通为一。对人而言,千人千模样,万人万脾气,各不相同,但从道的角度来说,每一个人都具有的自然本性则是相通的。庄子这种"恢诡谲怪,道通为一"的相尊相蕴的齐物精神,可以对应费孝通先生提出的处理不同关系的十六字箴言:各美其美,美人之美,美美与共,天下大同。

宇宙万物都处于不断运动变化之中,庄子接着非常犀利地指出:

> 其分也,成也;其成也,毁也。凡物无成与毁,复通为一。(《庄子·齐物论》)

旧事物的分解亦即新事物的形成,新事物的形成亦即旧事物的毁灭。所有事物并没有形成与毁灭的区别,而是相通而为一的。比如,树木变成桌子,对于树木,是毁,对于桌子,是成。成和毁仅是一个事物的两面而已。一个东西毁灭了,另一个东西生成了。就自然变化而言,任何事物都在现实中不断变化,成住坏空;每个人也这样,生老病死。人为的变化也是如此。

可以再举个例子。比如,现在高度专业化的时代,各人学有专攻,有的学物理,有的学化学,有的学会计,有的学工程,有的学文学,等等。而在以前,至少从亚里士多德到达·芬奇,都是百科全书式的大师。他们在很大程度上是一体化的,一个人既是数学家,又是哲学家,是文学家,又是诗人、设计师。现在,专业越分越细密。那么,对于专业化来说,是成了;对于一体化来说,则是毁了。为什么?很简单,整个宇宙是一个不可分割的整体,宇宙的知识也是一个知识整体,而当从不同的角度去分的时候,就把整体分得支离破碎、七零八落,而实际上关注的却是一个东西。专业化仅仅是认识宇宙整体的一个视角而已,就像盲人摸象一样。

凡物无成与毁,复通为一。从更高的角度来说,无所谓成和毁,因为这个东西成了，那个东西毁了，总体没有变。就像物质不灭定律和能量守恒定律一样，无论如何千变万化，总的物质、总的能量始终不变。从九九归一的角度来说，最后都是统统归于一的，这便是复通为一。从更高的层面去看，无所谓毁和成，实际上都是在一个"大一"或大道的范围之内，"大一"是永恒不变的，大道是永恒不变的。

明白了道通为一，秉持着某种自然本性相通来观照事物纷纷纭纭的变化的，又不断地复通为一，这就是达者。达者，就是通达事理的人，也就是有智慧的人。庄子接着说：

> 唯达者知通为一，为是不用而寓诸庸。庸也者，用也；用也者，通也；通也者，得也；适得而几矣。因是已。已而不知其然，谓之道。(《庄子·齐物论》)

其大意是讲，只有通达事理的人，方才知晓事物相通而浑一的道理，因此不会固执地对事物做出这样那样的解释，而把自己的观点寄托于平常的事理之中。所谓平庸的事理就是无用而有用；认识到事物无用就是有用，这就算是通达；只有通达的人，才是真正了解事物常理的人；恰如其分地了解事物常理也就接近于大道。顺应事物相通而浑一的本来状态，这样还不能了解它的究竟，这就叫作道。一个人要成为一个达人，无论是事理通达还是看事旷达、处世豁达，都需要通道。

"道"的引入，可以被视为"齐物"的最后依据。"道"在此的主要含义是通或大通，就是没有界限、没有分别。不管是"道通为一"还是"复通为一"，有两个因素是不可忽视的：其一是虚，虚才可以通，实则不能，因为实要占据一定的空间，必然构成阻塞。其二是化，通意味着有变化，意味着有一个生生不息的变化之流，无论是物化、气化还是自化。

庄子接着用一个令人脑洞大开的寓言——朝三暮四，来进行论证：

> 劳神明为一而不知其同也，谓之"朝三"。何谓"朝三"？狙公赋芧，曰："朝三而暮四。"众狙皆怒。曰："然则朝四而暮三。"众狙皆悦。名实未亏而喜怒为用，亦因是也。是以圣人和之以是非而休乎天钧，是之谓两行。（《庄子·齐物论》）

其大意是讲，耗费心思方才能认识到事物浑然为一而不知事物本身就具有同一的性状和特点，是"朝三"。什么叫作"朝三"呢？养猴人给猴子分橡子，说："早上分给三升，晚上分给四升。"猴子们听了非常愤怒。养猴人便改口说："那么，就早上四升，晚上三升。"猴子们听了都高兴起来。名义和实际都没有亏损，喜与怒却有了变化，就是这样的道理。因此，古代圣人把是与非混同起来，优游自得地处于自然而又均衡的境界里，物与我各得其所、自行发展。

所谓"两行"，就是两端都行，就是顺应自然，各得其所。不仅是非两行，凡世俗之中所有对立的两面如善恶、美丑、物我等，都两行。两行的根本在于不拘泥于是非，实则超越是非，而保持事理的自然均衡。有智慧的人可以调和是非、超越是非，在自然均平的地方自由自在地休息。也正因为如此，万事万物才能各得其所、共生共长，正所谓"万物并育而不相害，道并行而不悖"。

"朝三暮四"的寓言，着实风趣幽默。它表面上讲猴子，实际上是讲人。庄子最会骂人，骂了你还让你觉察不到。我们现实中的不开窍的人，其实就像那些猴子。之所以一个个像猴子一样因"朝三暮四"或"朝四暮三"或喜或怒，是因为被各种外在形式所惑，没有充分领悟"道通为一"的实质。

"唯达者知通为一"，本来道是相通的。"朝三暮四"的寓言警示人们，要善于把握"道通为一"的道理。庄子一语中的："名实未亏，而喜怒为用。"名和实都没有变化，但是猴子一会儿喜、一会儿怒。猴子只看到彼此的分别，却看不到彼此的相通。头脑不开窍的人，面对名和实都没有变化的情况，总处在一种喜怒无常的变化中，颠来倒去地被"养猴子的老人"操纵，整天又喜又怒，纠结不已。实际上放到更高层面，所谓纷纷芸芸的变化背后的道（以及整体），却是丝毫没有变化的。

举例来说。就成功而言，有的人可能少年早成，有的人可能大器晚成，有的人可能大器免成。不管怎样，总的来说，早成没必要沾沾自喜，晚成没必要暗暗庆幸，免成也没必要怨天尤人（老子讲"大器免成"，即永远没有功成名就，永远处于一种成长的状态，反而恰是一种大成）。要顺应自己的天性，尽人事而知天命，没必要整天跟着外面的风向狂奔，就像猴子在老人的忽悠之下，整日喜怒无常一样。

（三）物物非物

能够"休乎天钧"，就可以使认识跃升到一个更高的层次，从而明白"物物非物"。或者说，我们要想真正游于逍遥，把世间万物认识清楚，必须回归万物开始的状态，游于物之始、物之初。庄子思想的穿透力极强，给我们提供了这样一个追根溯源的思路。

对此，《齐物论》随后对于人的认知层次做了归纳性反思：

> 古之人，其知有所至矣。恶乎至？有以为未始有物者，至矣，尽矣，不可以加矣！其次以为有物矣，而未始有封也。其次以为有封焉，而未始有是非也。是非之彰也，道之所以亏也。道之所以亏，爱之所以成。（《庄子·齐物论》）

其大意是讲，古时候，人的智慧达到了最高的境界。如何才能达到最高的境界呢？那时的人认为，首先，整个宇宙从一开始就不存在什么，这样的认识最了不起，尽善尽美，无以复加。其次，宇宙之始是有存在的，可是从不曾有过区分和界线。最后，虽有这样那样的区别，但是却从不曾有过是与非的区别。是与非的凸显使浑沌为一的大道也亏损和隐藏了。浑沌为一的大道一旦亏损和隐藏，人的各种偏私和偏爱也就形成了。

在这里，庄子区分了人的智慧的四个层次。最高层次即第一层次，未始有物。回到万物的开始即物之初，必然追溯万物之母——道，道是无。一切有生于无，未始有物即无，彰显混沌为一的道之存在。老子讲"天地万物生于有，有生于无"。无是道，道不是一种物，道是天地万物的来源，它是浑然一体、不可分割的大浑沌。

第二层次，有物但未始有封，即有物但没有分别。宇宙是一个万物一体、浑沌不可分割的整体，天地万物是连在一起的，没有分界，也没有分别。

第三层次，有封但未始有是非，即有分别但没有是非判断。事物可以分成各种各样，如有机物、无机物、植物、动物等，但没有进行是非、好坏、贵贱、美丑等是是非非的区别和评判，如认为动物好、植物不好，认为动物高级、植物低级等。

最糟糕的是第四层次，是非之彰，道之所亏。当人们努力彰显各种是是非非的时候，道便荡然无存了，如何还能够认清事物呢？这就是认知的最低层次。道隐于小成。道一旦亏损和隐藏了，人的各种偏私和偏爱也就形成了。这里的"爱"就是指偏私、偏爱。比如美丑的分别，我们都追美的，不理丑的；又如贵贱的分别，我们都追贵的，不要贱的。

我们多数人往往在功利意识主导之下，停留于技术思维或者商业思维，就基本属于认知的第四层次。如果像爬楼一样一层一层地上升，先上升到没有是非评判或者超越是非评判，认识到每个东西都有它的自然本性，这时就上升到了第三层次。再上升，连区别的分界线也没有了，认识到世界万物是一个不可分割的整体，处于浑浑沌沌的一体化状态。这时就到了第二层次。进一步，认识到万物的本源就是虚无和浑沌。在万物诞生之初，一切形态和变化都是不存在的，而在道生万物之后，才出现了千奇百怪的万事万物，但千奇百怪的万事万物仅仅是道的表现形式而已，它们的本质依然是道或无。这时便到了第一层次。这种认知的提升过程，同时也是精神境界的提升过程。

因此，悟道之人从高认知层次来看世界的颠倒错乱，不仅不是错的，反而恰恰看到了事物的本质。比如，歌声和哭泣本来就没有区别，白色和黑色其实也是一样的，香味、臭味、甜味、苦味都仅仅是气息和味道，一切所谓好坏和名称，不过表示了人类在加入了个人欲望之后的好恶而已，其本身根本不存在对和错的区别。别人认为他是迷惘、糊涂的，而恰恰只有他才看到了世界的本质，比其他任何一个所谓清醒者更清醒。

人具有追根溯源、穷根究底的本性。人们要认知事物，一般就要一层一层地不断追问，追溯到不能追溯为止。庄子对此做了极具哲学思辨的论证：

> 有始也者，有未始有始也者，有未始有夫未始有始也者；有有也者，有无也者，有未始有无也者，有未始有夫未始有无也者。俄而有无矣，而未知有无之果孰有孰无也。今我则已有谓矣，而未知吾所谓之其果有谓乎？其果无谓乎？（《庄子·齐物论》）

其大意是讲，宇宙万物有它的开始，同样有它未曾开始的开始，还有它未曾开始的未曾开始的开始。宇宙之初有过这样那样的"有"，但也有"无"，还有未曾有过的"无"，同样也有未曾有过的未曾有过的"无"。突然间生出了"有"和"无"，却不知道"有"和"无"，不知道谁是真正的"有"、谁是真正的"无"。

要理解这段类似绕口令的话，可能至少需要把握两个方面。一方面，从宇宙生成论的视角出发，跟着庄子思辨"有无之果孰有孰无"。宇宙有一个开始，有一个未曾开始，更有一个尚未未曾开始。宇宙存在有，也存在无，有未曾产生有、无的东西，更有未曾产生有、无的东西。假如以某一节点为开端（"有"），那么表示开端之前的时间就是"无"；而这个"无"又是有这个"无"的"有"了；再往前推，在这个"无"之前是否还有一个真正没有"无"的"无"呢？……另一方面，庄子哲学思辨能力极强，要明白庄子进行有无思辨的真正意图不在于最终确定二者的优先性，而恰恰在于借此思辨来消解和融通有与无以及大与小的差别，从而达至万物齐一的思维层次及精神境界。

追根究底，进行无穷追溯，追到"无"，再追到"无无"，甚至追到"无无无"——这可以是一种更高层面的"有"。要认识到"道"是"无无"这一本质，"道"不是任何一种物，而是处于有无之间的似无似有、非无非有的虚无。或者说，

"道"是宇宙万物穷根究底的本源、处于有无之间的浑沌。老子讲，天地万物生于有，有生于无。科学领域曾有一个宇宙起源的假说，叫"宇宙大爆炸"(The Big Bang)。宇宙怎么来的？它发端于虚无，但是虚无并不是什么都没有，它是一种浑沌的状态，后来经历了一次宇宙大爆炸，在轰隆一声开天辟地的巨响中，一切都产生了。

万物的来源、万物之母是道，而道是"无"，是"无无"。只有在"无"或者"无无"的基础上，万物才实现了相通相融，这也是道通为一。往往经过了从有到无、从无到无无的若干次否定后，事物或事态的真相才能得以显现。对于"无无"的认知过程的表述，有点类似于《金刚经》中所谓的四句偈，如"凡所有相，皆是虚妄。若见诸相非相，即见如来"，以及"一切有为法，如梦幻泡影，如露亦如电，应作如是观"。

正因为道生万物，道是"无"或"无无"，万物由"无"实现相通，所以，当从"道"的层面去观察宇宙万物的时候，就没有区别了，也不必区别，这就叫齐物。万物是齐的，是没有区别的，是一体的。一旦有了这种意识，就可以理解庄子所讲的与我们的常识完全相悖，甚至完全不可理解的那句话了：

> 天下莫大于秋毫之末，而太山为小；莫寿乎殇子，而彭祖为夭。天地与我并生，而万物与我为一。（《庄子·齐物论》）

其大意是讲，天下没有什么比秋毫的末端更大的，而泰山却算是最小的；世上没有什么人比夭折的孩子更长寿的，而传说中年寿最长的彭祖却是短命的。天地与我共生，万物与我为一体。

只有放在道通为一的框架之下，才能真正理解这种论证。以道观之，以"无"或"无无"观之，所有大小、寿夭的区别，都不复存在，因为区别都是相对的、不确定的，也是没有实质性意义的。

"无"或"无无"可以理解为无限，或者无限大（大一），或者无限小（小一）。试想，以无限来看有限，区别又何在？比如，100和1000比较，哪一个更接近

10000？当然是1000。好，我现在问，100和1000比较，哪个更接近无限大或者无限小，在数学上有没有一个结论？至少在实践中，以无限来看，二者是完全等值的，没有任何区别。

我们平时看事物，大都是以一种有限的眼光看有限的东西，当你从道的高度、以无限的视野来重新审视时，这些有限的东西的差别一下子变得没有差别了。约八百岁的彭祖和几个月就夭折了的婴儿，看上去差别很大，但其实没什么本质的差别。同样，秋毫之末和泰山也没有什么本质的差别。

因此，"天下莫大于秋毫之末，而太山为小"，并非对大小、多少、寿夭等基本常识进行判断，而是从更高层次对这种常识重新予以审视：第一，从道的层次来看，一切大小、多少、寿夭等区别并没有实质性意义；第二，更为根本的是，一旦引入无限的视野，一切有限均为等值。

进言之，"天下莫大于秋毫之末，而太山为小"，并不在于对事物进行区别和比较，恰恰相反，乃在于让人通过充分意识到一切区别和比较的有限性和无意义，自觉放弃区别和比较，至少不再执迷于区别和比较，由此跃升到"天地与我并生，而万物与我为一"的万物一体的境界。

可见，庄子论证的目的不在于进行诡辩或做文字游戏，而在于扩展人的视野和格局，以打破现象的一切时空界限，让人的精神从狭隘闭锁的境域中超拔出来。唯有具备这种意识，才可能领悟他反复阐释的"天地与我并生，而万物与我为一"的"万物一体"。

在这种无差别的世界中，天地万物是一个有机的整体，这就是道通万物、道通为一。有了这样一种认知，就实现了一种宇宙观的飞跃。

（四）两种宇宙观

庄子认为，有两种全然不同的宇宙观：一种叫以物观物，或者以物观之；另一种叫以道观物，或者以道观之。人们身处同一个物理世界，但由于持有两种全然不同的宇宙观，看到或体验到的是两个完全不同的世界：以物观之，看到的是一个纷纷纭纭的、充满差别的世界；以道观之，看到的是一个无分别的、浑然一体的世界，所谓大小、寿夭、多少、贵贱等都融合在"道通为一"之中了。

《菜根谭》中有句话，可以帮助我们理解以物观之和以道观之：

> 天地中万物，人伦中万情，世界中万事，以俗眼观，纷纷各异；以道眼观，种种是常。何须分别？何须取舍？[1]

所谓贵贱大小，是以物观之，才有了纷纷纭纭的差别。"以物观之，自贵而相贱。"（《庄子·秋水》）人一般把自己看成贵的，把别的看成贱的，从而产生了以自我为中心的无穷差别。

对于《齐物论》展现的这两种宇宙观，其姊妹篇《秋水》中还有进一步的延伸讨论。对于《齐物论》中以道观之的基本观点，可以结合《秋水》中河伯与北海若之间的七轮对话来理解。我们后面再展开具体讨论。

《齐物论》以极大的篇幅对"以道观之"做了系统的论证和阐释。归纳言之，"以道观之"可以细分为几个层面：其一，以自然本性观万物，任何物都具有自然所赋予的独一无二的自然本性，因而都是平等的；其二，以无限观有限，物与物之间的差别变得模糊不清，甚至不复存在；其三，以通观万物，凡物都源于一、归于一，也通于一。这三个层面指向一个字，那就是"齐"。这便是"齐物论"的秘籍所在。

谈到这儿，我有必要提前对《齐物论》做个小结。所谓"齐物论"，实际上包含"齐论"和"齐物"两层意思。第一，"齐论"就是去是非、不谴是非，即所有言论、所有理论都是没有差别的，也就是，所有关于是非差别的辩论都是没有意义的。第二，"齐物"就是通物我、道通为一，即通过道、通过无限的方式，宇宙万物之间的差别化为乌有，或者顷刻之间消失殆尽。

这时经常有人会问，庄子洋洋洒洒地用了如此大的篇幅去"论以齐物"，其

---

[1] （明）洪应明著，乙力编译：《菜根谭》，三秦出版社2008年版，第115页。

目的究竟是什么？庄子采取层层剥笋的方式论证"齐论"和"齐物"，他的良苦用心何在？

其一，"齐论"和"齐物"可以使我们的认知层次有一个质的提升。庄子告诉我们，在更高层次上，一切是非的区别都毫无意义。我们平时在主客二分的思维框架下，往往执着于是非的区别，因此产生了日常无穷的烦恼、无尽的纠结。明白了在更高层次上一切是非区别的无意义之后，我们就有了一种新的解决问题的方式：以取消问题的方式来解决问题，使问题不成为问题。问题本身根本就不是问题，而我们还把它当成非常重要的问题，那我们不就是有点傻？变得不那么傻，就能够上升到智慧的第三层次，或者第二层次，甚至第一层次。这时所有的问题一下子变得不是问题了，当初整日为之愁苦为之忧，岂不是白白地浪费了美好的时光？

其二，更重要的是，只有"齐物"，才能让人从物的世界中摆脱和超拔出来。"齐物"可以让人明白"物物者非物"，避免以物害己，从而做到"物物而不物于物"——始终做物的主人，而不是做物的奴隶。由此可以获得最大限度的快乐和自由。这是庄子齐物论的良苦用心所在。

其三，"道通为一"和"复通为一"，可以看作"齐物"在事物本然状态和运动状态层面的呈现。一个人倘若能站在"道通为一"的层面看问题，他就超越了有限的观点而跃升到无限的观点，就如同一个人站在圆的中心来观看圆圈上每一点的运动或变化，而他自己则处于运动或变化之外，由此能够以不变应万变，活得洒脱自如、游刃有余。

由此可见，"齐物"并不是庄子的目的，其最终指向是活得逍遥。易言之，"论以齐物"是"游于逍遥"的重要前提和基础，"论以齐物"是"游于逍遥"的哲学方法论。唯有齐物，才能无物；唯有无物，才能物物；唯有物物，才能逍遥。要游于逍遥，必须在认知层次上提升、在境界上提升。只有善于支配外物，才能够逍遥，达到自由和快乐的状态。

进而言之，庄子的"齐物"，不是一种科学的方法，它本质上是一种生活的态度，是一种人生的精神境界。"齐物"可以帮助我们逐步形成以道观之的宇宙观,指导我们更好地生活,使人活得更快乐、更自由。总之,庄子关注的核心在于如何有效地提升人的精神境界,如何使人更好地生活。

由此,我们也可以体会到,庄子所讲的"道"和老子所讲的"道"之间有些微妙的差别。庄子在老子的本根之道、实存之道、规律之道的基础上,更关注境界之道,也就是说,他把"道"作为提升人生境界的一个核心支点,没有这个核心支点,是不可能撬动人生这个大球的。

六、大觉大梦

通过以上分析,我们明白了"论以齐物"是"游于逍遥"的基本哲学方法;"论以齐物"是为了"游于逍遥",是为了使人真实、快乐而自由地生活。而"齐物"之根本在于"物物",一个人只有善于支配外物,让自己从物的世界中超拔出来,才是外物的主人,这时才是快乐的、自由的。

(一) 生死之间

"齐物"之根本在于"物物",现实中大大小小的"物"可谓多矣。其中,最大的一种"物"是什么?无疑是死亡。人可以超越世间的名利权情,却很难超越死亡;人有生必有死,死亡是困扰每个人的最大的一种"物"。所以,庄子讲齐物必然讲齐生死,讲齐生死必然讲齐梦醒。

每个人只有一次人生,而人生仅是处于生死之间的那么一小段旅程而已,其基本状况如何呢?庄子在《齐物论》中有一段精彩的描述:

> 一受其成形,不亡以待尽。与物相刃相靡,其行尽如驰,而莫之能止,不亦悲乎?终身役役,而不见其成功,苶然疲役,而不知其所归,可不哀邪?人谓之不死,奚益?其形化,其心与之然,可不谓大哀乎?人之生也,固若是芒乎?其我独芒,而人亦有不芒者乎?(《庄子·齐物论》)

其大意是讲，人一旦禀受天地之气而成形体，便要不失其真性以尽天年。他们与外物相互摩擦、相互磨合，驰骋追逐外物，而不能止步，这不是很可悲吗？他们终生承受役使却看不到自己的成功，一辈子困顿疲劳却不知道自己的归宿，这不悲哀吗？人们说这种人没有死亡，又有什么益处？人的形体逐渐衰老，人的精神也受缚其中跟着一块衰竭，这不是最大的悲哀吗？人生在世，本来就这样蒙昧吗？难道只有我才这么蒙昧，而世人中也有不蒙昧的吗？

这段话，把每个人面对的真实生存遭遇以最切己的体验做了生动的描述。这既可以看作《人间世》的缩略版，又在一定程度上可以看作《齐物论》的一个逻辑起点。每个人都是生死之间的极其有限的存在，一出生就开始走向死亡。事实上，我们每天都在经历生和死的战斗，比如身体里的细胞每一天都不知死去多少亿个，又生出多少亿个。正是方生方死的不断流转，构成了人的生老病死的变化。

庄子用了"悲""哀""大哀"三个异常沉重的词，把我们人的现实生存状况描述得可谓淋漓尽致。但我们仍或者蒙昧无知，或者装着蒙昧无知，成为那种永远无法唤醒的人。

庄子还以极为风趣幽默的方式进一步描述了这种方生方死的状态：

> 予恶乎知说生之非惑邪？予恶乎知恶死之非弱丧而不知归者邪？丽之姬，艾封人之子也。晋国之始得之也，涕泣沾襟。及其至于王所，与王同筐床，食刍豢，而后悔其泣也。予恶乎知夫死者不悔其始之蕲生乎？（《庄子·齐物论》）

其大意是讲，我怎么知道贪恋生不是困惑呢？我怎么知道厌恶死不就像年幼时流落他乡的流浪儿那样不知回家呢？丽姬是艾地封疆大吏的女儿，晋国国王征伐丽戎时宠幸她，她当时哭得泪水浸透了衣襟；等她到晋国进入王宫，跟晋侯同睡一床，吃着美味珍馐，也就后悔当初伤心地哭泣了。我又怎么知道那些死去的人不会后悔当初的贪恋生呢？

这则寓言确乎有点黑色幽默的味道。贪恋生、厌恶死,是不是一种迷惑?一个人永远没有办法知道死之后到底怎样,因为,死是一个人永远不可能亲身经历且回顾的事情——真正经历了死,已经彻底不存在"我"了。所以,人类历史上数百亿人都死去了,但是没有一个人能够描绘死到底是一种什么样的体验。也就是说,死永远是一个人只能独自体会和体验的事情,永远没法对外人言说。

庄子在这儿主要想让我们充分意识到,每个人都是生死之间的存在。意识到这一点极为重要。有一个不甚恰切的公式,却甚为真切:人生的意义 = (1+2+3+……n) ×0。意识到自己不过是生死之间的存在,转眼之间就将化为乌有,我整天拼命追求的名利权情以及获得的所有成绩、成功、财产、声望、地位,丰功伟绩也好,腰缠万贯也好,不统统归零,不都是像雾像雨又像风、来来去去一场空了?只要真正意识到这一点,我们就会有如梦方醒的感觉,就会品到一点人生如梦的滋味。这种滋味,每个人越早体会越好。当然,即使你不愿意去体会,最后走到坟墓跟前回过头来看时也必然有所体会,不过那时已为时太晚,悔之晚矣。

因此,只有由生和死出发,才能重新反思和审视梦和醒。这便是梦醒之间。

(二)梦醒之间

对于梦醒之间,庄子讲得极为精练和透辟。我读了下面这段文字几百遍,还感觉意犹未尽、回味无穷:

> 梦饮酒者,旦而哭泣;梦哭泣者,旦而田猎。方其梦也,不知其梦也。梦之中又占其梦焉,觉而后知其梦也。且有大觉而后知此其大梦也。而愚者自以为觉,窃窃然知之。君乎,牧乎,固哉!丘也与女皆梦也,予谓女梦亦梦也。是其言也,其名为吊诡。万世之后而一遇大圣知其解者,是旦暮遇之也。(《庄子·齐物论》)

其大意是讲，睡梦里饮酒作乐的人，天亮醒来后很可能痛哭；睡梦中痛哭的人，天亮醒来后又可能愉快地打猎。当一个人做梦的时候，并不知道自己是在做梦。睡梦中还会做梦，大梦中套着小梦，醒来以后才知道是在做梦。人在大觉醒的时候，才真正明白了整个人生就是一场大梦。而愚昧的人自以为清醒，好像什么都知晓了，什么都明白了。整天想着君王啊、统治啊、功名利禄啊，这种想法和做法实在是浅薄鄙陋呀！实在是太糊涂了！孔丘和你都是在做梦，我说你们在做梦，其实我也在做梦。这样说话，就叫作吊诡。如果万世之后一朝遇上一位大圣人，他也许能够解答这个吊诡的问题。

只有真正的大觉醒者，才能充分意识到人生如梦，甚至人生是梦。大家可能说，我的现实感受都是真实的呀？比如，我现在喝口水很甜，吃口饭很香，都是真实的感觉，根本不是做梦。其实，梦也是真实的。梦和醒，从物理角度来看，有一种幻真之别，但从感受角度来说，都是真实的，并没有什么幻真之别。不然，我们怎么会做着梦突然笑醒了、哭醒了或者吓醒了，不就是因为它是实实在在的真切感受吗？现实和梦境在本质上是一样的，二者都是我们对外物的感受和反应，并没有真实和虚幻之分。不同之处仅仅在于，现实是形体与外物相接，梦境是精神与外物相接。进一步试想，我是什么？在经验意义上，人难道不就是一堆感受的组合吗？你说是真还是幻、是梦还是醒？梦与醒之间，古往今来人类经历了几十万年，一茬又一茬人排着队走向坟墓，经历过或者正在经历死死生生，但有谁能够真正说得清楚？

不知不觉的人整日在追逐世俗的名利权情之中不能自拔，往往是直到走向坟墓那一刻才能稍稍尝到人生如梦的滋味，可惜为时太晚了。大觉之人则不然，他在年轻时，就经历了"梦之中又占其梦焉，觉而后知其梦也"的过程，并深知"一切有为法，如梦幻泡影，如露亦如电"，由此早早洞悉了"此其大梦"的真相，自觉自为地以梦醒一如的姿态去做一个像模像样、有滋有味的大梦。这有点像罗贯中在《三国演义》中描写诸葛孔明初出茅庐时的吟咏：

　　　　大梦谁先觉？平生我自知。

> 草堂春睡足，窗外日迟迟。[1]

诸葛孔明慨叹，人生如梦，谁能看清梦境里的一切？而我却能够了然于胸，知道天下万事万物的运行规律。他可谓一个大觉醒者了。

庄子作为一个大觉醒者，本以为自己完全有资格以呐喊或警示的方式，唤醒那些不知不觉的梦中人。遗憾的是，他很快意识到，自己作为呐喊者或警示者本身似乎也在梦中。如此一来，最终要破解这种悖论，恐怕只能寄希望于"万世之后而一遇大圣知其解者"了。这就是吊诡。因此，所谓吊诡，表面上为奇特怪异，本质上揭示的却是人生的一种无解的悖论性困局。无奈之下，庄子只好继续讲他的千古蝶梦了。

（三）千古蝶梦

庄子作为一个大哲学家，对问题的思考着实精深透辟。他以庄周梦蝶为《齐物论》的结尾，尤其意味深长、发人深省：

> 昔者庄周梦为蝴蝶，栩栩然蝴蝶也。自喻适志与！不知周也。俄然觉，则蘧蘧然周也。不知周之梦为蝴蝶与？蝴蝶之梦为周与？周与蝴蝶则必有分矣。此之谓物化。（《庄子·齐物论》）

以前庄周曾经梦见自己变成蝴蝶，欣然自得地飞舞着，感到多么愉快和惬意啊！他不知道自己是庄周。突然间醒来，惶惑不定之间方知原来他是庄周。不知是庄周梦中变成蝴蝶呢，还是蝴蝶梦见自己变成了庄周呢？庄周与蝴蝶那必定是有区别的。这就叫作"物化"。

到底什么是"物化"呢？庄周梦中变成蝴蝶与蝴蝶梦见了庄周，作为两种形态肯定有区别，但是在梦境中的感受却没有区别。这便是"物化"，即物的

---

[1] （明）罗贯中：《三国演义》，内蒙古人民出版社1985年版，第412页。

不断变化或转化。我们可以这样理解：宇宙中的万事万物永远处于不断变化或转化的过程中，而所有变化或转化，都是"道"的不同层面或者不同表现形式，而由于"道通为一"，万事万物及其变化在本质上并无二致。庄周梦蝶仅是通过特别场景呈现的"物化"的一个例子而已。蝴蝶变成庄周，庄周变成蝴蝶，更进一步地说，梦变成醒，醒变成梦，不断地变化或转化，而变化或转化的过程是一体的。只有达到这种梦醒两忘、物我两忘状态的时候，一个人才可能游于逍遥。

对此，《大宗师》中也有一段精彩的描述：

> 相与"吾之"耳矣，庸讵知吾所谓"吾之"乎？且汝梦为鸟而厉乎天，梦为鱼而没于渊。不识今之言者，其觉者乎，其梦者乎？（《庄子·大宗师》）

当相互称说"我的"之时，怎么知道我所谓"我的"指的是什么呢？你梦为鸟在天空飞，梦为鱼在深水游。不知道如今说话的人，到底是醒着还是在梦中呢？这就是千古之梦，有谁能解开这个千古之谜呢？

大家可能都读过曹雪芹的《红楼梦》。《红楼梦》很有嚼头、很耐读，我读《红楼梦》至少也有二十遍了，每读一遍感受都不同，可以说是常读常新。在我看来，《红楼梦》就是小说版的"庄周梦蝶"，甚至也可以说是小说版的《齐物论》。或许，只有读懂了庄子的《齐物论》，才能真正读懂曹雪芹的《红楼梦》。你看，在《红楼梦》中，太虚幻境和大观园的场景相互映衬，主人公的精神世界和现实生存状况相互折射，整个场景亦梦亦醒、亦真亦幻。《红楼梦》第一回就阐明了一个哲学命题："假作真时真亦假，无为有处有还无。"曹雪芹在第一回也交代了写作主旨："满纸荒唐言，一把辛酸泪，都云作者痴，谁解其中味。"[1] 曹雪芹在倾诉自己最真切的人生体验，自然而然就会在梦醒之间、真幻之间穿行。

---

[1] （清）曹雪芹著，（清）无名氏续：《红楼梦（第三版）》，人民文学出版社2008年版，第7页。

这,恰是《红楼梦》历久弥新的、无穷无尽的思想和艺术魅力之所在。

《红楼梦》第一回中还有一首《好了歌》,大家耳熟能详:

> 世人都晓神仙好,惟有功名忘不了!
> 古今将相在何方?荒冢一堆草没了。
> 世人都晓神仙好,只有金银忘不了!
> 终朝只恨聚无多,及到多时眼闭了。[1]

秦皇汉武、唐宗宋祖的盖世功绩,比我们普通人不知道伟大多少倍,现在连他们的一个坟头都找不到了。小说的主人公贾宝玉,早就超越了、看淡了名利权,但是他始终放不下情。他充分经历了象征人间世的大观园里若干美女的孽海情天,终于逐渐有所了悟,所谓"落了片白茫茫大地真干净"。

回味《红楼梦》,可以加深对庄周梦蝶的寓意的理解。只有把自己镶嵌到人间世的遭际以及自己必死的情境之中,才能对千古一梦有所感悟。

尤其有趣的是,列子在《周穆王》篇中专门讲了七个亦梦亦醒、亦真亦幻的寓言,更是有味道。浮生若梦,梦醒真幻,永恒之谜。我们读《庄子》和《列子》时,可以把二者对照起来理解,这样就会渐渐地意识到每一个小故事都是有深层内涵的,而且要结合总体意境才能把握它的寓意。

《周穆王》篇阐述了四个非常重要的概念,分别是"形""化""梦""觉"。形,就是一切存在的看得见、摸得着的有具体形状的东西。化,就是万物的变化,比如春夏秋冬、四季交替、生老病死等。梦,就是我们睡觉之时产生的梦境,进一步说是我们的神与外部接触产生的感受。觉,就是清醒或觉醒的状态,进一步说就是我们的形体与外部接触产生的感觉。

形、化、梦、觉这四种状态是我们能够觉察的人生中最基本的状态,各有不同,但是归根结底都是虚妄的。为什么这么说?我们先看"形",你看任何有

---

[1] (清)曹雪芹著,(清)无名氏续:《红楼梦(第三版)》,人民文学出版社2008年版,第17页。

形体的物质，不管多么华丽、多么漂亮，最终都会腐烂消失，而不管何种生物，就算是活到 100 岁，最终其存在也会终结。百年之间，我们现在看起来都有各自的形态，但如果你从一个更长远的角度去看待这些东西，就会发现一切都是不存在的。因此，形是虚妄。

再进一步看"化"。不管何种变化，或者变成何种形态，其存在都是短暂的，须臾之间就会被下一种变化所取代，而变化的本身就是方生方死、随起随灭，因此其本质也是虚妄。"梦"和"觉"，就更不用说了。我们现在其实连何时清醒、何时做梦都难以分辨，常常是身在梦中，却觉得清醒，身为清醒，却觉得在做梦。世间万物虽然变化万千，形形色色，但只有道本身才是真实的，其他一切都是由道所衍生出来的、虚妄的幻象。

《周穆王》篇最后用燕人还乡的故事，来进一步加深我们对于梦与醒的理解。燕人生于燕国而长于楚国，年老返乡的途中被同行者随便忽悠了一下，就相信自己回到了故乡，从而悲伤不已。其实我们每个人何尝不是如此？燕人生于燕国而长于楚国，这个就如同我们都生于虚无，归于虚无，却长于现实。燕人在晋国被骗，这就如同我们众人在现实之中，仅仅因为外界给了我们一些名利权之类的虚假信息，就坚信我们的世界是真实的，却不知道实际上这一切的本质都是虚妄。

其实，我们每个人都是燕人，只不过燕人在知道了真相之后恍然大悟，顿觉惭愧，而我们在知道了真相之后却仍在怀疑，仍然无法舍弃我们所谓的现实之中所习惯的一切，仍然无法忘记我们在浮华喧嚣的社会之中所追求的一切，而宁愿去追逐那些虚妄之物，不愿把握这个世界的真实状况——世间万物缤纷多彩，变化万千，而只有道，才是真正永远不变的。

这种"其生若浮，其死若休"的梦醒观，似乎比较荒谬难懂，我们需要慢慢去思考，才能够真正理解和领悟。但是，一旦我们真正体悟到其中的奥妙，就会觉得眼前的一切都比以前更加清晰了。同时，我们在思考的过程中也不能忘记，要不断地将这些道理在实际生活之中加以践行，这样才能够最终悟道和行道。

整个《周穆王》篇其实就是在告诉我们，人生其实就是一种虚妄的幻境，又在深层次反问世俗众人，我们是不是糊涂地把梦境当作了现实？

在理解了庄子和列子这一系列的故事之后，我们才能渐渐明白人生不是"如梦"，而是"是梦"，明白这个世界的真实状况。但是，即使我们明白了这些道理，事实上却依然不太敢相信，难道我们周围的一切真的如庄子、列子所说，都是虚妄的吗？这也类似于鲁迅的那句提示：绝望之为虚妄，正与希望相同。

有智慧的人知道了这些道理之后，便会抛弃一切执念，而注重修养自己，让自己顺应自然生活。而愚人们却仍然会被生死迷惑，被哀乐困扰，被得失牵挂，被好恶束缚，被各种毫无意义的虚妄之物羁绊，却恰恰忘记了要把握我们人生中真正应该把握的那些东西，从而白白地浪费了一生，直到被迫走向坟墓、回到道中去的那一刻还执迷不悟。

在梦和醒之间，到底是梦是醒，可能很难辨得清楚。但是，像庄子、列子这样有智慧的人，无疑都是觉醒者——能清楚地意识到自己在做梦，便是觉醒最好的证明。作为一个觉醒者，庄子不惮于把"生"置于其全景图中予以观照，因而对于梦醒之间就有了更深刻的体察，一方面"独与天地精神往来"，另一方面"不谴是非以与世俗处"。列子选择把自己这种对人生的深刻体验化成哲学著作，化成寓言故事，把这种有价值的东西呈现出来。曹雪芹到晚年的时候，以"满纸荒唐言，一把辛酸泪"的自觉，把自己的一生经历，以亦梦亦醒、亦真亦幻的方式呈现出来。这说明他们都是觉醒者。

不过，同样是觉醒者，人生选择可能也有不同。作为一种觉醒者，高呼"众人皆醉我独醒"，屈原选择跳汨罗江沉石而死。而贾谊三十来岁抑郁而死，实际上也因看透了真相，却缺乏超然物外的态度和超拔自我的能力，虽然从《鵩鸟赋》中，看得出贾谊是借鵩鸟之口阐发了庄子的"齐生死"的思想：

且夫天地为炉兮，造化为工；阴阳为炭兮，万物为铜。合散消息兮，安有常则？……其生兮若浮，其死兮若休；澹乎若深渊止之静，泛乎若不系之舟。[1]

所以，北宋词人晏殊的警戒甚是有味：劝君莫做独醒人，烂醉花间应有数。

就生活而言，庄子、列子以及道家最主要的贡献可能就在于宽广的视野、宽宏的气度、开阔的格局和超拔的能力。试想，假如像屈原、贾谊、王国维等这些拥有大志大才之人能有机缘研究透彻道家尤其是庄学，非但不至于酿成个人悲剧，反而说不定会对其所处时代和社会做出更大贡献。在认清人生真相之后依然热爱人生，才是真正的英雄主义。因此，我甚赞同苏轼对此的"志大而量小，才有余而识不足"[2]的评论。

唯有大觉，方知大梦。或者说，只有觉醒者才有可能说"我在做梦"，而梦者却每每自信地说"我正醒着"，吆吆喝喝地说"我多么清醒""我是个大醒者"的人实际上恰恰是在做梦。这可能也是人生大觉大梦的吊诡了。

或许，我可以进一步写一首打油诗，概括对于庄子大觉大梦的感受：

> 梦者说是觉，觉者说是梦。
> 离梦何谈觉，离觉何谈梦。
> 觉是梦中觉，梦是觉中梦。
> 梦觉观一如，无觉亦无梦。

（四）如梦之梦

觉醒，作为"生"最根本、最重要、最不可缺少的一种内在力量，是人人可以开发和拥有的；并且，外在的力量唯有以内在的觉醒为基础才真正有意义。庄子讲"其生若浮，其死若休"，在某种程度上可谓《齐物论》中的千古之问——

---

[1] 《昭明文选（第一卷）》，吉林文史出版社2020年版，第659—660页。
[2] （宋）苏轼著，傅成、穆俦标点：《苏轼全集（全三册）》，上海古籍出版社2000年版，第716页。

"不知周之梦为胡蝶与，胡蝶之梦为周与"的一种不是回答的回答。恐怕只有庄周这样的大觉醒者，才敢于用"浮生"一词来恰切地揭示梦醒之间的真味，正所谓"有大觉而后知此其大梦也"。对此，后世唐朝诗人李白（也是庄子的拥趸）在《春夜宴从弟桃李园序》中的阐释也非常到位：

> 夫天地者，万物之逆旅也；光阴者，百代之过客也。而浮生若梦，为欢几何？[1]

从死亡的存在，特别是个人死亡的存在，延伸出我们自己对于梦和醒的一种再认识，对于真和幻的一种再审视，对于生和死的一种再觉悟，这从前文列举的一些梦与醒、真与幻的例子中可知。另外，对我们启迪最大的可能还有作为庄子铁杆"粉丝"的苏轼。

不消说，我总喜欢把庄子与苏轼做类比。确实，不管是先天禀性、后天磨砺还是个人诗文成就，苏轼浑身上下都打满了庄子的印记，尤其是其骨子里的道家气质、契于道家的审美观、由道家大格局开出的"人生盛宴"。他在传记中表述得更直接明了："既而读《庄子》，叹曰：'吾昔有见，口未能言，今见是书，得吾心矣。'"（《宋史·苏轼传》）苏轼还以诗言志，以飞鸿雪泥来烘托人生的若有若无之境：

> 人生到处知何似，应似飞鸿踏雪泥。
> 泥上偶然留指爪，鸿飞那复计东西。[2]

鸿雁划过天空，留下美丽的身影和动听的长鸣，不为别的，只为使自己短暂的存在变得丰满和充盈。一个人在人世间短短的这一瞬间，最后连个爪印都

---

[1] （唐）李白著，鲍方校点：《李白全集》，上海古籍出版社1996年版，第252页。
[2] （宋）苏轼著，傅成、穆俦标点：《苏轼全集（全三册）》，上海古籍出版社2000年版，第20页。

留不下。关于人生的短暂、易碎、脆弱、美妙、洒脱的意趣，可谓言有尽而意无穷。

苏轼在乌台诗案这一鬼门关走了一圈之后，被贬谪到黄州，他恰在这个一生中最倒霉的地方写下了千古绝唱，其中最能显示其哲学素养的，还是他谈笑于生死之间、梦醒之间的赤壁哲思，如《赤壁怀古》词：

> 大江东去，浪淘尽，千古风流人物。故垒西边，人道是，三国周郎赤壁。……故国神游，多情应笑我，早生华发。人生如梦，一尊还酹江月。[1]

记得小时候学习这首词时，课本上把最后一句改了，认为原来这句话太消极，是画蛇添足之笔。随着年龄增长，有了一些阅历和切身感受，我才深刻认识到，恰恰最后这一句，才是这首词的画龙点睛之笔。假如没有这一句，前面烘托的景色和气势就俗不可耐了。而当深刻知道人生如梦，千古风流都将随水而去，"古今多少事，都付笑谈中"时，整个意境才为之大开。这背后的力量恰恰在于苏轼的一种立体、丰富、深刻的生命体验。

除了《赤壁怀古》这首词，苏轼更以《前赤壁赋》直抒谈笑于生死之际的千古哲思：

> 壬戌之秋，七月既望，苏子与客泛舟游于赤壁之下。清风徐来，水波不兴。举酒属客，诵明月之诗，歌窈窕之章。少焉，月出于东山之上，徘徊于斗牛之间。白露横江，水光接天。纵一苇之所如，凌万顷之茫然。浩浩乎如冯虚御风，而不知其所止；飘飘乎如遗世独立，羽化而登仙。……吾与子渔樵于江渚之上，侣鱼虾而友麋鹿，驾一叶之扁舟，举匏樽以相属。寄蜉蝣于天地，渺沧海之一粟。哀吾生之须臾，羡长江之无穷。挟飞仙以遨游，抱明月而长终。……盖将自其变者而观之，则天地曾不能以一瞬；

---

[1] （宋）苏轼著，傅成、穆俦标点：《苏轼全集（全三册）》，上海古籍出版社2000年版，第598页。

第五章　庄子：常超越的生活境界（一）

自其不变者而观之，则物与我皆无尽也，而又何羡乎！且夫天地之间，物各有主，苟非吾之所有，虽一毫而莫取。惟江上之清风，与山间之明月，耳得之而为声，目遇之而成色，取之无禁，用之不竭，是造物者之无尽藏也，而吾与子之所共适。[1]

《前赤壁赋》表面上是苏轼与朋友的对话，实际上可能更是苏轼人生体验的内心独白。他从有限人生中看到了无限，看到了永恒，看到了大道，想到了怎么与宇宙相拥为一。这也许是一种"游于物外"的最真切的感受。"游于物外"，至少可以不把对象化的过程变成对物的简单占有的过程，从而为物我两忘提供了无限广阔的可能。

细细品味苏轼的赤壁词和赤壁赋，我们兴许会对于庄子的"大觉大梦"有更深刻的理解。人生不仅如梦，而且就是梦，知道人生是梦，就是经过由醒到梦，再到否定之否定之后的如梦之梦。如梦之梦，也是无A之A的一种形式。罗曼·罗兰有句名言说得好，世界上只有一种真正的英雄主义，那就是在认清生活的真相后，依然热爱生活。我甚至认为，在认清人生的真相后，会更加热爱人生。当我们热爱这个世界时，才真正生活在这个世界上。

所以，深刻领悟人生是一场大梦，非但毫无消极倾向可言，反而恰恰是一种人生的大觉醒、大积极，有了这种积极的大觉醒，就可实现一种思想的大解放、大自由。所有的物，都不能缠绕自己，因为它们都不属于我所有，我仅仅是临时借用一下而已；功利性结果并不重要，充分享受其过程才重要。只有在认知和境界上将如梦或是梦进一步提升为如梦之梦，才能活得更洒脱、更旷达、更快乐、更自由。

苏轼和庄子一样，在梦和醒之间，在执着和超越之间，在入世和出世之间，看得非常透彻，也找到了一个人生的支点——以超世的方式入世，或者以游世的方式入世。这就是如梦之梦。

---

[1] （宋）苏轼著，傅成、穆俦标点：《苏轼全集（全三册）》，上海古籍出版社2000年版，第648页。

这种人生体验和生命觉醒，是需要在世事磨砺中慢慢积累的。有一句话说，没有在深夜痛哭过十几次，何足以谈人生？之所以深夜痛哭，往往都是因为经历了人生中最悲痛、最彻骨之事。譬如，自己最亲爱的人如爷爷奶奶、父母、爱人等至亲和挚友等去世，自己从"鬼门关"走了一趟，只有经历了这些，才会对于生死之间、梦醒之间形成深刻的体味，才陡然知道了人生的滋味。否则，谈论的人生都是寡然无趣的。

对于同一个生活命题，为什么有的人讲得神采飞扬、意趣盎然，有的人讲得干干瘪瘪、索然无味？阅历使然，功夫在诗外耳。李后主从"歌台暖响"到"天上人间"，辛稼轩从"强说愁"到"天凉好个秋"，李清照从"一滩鸥鹭"到"吹梅笛怨"，诸葛孔明从"隆中对""出师表"到"诫子书"等，从种种前后气象大变中，就可见一斑。任何理论，都代替不了人生阅历。没有经历彻骨的痛哭，既不足以言人生，也不足以使作品真正具有精神内涵。

其实，自2020年初以来新冠疫情在全球长期蔓延，对有反思意识的个体而言，在肉眼看不到的微乎其微的病毒面前，人类之渺小、生命之脆弱更加暴露无遗。疫情可以让人经受一轮一轮密集和近距离的死亡教育，对生命的本质和无常有更加通透的感受，对如梦之梦、"如梦幻泡影，如露亦如电"有更加深刻的理解，由此重新审视何谓合理的生活方式，包括勘察生命的边界、思考人的价值和尊严、选择向死而生的活法，等等。遗憾的是，人的悲哀（或许也是幸运）在于，许多人在短暂感叹之后，就又重新淹没在无休止地追逐外物的汪洋大海里了。

回到梦醒之间，《齐物论》也好，《周穆王》也好，《红楼梦》也好，《赤壁怀古》也好，都在试图颠覆人们习以为常的世俗认知：我们平时认定为真实的东西，可能恰恰是虚幻和无常的；平时以为虚幻不实的东西，可能是真实和恒久的。个中原因在于，我们平时最大的思想缺环是，往往把未经反省的东西当成了一切认知的前提。

庄子喜欢用"梦"喻生，而人们经常仅仅把这种梦喻视作一种对悲观情绪的诗意表达。其实不然。人生如梦难道不是一种基本事实？连这一基本事实都

第五章　庄子：常超越的生活境界（一）

不知道或者不承认，岂不是自欺欺人？不过，大觉者的可贵之处还在于，他虽明明白白知道这是一场大梦，却自觉去装点这种梦境，或者仍以一种理想主义的精神保持着一种坚毅的行动能力。也许，人生是梦、世事是戏比人生如梦、世事如戏可以更直截了当地捅破那层窗纸，使人坦然自若地直面生活的真相，获得一种自在和洒脱。

在这个意义上，哲学，特别是道家哲学，确是一种死亡的预习。一开始看到的别人的死亡，往往是概念化的、无感觉的。比如，在电视中看到每天有人去世。之后，可能我们周围的人去世，再后来我们最亲近的人死亡，如爷爷、奶奶、姥姥、姥爷去世，然后是父母，然后是同龄人，一茬接着一茬，最后到自己的去世——只有深刻意识到自己必死，才会真切地感受生命的脆弱和无常——这与年纪大小无关，但越早越好，至少青年伊始。有人说到晚年考虑也不晚，其实不然，那个时候就都晚了，这一辈子活得糊里糊涂，岂不后悔莫及？

我在七岁的时候，就受过一次切入骨髓的死亡教育。我清楚记得，那是一个天高气爽、晴空万里的秋日午后，我整个上午在外面疯玩，回家时很晚了，约莫午后三点钟。母亲一看见我，急得劈头盖脸训了一顿，我却气哼哼地嘟囔着不服，还煞有介事地信口胡言、说了脏话。于是，母亲忍不住重重地扇了我两巴掌，似哀怨地说："你这样把爹娘气死了，看你怎么活下去吧？"母亲无意之中说的这句话，简直是一个晴天霹雳，本来的阳光明媚，似乎一下子变得遮天蔽日，头脑中就像放幻灯片一样，一会儿闪过父母去世怎么办，一会儿想到自己也会从这个世界上永远消失，眼前所有的一切似乎恍若梦境的阴云，笼罩在心头。我不知所措，站在原地待了很久很久……后来到了三十岁上下，仅仅比我大四岁的姐姐、比我大三旬半的父亲先后早早离世，随后几个父辈亲人又相继离世。甚至对本书的修改，我是在母亲弥留之际、处于昏迷状态一个多月的病榻前进行的。我曾经数次在半夜突然醒来，号啕痛哭，泪雨滂沱，湿透枕背。那种恍若梦境的生死离别的体验，几度浮现，挥之不去。母亲去世当日，情郁之中我便以道家观念为主导写了一篇《祭母文》寥致哀思，谨抄录如下：

呜呼吾母,溘然而逝。
寿七十七,气散归一。
此间一别,相见何期?

吾母一生,平凡如草。
生于民国,终于今朝。
尝尽百味,多舛多劳。
出身确幸,殷实可饱。
初小学力,略晓文藻。
十七北嫁,备历煎熬。
二十三十,正值劫浩。
育有三子,茹苦枯槁。
世路苟存,土台茅草。
屋漏连雨,斗室灌浇。
携幼负雏,刮水盆瓢。
风雨雷鸣,痛哭哀号。
五口开销,劳力唯父。
衣难蔽体,食难果腹。
青黄不接,半年粮无。
野菜糟糠,何以为度?
秋后至春,背井乞讨。
举家离乡,携大带小。
一连五载,疲于奔逃。
何以为人?但求一饱。
何以为室?场棚洞桥。
至卑至贱,辛酸谁晓?
包干到户,母先士卒。

第五章 庄子：常超越的生活境界（一）

豆渣养猪，入不敷出。
四十境缓，窘困渐去。
十年之后，吾姊匆猝。
复过五年，先考遽殂。
母寡廿年，坚持独居。
自食其力，不恃儿女。
惜福寡求，无憾知足。
脑栓十载，与年增疾。
瘫卧一年，日渐失忆。
弥留月余，昏迷不食。
心脑俱溃，气若游丝。
儿女欲养，亲不待之。
吾母坦言，不惧己死。
遗告儿女，不哭不泣。
在兹念兹，泪雨如注。
疾呼吾母，天地无语。

吾母懿德，平淡若水。
无迹无形，俭朴耐苦。
生无所息，劳作甚笃。
衣不厌旧，食不厌粗。
节俭持家，落饭必取。
母无遗财，唯有身教。
少贱鄙事，至贵财宝。
不言之言，至高训导。
吾母尚在，来路皎皎。
父母俱亡，归途扰扰。

余生廿年，以何为高？
了悟平常，是谓大道。
浮生大梦，死生一条。
平凡平淡，无妄无惧。
吾将无我，存顺殁宁。

黯黯流云，萧萧墓地。
殁若有知，相见蒿里。
呜呼吾母，尚飨安息。

（五）丧钟之鸣

当我们真正思考死亡的问题尤其是自己必死的问题时，对于生命的认知和领悟就会有一个非常大的提升。我们平时应关注各种死亡事件，不要认为世间某一个人死了与自己无关，每个人都是宇宙的一分子，每个人都不是一座孤岛，彼此都息息相关。

有了如梦之梦的感受，我们自然而然就不会仅仅抱着"我"不放，自然而然就会用一个"无我"来否定这个小我，再进一步提升就是"无我之我"。这实际上是由有限的小我向无限的大我提升，自觉把小我融于大我之中的过程。

海明威有一部长篇小说叫《丧钟为谁而鸣》，题目就源自英国诗人约翰·多恩的《没有人是一座孤岛》。这首诗表面上很平淡，但其内涵却极为深邃辽阔，阐释了我们怎么在小我和大我之间建立一种连接。

没有谁能像一座孤岛
在大海里独踞
每个人都像一块小小的泥土
连接成整个陆地。

如果有一块泥土被海水冲去
大陆就会失去一角
这如同一座山岬
也如同你的朋友和你自己。
无论谁死了
都是自己的一部分在死去
因为我包含在人类这个概念里
因此我从不问丧钟为谁而鸣
它为我,也为你。[1]

"我"并不是一座孤岛,我是和整个人类、整个宇宙息息相关的一粒微尘。当听到丧钟、听到哀悼音乐的时候,千万不要想那是别人死了,实际上是我们的一部分死了。事实上,从出生伊始,我们所有的人难道不都是在排着队向坟场进发吗?有了这样的清醒意识以后,我们对于有限的小我将会有一个新的认识。对于多数人而言,无我之我是很难建立的。只有充分意识到自己与宇宙是一体的,才会慢慢由有我到无我,到无我之我,这是不断回响的丧钟时时给我们的启示,也是一种生活境界提升的旅程。

---

[1] 〔英〕约翰·多恩:《丧钟为谁而鸣:生死边缘的沉思录》,林和生译,新星出版社2009年版,第142页。

第六章
庄子：常超越的生活境界（二）

大觉大梦，可以说是给我们整个精神和灵魂的一种洗礼。经过这番洗礼之后，再反观人间世——我们赖以存活的人间世，我们到底应怎么在世上生活呢？这就是《养生主》的主题了。

一、缘督以为经

庄子在《养生主》中集中阐发了道家的养生之道，其实质关注的是人们应如何由原来的活泼泼的生命，到急匆匆的生存，再向洒脱脱的生活去提升。

（一）真知为生

要讨论养生，首先要明确庄子所谓养生，到底指的是什么？庄子关注的"养生"，并不是我们一般人所理解的呼吸吐纳、强身健体、延年益寿之类，更不是服用营养品、保健品或者各种丹药，而是在充满艰难困苦的人世间中保全活泼泼的生命和实现洒脱脱的生活。或者说，是在凶险密布、荆棘丛生的人间世中使生命得以保全，"终其天年而不中道夭"，活得快乐而自由。

因此，庄子的"养生"有两层含义：第一，要保全生命，生命没了，就不用养了；第二，在保全生命的基础上，最大限度地摆脱被外在奴役的生存状态，实现自由而真实的生活。那么，何谓"养生主"呢？其中也包含两层意思：第一，一个人活着一定要以养生为主；第二，人生之主是精神，故养生也一定要以养精神为主。由此，我们才可以打开一个与原来认知《养生主》全然不同的视界。

庄子最重视"养生"，他首先提出一个核心的养生法则，就是"缘督以为经"。何谓缘督以为经？庄子在《养生主》开篇就非常精辟地阐释了养生的主旨和纲要：

> 吾生也有涯，而知也无涯。以有涯随无涯，殆已！已而为知者，殆而已矣！为善无近名，为恶无近刑，缘督以为经，可以保身，可以全生，可以养亲，可以尽年。（《庄子·养生主》）

其大意是讲，人的生命是有限的，对外物的认知却是无限的。用有限的人生去追随无限的认知，危险将临近；危险临近了还去追随无限的认知，危险已经临身了。做了世人所谓的善事却不去贪图名声，做了世人所谓的恶事却不至于面对刑罚，遵循自然中和之道，就可以保养身体，可以保全天性，可以修炼精神，可以享尽天年。

《养生主》开篇这段极为精粹的论述是围绕"知"和"生"之间的关系展开的。我们从小学习各种知识，但可能很少考虑知识和人生之间到底有什么关系。庄子认为，要养生，首先要明确知识与人生的关系。每个人的生命都是非常有限的，而追求知识却是无限的，用有限的生命去追求无限的知识，就会非常危险，明知道危险还这样去做，就是危险加危险了。这句话对于人们的求"知"，可能具有颠覆性的影响。既然求"知"的目的和价值是"生"，那么如何求"知"便不言而喻了。

庄子认为，在"知"和"生"二者之间的关系上，"生"始终是本，"知"是末，末要服从和服务于本，绝不可本末倒置，以牺牲生为代价去追求知识。能够处理好这种本末关系，方为"真知"，否则，则是毫无意义反而伤害生命的"假知"。

"真知"是为了更好地生活。或者说，追求知识应服从和服务于更好地生活，而绝不是相反。举例来说，我们每个人活着都要吃饭，其基本逻辑是，吃饭是为了活着，吃饭是为我们活着服务的。不能反过来，活着就仅仅为了吃饭，活着为吃饭服务，活着成了吃饭的奴隶，这就本末倒置了。毕竟，人之为人的本质在于精神，活着须有精神追求或超功利的追求。这是庄子首先明确的。

实际上，人们学习一般知识，往往恰好是相反的。譬如，学习各种专业知识，整个人生就围绕着专业去运作。一个木匠，头脑想的、眼睛看的都是木材有没有用处、如何做家具；学数学的，满脑子是数字；学软件的，满脑子就是编程；学会计的，满脑子是算账；诸如此类。这时，人生就受到极大的限制，生活反而成了某个专业的奴仆。在本末关系上，生活是本，专业是末；在体用关系上，生活是体，专业是用；在学科布局上，通识为体，专业为用。专业始终为生活服务，方是正途。

庄子所在的战国时代也有类似的情况。一个非常重要的佐证是在《天下》篇中，庄子对于最好的辩友惠施的评价：

> 惠施多方，其书五车，其道舛驳，其言也不中。……惠施不能以此自宁，散于万物而不厌，卒以善辩为名。惜乎！惠施之才，骀荡而不得，逐万物而不反，是穷响以声，形与影竞走也，悲夫！（《庄子·天下》）

其大意是讲，惠施懂多种学问，他的著作能装五车，他讲的道理错综驳杂，他的言辞也不当。惠施不安于道，分散心思于万物而不知满足，终于以善辩出名。可惜呀！惠施的才能，放荡而无所得，执迷追逐万物而不返自己的本心。实在是以声音止回响，以形体与影子竞走，可悲呀！

对学富五车、才高八斗的大学者惠施这一"惜"一"悲"，都关涉庄子所重视的"生"与"知"之间的本末关系的价值观。用生命来追求专业知识，是危险加危险，最后把自己的生命都搭上，本末倒置，还执迷不悟，怎能不可惜和可悲呢？

由此，我们就进一步明确了庄子对于知识的分类：一类是关于物的知识，即俗知或假知；另一类是关于生命的知识、关于道的知识、关于提升智慧的知识，即真知。反思我们平时所学的知识，基本上是关于物的知识，不是真知。唯有关于生命的知识、关于道的知识、关于提升智慧的知识，才是真知。

所以，庄子反复强调，"有真人而后有真知"（《庄子·大宗师》）。什么是真人？真人就是真实的人、真正的人，更进一步地说，就是悟道的人、有智慧的人。唯有真人，才能够拥有真知，拥有关于生的知识、关于道的知识。这种知识是为更好地生活服务的。

明确了生和知之间的本末关系之后，就可以来谈怎么养生了。其一，"为善无近名，为恶无近刑"。在庄子的视野里，名声和刑罚对于生命的伤害都是一样的。刑罚，古代如笞杖、鞭扑、枷项、宫刑、刖刑、割鼻、斩首、腰斩、梳洗、剥皮、烹煮、绞杀、凌迟、车裂等，现代如老虎凳、监禁、枪决之类，都是硬邦邦的对生命的伤害。而名声呢？一般人认识不到，追逐名声其实是"软刀子"，像温水煮青蛙一样对生命造成伤害，与刑罚本质上是一样的。大多数人都喜欢追逐名声，但是，一旦有了名声，至少很容易成为名声的奴隶。最典型的是各种明星或"网红"，名声不断起起伏伏，跌跌落落，其整个生存状态就跟着起起伏伏，跌跌落落。许多人可以说，活得外表很光鲜，内心却很辛酸。

"为善无近名，为恶无近刑"，与庄子提出的善于处于"材与不材之间"、有用无用之间是一致的。前文已有所涉及，随后进一步展开讨论。

列子也警告，人们不仅不要作恶，行善也须十分谨慎：

> 行善不以为名，而名从之；名不与利期，而利归之；利不与争期，而争及之：故君子必慎为善。（《列子·说符》）

这在一定程度上也阐明了"为善无近名"的内在逻辑。

其二，更为重要的是，庄子提出了一个养生的核心法则——"缘督以为经"。这里面的关键字是"督"。什么是"督"呢？"督"的本义是脊背的中脉。人体最重要的经脉是任、督二脉，两脉畅通至关重要。一般来说，人出现健康问题，多数都是由于任督二脉不通。其中，督脉在人体中更为重要，它是人体的中枢。中枢进一步延伸就相当于中道；中道，在道家这儿，就是自然之道。所以，缘督以为经，就是要以遵循自然之道为养生的根本大法。

自然之道，更进一步地说，就是阴阳中和之道。遵循自然之道，实现阴阳中和，生命就成为一个畅通为一的有机整体，整个身体、整个心灵就处于一种健康的状态。这便是中医的基本原理。作为中医最重要经典的《黄帝内经》，一开始就提出养生的总法则，叫"法于阴阳，和于术数"，即遵循阴阳中和平衡的自然法则，其本质就是要遵从自然之道或自然规律而生活。在提出"法于阴阳，和于术数"的核心法则之后，书中紧接着列举了四大养生法则：

> 食饮有节，起居有常，不妄作劳，故能形与神俱，而尽终其天年，度百岁乃去。（《黄帝内经·素问》）

阴阳中和平衡的自然法则，是整部《黄帝内经》的灵魂。在某种程度上，可以看作是对于缘督以为经的具体运用。

缘督以为经，就可以保全生命、全性葆真、享尽天年。"终其天年而不中道夭者，是知之盛也。"（《庄子·大宗师》）拥有真知，至少人能够活到自然寿终，而不是中途夭折。一个人本来的自然寿命可以到 100 岁，结果 50 岁就死了，是因为智慧不具足，没有处理好知和生之间的关系，没有做到缘督以为经。岂不悲哉？

明确了什么是缘督以为经后，如何做到缘督以为经呢？这就需要深悟解牛之道了。

（二）游刃有余

庄子是一个寓言家，是一个善于寓高深的哲理于形象故事的大师，因此他在点明主旨之后，并没有直接阐述养生的理论，而是讲了一个我们非常熟悉的寓言——庖丁解牛。

该寓言的最后一句"得养生焉",可谓画龙点睛之笔。该寓言表面上是讲宰牛,实际上是讲养生之道。许多人可能在中学的时候学过这则寓言,但是,中学时多数人是以学古文的应试方式去读的,基本没有领悟其深层的哲学内涵,甚至与庄子想表达的思想距离十万八千里。所以要真正理解它,一定要深刻体悟解牛之喻背后的养生之道。非常有必要重新咀嚼品读原文:

> 庖丁为文惠君解牛,手之所触,肩之所倚,足之所履,膝之所踦,砉然响然,奏刀騞然,莫不中音,合于《桑林》之舞,乃中《经首》之会。文惠君曰:"嘻,善哉!技盖至此乎?"
>
> 庖丁释刀对曰:"臣之所好者道也,进乎技矣。始臣之解牛之时,所见无非全牛者;三年之后,未尝见全牛也;方今之时,臣以神遇而不以目视,官知止而神欲行。依乎天理,批大郤,导大窾,因其固然。技经肯綮之未尝微碍,而况大軱乎!良庖岁更刀,割也;族庖月更刀,折也;今臣之刀十九年矣,所解数千牛矣,而刀刃若新发于硎。彼节者有间,而刀刃者无厚,以无厚入有间,恢恢乎其于游刃必有余地矣。是以十九年而刀刃若新发于硎。虽然,每至于族,吾见其难为,怵然为戒,视为止,行为迟,动刀甚微,謋然已解,牛不知其死也,如土委地。提刀而立,为之而四顾,为之踌躇满志,善刀而藏之。"文惠君曰:"善哉!吾闻庖丁之言,得养生焉。"(《庄子·养生主》)

这则寓言篇幅较长,其大意是讲,庖丁给梁惠王宰牛,在他的手所触到的地方、肩膀所靠到的地方、脚所踩到的地方、膝盖所顶到的地方,皮肉、筋骨发出咔嚓咔嚓的声响。运刀之际的咔嚓之声中,没有一处不符合音律,既符合《桑林》的舞蹈,又符合《经首》的节奏。梁惠王说:"哈哈!好啊!你的技巧为何能达到这种程度呢?"

庖丁放下屠刀回答说:"我所注重的是道,已经远远超出了技术的范围。我刚开始宰牛时，所见到的都是整头的牛。过了三年之后再看牛，就可以看到牛体的结构部件而不是整头牛了。时至今日，我宰牛时全凭心领神会，而不需要用眼睛看。视觉的作用停止了，而心神还在运行。我顺着牛身天然的生理结构，把刀劈进筋骨相连的大缝隙，再在骨节的空隙处引刀而入，刀刀顺着牛体本来的结构去；对于牛体中经络筋骨纠结、容易碍刀的地方，我的刀都绕开走而从未碰到过，何况那些巨大的牛骨头呢！好的厨师一年换一把刀，那是他们用蛮力硬割的结果；一般的厨师一个月换一把刀，那是他们硬砍把刀砍断的。我手头这把刀都已经用了十九年了，用它宰过的牛也有几千头，可是刀刃还像刚从磨刀石上磨出来一样完好无损。牛的骨节间有缝隙，刀刃却薄得没有厚度，用没有厚度的刀刃切入有缝隙的骨节，运起刀刃来，那宽宽绰绰的地方还有很多余地呢。所以，这把刀用了十九年还像刚从磨刀石上磨出来一样。即便如此，每次碰到筋骨盘结的地方，我看到它很难下手，还是十分警惕，目光盯住那一点，慢慢动手，运在刀上的力气很轻很小。最后哗啦一声，整头牛立刻解体了，就像泥土落在地上一般。然后我提刀站起，环顾四周，悠然自得，心满意足，把刀擦拭干净收藏起来。"文惠君说："妙啊！我听了庖丁的这番话，领悟到养生之道了。"

这则寓言表面的意思，并不难理解。最关键的在于，要深刻理解其背后的养生观或养生哲学，看庄子到底是怎么来谈养生之道的。尤其值得咀嚼玩味的是，庄子借助庖丁解牛的寓言解析社会，不能不说，与庄子身处兵荒马乱、战争频仍、个体生命朝不保夕的战国时代的切身体验密切相关。

首先，庖丁解牛的"解"，有两个层次的含义：第一是理解和体悟，理解牛和体悟解牛之道，这是本质和主要的方面；第二是解剖或者宰杀，这是表层和次要的方面。

其次，要紧紧抓住该寓言中的一个关键句，即"所好者道也，进乎技也"。庖丁解牛是靠掌握了解牛之道，而不是停留在技术的层面。常言道，小成靠技，中成靠德，大成靠道。小小的成就，靠掌握技术就可以了，但是想取得大的成就，假如不能达到德和道的层面，是根本不可能的。

由此而言，许多从事科研工作的人充其量不过是科学匠或者技术匠而已，因为仅仅停留在技术的层面，根本没有达到道的层面，何言"科学家"？因此，有必要对于"匠"和"家"稍作层次上的区分：一直在技艺层面追逐、处于不知不觉状态的，最多属于"匠"而已；只有像庖丁那样"所好者道也，进乎技矣"，才有可能跃进到"家"的层次。道是通，只有超越了技术，在道的层面去做事，才能实现一种大成和大通。尤其在专业高度分化的当今，不管如何自我标榜或相互吹嘘，能真正称得上科学家、哲学家、文学家、艺术家、历史学家的人，毕竟少之又少。

最后，要理解这则寓言，最为重要的在于把握寓言中的画龙点睛之笔——"吾闻庖丁之言，得养生焉"。这说明，表面上是讲宰牛，根本是讲养生之道。那么，宰牛的过程和养生的过程之间，到底有什么内在关联呢？

我们可以具体分析一下。大家看，宰牛有三件：一是宰牛的人，即庖丁；二是宰牛的工具，即刀；三是宰杀的对象，即牛。对应地，养生也有三件：一是人之智慧；二是人的生命；三是人所处的社会，庄子称之为人间世。[1] 由此，庖丁对应的是人的智慧，也可以说是人拥有的真知；刀对应人的生命，每一个人都在运用自己的智慧来保养生命；牛对应的就是人所赖以生存的社会或人间世。

以这样的寓意来思考，所谓养生，就是人运用自己的智慧，让自己的生命在社会这头大牛之中游走的过程。有的人游走得好，有的人游走得一般，有的人游走得很不好——早早把自己的生命之"刀"砍钝了、折断了（如一般的厨子一样）。智慧最高的庖丁的刀用了十九年还锋利无比，寓为生命之刀在整个社会这头大牛中游刃有余。我们自己可以想象，多少人年少轻狂、未谙世事，一旦进入社会，在社会这头大牛中行走，被碰得头破血流；多少人在社会上处理事情，因遭受各种挫折而焦虑、纠结、彷徨、郁闷、痛苦、抑郁，既摧残精神，又摧残身体，患上各种心理和生理疾病。主要的原因是什么？不能理解和领悟

---

[1] 参见王博：《庄子哲学（第 2 版）》，北京大学出版社 2013 年版，第 69 页。

社会机器这头大牛的运作机理和它的运行规则。

　　社会或人间世这头大牛、这个每个人都须赖以生存的庞然大物,究竟为何物?这是古往今来一直被研究的一个极其现实的大课题。至少可以说,人类结成社会,是为了通过人和人之间的有效合作,去应对单个人无法解决的生存问题,且使每个人都活得更美好、更幸福,这无疑具有无限光明的前景。但是,在形成这套合作机制的同时,必然会产生相应的冲突,譬如利益的冲突、观念的冲突、文化的冲突等。或者说,社会机器的运行中既有人们相互合作的一面,也有相互冲突的一面;社会机器在给人们提供各种机会和保障的同时,也造成了各种诱惑、斗争和凶险。比如,由区分和区别而造成的各种分歧、摩擦、内卷、竞争、斗争、战争等,会对人的生命造成不同程度的伤害。

　　像庖丁这样把握了自然之道的高人,善于修炼自己的生命之刀,以至于刀没有了厚度,在再小的缝隙里也可以游刃有余。没有厚度的东西可能是什么?恐怕只能是人的无形的精神。唯有反复打磨或修炼自己的生命之刀,到无厚、无形的程度,接近自然之道,你才能够以无厚、无形的生命之刀在社会这头大牛的各种夹缝里游刃有余地穿梭,自由自在地行走。这时,便与立足于"心斋"和"坐忘"的"虚己以游世"建立起连接了,对此,我们后面再讨论。

　　当然,即使拥有这么高智慧的庖丁,也会遇到一些特殊的危险情况,这时他也必须怵然为戒、小心翼翼,否则就会对于生命之刀造成戕害。同样,即使我们在社会上游走了多年,积累了一些社会阅历和人生智慧,也会碰到一些特殊的新事情或者棘手的新问题,这时就要不断研究新情况、新问题,进一步去理解和领悟这个社会机器的运行法则,尤其在技术迭代加速、人心浮动加剧的现代社会。

　　作为洞察人心和人性的智者,庄子一向以冷眼或俯视的姿态看社会或人间世。他反复提醒人们,社会或人间世就像一头大牛,人在社会或人间世这头大牛中生存,经常会遇到各种各样的凶险或威胁,危害人的生命。那么,社会或人间世有哪些凶险或威胁呢?

生命最大的威胁，首先是硬邦邦的"大骨"，如战争、瘟疫、饥荒、暴力、车祸等。战争一旦爆发，人就像蚂蚁一样，保全生命何其难也！瘟疫呢，自有人类以来，瘟疫的威胁就没有停止过，比如全球新冠疫情。还有饥荒，现在，在非洲、西亚等地小范围内，饥荒依然存在。暴力就更不用说了，比如"9·11"事件，数千人的生命顷刻之间化为乌有。随着文明的冲突和世界发展不平衡的加剧，人类还可能面临各种暴力和恐怖主义的威胁。这都是戕害人的生命的"大骨"。"大骨"可能不一定是常态，但并不等于不存在。

其次是各种各样不软不硬的"中小骨"，如社会设定的各种限制、禁忌、刑罚、老病、名利场等。社会要形成和存续，必然设定许多限制以及禁忌，这必然会影响个人，严重的如刑罚（锒铛入狱甚至死刑等）。社会要存续和发展，必然有形形色色的名利权情的诱惑，构成如影随形、无法逃脱的名利场。有人说，名利场是人间世最大的骗子，它活像一种无形的绞肉机，绞得一茬一茬人晕头转向、精神恍惚。现代人的亚健康、心理疾病，甚至"过劳死"等，仅是冰山一角。另外，社会运行机制设计各种竞争规则，比如怎么评比，怎么发奖金，怎么授予称号、荣誉和头衔等。人一旦进入这种规则系统，就像进入绞肉机。在庄子看来，对于生命而言，人间世俨然一个大的屠宰场，名利场尤甚。古往今来，概莫能外。

最后是软塌塌的"枝经肯綮"等社会"经络组织"。这种"经络组织"可能看不到、摸不着，在无形之中伤害生命。凡是有人群的地方，就会有利益之争以及观念分歧，必然诱发各种形式的钩心斗角、尔虞我诈、相互算计等。举例来说，工作伙伴或同事平时团结友爱、融融泄泄，但是一旦引入项目竞争、晋升、评奖等机制，人性的丑恶一面马上就暴露出来了：明争暗斗，搞各种各样的心机，相互算计，甚至因嫉妒心作祟而大打出手或暗中陷害等。某个人脱颖而出了，周围的人马上就开始议论、嫉妒、诽谤、使绊子等。当然，还有自设牢笼、作茧自缚，如爱慕虚荣、死要面子活受罪之类的，都会对生命造成危害。

对此，《列御寇》中有一段论述特别有意思："巧者劳而智者忧，无能者无所求，饱食而遨游，泛若不系之舟，虚而遨游者也。"（《庄子·列御寇》）之所以灵巧者多劳累、聪明者多忧虑，是因为二者都容易被自己擅长、注重的东西所困扰、牵绊。唯有善于体悟虚静、自觉物我两忘的"无能者"，才能泛然无系而遨游于世，亦即游于逍遥。

所以，在庄子看来，养生中最重要的是，要对我们存活于其中的这头社会之牛、这个人间世认识得非常清楚、体悟得非常深刻，尤其要认识透彻社会机器的运作机理和运行规则，依乎天理，因其固然，以在社会这头大牛、这个人间世之中洒脱自如、游刃有余地穿行。

（三）参世之透

聊到这里，不能不说，就逻辑关联性而言，理解《人间世》是领悟《养生主》的前提。只有清楚了个体处于"人间世"之中必然要遭遇种种困顿和险恶，才能明白为什么"养生"和到底怎样"养生"，也才能真正理解"养生主"所包含的以养生为主和以养精神为主这两重内涵的深意。尤其值得深入理解的是，庖丁解牛这则寓言把养生的主题具体化为血腥而又极具艺术美感的屠宰过程，不能不说是一种洞彻人性的黑色幽默。

也许只有庄子这种具有丰富人生阅历，且艺术气质和哲学天赋兼备的智者，才有能力借助艺术化的血腥场面让人领悟"养生"的真义，同时有能力把惨不忍睹的屠宰设置为审美元素。我们如果仅仅把庄子看成喜欢天马行空地畅想的一介书生，那就太不了解庄子了。千万不要小看庄子，庄子可是具有丰富人生阅历的智者。无入世之深，怎可能有阅世之深？无阅世之深，怎可能无超拔之绝？无超拔之绝，怎可能有参悟之透？其中隐含一种环环相扣的逻辑关系。

也许，用"山顶千门次第开"来形容《人间世》的叙事结构是比较合适的：《人间世》中的七则寓言沿着由入世到超世、由有为到无为的主线一层一层地展开，背后隐藏着一条作者在人间世中蹒跚挣扎的求索登攀之路。年轻的庄子曾经在社会这头大牛里摸爬滚打若干年，逐步把社会机器看清了，把人生这点事看透了，然后才有资格谈养生，可以说他已然涉世深、参世透、超世绝，才虚己以游世，开始在社会这头大牛当中游刃有余地游走。这里列举几处《人间世》中的论述，来呈现庄子对人情世故、世道人心的阅历之深入、见地之老辣。

其一：

夫道不欲杂，杂则多，多则扰，扰而忧，忧而不救。(《庄子·人间世》)

不管是为人处世，还是学习或做事，都不宜庞杂，一旦庞杂，就会产生许多纷扰，纷扰多了就会产生忧患，忧患多了就难以救治。你看，社会中总是充满形形色色的诱惑，许多人往往是这个想要，那个也想要，每一个都想尝试和获得，四面出击，四面受敌，结果被弄得晕头转向，一事无成。这就是"少即多"的做事原理，所谓"少则得，多则惑"。

其二：

迁令劝成殆事，美成在久，恶成不及改，可不慎与！且夫乘物以游心，托不得已以养中，至矣。(《庄子·人间世》)

凡是强人所难都是危险的，因为强人所难非但改变不了别人，反而会埋下怨恨、仇视、报复等不同程度的祸根。成就一桩好事要经历很长的时间，所以要有耐心、要顺应自然，所谓好事多磨、水到渠成。而匆忙行事，一旦坏结果出现，是来不及悔改的，现实中永远没有"假如"二字。为人处世，能不审慎吗？所以，一切顺应自然，使心志自在遨游，养蓄自己的自然中和之气，才是最佳选择。

其三：

凡事若小若大，寡不道以欢成。事若不成，则必有人道之患；事若成，

则必有阴阳之患。若成若不成而后无患者,唯有德者能之。(《庄子·人间世》)

其大意是讲,早岁哪知世事艰? 一个人在社会上处事,无论事情大小,无非两种结果:或者成功,或者不成功。不成功会怎样呢? 就会遭受人道之患。人道之患是指刀斧、桎梏和扣奖金、降职撤职、判刑等外在的刑罚。成功了呢? 则会遭受阴阳之患。阴阳之患是指内心受到的刑罚,比如被别人嫉妒和怨恨,心内躁动不安,因不当竞争而自责、忏悔等。做事能够避免内外刑罚的,只有悟道之人才可以做到。

其四:

以巧斗力者,始乎阳,常卒乎阴,泰至则多奇巧;以礼饮酒者,始乎治,常卒乎乱,泰至则多奇乐。凡事亦然。(《庄子·人间世》)

这种状况非常普遍,几乎可以作为一条人际关系的定则。大凡以投机取巧的方式做事者,往往开始时都表现得高风亮节、毫不在乎,而随着事态的进展,就会逐步由阳谋转向阴谋,到最后甚至阴招迭出、无所不用其极,最终害人害己。这便是随处可见的"以君子的方式开始,以小人的方式结束"。以喝酒为例,开始的时候,大家都文质彬彬、以礼相待,随着觥筹交错、你来我往,逐渐毫无顾忌,最后相互打斗起来也不鲜见。

以上引证意在进一步说明,从思想建构的角度来说,《人间世》确实可以成为整个庄学的逻辑基点。尤其是,如果没有对《人间世》的切身体味,就不可能真正理解《逍遥游》和《齐物论》究竟讲的是什么,更不可能真正把握《养生主》的主旨。进言之,没有入世之真,怎可能有阅世之深? 没有阅世之深,怎可能有超拔之绝? 没有超拔之绝,怎可能有参悟之透? 其中确实隐含环环相扣的内在逻辑。

总之,要立足于深入参透社会这头大牛,认识清楚之后才能够养生。"所好者道也,进乎技矣。"关于最高境界的养生状态,庄子用的一个词就是"游刃有余",实际上是掌握养生之道,在道的层面立身处世。这是一种修养或修炼的过程。人们经常讲这样一句话:世界就是一个道场,人生就是一场修行。要掌握养生之道,你必须修炼自己,而修炼自己的前提就是慢慢地认清社会这头大牛的结构和它的运行机理。

(四)养生之通

掌握养生之道,也就是说要从道的层面去养生。道有何特点呢?简单一个字,就是"通"。道通万物,道通为一,以道游戏,依乎天理,因其固然,以无厚入有间,方能游刃有余。庄子的养生之道就在于通,其基本程式见图6-1:

道通 ⇌ 观念通 ⇌ 情绪通 ⇌ 气血通 ⇌ 身心健。

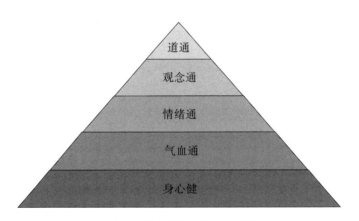

图6-1 道家哲学:养生之"通"

首先是道通。道通为一,上升到道的层面,无是无非,一通百通。其次是观念通。由道通而形成事理通达、心胸豁达、思想旷达,凡事看得开、拿得起、放得下,观念通是最好的养生。再次是情绪通。焦虑、纠结、郁闷、烦恼等不良情绪最容易致病,而这些不良情绪之所以形成,是因为观念纠结不通,遇事看不开、放不下。只要观念通了，心就安乐了，情绪也就平和顺畅了。最后是气血通。情绪通了、顺了，人体的血脉自然而然不会淤积、凝滞，气血自然而然畅行无阻、交通自如。如此一来，如何产生疾病呢？

实现自上而下的这"四通"，人自然而然就会实现身心健康——整个身心都处于通的状态，肯定是健康的，精神肯定是快乐和自由的。反向来看，凡是出现身心不健康问题或疾病的，都可以自下而上一层一层追根溯源，然后进行标本兼治和源头治理。

一个人整个身心处于通的状态时，才能够游。庄子参透了社会机器，以游世的方式入世，这样才能游刃有余。所谓游世，是游于物外或超然物外。游于物外并非消极地出世，而是在更高的层面更积极地入世，其关键在于掌握不即不离、若即若离的处世之方。人要善于跟外在遭遇保持一段审视、反思和超越的距离，这样人虽然身处其中却不被外部事物和外在遭遇所支配，虽然置身名利场之中却不被名缰利锁捆绑，虽然身处滚滚红尘之中却能一尘不染，由此充分体味生活的真义和妙趣。

总之，庖丁解牛具体诠释了怎样做到缘督以为经，讲得可谓精彩之极，值得我们反复咀嚼、反复琢磨、反复体味。

（五）材与不材之间

刚才提到，庄子论养生，主张"为善无近名，为恶无近刑"，对应的就是"处于材与不材之间"，这是一种非常高妙的生活艺术。《山木》篇中有这样一段记载，非常有趣：

> 庄子行于山中，见大木，枝叶盛茂。伐木者止其旁而不取也。问其故，曰："无所可用。"庄子曰："此木以不材得终其天年。"夫子出于山，舍于故人之家。故人喜，命竖子杀雁而烹之。竖子请曰："其一能鸣，其一不能鸣，请奚杀？"主人曰："杀不能鸣者。"

明日，弟子问于庄子曰："昨日山中之木，以不材得终其天年；今主人之雁，以不材死。先生将何处？"庄子笑曰："周将处乎材与不材之间。材与不材之间，似之而非也，故未免乎累。若夫乘道德而浮游则不然，无誉无訾，一龙一蛇，与时俱化，而无肯专为。一上一下，以和为量，浮游乎万物之祖，物物而不物于物，则胡可得而累邪！"（《庄子·山木》）

其大意是讲，庄子行走于山中，看见一棵大树枝繁叶茂，伐木的人停在树的旁边却不动手砍它。庄子问他们是什么原因，伐木的人说："没有什么用处。"庄子说："这棵树就是因为不成材才能够终享天年啊！"庄子走出山来，留宿在朋友家中。朋友很高兴，叫童仆杀鹅款待他。童仆问主人："有一只能叫，有一只不会叫，请问应该杀哪一只呢？"主人说："杀那只不会叫的。"

第二天，弟子请教庄子："昨日遇见山中的大树，因不成材而能终享天年，如今主人的鹅，因不成材而被杀掉。先生您将怎样对待呢？"庄子笑道："我将处于成材与不成材之间。在成材和不成材之间，似乎可以了悟但还不是根本，所以没能免除牵累。要是把握了道德就不会这样，无所谓赞誉无所谓诋毁，时隐时现如龙现蛇蛰，随时运共同变化，不愿意固执一端。一时在上一时在下，以顺应自然为标准，遨游在万物之初。把握外物却不被外物所化，那样哪里会有牵累呀？"

处于材与不材之间最主要的是，善于顺应自然，与时变化，与道融合为一。它不是固执于一点，其基本的原则就是缘督以为经，即以自然之道为原则，以物物而不物于物为标准，能够始终保持快乐和自由的状态。试想，我们面临的各种对生命的伤害、对快乐和自由的损害，不就是各种形态的物吗？当你能够支配物而不为物支配、始终做物的主人的时候，怎能不健康、快乐和自由？

处于材与不材之间，可以进一步加深我们对缘督以为经的理解。材与不材之间，实际上就是指有用与无用之间。我们既不要局限于无用，也不要局限于有用，而要善于处于有用与无用之间。这实际上也是与养生紧密联系在一起的，即既要善于有用之用，也要善于无用之用，当这二者之间形成一种结合或平衡的时候，一个人才能最大限度地物物而不物于物，才能最大限度地活得快乐与自由，实现全面而自由的发展。

在这样的意义上，一个人的成熟根本上在于拥有无用之用的信念和能力。一个人如果一味追求有用之用，他越有才、越能干，就越忙碌、越劳累，也就势必越容易糟蹋自己本真的生命，说到底是舍本逐末、捡了芝麻掉了西瓜。所以，一个人必须善于主动拿出时间来去读无用之书，做无用之事，同时，即使在做有用之用的事情时，也要善于去发掘有用之用中的无用之用，譬如它的无形要素、精神意义、享受过程本身等。

（六）真实而自由

庄子认为，养生之根本在于养精神，而精神最主要的是真实而自由，即第一是活得真实，第二是活得自由。庄子在《养生主》里讲了一个极其简短的寓言，很有启发性：

> 泽雉十步一啄，百步一饮，不蕲畜乎樊中。神虽王，不善也。（《庄子·养生主》）

有一只在沼泽岸上的野鸡十步一啄食、百步一喝水，它并不希望被蓄养在樊笼之中。被蓄养在樊笼里，神情虽然旺盛，可它并不自由啊！

所谓金丝笼里养金丝雀，被养在笼子里的鸟，虽然衣食无忧甚至养尊处优，看上去日子过得很光鲜，实际上活得却很辛酸。为什么？最主要的原因在于活得不真实、不自由。

这只沼泽里的野鸡，既是庄子的一幅活脱脱的自画像——庄子就是立于天地之间的一只泽雉，也是他响亮亮的生活宣言。人之为人的本质是精神，而精神的本质在于真实而自由。庄子深明此理。做一只沼泽里的野鸡，是他自觉选择真实而自由的价值观使然。在他看来，一般人趋之若鹜的官场，在很大程度上就是一种藩篱、一种阻碍人性自由发展的牢笼。他本来可以当楚国的国相,可以升官发财,物质上活得非常滋润。但是,他清楚地知道,如果去当国相的话,虽是一人之下、万人之上,但相应的官场规则和各种困顿,尤其在那种兵荒马乱的乱世,对于生命的杀伤力颇大;他清醒地知道,那不过是金丝笼养金丝雀而已,自己将活得不真实、不自由。所以,他宁可选择打鱼、编草鞋、借贷等艰难的生活方式,就像野鸡一样真实而自由地活着,这是最重要的。

我们每个人都可以设想一下,你自己到底是愿意成为一只被养在樊笼里衣食无忧的笼中鸟,还是愿意做在空中自由自在地飞翔,但食物不是那么充足的林中鸟?其实,很多职场人,就是这样子,收入非常稳定和可观,但处处受到制约或限制、时时活得谨小慎微,就像笼中鸟一样。这也是一种人生的围城。

当然,我的考虑是这样,尽可能少的时间做笼中鸟,尽可能多的时间做林中鸟,在笼中鸟和林中鸟之间寻求一种动态的平衡,最大限度地走出围城,充分享受生之美好。

举例来说,唐代大诗人王维,步入职场后一直做官,而一下班他就回到自己的辋川别墅,在那儿写诗作画、修禅悟道,所以他活得相对自由自在、有滋有味。还有李白、白居易、刘禹锡、黄庭坚、苏轼等,都可以说活出了某种笼中鸟和林中鸟之间平衡得比较好的境界。

另一种活法,以陶渊明为代表。他前期是笼中鸟,后来不为五斗米折腰,弃官回乡,回到大自然中就感觉一下子变成了林中鸟。但是,林中鸟的日子又过得拮据不堪、难以为继,吃了上顿没有下顿,基本生计没有着落,儿子饿得面黄肌瘦。家常无米,就去人家门口求乞。虽然如此,他却丝毫不以为意,心里很平和坦然,仍"采菊东篱下,悠然见南山"。他的生活态度不容易学的,至少不是一般人所能模仿的。这是非常现实的养生问题,大家可以自己慢慢思索和体会。

总体来说,庄子最看重真实而自由的生活。他认为,要想方设法活得真实而自由,活出真性情来,这才真正活出了生命的价值。假如以一种中道的自然主义思路归纳真性情生活的基本定律的话,似乎可以这样表述:

一个人在恪守基本底线的前提下，最大限度地顺应自己的天性和兴趣而为，海阔凭我跃，天高任我飞。

也就是说，在不作恶、不损人、义不逃责的前提下顺性而为，做自己最感兴趣的事情，以顺应自己天性的方式自由自在地生活，活出最真实的自我来。如果用庄子的概念言之，那就是：

"全生"的真性情 = 守"大戒" + 任"逍遥"

南宋的慧开可谓一语中的：人生不得行胸臆，纵年百岁犹为夭。人生苦短，假如不能活出真性情来的话，即使活了一百年，也相当于夭折的孩子，等于没有真正活过。一个人如果从来没有真实自由地成为自己，而是一辈子当一个虚假的人，一具行尸走肉，仅仅是一个社会道具，岂不悲哉？岂不白白辜负了自己这段极其偶然、极其短暂的生命旅程？这确是每个人所必然面对的非常现实、非常值得反思的一个课题。

（七）融于大道

"缘督以为经"的最高层面，是实现整个精神生命的永续。对此，庄子讲了三个层次。首先，要安时而处顺：

适来，夫子时也；适去，夫子顺也。安时而处顺，哀乐不能入也，古者谓是帝之县解。（《庄子·养生主》）

安时而处顺，顺应自然之道，解除包括生老病死在内的所有自然束缚，毫无疑问是达到了一种大自由的状态。对此，我们还要在下一节结合庄子的生死观进一步讨论。

其次，要薪尽火传。《养生主》以薪火相传为结尾，可谓言有尽而意无穷：

第六章　庄子：常超越的生活境界（二）

> 指穷于为薪，火传也，不知其尽也。（《庄子·养生主》）

其大意是讲，脂膏作为柴薪烧尽了，而火却传续下去，永远不会熄灭。能够实现薪火相传的，除了精神生命，还有什么呢？

有的人活着，他已经死了；有的人死了，他还活着。如果形体生命像行尸走肉一般游荡在物化追逐之中，精神生命其实已经死亡。而有的人的形体生命已经死亡，但精神生命却长久存在，譬如老子、庄子、列子、孔子、孟子、苏格拉底、柏拉图、亚里士多德等的思想之火。与其苦苦追求如何保有有限的形体，不如追求如何让自己的精神生命像火一样，永远燃烧下去——形成"永恒的活火"，是更高层级的养生。至此，庄子的"生之主"才终于有了着落。

最后，最高层次的养生，就是把自己融于大道，与道合一，即同于道。这对应老子的"死而不亡者寿"，与永恒的大道合而为一。庄子在《大宗师》中讲得最有意涵，也最为到位：

> 夫藏舟于壑，藏山于泽，谓之固矣！然而夜半有力者负之而走，昧者不知也。藏小大有宜，犹有所遁。若夫藏天下于天下而不得所遁，是恒物之大情也。故圣人将游于物之所不得遁而皆存。（《庄子·大宗师》）

其大意是讲，将船儿藏在大山里，将大山藏在大泽里，可以说是十分牢靠了。然而，半夜里有个大力士把它们连同山谷和大泽一块儿背着跑了，睡梦中的人们还一点儿也不知道。将小东西藏在大东西里是适宜的，不过还是会丢失。假如把天下藏在天下里而不会丢失，这就是事物固有的实情。所以，有智慧的人将生活在各种事物都不会丢失的环境里，与宇宙万物共存亡。

这则寓言很值得玩味。不管如何将小东西藏在大东西里都有可能丢失；只有把天下藏于天下，才不会丢失。把天下藏于天下，其实是以不藏为藏，即不藏之藏。那个力大无比的大力士（"有力者"）又是什么呢？是无力之力。这种无力之力是大道，是造化，是自然法则，也是绵延不绝的时间之流。一个人唯有把个体生命寄托于"道",才能在大化流行中真正找到或者拥有自己的安身立命之所。

造化之力,变故日新,骤如逝水。世事在不知不觉之中变化着,尤其是生老病死的自然法则,就像小偷和大盗,把人之拥有的一切东西都偷得精光,让一切繁华转眼之间化为云烟。我们想方设法使用各种美容剂、保健品、营养品等以及各种养生方式保养身体、留住容颜,但是绞尽脑汁藏了半辈子又如何呢?仍然逃避不了老病死。

有句话,"岁月是一把杀猪刀"。岁月不饶人,它偷走了我们的青春,偷走了我们的健康,偷走了我们的生命。这就是造化,这就是大道,这就是自然法则,这就是时间之流。

怎么办呢?打个比方说,一滴水怎样才能够不干涸?要放到大海里去,与大海融合为一体。同理,一个人怎样才能够把自己的生命保全得最好且永久存续?就像一滴水融入大海一样,一个人只有融于永恒的大道当中,才永远不会灭亡。这就是庄子的最高层次的养生。

"岁月不饶人,我亦未曾饶过岁月。"木心这话说得虽有点俏皮,却能够折射出某种生活智慧。其一,在一般意义上,要承认岁月的强悍,绝不虚度岁月。其二,在更高层面的意义上,我们要清楚,自然法则决定了一个人是不可能与岁月相抗衡的——他不管如何努力,注定都是岁月的手下败将;也许,唯有思想、精神、才华等,才可能成为与岁月相抗衡的力量。

二、善生善死

凡人都有生老病死,这是自然而然的铁律。庄子重视养生,必然重视老病死。如何养生送死,如何善生善死,是庄子人生哲学中极其重要的内容。在庄子看来,只有对生老病死的人生全景图参悟透彻,才能实现真正意义上的快乐和自由。

（一）善生总纲

生和死是相互对应的，且是不可分割的整体，养生必然涉及如何合理地对待死亡。正因为死亡的存在，我们的人生才变得异常沉重、残酷；同时，也正因为我们能看穿死亡，不断提升人生智慧，才能活出有限人生的意义和精彩。

我们在前文中讨论老子哲学时曾经说过，人的坟墓恰可成为"道"的发祥地。要是人不会死的话，"道"是没有存在的必要的，甚至道家哲学也几乎没有了价值。事实是，我们每个人都是人间世中转瞬即逝的存在，由生存到生活必须有一个参照系。用庄子的话说，要经常以方之外来观照方之内。方之内就是世俗之内，方之外就是超越世俗。方之外和方之内，其实是一体的；我们要善于跳出世俗的空间，在方之外观照方之内。每个人总共活不过百年，要早早勘定人生边界，观照这不过百年的一生到底怎样度过。否则，就容易活成一个彻头彻尾的糊涂虫。

生死问题也是人世间唯一可能的一种普遍平等。虽然宣扬人生而平等，但实际上，现实的平等几乎是不存在的；真正世俗意义上的平等只有一个，即任何人都百分之百地要走向死亡。在唯一的平等——死亡面前，世俗所有的差别顷刻之间彻底消解。我们不妨回顾一下杨朱说的一段话：

> 万物所异者，生也；所同者，死也。生则有贤愚贵贱，是所异也；死则有臭腐消灭，是所同也。……十年亦死，百年亦死，仁圣亦死，凶愚亦死。生则尧舜，死则腐骨；生则桀纣，死则腐骨。腐骨一矣，孰知其异？且趣当生，奚遑死后？（《列子·杨朱》）

这段话阐明了：第一，死亡的普遍性；第二，死亡的平等性；第三，活在当下对于每个人的极端重要性；第四，要重视生命的过程，不必太关注结果，因为结果非常简单，且注定都是一样的——一切都将化为乌有。

每个人生来都不想死，可是，每个人生来就是在走向死，且必然走向死，老子称之为"出生入死"。假如我们真正重视生的话,必然得重视死。人一辈子习惯于不断地做加法,而最终的结果却是一切都将统统归零。于是,就回到了一个基本公式:

$$人生的魔力 = (a+b+c+d+\cdots\cdots n) \times 0$$

对于每个人而言,这是一个既恼人又迷人的人生哲学问题,也是人生必须面对的最大悖论。

那么,作为一个参透生死的智者,庄子是如何回答的呢?或者说,庄子的养生送死、善生善死的总纲是什么呢?庄子在《大宗师》中反复讲过一句话:

> 夫大块载我以形,劳我以生,佚我以老,息我以死。故善吾生者,乃所以善吾死也。(《庄子·大宗师》)

大道承载我并生成我的形体,用生存来使我劳碌,用衰老来使我安逸,用死亡来使我安息。所以,安善我的生命的,也因此可以安善我的死亡。

这句话,可谓庄子的养生送死、善生善死的总法则和总宣言,它把我们每个人整个一生的生老病死全过程都清楚地展示出来了。人之生老病死,佛学称为"四苦",而庄子则称为"四顺"——以通达大道的造化使生老病死完全顺化。

庄子的善生善死的顺化思想对后世影响巨大。不光道家,儒家以及新儒家也非常认同庄子的这种观点。譬如,北宋哲学家张载有一幅贴在墙上的座右铭叫"订顽",最后两句话讲:

> 富贵福泽,将厚吾之生也;贫贱忧戚,庸玉汝于成也。存,吾顺事;殁,吾宁也。[1]

---

[1] (宋)张载著,章锡琛点校:《张载集》,中华书局1978年版,第62—63页。

其大意是讲，不管是富贵还是贫贱，一个人活着都要顺应自然法则而行，死了之后就安安静静地融化于大道中。这实际上就是庄子的善生善死的顺化思想的另一种表达。

把握了庄子善生善死的总纲，我们来看庄子如何具体论证"善生善死"的，我们从中可以获得什么人生智慧？

（二）白驹过隙

道家强调，每个人都必须直面自己"出生入死"的基本事实。老子讲"出生入死"，其本意是，人一出生，就在走向死亡。庄子则用了一个更为生动的比喻，叫白驹过隙：

> 人生天地之间，若白驹之过隙，忽然而已。注然勃然，莫不出焉；油然寥然，莫不入焉。已化而生，又化而死。生物哀之，人类悲之。（《庄子·知北游》）

人活在天地之间的时日，如同白驹过隙一样短暂，刹那而已。生长和勃兴，无不由道生发出来；变化和消逝，也无不消亡于道之中。已经变化出生了，又变化而死去。生物为其死而悲哀，人类为其死而伤悲不已。

大家想，我们每个人一出生的时候，都是蓬蓬勃勃的，都充满旺盛的生命活力，但是到了老病的时候，就开始日薄西山，逐渐变得枯萎衰朽，最后奄奄一息地走向死亡。

面对这种场景，李白讲得好："夫天地者，万物之逆旅也。光阴者，百代之过客也。而浮生若梦，为欢几何？"[1]人生在世，草木一秋。人生如逆旅，我亦是行人。在整个时间的长河里，每个人来到世上，都是匆匆过客，或者只是寄居者，转眼之间就消失得无影无踪了。没有经历过人生风雨的人，是很难理解

---

[1] （唐）李白著，鲍方校点：《李白全集》，上海古籍出版社1996年版，第252页。

其中况味的。很多人经常忘了这一基本事实，以为自己拥有的东西会永远属于自己，整日疲于奔命向外追逐不已。

人生苦短，我们不能不反思，时间对于人而言到底是什么？在我看来，可能至少有三种时间：一是物理意义上的时间，它以钟摆滴答滴答的匀速运转方式存在；二是生命意义上的时间，它以生命先慢后快加速度地流逝存在；三是精神意义上的时间，它以每一个体对自由的理解或体认的弹性程度存在。

物理时间是匀速运动的，但生命时间则不然。我们自己也许深有体会。童年的时间是很漫长的。稍微大一点，特别是到了青年以后，年龄越是增加，越觉生命时间加速度流逝。譬如，我们年轻时常常觉得度日如年，现在基本上是度年如日；刚刚过完今年的春节，还没转过身来，马上要过新一年的春节了。总之生命时间是加速度的，流逝得越来越快，直至死亡。

至于精神意义上的时间，我觉得古罗马哲学家奥古斯丁在《忏悔录》中描述得最为精彩：

> 时间究竟是什么？没有人问我，我倒清楚，有人问我，我想说明，便茫然不解了。但我敢自信地说，我知道如果没有过去的事物，则没有过去的时间；没有来到的事物，也没有将来的时间，并且如果什么也不存在，则也没有现在的时间。既然过去已经不在，将来尚未来到，则过去和将来这两个时间怎样存在呢？现在如果永久是现在，便没有时间，而是永恒。现在的所以成为时间，由于走向过去；那么我们怎能说现在存在呢？现在所以在的原因是即将不在；因此，除非时间走向不存在，否则我便不能正确地说时间不存在。[1]

时间只有现在，未来和过去并不存在。将时间分为过去、现在和未来三类是不正确的。或许这样说比较恰当：时间分过去的现在、现在的现在

---

[1] 〔古罗马〕奥古斯丁：《忏悔录》，周士良译，商务印书馆1963年版，第258页。

与未来的现在三类。这三类存在于我们心中，在别处无法找到；过去事物的现在就是记忆，现在事物的现在就是直接感觉，未来事物的现在就是期望。[1]

人们一般认为，时间有过去、现在和将来三个维度，但事实上，过去的已经失去，将来的尚未到来，怎么可以说明它们的存在呢？人们能感受到的存在，除了现在，还是现在，别无其他。因此，奥古斯丁认为，时间不是物理之流，不能被简单地划分为过去、现在和将来，而只能表述为"过去的现在""现在的现在"和"将来的现在"。一个人永远只能活在现在，活在当下，活在此时此地此境此身，要思索就现在思索，要醒悟就现在醒悟，要行动就现在行动，要快乐就现在快乐，要自由就现在自由。这便是一种永恒的当下主义。

（三）安时处顺

庄子让我们清清楚楚地意识到了人之生如白驹过隙的事实。人生是极其短暂的，老病又伴随着生而自然存在。那么，庄子对老病的基本态度是什么呢？简言之，四个字：安时处顺。庄子在《大宗师》中讲了一则极有思想震撼力和穿透力的寓言：

> 子祀、子舆、子犁、子来四人相与语曰："孰能以无为首，以生为脊，以死为尻；孰知死生存亡之一体者，吾与之友矣！"四人相视而笑，莫逆于心，遂相与为友。（《庄子·大宗师》）

子祀、子舆、子犁、子来四个人在一块交谈说："谁能够把无当作头，把生当作脊柱，把死当作尻尾，谁能够通晓生死存亡浑然一体的道理，我们就可以跟他交朋友。"四个人都会心地相视而笑，心心相契，于是相互交往成为朋友。

庄子用"相视而笑，莫逆于心"来形容人与人之间的深交。深交即神交，

---

[1] 〔古罗马〕奥古斯丁：《忏悔录》，周士良译，商务印书馆1963年版，第263页。

心有灵犀一点通就足够了，此时无声胜有声，任何言语不都是多此一举吗？必须用太多言语和行动去表白和证明的交往，又有多少靠谱的成分呢？难道还有比信誓旦旦、海誓山盟的交情更脆弱不堪的吗？庄子接着讲：

> 俄而子舆有病，子祀往问之。曰："伟哉，夫造物者将以予为此拘拘也。"曲偻发背，上有五管，颐隐于齐，肩高于顶，句赘指天，阴阳之气有沴，其心闲而无事，跰𨇤而鉴于井，曰："嗟乎！夫造物者又将以予为此拘拘也。"子祀曰："女恶之乎？"曰："亡，予何恶！浸假而化予之左臂以为鸡，予因以求时夜；浸假而化予之右臂以为弹，予因以求鸮炙；浸假而化予之尻以为轮，以神为马，予因以乘之，岂更驾哉！且夫得者，时也；失者，顺也。安时而处顺，哀乐不能入也，此古之所谓县解也。"（《庄子·大宗师》）

其大意是讲，不久子舆生了病，子祀前去探望他。子舆说："伟大啊，造物者！把我变成如此拘挛不伸的样子。"腰弯背驼，五脏穴口朝上，下巴隐藏在肚脐之下，肩部高过头顶，弯曲的颈椎如赘瘤朝天隆起。阴阳二气不和造成如此大病，可是子舆却气定神闲，好像没有生病似的，蹒跚地来到井边对着井水中自己的倒影说："哎呀，造物者竟把我变成如此拘挛不伸的样子！"子祀说："你讨厌这拘挛不伸的样子吗？"子舆回答："没有，我怎么会讨厌这副样子！假使造物者把我的左臂变成公鸡，我便用它来报晓；假使造物者把我的右臂变成弹弓，我便用它来打斑鸠烤熟了吃。假使造物者把我的屁股变化成车轮、把我的精神变化成骏马，我就用来乘坐，难道还要更换别的车马吗？至于生命的获得，是因为适时，生命的丧失，是因为顺应；安于适时而处之顺应，悲哀和欢乐都不会侵入心。这就是古人所说的解脱了倒悬之苦。"

这则寓言中蕴含的哲理相当隐晦和深奥，我们可以举例加以分析。一个人得病之后将会成为什么样子？可能有各种各样的情况。病成畸形，不像人样，也是常有的事。还有一些人得了颈椎病、脊椎病、坐骨神经症等，整天就只能佝偻而行。原来是个潇洒英俊的小伙子或者端庄靓丽的大姑娘，因为疾病可能

第六章　庄子：常超越的生活境界（二）

一下子变成惨不忍睹的模样。

我们可能都看过如《越战越勇》《向幸福出发》《成就梦想》等励志节目，其主人公就是疾病或衰老对于人的一种塑造。我们的青春是非常短暂的，时间或者光阴一会儿就把我们的青春给偷去了。并且，每个人都要面对老病的状况，仅仅是程度略有不同而已。

除了霍金，大部分人可能对史铁生也比较熟悉。他在陕西当插队知青时双腿瘫痪，只能靠轮椅行动，后来又患了尿毒症，每周须透析两次。他的几乎所有作品都是在生病间隙写成的，他曾经幽默地自我解嘲："我的工作是生病，业余写点东西。"[1]他在不断追问生命的意义，于 2010 年 12 月 31 日刚满 59 岁时离开人世。还有，大家可能留意过一个叫刘大铭的小伙子，他 17 岁上高三时在轮椅上写了一本小书叫《命运之上》，回忆了自己成长过程中生病、治病、求学、创业等与命运抗争的一串经历，其中富含生命的正能量，大家如果有兴趣可以关注。

这些因疾病而残疾者的状况是我们生命过程的浓缩，至少可以给我们一种人生的参照。每个人生病和老迈之后可能变成什么样子，你自己是不可能预先知道的，但是每个人都要经历这样一个过程。

那么，怎么来对待呢？庄子提出的基本态度是："安时而处顺，哀乐不能入。"来了，你要安，遇到了，你要顺，由此才不会被悲哀和喜悦所困扰。这样，你才能安然自若地优游于人世间。

在深度接触了许多残疾朋友并阅读了不少残疾者的传记后，我发现，凡是能够这样安然自若地活下来的人，都必定经历了一个非常漫长、非常痛苦的煎熬过程，甚至大都有过若干次痛不欲生的经历。包括刚才说的史铁生、刘大铭等在内，不少人都经历过若干次轻生。不经历风雨，怎能见彩虹？只有经历了人生的至暗时刻、挺过来和悟过来的人，才能够拥有安时而处顺的阳光心态。

---

[1]　史铁生：《病隙碎笔》，陕西师范大学出版社 2006 年版，第 5 页。

人生中许多事项并不是你自己说了算的，所以要安时处顺。但是，自发地自然而然能安顺吗？不可能。必须通过一种自我刻苦的磨砺和修炼。谁也不敢说你不会遭遇某种厄运，并且老病是每个人必然要面对的经历。如果到了这一步，你是怨天尤人或者呼天唤地，然后早早把自己打发掉，还是在觉悟之后做另一种选择？事实上，许多人确实早早就把自己打发掉了。经历了人生的至暗时刻，要活得非常阳光、积极乐观、旷达豁达，非常重要的就是要深刻领悟庄子的"知其不可奈何而安之若命"的哲学内涵。

顺便提一下，许多人喜欢以"消极无为"来给道家贴标签，可谓知其一、不知其二。其实，不管是老子还是庄子、列子，都可以被称作"积极的大有为者"，只不过其"有为"不以物质为中心，而以精神为主导，不致力于行走功名，而致力于行走自由罢了。

我们再来看《大宗师》，被疾病折磨得不成人样的子舆发出铮铮誓言：

> 浸假而化予之左臂以为鸡，予因以求时夜；浸假而化予之右臂以为弹，予因以求鸮炙；浸假而化予之尻以为轮，以神为马，予因以乘之，岂更驾哉！（《庄子·大宗师》）

这铮铮誓言，岂不具有震人心魄的强大力量？庄子给出了一种向病而在的关注视角——疾病，可以帮助人确立一种更为合理的价值尺度。人一患病，对于什么是最重要的东西，对于孰轻孰重、孰真孰假，经常能做出一种新的判断和排序，而能否始终如一地遵循这种判断和排序，往往显示了一个人的明智程度。这才是"知其不可奈何而安之若命"。

庄子这段话，更是一份最好的善生善死的宣言书。在我看来，言其要者，人之善生善死的核心要素无非两个：一是命，一是力（图6-2）。对于命，要做到一个字——安，安时而处顺，善于顺应自然；对于力，也要做到一个字——勤，勤而行之，善于自我主宰。

图 6-2　由"力 + 命"构成的人生太极图

第一个核心要素是命，命规定了一个人整个活动的范围和可能区间。一个人要认清哪些是自己说了不算的，凡是自己说了不算的方面或者不可改变的事项，都可以归到命的范围之内。所谓命，或者是天命，或者是命运。对于我们的人生来说，毕竟很多东西是自己说了不算的，如出身、天赋、外在机遇、生老病死等。对于这些自己说了不算的东西，要采取什么态度？唯有安时而处顺。

世间总有许多不在人力范围之内的，个体根本不可知、不可控、不可为的东西。人生中总有一些自己无法改变、不以个人意志为转移的事情，只有对之保持足够的觉悟和敬畏，并善于与之达成和解，一生与之结伴而行，才算是真正学有所得。这便是"知其不可奈何而安之若命，德之至也"。一个人永远不要抱怨自己的出身、自己的父母、自己的天资、自己的机遇、自己的才情和自己的过去，以及自己无法逃避的苦难……与其怨天尤人、愤愤不平、郁郁寡欢，不如坦坦然然、洒洒脱脱、快快乐乐。与之明澈体认且平和共处，既是一个人走向成熟的基点，也是修德所能抵达的极致。

以坦然和豁达接受那些不能改变的，以勇气和坚韧改变那些能改变的，且以智慧分清二者之间的区别。这，可以说是善生最基本的方面。

第二个核心要素是力。力决定了一个人以什么样的方式行动，以及可能达到的高度。所谓力，或者是人力，或者是人事。我们的人生事项中除了自己说了不算的，毕竟还有自己说了算的东西，要将其牢牢掌控在手上。认清那些自己说了算的，然后咬定青山不放松，任尔东西南北风，锲而不舍，终始如一，终生勤而行之。比如，把自己的特点和优长想明白、写明白、说明白，然后不动摇、不懈怠、不折腾。于是，你天天有活泼泼的新鲜感觉。如此，你才发现不管多小的事情，都可以是一个无比宏大的世界。

力很重要的方面在于，要每天快快乐乐地活在当下。假如未遭受重大疾病折磨的话，保持快乐实际上是每一个人自己可以说了算的。你不快乐，是因为你自己选择不快乐，没有任何人可以捆绑着你让你不快乐，这说到底是由你自己知行合一的价值观决定的。比如：（1）每天静坐一分钟，每天读书一小时，每天运动一小时，把每一天过得有滋有味；（2）不追悔过去，不妄想未来，快快乐乐地活在当下；（3）以真性情为主导，顺应自己的天性而自由自在地生活；（4）只注重今天之我和昨天之我的比较，每天进步哪怕一点点就好；（5）做日新之人，每天留意并记录一点点新场景、新发现、新思考、新收获，"苟日新，日日新，又日新"；（6）做日好之人，每天留意发现并记录一件值得感恩或开心的事；等等。这些都是自己完全可以说了算的。广义言之，就是生命的宽度和生命的厚度。凡是自己说了算的，必须牢牢掌控，自我主宰，这永远是一个人的立身之本。人生的快乐和自由在于做自己当下能把握、当下能行的事情，越做越行，越行越做，越做越有趣，越做越幸福。

其实，所谓成就是在命所确定的活动区间之内取最佳。至于究竟是在最下游、中游，还是在上游或顶点，取决于力，取决于个人的努力程度（包括锲而不舍的勤勉和适性而为的方法）。假如你努力的话，可能到达上游，甚至到达那个顶点。假如你不努力的话，可能处在最下游。

如此一来，一方面，命规定了一个人活动的方向和范围，力则可以在方向和范围之内争取上游，力恰恰体现了命的具体实现形式和实现程度；另一方面，要凭借人力而知天命，并牢牢掌控自己说了算的人生事项，由此主宰自己的生命，享受生命的过程，始终发掘当下的力量，把生命中的每一天都活得有滋有味。当这两个方面有机结合或者达成一种动态平衡的时候，你就有了自己自如

第六章 庄子：常超越的生活境界（二）

自在的生活世界（表6-1）。这是庄子的安时处顺给我们的一个重要启示。你看，这非但一点也不消极，反而是更合理、更明智、更积极进取的人生态度。

道家哲学与心理健康演习

表6-1　"力与命"奇妙关系的自选自答

事项	态度	自选	选项（可根据自己的人生遭际而增加选项）
命	1. 知其无可奈何而安之若命 2. 安时而处顺，哀乐不能入		A. 出身；B. 父母；C. 气质或脾性；D. 性格；E. 才能；F. 时代与环境；G. 机遇与运气；H. 长相；I. 疾病；J. 衰老；K. 死亡；L. 残疾或缺陷；M. 得失成败；N. 荣辱褒贬；O. 财富；P. 名声；Q. 地位；R. 权力；S. 爱情婚姻；T. 修德悟道；U. 自知自胜；V. 乐在当下；W. 每日常规；X. 日日新；Y. 自然灾害；Z. 战争；……
力	1. 强行者有志 2. 终生勤而行之		
力&命	尽人力而知天命		
据我的人生阅历而言，天命与人力之间到底具有什么样的奇妙关系？			

（四）临尸而歌

生老病之后，接下来要面对的就是死了。一个人接触死，一般要经历一个过程，往往是先接触你所熟悉的人的死，然后接触最亲近的人的死，最后经历自己的死。

我们看一看庄子作为一个哲学家，在这个过程中是如何思考和认知的。首先，对于熟悉的朋友的死，庄子在《大宗师》中讲了一个临尸而歌的寓言。

子桑户、孟子反、子琴张三人相与友曰："孰能相与于无相与，相为于无相为？孰能登天游雾，挠挑无极，相忘以生，无所穷终？"三人相视而笑，莫逆于心，遂相与友。莫然有间，而子桑户死，未葬。孔子闻之，使子贡往侍事焉。或编曲，或鼓琴，相和而歌……孔子曰："彼游方之外者也，而丘游方之内者也。外内不相及，而丘使女往吊之，丘则陋矣！彼方且与造物者为人，而游乎天地之一气。彼以生为附赘悬疣，以死为决痪溃痈。夫若然者，又恶知死生先后之所在？假于异物，托于同体；忘其肝胆，遗其耳目；反复终始，不知端倪；芒然彷徨乎尘垢之外，逍遥乎无为之业。"（《庄子·大宗师》）

这则寓言篇幅较长，其大意是讲，子桑户、孟子反、子琴张三人相互结交为朋友，他们说："谁能在无心中相交往，在无相中相助呢？谁能登天绝尘，徘徊于太虚，相忘有生，与道同游于无穷之境呢？"他们都会心地相视而笑，彼此心意相通，无所违背。于是，他们三个就相互结交为朋友。他们交往不久，子桑户死了，尚未埋葬。孔子听到子桑户死去的噩耗，便派子贡前去吊唁和帮助料理后事。孟子反和子琴张却一个编曲、一个弹琴，相互应和而歌唱……孔子说："他们都是超脱凡人、逍遥于世外的人，我只是生活在礼仪法度里的人，世外之人和世内之人是彼此不同的两种境界。我派你去吊唁子桑户，看来我是何等鄙陋啊！他们正在与造物者结成伴侣，而与大道浑然一体。他们把人的生命看作附生在人身上的多余的瘤，把人的死亡看作人身上的脓疮溃破。像他们这样的人，又哪里知道生死的差别？假借不同物体，而共成一身；忘掉身上的肝胆，忘掉头上的耳目；从生到死，循环往复，不见头绪；茫然无所挂牵地逍遥于世外，彷徨于空寂无为的地方。"

大家看，孟子反、子琴张这些悟道的人对于自己朋友子桑户的死，能临尸而歌，或者以唱歌的方式为他送行，最主要的原因是什么？因为他们能登天绝尘，徘徊于太虚，相忘有生，与道同游于无穷之境；说到底，是能够跳到"方之外"去观照"方之内"，也就是说，能够跳到世俗之外去关注世俗之内。有人可能马上会说，一个人不可能跳到世俗之外，他永远生活在世俗空间内。从物理空间的角度考虑，确实如此。但是，从精神角度来说，你完全可以提前把人生的边界和人生的全景全面考察和勘测一番，先勾勒一幅清晰的人之生老病死的全景图。这时再反观生，你现在到底存活在哪一段，对照人生全景图进行观照和划定坐标。如此一来，必然活得明白而从容，怎么可能迷失呢？这便是一种以"方之外"观照"方之内"。

事实上，一个人不可能永远存活在"方之内"。即使你不主动跳出来，早晚也会被动跳出去。什么时候？死亡的时候，即使你不想跳，也跳出去了。与其到那时跳出去，为什么不现在经常跳出去观照一下，这难道不是更主动、更从容、更自由吗？这样才可能有一种临尸而歌的觉醒意识，也才可能达到顺生顺死。

（五）鼓盆而歌

其次，更进一步，自己最亲近的人死了，譬如自己的父母、自己的兄弟姊妹、自己的配偶等。《至乐》篇中有一个大家非常熟悉的寓言，叫"鼓盆而歌"，讲庄子的妻子去世了，他是如何思考、如何处理的：

> 庄子妻死，惠子吊之，庄子则方箕踞鼓盆而歌。惠子曰："与人居、长子、老，身死，不哭亦足矣，又鼓盆而歌，不亦甚乎！"庄子曰："不然。是其始死也，我独何能无慨然？察其始而本无生；非徒无生也，而本无形；非徒无形也，而本无气。杂乎芒芴之间，变而有气，气变而有形，形变而有生。今又变而之死。是相与为春秋冬夏四时行也。人且偃然寝于巨室，而我噭噭然随而哭之，自以为不通乎命，故止也。"（《庄子·至乐》）

其大意是讲，庄子的妻子死了，惠子前往吊唁，庄子却正分开双腿像簸箕一样坐着，一边敲打着瓦罐一边唱歌。惠子说："你和你的妻子一起生活了这么久，她帮你养大孩子，现在因衰老而死去，人死了你不伤心哭泣也就罢了，又敲着瓦罐唱起歌来，也太过分了吧！"庄子说："不是这样。她死之时，我怎么能不伤心呢！然而仔细反思，她原本就不曾出生，不只是不曾出生而且本来就不曾具有形体，不只是不曾具有形体而且原本就不曾形成元气。夹杂在恍恍惚惚之中，变化而有了元气，元气变化而有了形体，形体变化而有了生命，如今变化又回到死亡，这就跟春夏秋冬四季运行一样。死去的那个人将安安稳稳地寝卧在天地之间，而我却呜呜地围着她啼哭，自认为这不能通晓于天命，所以也就停止了哭泣。"

庄子作为一个哲学家，对于人的生死过程及其本质的反思，会给我们原来觉得完全不可理解的东西一种可能的理解。每个人的生命就和庄子的妻子一样，原来是无，然后成了气，然后借助父母生出来，后来这个气慢慢消散，慢慢又归于无。这就是生死的全过程。

庄子在很多地方讲"生非我有"。譬如，身"是天地之委形也；生非汝有，是天地之委和也"（《庄子·知北游》）。整个的生命不是你自己，而是天地阴阳相合而给你的，阴阳一旦失和，生命就开始走向衰弱，然后就走向死亡。可见，每个人都是莫名其妙地出生，无可奈何地死去，生和死都不是你自己说了算的事项。

正因为庄子对此有了深刻的反思和觉悟，所以他才停止了哭泣，开始鼓盆而歌，以唱歌的方式为自己最亲爱的人送行，这叫"以理化情"。深刻理解了生命的本项、有了这种觉悟之后，他就能以理化情。

一般而言，一个人失去了自己的亲人时，肯定是痛苦且会痛哭的。庄子因妻子之死鼓盆而歌，恰是一种以理化情。如果用我们很熟悉的一句歌词来说，是"情到深处人孤独"。通过唱歌的方式为妻子送行，同时也能最大限度地排解自己的孤独。你说庄子无情吗？这恰恰是一种最深沉、最真挚的感情，是一种无情之情，是一种以理化情。

以理化情，其实也是以超世或游世的方式入世。对此，我不妨举个例子。李叔同的母亲死了，他的母亲是小妾，小妾死了，按照当时的礼仪，就不能按照正规的方式出殡。于是，李叔同给她开了一个奇特的追悼会——一场音乐会，他弹着钢琴为母亲做最后的送行。李叔同把母亲的葬礼办成一场音乐会，难道不是一种鼓盆而歌吗？

泰戈尔说得好，"世界以痛吻我，要我报之以歌"。人悲痛的时候都要哭，但他为什么要唱歌？因为他对悲痛有了更深刻的理解，于是用歌的方式来排解这种悲痛，这也是以理化情。

大家可能非常熟悉贝多芬的《欢乐颂》（第九交响曲），其旋律欢快，气势磅礴，意境恢宏。《欢乐颂》是在什么情况下创作的？在贝多芬历尽人生风雨、遭遇各种不幸之后。尤其是晚年，他遭受失聪、肠胃病、肝硬化等病痛折磨，且濒临死亡。他不是用悲伤的音调来哀叹生命，而是用恢宏的欢乐旋律来歌颂人生的辛酸和磨难。这难道不是一种鼓盆而歌、一种以理化情吗？

（六）至豪之葬

最亲近的人死了，接下来就该到自己的死了，这是每个人必然要面对，且永远也逃脱不了的人生事件。庄子对于自己的死是怎么看的？我权且称之为至豪之葬：

> 庄子将死，弟子欲厚葬之。庄子曰："吾以天地为棺椁，以日月为连璧，星辰为珠玑，万物为赍送。吾葬具岂不备邪？何以加此！"弟子曰："吾恐乌鸢之食夫子也。"庄子曰："在上为乌鸢食，在下为蝼蚁食，夺彼与此，何其偏也。"（《庄子·列御寇》）

其大意是讲，庄子快要死了，弟子们打算厚葬他。庄子说："我以天地为棺椁，以太阳和月亮为连璧，把星星当作珍珠，把万物当作陪葬品。我的陪葬品难道还不齐备吗？还有比这更好的吗！"弟子们说："我们担心乌鸦和老鹰吃掉你的尸体！" 庄子说："天葬让乌鸦和老鹰吃，土葬让蝼蛄和蚂蚁吃，从乌鸦、老鹰那里夺过来给蝼蛄、蚂蚁，为什么这样偏心呢？"

庄子的葬礼，既可谓豪奢之至，当然又可以说是简单之至。实际上不过是抛尸于野，就是不葬之葬。庄子之所以把不葬之葬称为最豪奢的葬礼，最主要的原因是什么？在很大程度上，这恰是庄子一切达观和透彻的支点。他对于人生看得透彻，由此才有了对于自己死亡的达观之至。

这也是对于死亡的安时而处顺，实现了最后的"天地与我并生，而万物与我为一"。庄子对自己葬礼的安排，不就是放在天地之间，与天地万物浑然一体？要达到这个境界，没有一种大彻大悟是不可能的。

事实上，古往今来确有很多人拥有这种大彻大悟。譬如，法国作家司汤达的自题墓志铭："米兰人亨利·贝尔安眠于此。他曾经活过、写过、爱过。"日本作家村上春树，早早就给自己拟好了墓志铭："村上春树，作家兼跑者，1949—20××，他至少是跑到了最后……"[1] 著名作家琼瑶则在她的最后时光，以超乎常人的大勇，实践并照亮了她的自题墓志铭："生时愿如火花，燃烧到生命最后一刻；死时愿如雪花，飘然落地，化为尘土。"[2] 这些体现的不是一种对于生命的觉悟和达观吗？还有，当代画家黄永玉活到99岁，但他早早就立下了遗嘱：死后不留骨灰，以便以更自由的状态存于天地间。如果谁怀念他，可以看看天、看看云……这不就是庄子说的豪奢之葬？这不就是"天地与我并生，而万物与我为一"的万物一体境界？在很大程度上，早早主动地自题墓志铭、立遗嘱等，以便随时打点好归途的行囊，可能恰是一种对心理健康、人格健全、自我教育极有益的演习方式（表6-2）。

道家哲学与心理健康演习

表6-2 自题墓志铭和遗嘱

事项	自题或自答	修订
我的墓志铭		
我的临终遗嘱		
我对生命尊严的态度		
我对器官捐献和安乐死的看法		

---

[1]〔日〕村上春树：《当我谈跑步时我谈些什么》，施小炜译，南海出版公司2009年版，第181—182页。

[2] 琼瑶：《雪花飘落之前：我生命中最后一课》，作家出版社2024年版，第26页。

也许，诗人徐志摩的《再别康桥》无意之中也传达了这种觉解："轻轻地我走了，正如我轻轻地来；我轻轻地招手，作别西天的云彩。……悄悄地我走了，正如我悄悄地来；我挥一挥衣袖，不带走一片云彩。"[1] 这种诗意的表达，虽然不是写生死，却在不经意间契合了庄子的豪奢之葬，也契合了庄子顺化的生死观。

（七）气之聚散

通过前文的讨论，我们了解了庄子对于死亡的认知和体悟过程，由此，我们就可以进一步把握庄子对于生死本相的理解。

生死的本相到底是什么？死生本来是一体的；死不是生的对立物，而是生命的一部分；每个人都"出生入死"，每个人一出生就在走向死亡，生就是死。这是任何人都改变不了的自然法则。

庄子把这种人的生死本相概括为气之聚散：

> 生也死之徒，死也生之始，孰知其纪？人之生，气之聚也。聚则为生，散则为死。若死生为徒，吾又何患！故万物一也。是其所美者为神奇，其所恶者为臭腐。臭腐复化为神奇，神奇复化为臭腐。故曰：通天下一气耳。（《庄子·知北游》）

其大意是讲，生是死之同类，死是生之开始，谁能知道它们的规律？人的诞生，是气的聚合，气的聚合形成生命，气的离散便是死亡。如果死与生是同类相属的，那么对于死亡我又忧患什么呢？所以，万物说到底是同一的。这样，把那些所谓美好的东西看作神奇，把那些所谓讨厌的东西看作臭腐，而臭腐的东西可以转化为神奇，神奇的东西可以转化为臭腐。所以说，整个天下不过同是一气罢了。

庄子把死生看作一体，同时又把死生看成是等齐的，在什么意义上的一体

---

[1] 徐志摩：《再别康桥》，中国画报出版社 2014 年版，第 80—82 页。

和等齐？气。所以，庄子最后总结说："通天下一气耳。"(《庄子·知北游》)所谓气，不是呼吸的空气，而是元气，其本质上是一种宇宙原初的能量。

整个生死就是气的聚散，气聚就是生，气散就是死，气处在周流不息的变化之中。以气为载体，生死齐一，死生一体，实现与道合一。有了这个认知之后，人对生死的本相就有了一种洞察，就拥有了一种从容淡定的心态。

泰戈尔有句诗描述了这种从容淡定的心态："生如夏花之绚烂，死如秋叶之静美。"这道出了一种自然洒脱、一种泰然坦然，因为生死流转就像春夏秋冬的变化一样。

明白了生死不过是气之聚散，我们就容易进一步明白，每个人来到世间走一圈，用贾宝玉的话说，都叫"赤条条来去无牵挂"，出生的时候是光着屁股来的，死的时候一点点东西都带不走，所有的财产，所有的名声，所有的地位，所有的孽海情天，所有一切的一切，都丝毫带不走。

"隔壁老樊"有首歌演绎得倒是有意思："世界上有很多的东西，你生不带来死不带去，你能带走的只有自己和自己的脾气。"你死了能带去的只有什么？至多是你执着却虚妄不实的那个"我"和"我"的感觉。所有占有的东西，其实你都是临时借用一下而已，其实你一丝一毫也占有不了。

（八）生死两顺

讨论了庄子对生老病死认知的过程，我们可以做个小结。庄子的生死观代表的是道家对于人生的基本态度。这种态度的核心是善生善死，用另外四个字来代替，就是"顺生顺死"，或者"生死两顺"。

要真正懂得和体悟顺生顺死或者生死两顺，必须经历一个辩证提升的过程。我们可以在这样一个更为广阔的框架之下去思考。儒家是怎么看待生的？众所周知，儒家的创始人孔子是不愿意谈死的。弟子问死是怎么回事，孔子说："未知生，焉知死？"问鬼神如何，他说："未能事人，焉能事鬼？"(《论语·先进》)原因也很容易理解，即儒家一直致力于把自己的学说建构在"方之内"，如果一涉及死亡以及"方之外"的问题，这套学说就坍塌了。儒家的"未知生，焉知死"，体现的是一种对人生充分的肯定态度，即向生而生。

不过，儒家是在世俗的视野内去肯定生的意义，从世俗的"方之内"考虑人生问题，以聚焦于齐家、治国、平天下的维度。而一个拒绝思考死亡的学派，不可避免地会变得流于表面，只关心外在伦理纲常的形式。当死亡被有意掩蔽或拒斥的时候，生命便失去了它应有的深度和根基。

德国哲学家海德格尔受中国道家哲学的启发，提出了一种相反的生死观，我们权且称之为"未知死，焉知生"，即向死而生。[1]具体而言，一个人如果没有充分意识到自己的死亡，不知道自己必定要死，他就根本不可能知道到底应怎么生。这是一种对生的否定态度，其本质上是通过对生的否定，在更高的意义上去肯定生。试想，当一个人真正领悟到自己必死的时候，他会多么珍惜和珍爱当下每一分每一秒的美好光阴。

作为道家的代表人物，庄子提出了死生一体、死生两顺的生死观。庄子通过气之聚散的本相来审视人之存没的自然法则，由此形成了一种洒脱自在的生死两顺的生死观。就像陶渊明的描述："纵浪大化中，不喜亦不惧。应尽便须尽，无复独多虑。"[2]

但是，我们不要简单地理解这个"顺"字。因为实现顺是很难很难的，生死两顺绝不是简单的事。大家想，一个人能自发实现顺生顺死吗？不可能。顺生顺死，一般都要经历一个先肯定生，然后用死来否定生，然后又在更高层面上否定死的过程，这实际上是一种否定之否定的过程。因此，"顺"是否定之否定的产物，它是人的一种自觉的修炼和精神创造。我们从庄子鼓盆而歌的"以理化情"中看得非常明白。他在把这整个过程认识透了以后，才有了那种达观，才有了那种超脱，才有了那种豁达，才有了那样一种诗意的心态。

这与《养生主》反复强调的"缘督以为经"是一致的。"得者，时也；失者，顺也。安时而处顺，哀乐不能入也。"(《庄子·养生主》)一个人来，自己说了不算；

---

[1] 〔德〕海德格尔：《存在与时间（修订译本）》，陈嘉映、王庆节译，生活·读书·新知三联书店2014年版，第299—305页。

[2] （晋）陶渊明著，龚斌点校：《陶渊明全集》，上海古籍出版社2015年版，第23页。

一个人去，自己说了也不算。唯一说了算的就是对此的态度，让来就来，让去就去，坦然面对。拥有这种安时处顺的洒脱，本身就是一种极高的修养了。

庄子这种生死两顺的生死观对于洒脱脱的生活，非常之重要。大家想象一下，对个人而言，人世间还有比生死更大的问题吗？当你把生死看透时，还有什么东西能够困扰你吗？也唯有在参悟生死之后，人才算具备了基本的哲学思考能力和生活的勇气。在这种意义上，庄子讲悟道的核心也在于领悟生死。

领悟生死尤其是深悟自己的死亡，以此充分思索人生的目的和意义，是心理健康和人格健全的基石。参透生死，深知"生是偶然，死是必然，尽其应然，顺其自然"，足以使一个人看清人生的真相，从根本上改变对世界的看法，获得巨大的精神能量——获得一种精神的大解放、大自由、大快乐：其一，淡化或者漠视结果，聚焦于人生的过程，把每一天过得有滋有味。其二，淡化或者放弃各种参照系下的攀比，充分发掘、珍爱并发展自己的独一无二性，专注于建立独立自足而内生封闭的精神家园。其三，最大限度地超越物化世界的限制，更深沉地热爱人生，活出真性情来；清清楚楚地知道并守护真正重要的东西，从而活得真实、快乐和自由。因此，领悟了生死之后，人生最合理的活法应是这样的十六字诀：顺应自然，随遇而安，活在当下，享受过程。

庄子反复强调领悟生死对人生的极端重要性。比如：

死生无变于己，而况利害之端乎？（《庄子·齐物论》）

死生亦大矣，而无变乎己，况爵禄乎？（《庄子·田子方》）

死生亦大矣，而不得与之变；虽天地覆坠，亦将不与之遗；审乎无假而不与物迁，命物之化而守其宗也。（《庄子·德充符》）

大凡真能读懂庄子哲学的人，都具有谈笑于生死之际的通达和豁达，比如前文提到的陶渊明、苏东坡、袁宏道、林语堂、黄永玉等。这也是我们要从庄子哲学中获取的基本精神养料。

哲学就是死亡的预习，道家哲学更是如此。为什么要预习死亡呢？预习死亡，说到底就是要没有死而先行经历死。这里面包含的深层秘密是什么？当一个人关注死亡、明明白白知道自己必死的时候，他才能够关注自由；思考死亡，实际上就是思考怎么自由地生，就是思考活着的价值和意义。你没有这样考虑过，你活着就不可能真正自由和快乐，就会受到各种各样的外物捆绑而行尸走肉一样地生存。

事实上，古往今来，凡是建树伟大事业的人，在精神上有成就的人，一定都是早早就开始思考死亡问题的。为什么？因为哲学就是预习死亡，关注死亡就是关注自由，思考死亡就是思考自由、反思人生的目的和意义，如此人才能活得通透、明白。

举例来说，大家非常熟悉的著名作家海伦·凯勒，她最流行的一篇文章叫《假如给我三天光明》（"Three Days to See"），里面讲了许多向死而生的内容。譬如，她说有时我们这样生活是一种最好的方式：

> Sometimes I have thought it would be an excellent rule to live each day as if we should die tomorrow. Such an attitude would emphasize sharply the values of life. We should live each day with gentleness, vigor and a keenness of appreciation which are often lost when time stretches before us in the constant panorama of more days and months and years to come. [1]

每天都好像是活着的最后一天。明天你就死了，明天太阳的升起将与你无关，今天是你最后一天。你这样活的话，就是一种向死而生的活法。这时，你会反思什么东西是最重要的，可能原来感觉天大的、极端重要的东西，一下子就灰飞烟灭、跑到老远了。这样一种生活态度会非常强调生命本身的价值，这样活，

---

[1] Helen Keller, "Three Days to See,"载《假如给我三天光明（英文原版）》，译林出版社2020年版，第125—126页。

就能活得非常优雅、非常有活力、非常有激情,因为你知道什么东西是重要的,就会珍惜生命的每一天、每一分、每一秒。大家如果有兴趣,可以反复读一读《假如给我三天光明》。海伦·凯勒谈了好多,比如她说,假如给她三天光明,她能看得见更加值得珍爱的世界。许多健康人眼睛能看得见、耳朵能听得见,却白白浪费了自己的眼睛、自己的耳朵,却看不到、听不到最美的东西、最有价值的东西。这就是因为缺乏发现,你根本意识不到,所以整个世界就是一堆碎片、一地鸡毛。

再如,苹果公司的创始人乔布斯。我研究企业文化时,经常反复追踪研究苹果公司。乔布斯2005年到母校斯坦福大学演讲。在演讲中,他谈到,他在17岁的时候,就读过一句格言:"如果你把每一天都当成你生命里的最后一天,你将在某一天发现原来一切皆在掌握之中。"这句话从他读到之日起,就对他产生了深远的影响。在过去的33年里,他每天早晨都对着镜子问自己:"如果今天是我生命中的末日,我还愿意做我今天本来计划做的事情吗?"当一连好多天答案都是否定的时候,他就知道做出改变的时候到了。[1]

他做这个演讲时已经50岁了。他说,在17岁之后的整整33年里,每天早晨起来以后,他都要把事情重新审视一下、重新厘定做事的排序,确认哪些是真正有价值的,哪些是没有价值的。这时,他活着才是有意义的。大家可能知道,乔布斯是善于静修的。苹果公司能够做出如此简约、具有市场吸引力且前卫时尚的"i"系列产品,可以说与乔布斯这种人格魅力和个人的精神修炼有着密切的关联。要是不了解乔布斯,你根本就没法理解苹果公司。可见,庄子的生死观,在企业家身上也随处可见。

庄子的生死观的核心在于,领悟生死,善待生命。庄子非但不厌恶生命,反而深沉地热爱生命。领悟生死的目的是什么?是向死而在,知道并守护真正重要的东西,活得真实、快乐和自由。庄子最看重什么?他最看重活泼泼的生命,最看重真实而自由的生活。用通俗的话说,就是要活出真性情来。所有名利权情都是过眼烟云,转眼之间将消失得无影无踪。善于享受当下,活出自己

---

[1] 参见〔美〕艾萨克森:《史蒂夫·乔布斯传》,管延圻等译,中信出版社2011年版,第498—499页。

的真性情来，活出真实的自己来，对于一个人才是最重要的。

常存死亡意识是极好的。我比较赞成"两天思维"：其一，每天都是生命最后一天的思维，要在重估价值的基础上做自己真正需要且重要的事情；其二，每天都是生命新的一天的思维，要把以前的一切得失成败归零，拥有一种全新的心态，一种平平常常的心态。

活得真实、快乐、自由，是人之为人最重要的。这，恰恰需要通过领悟生死才能了解。所谓把每一天都当成最后一天度过，所谓善于一切归零、从零做起，非常重要的就是要善于建构独立自主而内生封闭的精神世界。

在整个过程中，我们可能要不断进行这样一种提醒，就像经常说的"不忘初心，方得始终"一样。正如庄子所言："以其知得其心，以其心得其常心。"（《庄子·德充符》）其实，每个人内心深处都有这种常心，只是要善于时时响应常心的呼唤。

日本有一位著名画家兼作家叫东山魁夷，我记得在中学时就读过他的散文、看过他的山水画，获得诸多启迪。他有一篇散文叫《听泉》：

> 人人心中都有一股泉水，日常的烦乱生活，掩蔽了它的声音，当你夜半突然醒来，你会从心灵的深处，听到悠然的鸣声，那正是潺潺的泉水啊！回想走过的道路，多少次在这旷野上迷失了方向，每逢这个时候，当我听到心灵深处的鸣泉，我就重新找到了前进的标志。[1]

确实，每个人都可以这样，时时倾听心泉的呼唤，这是无我之我的呼唤，这也是我们心灵的故乡和家园。这也正如《故乡的云》所唱："天边飘过故乡的云，它不停地向我召唤，当身边的微风轻轻吹起，有个声音在对我呼唤。归来吧，归来哟，浪迹天涯的游子。归来吧，归来哟，别再四处漂泊。"这首歌里面也含有哲理的因子，和听泉的感受是完全相通的。

---

[1]　〔日〕东山魁夷：《东山魁夷的世界：听泉》，王中忱译，河北教育出版社2001年版，第1—2页。

三、同于大通

庄子的生死观最主要的作用在于使人深刻领悟，我们每个人都是生死之间的存在物，要在向死而在的基础上顺生顺死。这对于我们由生存到生活的提升至关重要。当然，要实现从生存到生活的提升，庄子除了强调以上顺生顺死的觉悟之外，也提出了一些具体而实在的修养方法。

庄子讲的修养方法，也是道家普遍看重的方法，假如用一个字来概括，就是——"忘"。忘是自觉地遗忘，在本质上是一种自觉地超越。比如，《大宗师》和《齐物论》讲忘是非、忘仁义、忘年忘义、忘生死等。人要以大道为师，而以大道为师的关键在于忘。或者说，忘是"大宗师"的不二法门，如果没有自觉地忘，就不可能与大道沟通，就只能当一个不合格的学生了。

通过忘的方式，自发的状态可以向自觉的状态提升。对于分别，原来看得很清楚，通过忘的方式，与道、浑沌建立了连接，就同于大通了。通就是和大道通为一体，这是庄子提出的方法。无论是个体的心斋和坐忘，还是群体彼此的相忘，都是为了实现同于大通。

（一）心斋

第一个方法是心斋。庄子在《人间世》中用了很长的篇幅论证心斋，他归纳说：

> 若一志，无听之以耳而听之以心，无听之以心而听之以气。耳止于听，心止于符。气也者，虚而待物者也。唯道集虚，虚者，心斋也。(《庄子·人间世》)

庄子讲，你必须摒除杂念，专一心思，不用耳去听而用心去领悟，不用心去领悟而用凝寂虚无的元气去感应。耳的功用只在于聆听，心的功用只在于跟外界事物交合。凝寂虚无的元气才是虚弱柔顺而能感应宇宙万物的，只有大道才能汇集于凝寂虚无的心境。这种虚无空灵的心境，就叫心斋。

庄子讲的"气"，不是空气的气，而是作为生命之本的元气，根本上是一种虚无空灵的宇宙能量。心斋着眼于"集虚"，通过去分别，实现致虚守静的状态。当你把头脑里所有的私心杂念都排出去、把所有分别都去除了的时候，虚无空灵的心境就会出现，这就达到了局部或整体的心斋状态。处于虚无的状态，就能和大道融合为一。虚己以游世，与大道浑然融为一体，就可以在整个宇宙之中逍遥游。

（二）坐忘

与心斋对应的另一个方法是坐忘。庄子在《大宗师》里讲得更加具体、更加容易理解：

> 堕肢体，黜聪明，离形去知，同于大通，此谓坐忘。（《庄子·大宗师》）

由遗忘礼乐、遗忘仁义到遗忘小我，最终实现遗忘形体，泯灭见闻，抛弃智巧，与大道浑然一体，就实现了忘掉一切。忘记了自己的形体，忘记了自己的小聪明，就和大道融通一体，这种状态就是坐忘。坐忘，其实是"为道日损"的过程，损之又损，忘之又忘，超越了所有有形的东西的限制，自然而然便与无形无象的大道、整个宇宙融合为一体了。

人的悟道、体道的过程，也是这样一种自觉遗忘的过程。《大宗师》把悟道和体道的过程归纳为八个阶段，即外天下、外物、外生、朝彻、见独、无古今、不死不生、撄宁。"外"是什么意思呢？说到底，"外"就是抽离出去、跳出去，本质上就是自觉地遗忘和超越。外天下就是把天下置之度外；外物就是把外在的物都忘了；外生就是把生死都忘了；朝彻就是好像在一个早晨最清醒地顿悟一样；见独就是见到独立而不改的大道，见到大道，实际上就是与道融合为一体；无古今也就是活在当下，因为当下恰是永恒的；不死不生就是和无限的、永恒的东西连接在一起。最后，就可以达到虚无空灵的撄宁境界了。何谓撄宁？就是指心神宁静、不被外界事物所扰、与道合一的虚静状态：

> 无不将也，无不迎也，无不毁也，无不成也。其名为撄宁。撄宁也者，撄而后成者也。(《庄子·大宗师》)

所谓撄宁，就是与道一体，而道作为万物之宗，无所送，也无所迎，无所毁也无所成。这时，一个人虽置身纷纭扰动、交争互触之地，却能不受干扰。

对于如何达到这种撄宁境界，庄子在《应帝王》里也有一段对应的精彩论述：

> 无为名尸，无为谋府，无为事任，无为知主。体尽无穷，而游无朕。尽其所受乎天而无见得，亦虚而已。至人之用心若镜，不将不迎，应而不藏，故能胜物而不伤。(《庄子·应帝王》)

庄子讲，一个有智慧的人，就不要做名声的工具，不要做智谋的府库，不要穷于应付事务，不要有智巧的作为。而要体悟无穷的大道，逍遥自在，游心于忘我空寂的境域。尽享自然所赋予的本性而不自现人为的所得，正是虚寂无为的心境。有智慧的人用心犹如明镜，物来不迎，物去不送，顺应自然，无所隐藏，所以能够超脱物外而不为外物所伤害。

一个悟道、体道之人在人间世中生活，首先要做好自己的帝王。具体怎么做？用心若镜。和外面打交道时，就像照镜子一样，心如明镜。这样和外物接触，物来不迎，物去不留，就能够主宰外物而不被外物所伤害。这其实是通过忘功、忘名、忘知、忘我而实现的一种快乐自由的状态。

可见，悟道和体道的八个阶段，动态地展现了"堕肢体，黜聪明，离形去知，同于大通"的坐忘过程，即通过遗忘外物从而不受外界干扰，透彻通达地体认无待的大道，最后消除时间与死生的阻隔，达到与道合而为一。

心斋和坐忘虽然是两种不同的修养方法，却具有内在的连接或承接关系。每个人都来自虚无，也终将归于虚无，虚无才是人生与世界的本根。唯"虚"，才能趋于"无"；唯"无，"才能实现"通"；唯"通"，才能与道合一。因此，心斋和坐忘可以视为"同于大通"的两个阶段：心斋着眼于"集虚"，坐忘着眼于"大通",对欲望"损之又损"而实现"虚"和"通",从而达至与道合一的境地。如果心灵太实了,什么都物化了,都实打实的,就没法通。只有通过无,才能够实现虚和通。

或者说,心斋与坐忘的内在关联在于,通过"化无"而达到"通道"。炼体化精,炼精化气,炼气化神,炼神化虚,炼虚化无,化无通道。"化无"的前提是静,静了以后,自然而然就进入化虚、清空的状态。虚了以后就能达到通,通了以后整个就和无融合为一体,而无恰恰就是道,这时就与道合为一体了。

在当今这种物化的时代,在这种躁动不安的时代,虚静是最稀缺的资源。能够在躁动、喧嚣之中保持一种安然自若的守静状态,是一个人最重要的财富。除了战争、瘟疫、饥荒、暴力等强力威胁之外,各种苦乐,其实并非外部世界的客观情形,其深层来源就在于个人的心智模式。世间最大的"监狱"是个人的心智模式。所谓坐忘、心斋等不过是运用某种持续、系统的方法观察、了解自己心智的真实状况,从而把握自己心智模式的具体方式而已。

对于致虚守静、静以修身,我反复提倡要每天静坐一分钟。每天一分钟总是有的,最主要的是践行到位、真正守静。守静四诀,叫松、空、匀、乐,最主要的是要把大脑清空,进入虚无空灵的状态。对此,我总结了一句打油诗:每天静坐一分钟,体无通道乐无穷。至少我个人多年深有体会,每天上午或下午工作一个阶段后,就静坐一分钟,气沉丹田,松空匀乐,无限享受。做起来很简单,可以因地制宜采取各种方式:在椅子上可以静坐,在床上最好是盘腿,假如能在恬静优美的自然环境中当然更好。

还有一种是马步站桩,与静坐的道理是一样的。还是要松、空、匀、乐,气沉丹田,眼睛最好是半闭半开,整个头脑处于清空的状态,整个身体都处于一种遗忘状态。一般来说,先做好一分钟,然后逐步增加到两分钟或者五分钟,随时随地可以做。

另外,假如你时间稍微充足,可以练习八段锦,这也是一种致虚守静的方式。假如你时间更充裕,可以练习太极拳。太极拳,在很大程度上是道家哲学的一种外化方式,也是致虚守静的一种方式。不管是八段锦还是太极拳,都要善于把握道家哲学致虚守静的基本思想，在此基础上做到意念、呼吸、动作三到位。当然，每天读一段道家哲学经典，联系自己的生活去反思它、体悟它、享受它，而不是为了完成什么作业，也是一种不错的方式。

总之，庄子所谓的心斋、坐忘，一点也不玄虚，一点也不抽象，而是很简单、很具体、很实在，人人都可以做，只要用心都可以做到。每天这样做，就是在储存精神之宝，天长日久定然受益无穷无尽。

（三）相忘

在个体修养方面，庄子主张坐忘，而在群体交往方面，庄子提出了一种最好的、最自由的状态，叫作相忘。相忘，即相互遗忘，根本在于各自逍遥。

关于相忘，《大宗师》中有非常著名的两段，第一段讲得尤为妙不可言：

> 泉涸，鱼相与处于陆，相呴以湿，相濡以沫，不如相忘于江湖。与其誉尧而非桀也，不如两忘而化其道。（《庄子·大宗师》）

其大意是讲，泉水枯竭了，鱼相互拥挤在陆地上，用呼吸的湿气相互滋润，用唾沫相互沾湿，还不如在江湖里彼此相忘。与其赞美唐尧而非议夏桀，不如把他们都忘掉，与道化而为一。

我们一般把两个人患难时的互帮互助称为相濡以沫。比如，夫妻相濡以沫，当你老了，头发白了，那个人还依然爱你。光在你青春勃发的状态时爱你，实际上任何人本能上都可以；真正的爱你是爱你的皱纹，爱你的白发，所谓相濡以沫。

但是，庄子认为，相濡以沫不如相忘于江湖。两条鱼相互吐着唾沫，苟延残喘，它们愿意这样做吗？不愿意，不得已而为之。最理想、最快乐、最自由的生活状态是什么？每条鱼都在大江、大湖或大海里自由自在地畅游，谁也不管谁，就像杨朱所说的那样"拔一毛而不为"。

庄子讲鱼，实际上是在讲人。因此，《大宗师》中相关的第二段讲，鱼在水里是很安适的，人在大道中畅游是很安适的：

> 鱼相造乎水，人相造乎道。相造乎水者，穿池而养给；相造乎道者，无事而生定。故曰：鱼相忘乎江湖，人相忘乎道术。（《庄子·大宗师》）

其大意是讲，鱼相生于水，人相生于道。相生于水的鱼，掘地成池而供养丰足；相生于道的人，顺性而为而心性沉静。所以说：鱼相忘在江湖中，人相忘在大道里。

因为鱼生于水，在水里很安适，所以给它一池的水或者一盆水，它就很高兴。因为人生于道，在道中很安适，所以让他处于一种悠闲的状态，叫事无事，这时他就达到了自由快乐的状态，叫性定。每个人都能游于大道，和大道融合为一，就都活得自由而快乐。

对于庄子讲的"相忘于江湖"，我们可以找到相比附的现代社会理论。如马克思在《共产党宣言》里对于"共产主义"做了一个界定：共产主义就是自由人的联合体，在联合体里，每一个人的自由发展是一切人自由发展的条件。每一条鱼都在大江、大湖或大海里自由自在地畅游，都活得非常幸福，这种对美好生活图景的描绘就是共产主义理想的一种形象的比喻。

（四）忘适之适

领悟了"忘"的妙趣，就明白了庄子所讲的安适或和乐。对此，庄子在《达生》中讲得最有意思：

> 忘足，履之适也；忘要，带之适也；知忘是非，心之适也；不内变，不外从，事会之适也；始乎适而未尝不适者，忘适之适也。（《庄子·达生》）

忘掉脚的存在，鞋子很舒适；忘掉腰的存在，腰带很舒适；知道忘掉是非，便是内心的安适；不改变内心的持守，不顺从外物的影响，便是遇事的安适，叫外化而内不化。本性常适而从未有过不适，也就是忘掉了安适的安适。

通过"忘"而获得种种具体的安适，最后归结为"忘适之适"。何谓"忘适之适"？本于自然的安适而未尝觉得不安适，即符合自然之道的安适。"忘适之适"的根本在于，忘掉自己与外物之间的对立，忘掉对安适的执着以消除安适之"待"，达到心无待的逍遥，便是真正的达生、真正的快乐（和乐）。始于安适、无处不安适叫忘适之适，连安适都忘记了，也就是最逍遥的游世境界了。

通过以上讨论，我们可以看出，庄子通过自觉地"忘"达到游世，实际上是以超世或游世的方式入世，是一种内圣而外王。这种高度的认知和觉悟，叫内圣。有了这种内圣，然后才能外王。外王，就是能够在人世间去自如应对各种各样人际关系的纠葛、各种各样名利权情的诱惑，能够真正地入世。否则，入世时非但事情做不好，被搞得晕头转向，碰得头破血流，还把自己的生命也早早戕害了。

总之，庄子的"同于大通"最主要的是，能通过自觉的遗忘达到与道合一的状态。要达到这种状态，很重要的是基于一种世界观或宇宙观，这也是我们前文在讨论《齐物论》时提到的——善于"以道观之"。

四、以道观之

世界观者，"观世界"之谓也。对于以道观之，我们在讨论《齐物论》时已经有所涉及，但是并没有分层次加以分析。庄子在《秋水》篇讲得更通透了。前文已经说过，《齐物论》和《秋水》之核心不过是阐明了两种宇宙观：一是以物观之，即以俗眼观世界；一是以道观之，即以道眼观世界。《秋水》和《齐物论》是姊妹篇，结合着《齐物论》再去看《秋水》，它实际上是以道观之展开的过程。

"以道观之"是道家的基本宇宙观。作为齐物思想的进一步展开，《秋水》展现了河伯和北海若之间的七轮对话，对价值判断的无穷相对性进行了饶有趣味的哲学思辨，通过七问七答的方式层层深入阐释了以道观之，尤其是通过论证价值判断的无穷相对性以无限观照有限。

我们还是回归到《秋水》的原文，细细咀嚼和品味河伯和北海若之间的七轮对话。河伯是黄河之神，北海若是北海之神。我们可以想象黄河之神和北海之神是何许人：河伯相当于我们这些一般的人；北海若则是一个悟道的人，或者就是庄子的代言人。

我们可以在品读过程中来一个角色扮演（cosplay）：黄河之神是你自己，北海之神是悟道之人或者庄子本人，你自己和庄子之间进行一场跨越时空的哲学对谈。何其有幸！何其有趣！你自己扮演的黄河之神作为一个谦卑的学习者，可能不外乎这样几种情况：或者坐井观天，夜郎自大；或者不谙世事，年少轻狂；或者朝秦暮楚，不知所归。不管哪一种，都有待通过启迪或启蒙睁开眼睛重新看世界，由此才引出了后面的七轮对话。假定自己是黄河之神去思考时，就很容易层层深入地进入情境，在研读原文的过程中获得无尽的美的享受和哲思的洗礼。

（一）见笑大方

庄子在《秋水》开篇展现了一个极其壮美辽阔的视界，由此引出了第一轮问答——见笑大方：

> 秋水时至，百川灌河。泾流之大，两涘渚崖之间，不辨牛马。于是焉河伯欣然自喜，以天下之美为尽在己。顺流而东行，至于北海，东面而视，不见水端。于是焉河伯始旋其面目，望洋向若而叹曰："……今我睹子之难穷也，吾非至于子之门则殆矣，吾长见笑于大方之家。"（《庄子·秋水》）

秋天的洪水随着季节涨起来了，千百条江河注入黄河，直流的水畅通无阻，两岸和水中沙洲之间连牛马都不能分辨。在这种情况下黄河之神自得其乐，认为天下一切美景全都聚集在自己这里。黄河之神顺着水流向东去，来到北海边，面朝东边一望，看不见大海的尽头。这时，黄河之神转变了原来欣然自得的表情，面对北海之神若仰首慨叹道："……如今我看见您的广阔无边，我如果不是来到您的面前,那就危险了,我将永远被有学识的人所讥笑。"

于是,庄子在《秋水》中接着借北海之神之口对以上困惑做了极有深度的回应和解释:

> 北海若曰:"井蛙不可以语于海者,拘于虚也;夏虫不可以语于冰者,笃于时也;曲士不可以语于道者,束于教也。今尔出于崖涘,观于大海,乃知尔丑,尔将可与语大理矣。天下之水,莫大于海:万川归之,不知何时止而不盈;尾闾泄之,不知何时已而不虚;春秋不变,水旱不知。此其过江河之流,不可为量数。而吾未尝以此自多者,自以比形于天地,而受气于阴阳,吾在于天地之间,犹小石小木之在大山也。方存乎见少,又奚以自多!计四海之在天地之间也,不似礨空之在大泽乎?计中国之在海内不似稊米之在太仓乎?号物之数谓之万,人处一焉;人卒九州,谷食之所生,舟车之所通,人处一焉。此其比万物也,不似毫末之在于马体乎?五帝之所连,三王之所争,仁人之所忧,任士之所劳,尽此矣!"(《庄子·秋水》)

北海之神说:"与井里的青蛙不能谈论关于大海的事情,是因为井口局限了它的眼界;与夏天的虫子不能谈论关于冰雪的事情,是因为时令局限了它的生存;与见识浅陋的人不能谈论大道的问题,是因为教养束缚了他的眼界。如今你从河岸流出来,看到大海后,才知道你的不足,此时就可以与你谈论道理了。天下的水,没有比海更大的了。万千条江河归向大海,不知什么时候停止,可海水却不会满溢出来;入河口泄入河水,不知什么时候停止,但海水却不曾减少;海水不因季节的变化而有所增减,也不受水灾旱灾影响。这说明它的容量超过长江、黄河的容量,不可计数。但是我未曾借此自我夸耀,因为自从天地之间生成形态以来,从那里汲取阴阳之气,我在天地里面,犹如小石、小木在大山上一样,正感觉自己见到的太少,又哪里还能自傲呢?计算一下四海在天地间,不像小小的蚁穴在巨大的水泽里吗?计算一下中央之国在天下,不像细小的米粒在大粮仓中吗？人们用"万"这个数字来称呼物类，人不过占其中之一；人类遍布天下，谷物所生长的地方、车船所通达的地方都有人，每个人只占其中之一；这表明人与万物相比，不像毫毛的末梢在马体上吗？五帝所连续统治的，三王所争夺的，仁人所担忧的，以天下为己任的贤人所劳碌的，全不过如此而已。"

在第一轮问答中，黄河之神的"欣然自喜，以天下之美为尽在己"的狭隘，与北海之神的"吾在于天地之间，犹小石小木之在大山也"的大气形成一种鲜明的对照，尤其是北海之神所描述的海洋之大和宇宙之无穷，使人眼界为之开阔，心胸为之舒展，一切自大、自满、自以为是或自我中心都为之消解。这轮问答最重要的是，使我们充分认识到自己存在的短暂和渺小，在宇宙中仅是须臾之间、小得可怜的微生物而已。既然如此，我们还有什么不平凡的呢？

"井蛙不可以语于海者，拘于虚也；夏虫不可以语于冰者，笃于时也；曲士不可以语于道者，束于教也"对应《逍遥游》中所谓"小知不及大知，小年不及大年""朝菌不知晦朔，蟪蛄不知春秋"。这些耳熟能详的名言中也至少含有这样一层启示：人与人之间的境界差别总是存在的，相互沟通和理解的程度取决于其见识的多寡及高低，而见识的多寡及高低则取决于其读书、读路、读人所能达到的程度。一个人的阅历、视野和格局不仅是进行认知的基本前提，也是实现有效交流和沟通的必要条件。

庄子对于因视界狭小而欣然自喜的黄河之神描绘得颇具匠心，可能意在影射一般人类似坎井之蛙、蜩鸠的自大通病吧。人类思考问题的特点一般有二：第一，人类中心主义。思考问题时认为人类才是最重要的，其他的都是人类的奴仆。事实上是这样吗？不是。人类仅仅是万物当中的一种。第二，个人自我中心主义。每个人思考问题时都不经意间把自己看成最重要的，都把自己或者把人类武断地放大，放大到最大。事实上怎么样？渺小得不能再渺小了。这就是一种宇宙人的视野。北海之神所描述的海洋之大和宇宙之无穷，可以消解一切狭隘的人类中心主义和个人自我中心主义。

人类是宇宙万物之中的一种，是数万亿物种中的一种，而不是万物的主宰者。每个人又是宇宙万物当中的一分子。你和万物相比，不就是一根毫毛和一万匹马的毛相比吗？再想象一下人类在宇宙中，甚至比不上九牛之一毛。所有世间的事都是如此。因此，不管是对于运气的特别眷顾，还是对于个体努力的如愿以偿，自以为了不起的洋洋自得或沾沾自喜中未免都透着某种坎井之蛙的短浅或者黄河之神欣然自喜的小气。假如稍微放大一下眼界或格局，便可能陡然转为另一番平和的姿态了。

我们品读这一小段后，至少可有一种深刻的体会，有一个非常鲜明的参照系。由此，我们可充分意识到自己的渺小和狭隘，跳出狭隘的社会时空，拥有宇宙人的格局。我们自己想一想，每个人在宇宙太空当中，不就是像沧海之粟一样——在小球表皮上细菌一样的、速生速死的微生物吗？所有的自满、自足、自大、自以为是、自我中心，都须统统抛到九霄云外（表6-3）。

道家哲学与心理健康演习

表6-3 "我在宇宙中的位置"的自问自答

自问	自答
空间上，我在宇宙中居于什么位置？	
时间上，我在宇宙中居于什么位置？	
认知上，我拥有的知识对认知宇宙而言居于何种层次？	
我与宇宙到底是什么关系？	
我怎样建立与宇宙相通相融的关系？	

因此，《秋水》可谓一部个人修炼平常心的宝典。大凡平常心，都是由充分认识自己的渺小开启的：第一，从空间来看，一个人无论多么卓越或者伟大，在无限浩渺的宇宙之中，连一粒尘埃都算不上；第二，从时间来看，一个人在

世间最多蜉蝣百年而已，白驹过隙转瞬即逝，在奔腾不息的时间长河里其实与朝生暮死的动植物并没有本质差异；第三，从学习来看，一个人知识积累越丰富，越是攀登人类知识的巅峰，就越有机缘认识到自己是何等无知——与辽阔无限的未知领域相比，其所知连九牛一毛都不及。如此一来，即使是功高盖世或者学富五车，也一样不值一提，还有什么不平常的呢？

（二）至大至小

黄河之神和北海之神之间的第二轮问答，是围绕至大至小展开的。庄子在《秋水》中接着讲：

> 河伯曰："然则吾大天地而小毫末，可乎？"北海若曰："否。夫物，量无穷，时无止，分无常，终始无故。是故大知观于远近，故小而不寡，大而不多：知量无穷。证向今故，故遥而不闷，掇而不跂：知时无止。察乎盈虚，故得而不喜，失而不忧：知分之无常也。明乎坦涂，故生而不说，死而不祸：知终始之不可故也。计人之所知，不若其所不知；其生之时，不若未生之时；以其至小，求穷其至大之域，是故迷乱而不能自得也。由此观之，又何以知毫末之足以定至细之倪，又何以知天地之足以穷至大之域？"（《庄子·秋水》）

黄河之神说："那么，我把天地看作最大，把毫末看作最小，可以吗？"北海之神回答："不可以。万物的量是无穷无尽的，时间是没有终点的，区分没有不变的常规，事物的终结和起始也没有固定的。所以具有大智慧的人观察事物从不局限于一隅，因而体积小却不看作少，体积大却不看作多，这是因为知道事物的量是不可穷尽的；验证并明察古往今来的各种情况，因而遥远却不感到厌倦，只在近前却不会企求，这是因为知道时间的推移是没有止境的；洞悉事物有盈有虚的规律，因而有所得却不欢欣喜悦，有所失也不悔恨忧愁，这是因为知道得与失的禀分是没有定规的；明了生与死之间犹如一条没有阻隔的平坦大道，因而生于世间不会倍加欢喜，死离人世不觉祸患加身，这是因为知道终了和起始是不会一成不变的。算算人所懂得的知识，远远不如他所不知道的东西多，他生存的时间，也远远不如他不在人世的时间长；用极为有限的智慧去探究没有穷尽的境域，所以内心迷乱而必然不能有所得！由此看来，又怎么知道毫毛的末端就可以判定最为细小的限度呢？又怎么知道天与地就可以看作最大的境域呢？"

对于黄河之神所问"吾大天地而小毫末"，北海之神断然给出否定的回答。其理由在于，"夫物，量无穷，时无止，分无常，终始无故"，即是说，世间万物是没有穷尽的，时序是没有止期的，得失是没有定数的，终始是没有明确界限的。其根本原因在于人的认知能力极其有限，"计人之所知，不若其所不知；其生之时，不若未生之时；以其至小，求穷其至大之域，是故迷乱而不能自得也"，这对应《养生主》中的"吾生也有涯，而知也无涯"。每个人所知的不如他不知的多，我们所知的连九牛一毛都没有，当你越有知的时候，你才越明白不知的更多。

概而言之，在大与小、古与今、得与失、寿与夭、生与死等都处于周流不息、无穷变化的情况下，一个人用极其有限的智识去探究无限的领域，必然会茫然而无所得。如此一来："何以知毫末之足以定至细之倪？又何以知天地之足以穷至大之域？"绝对不可能以毫毛之小来穷尽最小的事物，也不可能以天地之大来穷尽最大的事物。

知道整个生死是一体的，所以生的时候不会欢喜，死的时候也不会认为是灾祸。为什么？"察乎盈虚，故得而不喜，失而不忧，知分之无常也；明乎坦涂，故生而不说，死而不祸，知终始之不可故也。"因为没有固定的生死，生当中有死，死当中有生，死生存亡是一体的，况且我们生的时间没有不生的时间长。

这一问一答的核心在于，给我们一种无限、永恒的概念和视野。以毫末来判断最小的，以天地来判断最大的，这是不可能的。当我们拥有无限、永恒的概念和视野时，我们就能充分认识到自己认知的局限性，由此对于物、时间、空间就有了完全不同的判断,再去看周围的人和事时,就全然是另一个样子了。

(三) 认知能力

在第三轮对话中,庄子进一步讨论了人的认知能力。人们整天在学习、认识事物,但是可能从来没有反思过能够学什么、能够认识什么,也就是说,对于认知能力没有进行过反思。河伯就是如此:

> 河伯曰:"世之议者皆曰:'至精无形,至大不可围。'是信情乎?"北海若曰:"夫自细视大者不尽,自大视细者不明。故异便,此势之有也。夫精,小之微也;垺,大之殷也。夫精粗者,期于有形者也;无形者,数之所不能分也;不可围者,数之所不能穷也。可以言论者,物之粗也;可以意致者,物之精也;言之所不能论,意之所不能察致者,不期精粗焉。"(《庄子·秋水》)

黄河之神说:"世间议论的人们总是说:'最细小的东西没有形体可寻,最巨大的东西不可限定范围。'这样的话是真实可信的吗?"北海之神回答:"从细小的角度看庞大的东西不可能全面,从巨大的角度看细小的东西不可能真切。精细,是小中之小;庞大,是大中之大;不过大小虽有不同却各有各的合宜之处。这就是事物固有的态势。所谓精细与粗大,仅限于有形的东西,至于无形的事物,是不能用计算数量的办法来加以剖解的;而对于不可限定范围的东西,更是不能用数量精确计算的。可以用言语来谈论的东西,是事物粗浅的外在表象;可以用心意来传告的东西,则是事物精细的内在实质。言语所不能谈论的,心意所不能传告的,也就不限于精细和粗浅的范围了。"

这一问一答的核心在于对我们的认知能力的反思:人到底能够认知什么?简单地说,如果根据人之认知所及的程度,事物大概可以分成三类:第一类叫可感可思的事物。可感可思者,是粗大而有形的具体事物,是用语言可以议论或描述的，如物理世界的各种事物。比如桌子，看一看颜色、摸一摸形体，可以感知，也可以思考，同时也可以用语言描述，说桌子是长方形的、黄色的等。你用语言表达时，别人能懂、能转述。一般来说物理世界的东西，都属于可感、可思者，当然它不能太大，大到无边无际，我们也把握不了。

第二类叫不可感可思的事物。不可感可思的一般是精微或者抽象的事物，或者是用语言可以描述的，或者是用心意可以传达领会的，只能通过思考的方式对它有所认知。举个例子，如几何学意义上的点、方、圆。几何学所说的点是一种抽象的点，它是没有面积的。你只能思考它，你没法去感知它、触摸它。同样，几何学中的长方形，也是没有面积的，只可思不可感。还有我们说的方的概念、圆的概念等，你可以用语言来描述它，你可以用心意来传达它，但是你没法去感知它。

惠施在《天下》篇中有一个命题："一尺之棰，日取其半，万世不竭。"（《庄子·天下》）一尺长的一根木棒，每天割一半，你割一万年甚至一亿年，也永远割不完。因为用数学的算法可以永远算下去，但是，我们在感知的角度不能把握，在实践中也是不可能实施的。

第三类叫既不可感也不可思的事物。这完全是无形无迹的事物，如人的精神世界、无限的宇宙等。它既不是用语言可以描述的，也不是用心意可以传达领会的。所谓"至精无形，至大不可围"，就相当于惠施的"至小无内，至大无外"（《庄子·天下》）。不可感不可思者，已超越言说，即"言之所不能论，意之所不能察致者"。最小的东西是没有内核的。小到什么程度？就相当于一个几何学意义上的点。最大的东西是没有外围的，它无边无际。我们认识问题都停留于有形的经验范围之内，所有的东西扩展到无限大或者缩小到无限小时，就成了经验把握不了的东西；对无形的东西（而恰是一切有形的根本），经验也是把握不了的。如果非要议论或描述它，便只能"道可道，非常道；名可名，非常名"了。

比如，我们前面提到的康德所讲的三大悬设，即上帝存在、灵魂不朽、意志自由，都是超越我们的经验的，也超越我们的理性。所以，康德的《纯粹理性批判》主要在于反思物理世界可感知的东西。而对于上帝、灵魂、意志,你只能体悟它,你没法摸一摸上帝、灵魂、意志的形状,说一说上帝、灵魂、意志是什么样子的,因为这在很大程度上不是我们的经验和理性所能把握的。人们的认知能力局限在经验范围之内,许多事物是超出我们的经验的,我们就没法去感知或者没法去思考,没法去认识。对于上帝存在、灵魂不朽、意志自由,康德在《实践理性批判》中专门讨论过,他提醒人们要想方设法限制纯粹理性的范围,用道德和信仰的方式去解决实践理性的问题。如果将纯粹理性用到道德和信仰中去,便处处是悖论(二律背反),处处是幻象。庄子像康德一样,对此具有非常清楚的认知。

当然,思不可思者,说不可说者,恰是哲学最恼人也是最迷人的地方,正是哲学最大魅力之所在。当大家对此有体悟的时候,就可能渐入哲学的佳境了。

(四)贵贱大小

黄河之神和北海之神之间的第四轮对话,从齐物及齐论的角度进一步阐释了大小、贵贱的不确定性和无常性,进一步直接、翔实地讨论了以道观之。在物的外面、物的里面怎么能够判断出事物的贵贱,怎么能够判断出事物的大小?一般人往往都这样思考贵贱、大小等问题。作为悟道之人,北海之神又出来给我们上课了。贵贱、大小等根本在于如何"观",宇宙观就是如何观宇宙:

> 河伯问:"若物之外,若物之内,恶至而倪贵贱?恶至而倪小大?"北海若答:"以道观之,物无贵贱;以物观之,自贵而相贱;以俗观之,贵贱不在己。以差观之,因其所大而大之,则万物莫不大;因其所小而小之,则万物莫不小。知天地之为稊米也,知毫末之为丘山也,则差数睹矣。以功观之,因其所有而有之,则万物莫不有;因其所无而无之,则万物莫不无。知东西之相反而不可以相无,则功分定矣。以趣观之,因其所然而然之,则万物莫不然;因其所非而非之,则万物莫不非。知尧桀之自然而相非,则趣操睹矣。"(《庄子·秋水》)

这段话意涵尤为丰富，其大意是讲，黄河之神说："如此事物的外表，如此事物的内在，从何处来区分它们的贵贱？又怎么来区别它们的大小？"北海之神回答："用自然的常理来看，万物本没有贵贱的区别。从万物自身来看，各自为贵而又以他物为贱。拿世俗的观点来看，贵贱不在于事物自身。按照物与物之间的差别来看，顺着各种物体大的一面去观察便会认为物体是大的，那么万物就没有什么不是大的；顺着各种物体小的一面去观察便会认为物体是小的，那么万物没有什么不是小的；知晓天地虽大比起更大的东西来也如小小的米粒，知晓毫毛之末虽小比起更小的东西来也如高大的山丘，万物的差别和数量也就看得很清楚了。按照事物的功用来看，顺着物体所具有的一面去观察便会认为物体具有了这样的功能，那么万物就没有什么不具有这样的功能的；顺着物体所不具有的一面去观察便会认为物体不具有这样的功能，那么万物就没有什么具有这样的功能的；可知东与西的方向对立却又不可以相互缺少，而事物的功用与本分便得以确定。从人们对事物的趋向来看，顺着各种事物肯定的一面去观察便会认为事物是对的，那么万物没有什么不是对的；顺着各种事物否定的一面去观察便会认为事物是不对的，那么万物没有什么不是错的；知晓唐尧和夏桀都自以为正确又相互否定对方，人们的趋向与持守也就看得很清楚了。"

在讨论《齐物论》时我们聊到，事物本身并无所谓贵贱、大小，事物的贵贱、大小根本上取决于不同的"观"。以物观之和以道观之，看到或感受到的是两个完全不同的世界。以物观之，看到或感受到的是一个纷纷纭纭的、充满差别的世界；以道观之，看到或感受到的则是无分别、浑然一体的世界，由此所谓贵贱、大小、多少都可以完全融化在无差别的"通"之中，因而才有"天地与我并生，而万物与我为一"。

因此，"以道观之"可以细分为几个不同的层面：其一，以"自然本性"观万物，任何物都具有自然所赋予的独一无二性；其二，以"无限"观有限，物与物之间的差别变得模糊不清甚至无法确定；其三，以"通"观万物，凡物都源于一、归于一，当然也通于一。这三个层面指向一个共同的价值判断，那就是——"齐"。

《秋水》讲"以物观之""以俗观之""以差观之""以功观之""以趣观之",呈现为各种形态的贵贱和大小。"以俗观之""以差观之""以功观之""以趣观之",可以看作广义的"以物观之"的具体形式。

狭义的"以物观之",自贵而相贱。所谓贵贱,是因为以物观之。以物的标准来看事物的时候,一般都是把自己看成贵的,把别的看成贱的。这是我们很难跳出来的思维模式,却又是最需要跳出来的。

"以俗观之",贵贱不在己。"以俗观之"是以时尚、潮流、从众为标准,说到底,是以别人的标准为标准,以别人的意见为意见。贵贱好坏之类的评判由别人所决定,且变来变去飘摇不定,怎可能有个人独立判断的位置?我们日常多数情况下都以世俗的标准来看问题,叫螃蟹过河——随大流。以穿衣服为例言之。今年流行绿色,于是都买绿色衣服,至于说这是否适合自己,从来没思考过。为什么穿绿色的?因为别人都这样穿,以别人的判断为判断,自己是没有做任何独立思考的。以俗观之,事物的贵贱大小不是源于个人独立的评判,而完全是从众和随波逐流、以别人的意见为意见,所以"贵贱不在己"。用世俗的标准来评判,贵贱之分并非由自己的独立思考所决定,而只能是随波逐流的结果。人只有能够通过独立思考、建立起自己独立的价值标准,才可能不为外在评判所左右。

"以差观之",可以看作从相反的角度对"齐物"的一种解说。万物的差别是无穷无尽的。"以差观之,因其所大而大之,则万物莫不大;因其所小而小之,则万物莫不小。"顺着某物大的方向来看,则万物莫不大,因为与更小的事物比,它总是大的;顺着某物小的方向来看,则万物莫不小,因为总有比它大的事物。如果与无穷大相比,天地也不过如一粒米;与夸克之类的基本粒子相比,毫末亦如丘山一般大。如此一来,事物之间的相对大小便非常清楚了。这对应《齐物论》中所谓"天下莫大于秋毫之末,而大山为小"。天地在宇宙中就是沧海一粟。毫毛之末虽然非常小,但是与细菌以及质子、中子、电子等微观粒子相比,它反而是大得像泰山一样。

"以功观之"，着眼于事物的实际用处，无疑也是一种俗世普遍存在的观物之法。我们经常事事问有何用处。从一物之所长的角度来看，万物都有其用处；而从它所短的角度来看，万物都可以说没用。并且事物具有一种长处，也就具有了伴随此长处而来的相应的短处，比如"骐骥骅骝一日而驰千里，捕鼠不如狸狌，言殊技也；鸱鸺夜撮蚤，察毫末，昼出瞋目而不见丘山，言殊性也"。这仍然对应《齐物论》中那段有趣的绕口令："恶乎然？然于然。恶乎不然？不然于不然。物固有所然，物固有所可。无物不然，无物不可。"

李白讲"天生我材必有用"。每个人都是有自己的用处的，这是从一个角度来说。反过来，从另一个角度来看，又都是没有用处的。比如，李白最擅长的是喝酒和作诗，因此被称为"酒中仙""诗中仙"；而从另一个角度来看，让他去盖房子，估计他盖不了，他就是无用的。任何事物，亦然。以一个标准看时有用，以另一个标准看时又没用。你说到底桌子是有用还是没用？你说到底李白是有用还是没用？确定一个标准，确定了功能的划分，这是有用，那是无用；没确定标准的话，无所谓有用，也无所谓无用。

还有一种观法叫"以趣观之"，就是以取向、以偏好来看事物。"以趣观之，因其所然而然之，则万物莫不然，因其所非而非之，则万物莫不非。""以趣观之"，是以个人取向或偏好为评判标准来看人看事，其结果必然或者是神化，或者是鬼化，至于某人或某事本身如何，一般就不可能顾及了。这种以个人的偏好和取向来判断的做法，在我们日常生活当中比比皆是，无须专门举例。为什么会这样？可能还是《齐物论》讲得到位："物固有所然，物固有所可。无物不然，无物不可。"就我喜欢什么的标准去看，我认为好的，那么，万物没有不好的；反之，亦然。历史上，尧是大圣人，桀是大暴君。事实如何？很难说清楚。

这一轮问答的核心，是通过对比的方式讨论两种宇宙观。我们看天地万物，看到什么东西，取决于我们的宇宙观；有什么宇宙观，看到的东西就是什么。贵贱、大小等，根本取决于我们怎么去看。六种观物方式，可以归纳为"以物观之"和"以道观之"两种宇宙观（表6-4）。正如所谓"天地中万物，人伦中万情，世界中万事,以俗眼观,纷纷各异,以道眼观,种种是常。何须分别?何须取舍?"[1]

表6-4 "以物观之"和"以道观之"两种宇宙观之比较

宇宙观	表现	本质	结果	视野	角色
以物观之	以俗观之、以差观之、以功观之、以趣观之等	以有限看有限	充满是非、贵贱等差别	人类(自我)中心主义	社会公民
以道观之	以"自然本性"观之、以"无限"观之、以"通"观之等	以无限看有限	万物皆通为一,差别不复存在	宇宙整体主义	宇宙公民

庄子在《秋水》中讨论的是广义的"以物观之",包括狭义的"以物观之"和"以俗观之""以差观之""以功观之""以趣观之"等五种。说到底,广义的"以物观之",无非都是以自我为中心对事物进行的外在价值判断,因为缺乏平等的眼光,不可能具有确定性和客观性,故无法用来恰当地评判事物并建立起合理稳定的价值依托。只要以物观物,就必然充满贵贱、美丑、善恶、好坏、大小等无穷无尽的分别。人一有分别,欲望马上就被激发出来。一有欲望,就开始争抢,争抢就会造成矛盾,矛盾出现以后就会纠结和痛苦,轻的抑郁,重的战争。内在的逻辑在这儿。

"以道观之"之所以能摆脱价值判断的相对性,是因为它超越了自我中心的视域,把自我与他人、人类与万物放到了平等的位置。"以道观之"能够摆脱价值判断的片面性和不确定性,它以无限观照有限,可以最大限度地超越以小我为中心的狭隘和偏颇,避免为由个体的成见、成心造成的大小高低贵贱等区分以及随之而来的好恶取舍所左右,从而由小我上升到大我,把自我与他者以及万物放到合宜的位置。可以说,"以道观之"既是道家所追求的一种目标,也是通往它所倡导的理想境界的基本途径。

为什么庄子反复提倡"以道观之"的宇宙观呢?人的站位有高低,视野有

---

[1] (明)洪应明著,乙力编译:《菜根谭》,三秦出版社2008年版,第115页。

广狭，格局有大小，而庄子是在宇宙的维度给我们一种更为高远的站位、更为开阔的视野、更为宏大的格局、更为洒脱自如的境界。有了这样一种以道观之的宇宙观，自然而然就会有这样一种高远的境界，心胸一下子就变得异常辽阔广大，岂还能被眼前狭隘的东西所羁绊？不畏浮云遮望眼，自缘身在最高层。所谓与天地并生、与万物为一，就不再是虚无缥缈的，因为实际上人和天地万物本来就是一体的、息息相关的，只是我们暂时被外物遮蔽而已。

（五）固将自化

既然事物没有贵贱，没有大小，没法做分别，我们应当做什么？应当不做什么？应怎么去取舍？我们经常这样：有大小贵贱区别时就选择大的，选择贵的。现在没有了这个区别，怎么办？无所措手足。这便是黄河之神和北海之神之间的第五轮对话——固将自化。

> 河伯曰："然则我何为乎？何不为乎？吾辞受取舍，吾终奈何？"北海若曰："以道观之，何贵何贱，是谓反衍；无拘而志，与道大蹇。何少何多，是谓谢施；无一而行，与道参差。……物之生也，若骤若驰。无动而不变，无时而不移。何为乎，何不为乎？夫固将自化。"（《庄子·秋水》）

其大意是讲，黄河之神说："既然这样，那么我应该做些什么呢？又应该不做什么呢？我将怎样推辞或接纳、选择或舍弃，我终究将怎么办？"北海之神回答："用道的观点来观察，什么是贵什么是贱，这可称为循环往复；不必束缚你的心志，而跟大道相违碍。什么是少什么是多，这可称为变换代谢；不要执着于事物的某一方面行事，而跟大道不相一致……万物的生长，像是马儿飞奔像是马车疾行，没有什么举动不在变化，没有什么时刻不在迁移。应该做些什么呢？又应该不做什么呢？一切必定都将自然而然地变化。"

事物的贵贱大小都是某种"观"的结果，黄河之神和北海之神之间的第五轮对话就对此加以进一步强调；要突破"观"的偏执，以敞开的心态重新观照万物；要顺道而为，以自然而然的方式决定进退取舍。万物原本都是自然而然、自生自化，顺自然而为便是最佳的选择了。因此，所谓自化，就是顺着自然而然的变化而变化，不要刻意去做什么事和不做什么事，而要顺自然而为，顺道而为，这其实就对应我们前面讨论的"无为而无不为"。

这一轮问答讨论的核心是无为而无不为。说到底，顺自然而为是无为，同时也就是无不为。

咱们现在做事情时，常常容易着急上火、焦虑不安，因为提前规定这事必须怎么样，必须达到什么样的目的。但是，你是否考虑过，所谓追求结果和目的的意义何在？到底真正有意义的是什么？通过做这事而活在当下、欣然享受做事的过程，才是真正有意义的。这也是我所说的：结果或者目的都是手段，而过程是真正的目的。这样去思考问题的时候，凡事不着急，不上火，不焦虑，少关注结果，优哉游哉享受过程。事情自生自化，这时就无为而无不为，活得逍遥自在。

（六）何贵于道

在第六轮对话中，庄子主要讨论了"道"有什么用处。这恰恰就是我们经常问或最关心的问题。言必称有用，那么，道家的"道"，不能吃，不能喝，有啥用处？我们大都这样想，河伯也如此。

> 河伯曰："然则何贵于道邪？"北海若曰："知道者必达于理，达于理者必明于权，明于权者不以物害己。至德者，火弗能热，水弗能溺，寒暑弗能害，禽兽弗能贼。非谓其薄之也，言察乎安危，宁于祸福，谨于去就，莫之能害也。"（《庄子·秋水》）

黄河之神说："既然如此，那么为什么还要那么看重大道呢？"北海之神回答："懂得大道的人必定通达事理，通达事理的人必定明白应变，明白应变的人定然不会因外物而损伤自己。对于道德修养高尚的人，烈焰不能烧灼他们，洪水不能沉溺他们，严寒酷暑不能侵扰他们，飞禽走兽不能伤害他们。不是说他们逼近水火、寒暑的侵扰和禽兽的伤害时能幸免，而是说他们明察安危，安于祸福，慎处舍弃与追求，因而没有什么东西能够伤害他们。"

对于以黄河之神为代表的一般人关于"道"到底何用之有的发问，北海之神给出了极为深刻的阐释：体认"道"，一方面，可以使人理解或把握万物千变万化背后的规律，尤其是变之中的不变；另一方面，更重要的是，可以使人明了"物物者非物"，进而做到"物物而不物于物"，"不以物害己"。

具体而言，一个人知道"道"，就会通达事理，通达事理，就会做事有分寸，有分寸，就知道怎么权变，知道怎么权变，就不会以外物来伤害自己，外物也就伤害不了他。因为悟了道，明白了事理，对于人世间的安危祸福就洞若观火，所以就没有什么东西能够伤害他，即火没法烧伤他，水没法淹死他，寒暑没法伤害他，禽兽也没法伤害他。

大家这样一琢磨，就会豁然开朗。学习"道"有什么用处？可以使我们通达事理、有智慧，做到物物而不物于物，从而外在的各种各样的物就没法伤害自己。这时，你们还有什么不快乐的，还有什么不自由的呢？可以借用孟子的一句话：先立乎其大者，则其小者不能夺也（《孟子·告子上》）。只有先把你的格局、视野、胸怀、境界放大，为所有小的东西找到与其才能合宜的位置，因而它们根本就不可能对你造成伤害。

回顾本书导言中的分析，焦虑症、抑郁症、躁狂症等心理疾病正在超过癌症和心血管疾病，成为21世纪第一疾病杀手。为什么会出现这么多心理疾病？用我的话来总结，就是因人们思考太少，思虑太多：思考宇宙的奥妙、社会的本质、人生的意义等这些大的哲学问题太少，或者从来不思考，必然陷于各种思虑，思虑患得患失等太多，坠入名利权情的各种小纠葛、小纠结不能自拔。心理疾病问题的根本在于宇宙观、人生观、价值观，三观的问题根本上是哲学问题。思考健脑、养生，思虑伤神、伤身，易得病。

明白了这一点，反思何谓"何贵于道"，就能体味到，"道"对于我们来说确实太重要了，也太有用了。正如我们前文的分析：唯有道通，才能观念通；观念通，才能情绪通；情绪通，才能气血通；气血通，才能身心健。所以，"以道为本"的道家哲学，确是无用之用有大用，实为每个人生活中不可或缺的精神资粮。

五、天人合一

庄子崇尚、追求并反复提倡"天地与我并生，而万物与我为一"、万物一体的境界，因为他最重视天人合一。

事实上，天与人之间的关系，"自然"与"人为"之间的紧张和冲突，一向是庄子以及道家要刻意凸显的哲学主题。为什么如此呢？因为我们人类太重视"人"（人为），经常把"天"（自然）抛到九霄云外，于是造成了社会中如此繁多、如此严重的生存问题。所以，庄子的基本倾向是自然主义的立场——信天疑人：凡是顺乎自然的都是好的，凡是违反自然的都是糟的。

当然，庄子讲天人合一时有一个系统反思的过程，大致经历了一个天人之辨（或天人相分）、以天合人、以人合天、天人一体（或以天合天）的否定之否定的上升过程。我们先看天人之辨。

（一）天人之辨

何谓天、何谓人，一向是庄子高度关注的核心问题之一，也是庄子天人关系立论的一个基本支点。对此，庄子在《秋水》中借黄河之神和北海之神第七轮对话讲得十分清楚：

> 曰："何谓天、何谓人？"北海答曰："牛马四足，是谓天；落马首，穿牛鼻，是谓人。故曰：无以人灭天，无以故灭命，无以得殉名。谨守而勿失，是谓反其真。"

黄河之神问:"什么是自然？什么是人为？"北海之神回答:"牛马生就四只脚，这就叫自然；用马络套住马头，用鼻钳穿过牛鼻，这就叫人为。所以说，不要用人为去毁灭自然，不要用有意的作为去毁灭自然的禀赋，不要为获取虚名不遗余力。谨慎地持守自然的禀性而不丧失，这就叫回归本真。"

庄子讲，"无为为之之谓天。"（《庄子·天地》）庄子所谓的"天"和"人"有其特定意涵：凡是自然而然的，便是"天"；凡是违反自然而然的，便是"人"。比如，就个体而言，真性情就是"天"，装模作样、装腔作势地演戏或"作秀"就是"人"。

当然，即使演戏或作秀，也有两个层次。进入角色的状态是"天"，游荡在角色之外的机械模仿是"人"。比如，当演员完全投入自己扮演的角色时，他就忘了自己的存在。优秀的演员都具备这个特点。但那些拙劣的演员则完全在机械模仿外在的动作，人们一看就知道是矫揉造作、拿腔作调、虚伪不堪，这就是人为。

所谓游世，即视人生如自然而然的游戏。进入"天"的层次，自然而然地达到真性情的状态，实际上是一种人为合乎自然的方式。我们有了一些社会阅历之后，至少能够辨别哪些是真实的，哪些是人为的、作秀的。那些连自己都不相信，却想以作秀的方式让别人相信的人，岂能有说服力？

庄子高度赞扬天。"眇乎小哉，所以属于人也；警乎大哉，独成其天。"（《庄子·德充符》）让人属于人的是形体，人因此必须活在人群中，这是人的渺小之处；而让人超越人的是精神，人借此可以成为天民（宇宙公民），这是人的伟大之处。这在一定程度上与孟子所谓"从其大体者为大人，从其小体者为小人"（《孟子·告子上》），在内涵上亦是相通的。

庄子在《大宗师》中有句话讲得更有深意：

天之小人，人之君子；天之君子，人之小人也。（《庄子·大宗师》）

依据天的标准和依据人的标准对人的评价恰好是相反的：在天道中被视为小人的，以人道来看却是君子；在天道中被视为君子的，以人道来看却是小人。

"天之君子，人之小人"，其行为合乎自然的法则，却不完全合乎世俗的法则，因而被称为"畸于人而侔于天"的"畸人"。合乎自然的人，也就是天道的君子，在社会上很可能被看作另类，是小人。而合乎社会人为规则的，即那些不合乎自然的真小人，反而在人世间冠冕堂皇、人五人六，被称为人之君子。

由是观之，现实中所谓"优秀"一般有两种呈现形式：一种是自生性的内在品质，一种是相互比较的结果。如此划分，"天之小人，人之君子"对应相互比较的结果的所谓优秀，是用社会设置的某种模子形塑而成的；"天之君子，人之小人"则对应自生性的内在品质的所谓优秀，它是在重塑自然的模子的基础上形塑而成的。

在现实中，许多真正君子的行为合乎自然的法则，却不一定完全合乎世俗的法则，所谓"天之君子，人之小人"。比如，竹林七贤越名教而任自然，追求一种真性情的生活，活得旷达有味。但在当时那种社会情境之下，他们被司马氏王朝认为是另类，多人甚至惨遭杀戮的厄运。

其实，孔子也是"天之君子，人之小人"。孔子虽然被后人奉为人之君子、万世师表，殊不知当时却是"人之小人"。不然，他为什么在周游列国时经常吃闭门羹，甚至处处不受待见，急急如丧家之犬呢？

就我阅读和阅历所及，古今中外超过百分之八十的伟大人物，在当时都不受待见，都是"天之君子，人之小人"。何也？苏轼有个"一肚子不合时宜"的小故事，可能可以给出耐人寻味的答案：

> 苏东坡一日退朝，食罢，扪腹徐行，顾谓侍儿曰："汝辈且道是中何物？"一婢遽曰："都是文章。"坡不以为然。又一婢曰："满腹都是机械。"坡亦未以为当。至朝云乃曰："学士一肚皮不合时宜。"坡捧腹大笑。[1]

这个小故事很值得思量和玩味。古往今来，伟大人物往往大都"不合时

---

[1] （明）曹臣：《舌华录》，陆林校，黄山书社1999年版，第2页。

宜"。为什么？因为伟大人物大都关注和重视思考人生、社会和宇宙等具有永恒价值的根本问题，而既然是具有永恒价值的根本问题，就不可能与蓬间雀之类的人只注重眼前一事一时、急功近利甚至鼠目寸光的境界相吻合。他们中多数人是"天之君子，人之小人"，于是活着时大都并不那么走运，就一点也不足为怪了。

那么，在庄子眼里，最理想的人格应如何呢？毫无疑问，是像《大宗师》中描绘的孟孙才那样，既是"天之君子"，又是"人之君子"，或者说，既遵从宇宙的法则，又符合社会的法则。庄子借孔子之口这样评价孟孙才：

> 夫孟孙氏尽之矣，进于知矣，唯简之而不得，夫已有所简矣。孟孙氏不知所以生，不知所以死；不知孰先，不知孰后。若化为物，以待其所不知之化已乎。且方将化，恶知不化哉？方将不化，恶知已化哉？吾特与汝，其梦未始觉者邪！且彼有骇形而无损心，有旦宅而无耗精。孟孙氏特觉，人哭亦哭，是自其所以乃。（《庄子·大宗师》）

可见，孟孙才既深刻领悟宇宙的法则，又通晓社会的法则，可谓既是"天之君子"，又是"人之君子"。但是，这种理想状态在现实中经常是可望不可即的。

庄子的"人"与"天"之辨或"人为"与"自然"之辨，可以适当类比于宋明理学的"人欲"与"天理"之辨。道家的"人为"一向是狭义的人为，即多为、乱为和妄为，与"人欲"相类似。而"自然"则是本然如此，与"天理"相类似。有人提出，"人为"也是"自然"，且是更自然的自然，这其实已经对概念做了广义上的扩展。如此一来，广义的"人为"就包括两种，一是合乎自然的人为，二是违反自然的多为、乱为和妄为。

要明白什么是天、什么是人。合乎天的是好的，不合乎天的是不好的。既然如此，就要把这二者合而为一。但是，现实中比比皆是的现象是什么？是以人为的标准去处理自然的事情，即以天合人。

（二）以天合人

以天合人，即以人为的标准来处理世间的各项事务，且美其名曰"人定胜天"。庄子讲了许多以天合人、人定胜天的悲催故事。比如，庄子在《至乐》中讲了一个发人深思的海鸟之死的寓言：

> 昔者海鸟止于鲁郊，鲁侯御而觞之于庙，奏《九韶》以为乐，具太牢以为膳。鸟乃眩视忧悲，不敢食一脔，不敢饮一杯，三日而死。此以己养养鸟也，非以鸟养养鸟也。（《庄子·至乐》）

其大意是讲，从前，有一只海鸟停留在鲁国国都的郊外，鲁侯非常高兴，派人用车迎接它，并在宗庙里给它敬酒，演奏《九韶》使它高兴，准备牛羊猪的肉作为它的食物。海鸟却目光迷离，心情悲伤，不敢吃一块肉，不敢喝一杯酒，三天后就郁闷而死了。这是以养人的方式养鸟，不是以养鸟的方式养鸟。

我小时候喜欢与小伙伴一起到树林里捕鸟，有一次逮了一只小斑鸠，就把它养在笼子里，给它好东西吃，时不时还上山捕一些小虫子喂它。但是，后来它一动不动，过不了三天，就郁郁寡欢、目光迷离、奄奄一息，最后成了一具小小的僵尸。

庄子的海鸟之死的寓言与我养小斑鸠的经历一样，都让我们明白了一个道理：不可用养人的方法养鸟，而要用养鸟的方法养鸟。以人的标准去养鸟，就违反了它的自然天性；违反了鸟的自然天性，它就郁闷、恐惧，就不快乐、不自由。有一句话说，不自由，毋宁死。在违反天性的情况下，不如死了好。所以，合理的方式是，"以鸟养养鸟"，顺应鸟的天性养它，这也是正确的养法。用养鸟的方式养鸟，要让它在树林里、在田野里、在天空中自由自在地飞翔。

庄子还在《应帝王》中讲了一个更加发人深省的寓言，叫浑沌之死：

> 南海之帝为儵，北海之帝为忽，中央之帝为浑沌。儵与忽时相与遇于

浑沌之地，浑沌待之甚善。儵与忽谋报浑沌之德，曰："人皆有七窍，以视听食息，此独无有，尝试凿之。"日凿一窍，七日而浑沌死。（《庄子·应帝王》）

其大意是讲，南海的帝王叫儵，北海的帝王叫忽，中央的帝王叫浑沌。儵和忽时常在浑沌的领域内相遇，浑沌对他们很好。儵和忽商量报答浑沌的深厚情谊，说："人们都有七窍，用来看、听、饮食、呼吸，唯独他没有，我们试着给他凿出来。"于是，每天凿出一窍，到了第七天，浑沌就被活活地凿死了。

这则寓言的构思极为精巧。"浑沌之死"中至少有三个层次的深义：其一，所有的爱，只有以顺应对象的天性为前提，才算是真爱。否则，就容易好心办坏事，不但事与愿违，而且会制造悲剧。其二，违反自然天性的有为都是乱为和妄为。浑然不分的肉球样子是浑沌的自然天性使然。浑沌这样活着非常之好，非得用人的标准去给他凿出七窍，这破坏了其天性，就把他治死了。其三，更深层次的意义是，浑沌代表的是大道，大道是浑沌不分的。当我们把整个宇宙人为地分得支离破碎的时候，必然造成大道隐而不显，我们与大道也离得越来越远。对于这几个层次的意义，大家可以细细琢磨。

可见，"海鸟之死"和"浑沌之死"两则寓言中都包含极为深刻的哲理。在处理人与人、人与社会的关系方面，孔子提出的金规则是，"己所不欲，勿施于人"。你不想要的东西，不要施加给别人，这是底线意义上的黄金法则。但是，在高层次的意义上，则不然。庄子在高层次的意义上讲，合理的规则是，"己所欲，勿施于人"，就像鲁侯和儵、忽二帝一样。自己认为好的东西，也不要轻易地、随随便便地强加于别人。如果强加于别人的话，也和"己所不欲，施于人"一样，会造成非常惨痛的人间悲剧。

政治方面的"己所欲，施于人"的例证，是不胜枚举的。要知道，真正文明的社会，并不是人人都成为贤人或圣人的社会，而是最大限度地让人人都活得自然而又自由的社会，是相忘于江湖的社会。

对于教育而言，更是如此。卢梭在其名著《爱弥儿》开篇中就讲："出自造物主手中的东西，都是好的，而一到了人的手里，就全变坏了。"[1] 也就是说，自然而然的才是好的，而人为的往往是糟的。《爱弥儿》是世界著名的教育哲学著作，其中所阐述的自然主义教育思想与庄子所讲的避免以天合人造成悲剧的训导是一致的。

对应卢梭的自然主义教育，美国实用主义哲学家杜威提出了"教育即生长"的理念。我们见过植物的生长——在阳光雨露之下悄无声息地、一点点地长大，而不是人为地揠苗助长。和庄子一样，他们崇尚自然主义教育，重视向教育要自由。教育即生长，教育的本义是使每个人的天性和与生俱来的能力得到健康生长，而不是把外面的东西灌输进一个容器。教育的目的是生长，是生活，是成人。生长、生活、成人，说到底是孩子自己的事；家长最需要做的不是揠苗助长、越俎代庖，而是好好修行自己、身教重于言教（不言之教）。这是我们需要深刻反思的第一个方面。

遗憾的是，教育中各种类似"海鸟之死"和"浑沌之死"的悲剧一直在反复上演，在现代尤甚。比如，早早进行胎教，让孩子越来越早地上各种兴趣班、特长班，一两岁时就开始学才艺，三岁时要识字三千个、要背诵唐诗三百首、要熟练英语三百句，这些其实都是揠苗助长的做法。儿童拥有活泼泼的生命，其天性是玩，要通过玩的方式、游戏的方式成长。儿童对世界上的一切充满着天然的好奇心和求知欲，他们是天生的哲学家和艺术家。早早把孩子绑上功利的战车，使他们的人生中没有童年，难道不是对于人的天性的一种最大的戕害，难道不是庄子海鸟之死或者浑沌之死的翻版吗？

孩子上了学之后，要开始整天面对分数、评比、评优。大家想，小红花意味着什么？你高兴地拿朵小红花回家说，妈妈，我得了朵小红花。高兴的背后是什么？高兴的背后是不高兴。第一，你得到了小红花，意味着很多人没得到，很沮丧，对别人是不是一种打击？第二，你这一次得了，但下次可能得不到，你会变得紧张兮兮、战战兢兢。可能多数人没有去反思过，从得到一朵小红花

---

[1] 〔法〕卢梭：《爱弥儿：论教育（上）》，李平沤译，商务印书馆1978年版，第5页。

开始，你就被绑上了这种相互攀比和竞争的战车，永无休止。这难道不是一种教育的悲剧吗？

所以，在庄子的视域里，真正的教育是顺天性的教育。天性者，自然而然之谓也。在人性问题上，庄子既不认同人性本善，也不认同人性本恶，而主张超越善恶的人性本真。对于每个人而言，天性是"自然"为其设定的基本活动法则，具体表现为由身体特质和精神特质共同作用形成的稳定的综合性倾向。简言之，唯有基于天性的东西，才可能至真，唯其至真，所以至善、至美。简言之，庄子的基本公式应是：

$$顺应天性而为 \rightarrow 至真 = 至善 = 至美$$

认清自己的天性并适性而为，是一个人实现自由发展的根本前提。在这方面，也许庄子给世人的启迪最多。

基于自然主义教育观，教育要培养什么样的人？现在，很多媒体和机构都讲要培养精英人士、大咖、明星，即要培养人上人。人上人是什么？说到底，就是不是人，是物。在这种观念的主导之下，自己活得累，别人也活得累。对上卑躬屈膝、趋炎附势，对下趾高气昂、耀武扬威，这样制造了多少人间烦恼和悲剧？如此一来，所有的东西都要通过和他物比较来确立价值。当要通过满足虚荣心来刷自己的存在感时，一个人就不可能拥有一颗平常心了。

从这个意义上说，自然主义教育不是要培养出人头地的人上人，而是要培养人格健全或心智健全的平常人。无论是社会价值观的建构，还是整个教育体系的建设，都应以培养人格健全或心智健全的平常人为主轴，而不是着力于引导造就什么大咖或者精英。我们固然可以教育孩子要志存高远，但更重要的是，要帮助孩子清清楚楚地意识到每个人都是或将成为平常人。一个人只有学会在平常的生活中找寻简单的快乐和情趣，只有自觉构建起合乎个人天性的生活方式，才算具备了最根本的综合素质和能力。这远比任何出人头地、功成名就之类虚浮的东西更实在、更有价值。当个平平凡凡、平平常常的人，是一个人活着的最大幸福之所在。当具有这种认知的时候，无论是对自己还是对别人、对社会来说，人生都会变得更有价值、更有意义。一味地标榜或鼓吹所谓"成功""优秀"之类的东西，其实是教育的最大误区；培养具有健全人格和平常心的平常人，才是教育的根本使命之所在。这是反思的第二个方面——教育。

需要反思的第三个方面是自然主义的生态文明。我们原来讲人定胜天、征服自然、改造自然。现在虽然不讲了，但是，在当今新科技宗教的主导之下，很多人实际上依然如故。经过生态破坏的恶果以及无数教训之后，人们才明白要与大自然和谐相处、和谐共生，要建设生态文明。生态文明要顺自然而为，要以人合天，而不是以天合人。英国诗人柯珀曾经说，上帝创造了乡村，人类创造了城市。也许这种三段论式的轨迹勾勒了一个人比较合理的生活图景：童年、少年时成长在乡村，与泥土结缘；青年、壮年时生活在城市，最大限度地拥抱文明；到了老年或晚年时回归乡村，再与泥土融合为一——即便在实践中没法完全做到，至少可以体现在精神境界上。因为，毕竟一切来自泥土的，都将回归泥土。

政治、教育、生态都须顺自然而为，由以天合人转变成以人合天。天是标准，或者自然是标准，人为要合乎自然，这就是第三个层次——以人合天。

（三）以人合天

怎么做到以人合天？当然，还是要运用人的智慧。庄子在《大宗师》开篇的阐释极见哲学功力：

> 知天之所为，知人之所为者，至矣！知天之所为者，天而生也；知人之所为者，以其知之所知以养其知之所不知，终其天年而不中道夭者，是知之盛也。虽然，有患：夫知有所待而后当，其所待者特未定也。庸讵知吾所谓天之非人乎？所谓人之非天乎？（《庄子·大宗师》）

其大意是讲，能够通晓自然运化之道，并且了解人的作为，就达到了人之认识的极致。能够通晓自然运化之道，是顺应自然而生活；明白人的行为，是用自己的智慧所能知道的道理，去顺应其智慧所不能知道的，达到享尽天年而不半途夭折，就是智慧的最高境界了。虽然这样，其中还是存在隐忧。智慧的形成必须依赖一定的条件，而这些条件却是不断变化的、不确定的。何以知道我所说的出于自然不是人为的呢？何以知道我所说的人为不是出于自然的呢？

庄子这段对于天人关系的阐释极为重要，也极为深刻。一个人要在明晰天人之分的前提下使自己得到适当的安顿，就必须知道什么是天之所为，什么是人之所为，如此才能够知道自己可以做什么样的事情，不可以做什么样的事情。这才是所谓真知，其他的知识不足以与此相提并论。所以，真知是为了更好地生活，即通晓自然运化之道，顺应自然而生活。

其中包含层层深入的几个层次。其一，最高的真知是什么？明白人的行为，是用自己的智慧所能知道的道理，去顺应其智慧所不能知道的，享尽天年而不半途夭折，就是最高的真知，也是智慧的最高境界。其二，知道了真知或最高智慧之所在，而它是如何形成的呢？所谓"知有所待而后当，其所待者特未定也"。凡是真知或智慧都必须基于某种判断，而某种判断必须依赖某个固定的参照物，而这个参照物本身靠得住吗？事实上，这个参照物也时时处于变化之中，也是不确定的。

比如，你想判断自己是静还是动，必须找一个参照物，如一张桌子。然而，桌子本身却时时刻刻处于地球自转和公转的运动之中，这时你以它为参照物来判断自己是静还是动，怎么判断得准确呢？又如，社会中经常树立某个榜样来引导人，而榜样人物本身并不是静止不动的，他可能现在表现优秀，但过一个阶段就不见得优秀了，甚至可能走向反面。这个榜样如何立得住呢？

其三，更重要的是，怎么知道我所说的出于自然不是人为的、我所说的人为不是出于自然的呢？既然上天把人造出来，那么在某种意义上：人为本身就是自然的产物，就是自然的一种表现形式；反过来说，自然又是人为的本质属性。进而言之，人为即自然，自然即人为，二者如何辨得清楚？可见，庄子对此进行过极为深刻的思考,人们可能产生的疑问他早就考虑到了。

这时就需要进一步分层次来看。庄子所谓的天人相分,是基于自然与人为之间的对立。这在低层次上表现得非常突出。如《秋水》篇所言,"牛马四足,是谓天;落马首,穿牛鼻,是谓人"。而在高层次上,顺乎自然的人为则可以最大限度地消解二者之间的对立,达成一种新的自然与人为的融合。恰如庄子在《山木》篇中所言:

> 有人,天也;有天,亦天也。人之不能有天,性也;圣人晏然体逝而终矣。

人为的事,是出于自然;自然的事,也是出于自然。人为之所以丧失自然,是因为人受固有的属性限制。只有悟道之人才能够安然地顺着自然而变化,而保持自然的本性。可见,这种天人合一并不是一般人所能为,只有对自然高度体认的圣人才能做到。所以,庄子在《庚桑楚》篇中也说:

> 夫工乎天而俍乎人者,唯全人能之。(《庄子·庚桑楚》)

精于顺应自然而又善于周旋于人为,只有具有极高修养的全人才能做到。这就正好解释了:"庸讵知吾所谓天之非人乎?所谓人之非天乎?"

经常有人问:人为难道不是自然的吗?对此,我觉得需要对人为做这样一种区分:一种人为是合乎自然的人为,这实际上是自然。你虽然在人为地做,但你是顺乎自然而做,实际上是天。道家反复强调无为,根本在于顺乎自然而为。另一种人为是反乎自然的人为,如以人养鸟、凿死浑沌等,这才是庄子坚决反对的。这样,所谓人为就可以这样表述:

$$人为 = 合乎自然的人为(天) + 反乎自然的人为(人)$$

为了帮助大家理解，我可以举个例子。宋明理学喜欢讲"存天理，灭人欲"，并论证以"饮食者，天理也；要求美味，人欲也"（《朱子语类》卷十三）。人活着都要吃饭，饮食就是合乎自然的，但是饮食时要求美味，整天要吃海参鲍鱼、山珍海味，就成了人欲或人为。这样区分时，你就把人为的两个方面都搞清楚了。道家反对后者，不反对前者。这是第一个方面，要理解天和人的界限之所在。

第二个方面是以人合天，即人要顺自然而为。顺自然而为可以分为两个层次。第一个层次是我们反复讨论的，即每个人都要顺应先天的自然天性而为，关于这方面已经讨论很多了，在此不再赘述。第二个层次是合乎自然的后天培养的那些习惯。行为多了，成为习惯，习惯多了，成为新的天性。也就是说，习惯成自然，习惯可以形成人的第二天性。第二天性一旦形成，顺着这个天性去做的时候，仍然可以被视为一种顺天性而为。譬如，你养成了一些良好的习惯，且这些习惯是与你的健全成长相吻合的，你每天都顺着已经养成的习惯去做，毫无疑问你每天都会活得非常自在、非常自由、非常快乐、非常幸福。这叫习惯成天性，也是最值得提倡的养成教育。

总之，应从这么两个层次去理解以人合天。基础的层次是，每个人都有他的自然本性，要顺应它；高层次则是那些合乎自然的习惯，行动多了形成习惯，习惯多了形成性格，性格即命运。这仍然是合乎自然的，是自由自在的——这时便达成了庄子最推崇的"以天合天"（《庄子·达生》），即以人之自然合乎天之自然，二者浑然一体。只有明白了这两层深意，才能真正理解并做到以人合天。

（四）天人一体

以人合天或者以天合天，从而可以达到天人一体，也就是庄子以及道家最推崇的天人合一。庄子讲，"人与天一也"（《庄子·达生》）。天人本是合一的。整个宇宙是不可分的，自然和人为是一体的。但我们现在把二者分开了，须知道二者是不可分的，应最大限度地减少或去除由分造成的负面影响。

第六章 庄子：常超越的生活境界（二）

对于天人合一，庄子在《大宗师》中讲得最到位：

> 其好之也一，其弗好之也一。其一也一，其不一也一。其一与天为徒，其不一与人为徒，天与人不相胜也，是之谓真人。（《庄子·大宗师》）

人们喜好的是浑然为一的，人们不喜好的也是浑然为一的。那些同一的东西是浑然为一的，那些不同一的东西也是浑然为一的。那些同一的东西跟自然为同类，那些不同一的东西跟人为同类。自然与人不能相互对立，具有这种认识的人就可叫作"真人"。

人类往往在走了好多的弯路，比如造成了严重的环境污染和生态破坏，回过头来交上巨额学费之后，才开始重新反思，重新上路。以前做事时完全违背天人合一的自然规律，在遭受挫折之后要重新做事。当一个人认识到天人本来合一、不可分割、不可对立时，才是一个悟道之人。

庄子对此有极为深刻的感受和认知。后来，荀子批评庄子"蔽于天而不知人"（《荀子·解蔽》），其实，庄子并非"不知人"，相反，他深知人，且洞悉人性，只是更注重"天"的一端。在庄子看来，人与天皆本于自然，知天即知人。庄子深切地感受到，天和人本来是自然而然的，自然即人为，人为即自然。把自然和人为一体化领悟透彻了，才能够真正实现天人合一。而在现实之中，人为得太过分，违反了自然的法则，他才特别注重了天的这一方面。所以，庄子提出"天人合一"，要求人们"无以人灭天"，尤其不要让物欲蒙蔽自然本性，而要复归素朴之性，上升到天人合一的境界。庄子提出：

> 天在内，人在外，德在乎天。（《庄子·秋水》）

天然蕴含于内在，人为显露于外在，高尚的德行则顺乎自然。自然而然是人应获得并恪守的内在品质，当内在和外在二者实现合一的时候，人的整个修养就合乎自然之道了。有了这种认知，就进入了庄子反复倡导的"天地与我并生，而万物与我为一"。这时，所有区别、所有对立的东西被统统去除掉，人与天地万物合为一体，人与我、人与物的分别都已不复存在。这就是天人合一最终要实现的境界。

六、天地大美

前文中我们论证过，道法自然，其根本在于人法自然。人法自然时，既保持了人性的完美，同时也保持了大道的完美、自然的完美。天人合一就实现了天地大美。由天人合一达至天地大美的生活境界，可以说是庄子人生哲学的最根本的归宿。

（一）大美不言

庄子在《知北游》中讲的"天地大美"可谓脍炙人口：

> 天地有大美而不言，四时有明法而不议，万物有成理而不说。圣人者，原天地之美而达万物之理。是故至人无为，大圣不作，观于天地之谓也。（《庄子·知北游》）

其大意是讲，天地间蕴藏着最美的佳境却无法用言语表达，一年四季中有明确的规律却从不议论，万物的变化具有现成的规律却不加解释。悟道的圣人，探究天地伟大的美而通晓万物生长的道理。所以，悟道的人能达到无为，能达到不做事，这是因为对天地做了深入细致的观察。

可以说，这段话是对老子"人法地，地法天，天法道，道法自然"的最好注解。因为，这关乎人如何效法天地运行的自然法则而生活。对此，英雄所见略同，有智慧的人的观念都是相通的。比如，孔子也如是说："天何言哉？天何言哉？四时行焉，百物生焉。"（《论语·阳货》）天说话了吗？天说话了吗？

没有说,但四季变化、宇宙万物却非常有规律地、周流不息地运行着。

在这方面,中国古典诗词中富含更体己的意境表达。譬如,陶渊明回归田园之后,写了二十余首关于饮酒的诗。其中,《饮酒其五》最得庄子真意:

> 结庐在人境,而无车马喧。问君何能尔?心远地自偏。采菊东篱下,悠然见南山。山气日夕佳,飞鸟相与还。此中有真意,欲辨已忘言。[1]

当一个人真正领悟天地大美的时候,不是用分辨的方式,不是用言语的方式,而是用与天地融为一体、以无言之言的方式去慢慢体味、悠然享受。

说到天地大美,不妨提一提曾国藩所谓的人之"三不斗"原则:勿与君子斗名,勿与小人斗利,勿与天地斗巧。世俗的君子,他可能把利益看透了,但还是把名声看得特别重要,你和他争名声,他会和你拼命。小人两眼盯着的全是利益,为了争利,他无所不用其极;多少人因利益争夺,被小人所害。在利益面前,你是斗不过小人的,除非你比小人更小人。更重要的是,不要与天地斗巧。人工之巧,与天地造化相比,简直是小儿科。

天地造化,才是世界上最伟大、最精巧的设计。列子认为,人间最智巧的工匠花了三年时间制造出一片足以以假乱真的树叶,这是极其笨拙的:

> 使天地之生物,三年而成一叶,则物之有叶者寡矣!故圣人恃道化而不恃智巧。(《列子·说符》)

庄子更在《大宗师》中盛赞,天地造化"覆载天地,雕刻众形,而不为巧"。雕刻宇宙万物的形体,正是天地造化的创造,也意味着道创造万物,实是最具艺术性的创造。我在国内外考察时,每每看到喀斯特、雅丹、丹霞地貌和大峡谷、云海雾凇等令人叹为观止的造化景观,便油然而生对天地造化的敬

---

[1] (晋)陶渊明著,龚斌点校:《陶渊明全集》,上海古籍出版社2015年版,第74页。

畏之心。

所谓大巧不巧，是指不停留于世俗工匠之巧的大巧妙。凡是用钱堆起来的景观，不管多么豪奢和精致，也都只能夺目一时或者给人带来片刻的惊喜，仅适合作为昙花一现的旅游产品，不可能耐看或者耐人玩味。自许巧夺天工，不过是一种人类自我欣赏的溢美之词罢了，人类恐怕永远也不可能真正夺天工之巧。

同样，大自然造人实在精密神奇。我们身体上的任何一个器官看起来都很平常，但是一旦用人工物件去替代，就会发现再怎么模仿、复制的都比不上原装的好。所以，人类要尽力保护原生态身体部件的完好，面对一些退化或老化，也应该维护修缮而不是轻易替换。

到底什么样的东西最美？庄子认为，天地造化的东西是最美的，自然而然的东西是真美的。这叫法自然。人之美也如此，清水出芙蓉，天然去雕饰。现在许多医学美容都变味了，各种美容、整容、整形，弄得鼻子不是鼻子，眼睛不是眼睛，脸蛋不是脸蛋，层层叠叠几十层，千人一面的"美人"胚子模样，人变成虚假的了。这是违反自然的。违反了自然，毫无真实可言，何美可言呢？

凡是常态的、健康的、活泼的形体，都是美的，是令人愉悦的。

> 宇泰定者，发乎天光。发乎天光者，人见其人，物见其物。人有修者，乃今有恒。有恒者，人舍之，天助之。人之所舍，谓之天民；天之所助，谓之天子。（《庄子·庚桑楚》）

其大意是讲，胸襟坦然、心境安泰镇定的人，就会有自然的灵光。发出自然灵光的人，看人观物，清楚明白。注重修养的人，能长久保持灵光的存在。对于持有长期稳定灵光的人，人们会自然地依归他，上天也会帮助他。人们所依归的人被称为天民，上天所辅佐的人被称为天之子。这样由内到外合乎自然，便是"充实之谓美"。

一个人要在可能的情况下，努力把脸上的肌肉松弛一下，嘴角上时时挂着一个小小的微笑，自己费力不多，给人的愉悦甚大，甚至可以使得人生更值得留恋。其实，不管美容、整容技术多么发达，也不管如何制造美丽，人之美大概都离不开三个最基础的要素：一是内在的善良，二是内在的真实，三是外在的汗水。这三个基础性要素恰恰都是自然而然获得的。

善良自不待言。试想，一些妖精美艳至极，但人们却避之唯恐不及，因为它不善良。真实亦然。什么样的瑕疵不可以用化妆或美容或美图予以抹平？但难免让人感觉矫情和僵硬，因为缺乏鲜活和自然；唯有自然，才可能至真、至美。不能不说，各种整容和整形可能是对现代人的自然美的一种最大戕害，仿若现代版的"缠脚"。众所周知，在中国古代，妇女是需要缠脚的，三寸金莲，窈窕而行，但极其痛苦、畸形，很不人性，更不自然。现在虽然不缠脚了，却有更畸形的样式，如整容、补发等。真实没有了，自然而然没有了，甚至完全是逆自然而为。

对人而言，最好的美容剂是什么？可能不是各种花样翻新的化学制剂，也不是各种形态的基因或生物制剂，而是最平常不过的汗水。汗水可以促进人体新陈代谢，可以排毒养颜，可以磨炼心智。不怕红颜易老，就怕流汗太少。你每天只要跑上六七公里或者做上个把小时体操，大汗淋漓，比任何美容霜、美容剂，比任何美容、整容的手术，不知要好多少倍。

除了善良、真实、汗水之外，当然还要读书。读书可以由内到外地养生、养颜、养神。腹有诗书气自华，由内自然呈现于外，怎能不美？比里三层外三层的堆积，不知要美多少倍。这至少是由庄子的天地大美出发对现实的一种反思，如此，或许我们的生活方式就随之改变了。

（二）诗意地栖居

人要善于欣享天地大美，要诗意地栖居在天地间，这是庄子所追求和反复倡导的生活境界。如何欣享天地大美？如何诗意地栖居？《秋水》篇中"鱼之乐"的寓言大家都耳熟能详，它依然是以惠子和庄子之间的辩论的形式展开的：

庄子与惠子游于濠梁之上。庄子曰："鲦鱼出游从容，是鱼之乐也。"惠子曰："子非鱼，安知鱼之乐？"庄子曰："子非我，安知我不知鱼之乐？"惠子曰"我非子，固不知子矣；子固非鱼也，子之不知鱼之乐，全矣！"庄子曰："请循其本。子曰'汝安知鱼乐'云者，既已知吾知之而问我。我知之濠上也。"（《庄子·秋水》）

这则寓言讲的是，有一次，庄子和惠子一起在濠水的桥上游玩。庄子说："白鲦鱼游得多么悠闲自在，这就是鱼的快乐啊。"惠子说："你不是鱼，怎么知道鱼的快乐？"庄子说："你不是我，怎么知道我不知道鱼的快乐？"惠子说："我不是你，固然不知道你；你也不是鱼，你不知道鱼的快乐，也是完全可以肯定的。"庄子说："还是让我们顺着先前的话来说。你刚才说'怎么知道鱼的快乐'，就是已经知道了我知道鱼的快乐才问我，而我是在濠水的桥上知道鱼快乐的。"

濠梁之辩的"鱼之乐"，确是一个饶有趣味、常研常新的辩题。这场辩论中，到底是谁胜、谁败了？实际上，并没有所谓胜和败的问题。如果单从逻辑推理的角度来说，似乎惠施胜利了。因为惠施在逻辑上是严丝合缝的，而庄子则出现了偷换概念、循环论证等逻辑硬伤，甚至有的环节完全不合乎逻辑。但，如果从审美的角度来说，则是庄子胜利了。因为鱼之乐，说到底是人之乐，人之乐，说到底是人的主观感受和体验，与逻辑推理是无关的。

因此可以说，在濠梁之辩中，惠子和庄子各有所得——惠子是逻辑的胜者，庄子却是审美的胜者。当庄子言"子非我，安知我不知鱼之乐"时，他无疑在逻辑上被惠子击败了。但庄子马上回到他最擅长的审美视角："请循其本。子曰'汝安知鱼乐'云者，既已知吾知之而问我，我知之濠上也。"关键在于，"鱼之乐"并不是逻辑和思辨的对象，而是"人之乐"对象化或情感投射的结果。或者说，"人之乐"通过"鱼之乐"呈现，"人之乐"存在于"鱼之乐"之中。作为诗化的哲学家，庄子总是善于以物我相通的齐物心态把事物的各种对待消解掉，使人与鱼、物与己、醒与梦等差别都变得界限模糊。

"鱼之乐",说到底是一种超越主客二分的审美境界,是人和自然融合为一体的非对象化状态。事实上,天地大美无处不在,为什么我们没有感觉呢?因为缺少发现美的眼睛。更进一步说,缺乏悠然自得的心境,缺乏超然物外的心态。只有拥有了悠然自得的心境和超然物外的心态,才会有发现美的眼睛。

人对于美的呼应、欣赏和融入,体现了道法自然的和谐,更渗透了人对于人生的觉悟以及由此形成的松空匀乐的悠然。庄子善于发掘"鱼之乐",列子则深悟到了"物物皆游""物物皆观":

> 至游者,不知所适;至观者,不知所眂。物物皆游矣,物物皆观矣,是我之所谓游,是我之所谓观也。故曰,游其至矣乎!游其至矣乎!(《列子·仲尼》)

其大意讲是,最高境界的旅游是不知道去往何处,最高境界的观赏是不知道观看什么。对于任何事物,都可以游览,对于任何事物,都可以欣赏,这才是我所谓的旅游,才是我所谓的观赏。所以说,这样的旅游才算达到最高境界了啊!这样的旅游才算达到最高境界了啊!

诚然,事物或事情是否可观和可乐,取决于游于物之内还是游于物之外;游于物之外,则无往而不可观、无往而不可乐。事物之可观和可乐,在于善于游于物之外。这须既入乎其内,又出乎其外,尤其是须以出乎其外来经常观照入乎其内。

同样,程颢的"万物静观皆自得,四时佳兴与人同",道尽了恬静淡然的心态对于体味宇宙万机或自然意蕴的重要性。"江山风月,本无常主,闲者便是主人"[1],此之谓也。明人洪应明极力推崇动中守静和忙时处闲的恬淡功夫,最集中地体现在其两副对联中:

---

[1] (宋)苏轼著,傅成、穆俦标点:《苏轼全集(全三册)》,上海古籍出版社2000年版,第1676页。

> 风花之潇洒，雪月之空清，唯静者为之主；水木之荣枯，竹石之消长，独闲者操其权。
>
> 林间松韵，石上泉声，静里听来，识天地自然鸣佩；草际烟光，水心云影，闲中观去，见乾坤最上文章。[1]

在我看来，现在所谓"不求所有但求所用"，与其说是共享经济的核心理念，不如说是每一个个体生活的行动宪章。就本相而言，人生天地间，忽如远行客；每个人都不过是世间一个匆匆过客而已——对外物仅有某种临时借用或使用的资格，"所有"本质上是不可能的，唯一可能的就是"所用"。所以，"善用"才是一种真正的生活能力：其一，善于享用大自然的馈赠和一切公共资源；其二，绝不以占有为目的，而以"为我所用"为目的，唯有"用了"才算真正"有了"。至于所谓共享经济或者租赁经济，仅是一种最低层次的"所用"而已。所用即所有，也就是说，对于无论是公共资源还是个人资源，也无论是有形资源还是无形资源，占有并不等于拥有，享用才等于拥有。如此，可以充分品味和体验你心爱的东西，便是乐境。

一旦拥有了共享的心境，鸟、兽、虫、鱼，江河、山川、日月星辰，甚至一朵小花、一棵小草、一片树叶，都是美的。美无处不在，关键在于一种欣赏而不是占有的悠闲心态。当然，没有修炼的话，怎么能悠闲起来？所有的东西都堆积在那儿，你怎么能悠闲起来？这是一方面。

另一方面，所有美的东西都须以审美的眼光去看。譬如，欣赏达·芬奇的油画《蒙娜·丽莎》（图6-3）。只有当你充分体味到达·芬奇那种深沉的恋母情结，尤其是与画中情境融合为一体，充分领悟到那种"神秘的微笑"的无限魅力时，你才能感受到它的艺术美。如果你非要用科学的眼光去看《蒙娜·丽莎》的话，它就不过是一堆凹凸不平的油彩而已，何美之有？所以，美，说到底，是一种超越功利、超越主客的物我合一的意境。当拥有这种境界时，你才可能体味

---

[1] （明）洪应明著，乙力编译：《菜根谭》，三秦出版社2008年版，第124页。

到美的意境。

瑞士阿尔卑斯山谷的标语牌上写着："慢慢走，欣赏啊！"对于我们这些人生旅途上的游客而言，假如能够实现一种转变——丢掉急匆匆赶路的意识，视目的地仅仅为一种手段，而旅程本身则是目的，就是真正在生活。"慢慢走，欣赏啊！"这标语也告诉我们，欣赏景致和品味生活方是人之第一要务，其他则只是可有可无的点缀而已。实际上，物物皆可游，物物皆可观。甚至无须挂画，窗外正有一幅不断变换、美不胜收的巨画，名曰自然。

图6-3 油画《蒙娜丽莎》

关键在于，要达至诗意栖居的人生境界，需要一种善于超然物外的悠闲心态。悠闲和智慧则一向是一体的两面。悠闲出智慧，智者必悠闲。对于悠闲出智慧，早在古希腊时期就有定论，可能无须多饶舌。至于智者必悠闲，并不意味着智者因不做事而悠闲，而在于他对做事本身及其方法的深刻理解：首先，智者具有明晰而稳定的价值观，清楚地知道何者是重要的、何者是次要的、何者是无关紧要的，可以经常使性质的优先盖过时间的优先；其次，智者做事时善于守住根本，并以此为准则决定取舍进退，有所为有所不为；最后，智者无论做什么，总能保持一种超然物外的态度，身忙而心闲，以出乎其外的方式入乎其内，故能应物而不伤。

大凡有智慧的人，也都尤其重视悠闲。亚里士多德在《政治学》中阐述了他的闲暇观，甚至一度不惜把闲暇作为全部生活的目的。"人生所以不惜繁忙，其目的正是在获致闲暇。那么，试问，在闲暇的时刻，我们将何所作为？总不宜以游嬉消遣我们的闲暇。如果这样，则游嬉将成为人生的目的。这是不可能的。"[1] 因为在他看来，闲暇本身具有自足的内在价值。马克思也极其重视悠闲的自由时间，他认为，可以支配的自由时间就是财富本身。在未来社会，衡量财富的价值尺度，将由劳动时间转变为自由时间，因为增加自由时间，"即增加使个人得到充分发展的时间，而个人的充分发展又作为最大的生产力反作用于劳动生产力"[2]。

也许，更全面的概括是，诗意栖居的生活不可或缺三大要素：悠闲、自由和独立。从本质意义上看，悠闲是完全属于自我的时间，只有在悠闲之中，自我才是真正自由的。悠闲是人完全为了其自身而独立存在，它以其自身为目的，不被当作其他任何活动的手段。或者说，一个人只有在悠闲和自由之中，才可能真正认识自己并成为自己。

庄子所谓游世或者游于逍遥，无疑是这种诗意地栖居的最佳方式。许多人总喜欢叫嚷诗与远方，其实，真正的诗与远方，并不在缥缈的空中，也不在遥远的异地，而恰在当下常驻心间的悠然心境。

诗意地栖居便是庄子乃至道家的人生观。至此，我们可以对道家哲学的"三观"做一个简要的回顾，并以此进行自问自答的游戏演习（表6-5）。

道家哲学与心理健康演习

表6-5　与道家哲学三观之比较的自问自答

三观	道家的回答	我的回答是什么？	比较启示与提升方向何在？
宇宙观	以道观之		
价值观	重生轻物		
人生观	诗意栖居		

（三）心游天地

庄子让我们诗意地栖居在天地之间，欣享天地大美，这无疑是一种至高的

---

[1] 〔古希腊〕亚里士多德：《政治学》，吴寿彭译，商务印书馆1996年版，第416—417页。
[2] 《马克思恩格斯全集》第46卷下册，人民出版社1980年版，第225页。

第六章　庄子：常超越的生活境界（二）

生活境界。

诗意栖居，对应游于逍遥的游世状态，所谓"乘天地之正，而御六气之辩，以游无穷"（《庄子·逍遥游》）。庄子的"游于逍遥"，成就的是审美的人生、艺术的人生，是洒脱脱的生活、真性情的生活。这也恰恰对应德国思想家席勒的"完整的人"的基本原理：

> 在人的一切状态中，正是游戏而且只有游戏才使人成为完整的人……只有当人是完整意义上的人时，他才游戏；而只有当人游戏时，他才是完整的人……只要我们一把这个原理运用到义务和命运的双重严肃上去，它就会获得巨大而深刻的意义……这个原理将支撑起审美艺术和更为艰难的生活艺术的整个大厦。[1]

要成就这种审美的人生、艺术的人生，须既入乎其内，又出乎其外。入乎其内，故能生存；出乎其外，方能生活；尤其应以出乎其外来经常观照入乎其内。对此，苏轼脍炙人口的《定风波》，成为无数人自我观照的座右铭或者精神坐标：

> 莫听穿林打叶声，何妨吟啸且徐行。竹杖芒鞋轻胜马，谁怕？一蓑烟雨任平生。料峭春风吹酒醒，微冷，山头斜照却相迎。回首向来萧瑟处，归去，也无风雨也无晴。[2]

他把自然界的风雨自然而然地引申为人生的风雨，把人在人间世所经历的风风雨雨以及应采取的开阔、豁达和洒脱的生活态度，写得精妙绝伦、意味悠长、摄人心魄。在人生旅程中，有风有雨是常态，风雨兼程是状态，而"风雨不动安如山"则是自觉修炼的心态。后人还归纳了他人生中的十六件赏心乐事：

---

[1]〔德〕席勒：《审美教育书简》，张玉能译，译林出版社2009年版，第47—48页。
[2]（宋）苏轼著，傅成、穆俦标点：《苏轼全集（全三册）》，上海古籍出版社2000年版，第595页。

清溪浅水行舟；微雨竹窗夜话；

暑至临溪濯足；雨后登楼看山；

柳荫堤畔闲行；花坞樽前微笑；

隔江山寺闻钟；月下东邻吹箫；

晨兴半炷茗香；午倦一方藤枕；

开瓮勿逢陶谢；接客不着衣冠；

乞得名花盛开；飞来家禽自语；

客至汲泉烹茶；抚琴听者知音。[1]

如果人生中缺乏这些赏心乐事，我们将活得多么贫乏、多么无聊，不管拥有多少财富和权势；如果我们不善于享受这美妙的过程，将活得多么亏欠、多么失败，不管看上去多么成功和风光。

当代哲学家张世英在领悟庄子哲学的基础上，提出了一种游于逍遥的生活境界，"做一个有诗意的自由人"[2]。他在自己95岁生日时，自题人生座右铭（图6-4）：

图6-4　张世英自题座右铭

图片来源：张世英编写，李超杰注释：《中西古典哲理名句：张世英书法集》，译林出版社2018年版，第369页。

心游天地外，意在有无间。

这种境界，可谓深得庄子哲学的精义。记得二十余年前我曾通读过张先生当时的几乎所有著作，后来多次现场聆听过他的审美哲学讲座，从他中西哲学融通、万物一体、万有相通、希望哲学等创见中，受益良多。

---

[1] 林语堂：《苏东坡传》，张振玉译，湖南人民出版社2013年版，第186页。
[2] 张世英：《中西哲学对话：不同而相通》，东方出版中心2020年版，第547页。

总之，庄子关于处理个人与世界、与他人、与自己关系的原则，假如概括为一个字，就是——"游"，即超越入世和出世的游世。这是洞悉宇宙和人生真相之后做出的一种"诗意栖居"的选择。其实，人生的最高意义和价值，不在别处，就在这种诗意栖居的生活世界中。

最后，请允许我化用张世英先生的题咏作为本章的小结：

> 心游天地外，
> 意在有无间。
> 谨守平常道，
> 何处不悠然？

第七章
结语：人生三层楼，君居第几层？

岂无一月间，结束与子行。在前文中，我们以道家哲学与人生的内在关联为切入点，在道家的反思方式、杨朱哲学、老子哲学、庄子哲学等几个层面讨论了道家人生哲学。经过了这样一次漫长的心灵交流之旅后，我们就可以简要地做一个总结了。

一、境界之学

一般而言，哲学的根本任务是什么？冯友兰认为："按照中国哲学的传统，它的任务不是增加关于实际的积极的知识，而是提高人的精神境界。"[1] 冯先生根据人的觉解程度，把一个人现实中与可能达到的人生境界分成了自然境界、功利境界、道德境界和天地境界四个层次。[2]

第一层次的境界为自然境界。自然境界类似人的婴儿、幼儿、童年阶段的那种状态，这种境界一般是自发的、活泼泼的，充溢着原初的生命活力，极其珍贵但难以保持长久。

第二层次的境界是功利境界。一个人一旦进入社会，面对吃穿住行、人情世故等现实问题时，必然就需要分别，而学会分别是非、好坏、美丑、贵

---

[1] 冯友兰：《三松堂全集（第六卷）》，河南人民出版社2000年版，第284页。
[2] 冯友兰：《三松堂全集（第四卷）》，河南人民出版社2000年版，第497—505页。

贱、真假、善恶等之后,欲望就会爆发出来。这就必然会引发名利权情等方面的相互竞争或争斗,相互竞争或争斗就会造成无穷无尽的郁闷、焦虑、纠结和痛苦,这便是基本的生存逻辑。这样的人生状态便是现实中最普遍存在的功利境界。

第三层次的境界是道德境界。一个人充分意识到自己是一个社会公民,他做事情时就不再停留于获得某种功利的结果,而是基于个体必须履行的一种义务或责任。事实上,每个人来到人世间,都必须承担一些义务或责任。人生不过是尽心尽力把自己应尽的义务或责任尽到,然后挥手与世界告别而已。清楚地知道自己的社会公民的角色,做到"正其义不谋其利,明其道不计其功"(《汉书·董仲舒传》),这个人就算达到道德境界了。

第四层次的境界是天地境界,也叫哲学境界。一个人如能充分觉解到,他是一个社会的公民,更是一个宇宙的公民,是宇宙的一分子,他为人处世时就可能站在宇宙和社会融合为一的高度,在遵从宇宙公民规则的基础上,遵从社会公民的规则。对每个人而言,身为宇宙公民是第一位的,身为社会公民则是第二位的、派生的、从属的。因为:第一,人的基本生存条件是宇宙提供的,如阳光、空气、水以及其他所有用品的根本来源。第二,每个人的生命也都是宇宙给的,从大道中来,回到大道中去;个体生命说到底不过是大道的下载而已。有了这种生命的觉醒,他的人生就有了不同的意义,不是追求某种功利的结果,而是最大限度地与大道、与宇宙融合为一体。这便是通过哲学训练达到的天地境界。儒道两家的根本区别在于对于宇宙公民和社会公民的本末和排序的认知,存在低维和高维的维度差别。

那么,应如何定义以提升人生境界为鹄的哲学呢?冯友兰曾深有感触:"如果有人要我下哲学的定义,我就会用悖论的方式回答:哲学,特别是形上学,是一门这样的知识,在其发展中,最终成为'无知之知'。"[1] 无知之知是一种通过自觉求知、无知而获得的更高层的知识,也是经过高度觉解而获得的知行

---

[1] 冯友兰:《三松堂全集(第六卷)》,河南人民出版社2000年版,第283页。

合一的真知。我们许多人都喜欢说"我知道了"。知道了又如何呢？知道与做到之间的距离还非常大，而做到与成为习惯、人生信念和生活方式之间，更有十万八千里。事实上，对于生活而言，最重要的东西往往都是一些人所共知的、最简单的常识——唯有达到以人生信念为核心的知行合一的"无知之知"，才算真知；否则，所知不过是一堆毫无意义的空头支票而已。

所以，哲学作为境界之学，给人提供的是一片建立在"无知之知"基础上的安身立命之地。正如冯友兰所言：

> 哲学可以给人一个"安身立命之地"。就是说，哲学可以给人一种精神境界，人可以在其中"心安理得"地生活下去。他的生活可以是按部就班的和平，也可以是枪林弹雨的战斗。无论是在和风细雨之下，或是在惊涛骇浪之中，他都可以安然自若地生活下去。这就是他的"安身立命之地"。这个"地"就是人的精神境界。说是哲学给的，实际上是人自己寻找的，自己创造的。只有自己创造的，才是自己能够享受的。中国哲学说：哲学是供人受用的，享受的。学哲学如果得不到一种受用和享受，任凭千言万语，也只是空话，也只是白说。[1]

道家哲学是以贵生为主导的人生哲学，更是关乎人的"安身立命之地"的境界之学。我们在本书中讨论的道家人生哲学，主要从四个方面阐释了这种境界之学：一是道家反思人生的思维方式，尤其是通过自否定而达到的"无A之A"，给我们提供了打开道家哲学大门的钥匙。二是杨朱的轻物重生的价值观，教人时时把生命与外物的轻重掂量、权衡好，这是道家人生哲学的基石。三是老子的自否定的生活辩证法，给我们提供了一种通过反思和自否定的方式不断变得强大的哲学方法。四是庄子的常超越的生活境界，教我们经常从现实之中超拔出来观照人生全景，既入乎其内又出乎其外，以超世或者游世的方式更积

---

[1] 冯友兰：《三松堂全集（第八卷）》，河南人民出版社2000年版，第32页。

极地入世。

可以说，道家人生哲学是一座高山，"无 A 之 A"的反思方式是底座，杨朱哲学到了山脚下，老子哲学爬到了山腰，而最美的风景属于山峰的庄子哲学。我们如果真正读懂了杨朱、老子和庄子，就能够体会并拥有这样一种超越的心态，在再反观人生的时候，整个生活面貌必定改变非常之大。易言之，如果说我们一般人是坐井观天，那么杨朱、老子和庄子则是"坐天观井"。我们从道家哲学中所获得的，可能并不是某种具体的物，也不是某种具体的专业知识，而是一种开阔的视野和格局，是一种通达、旷达、豁达的心胸，一种无限辽阔、充盈、丰满的精神境界。这恰是最高的获得，即无得之得谓为大得。

二、三生三世

未经反思的人生是不值得过的。人的精神境界的提升都要经历一个反思和自否定的修养过程。道家不断以"无 A 之 A"的方式极力彰显这一反思和自否定的修养过程。"庐山烟雨浙江潮，未到千般恨不消。到得还来别无事，庐山烟雨浙江潮。"[1]这首《观潮》据说是苏轼临终时给儿子苏过作的，相当于遗嘱。这首诗把人之修养由 A 到无 A，再到无 A 之 A 的三部曲说尽了。

道家的"无 A 之 A"在某种程度上，与禅宗修禅三部曲也是一致的：

>　　老僧三十年前未参禅时，见山是山，见水是水。及至后来，亲见知识，有个入处，见山不是山，见水不是水。而今得个休歇处，依前见山只是山，见水只是水。（《五灯会元》卷十七）

---

[1]　（宋）苏轼：《观潮》，参见 https://so.gushiwen.cn/shiwen/default_2A3b99a16ff2ddA7.aspx，2023 年 7 月 20 日访问。

青原惟信禅师这段关于修禅的描述，不仅适用于一般意义上的认知或学习，也适用于一切真正意义上的人格修养。

根据道家哲学内在的这种反思和自否定的逻辑，本书把"人生"分为生命、生存和生活（合称"三生"）三层楼。"三生"的三层楼所恪守的活法有很大不同：生命遵循的是原初的自然法则，其特点是自发的、活泼泼的；生存遵循的是功利法则，其特点是急匆匆的、苦哈哈的；生活遵循的则是自由法则——其实是对自然法则的一种再造和提升，包含天性本位、兴趣主导、自我创造、自我实现、自我超越等方面，其特点是洒脱脱的、从容自如的。生命，大致对应冯友兰的自然境界；生存，大致对应冯友兰的功利境界；生活，则大致对应冯友兰的天地境界。

从自发的、活泼泼的生命到急匆匆、苦哈哈的生存，完全是可以自发过渡的，大多数人都不可避免要经历，甚至一辈子中止于此。从急匆匆、苦哈哈的生存到洒脱脱的、从容自如的生活，却绝不可能自发过渡，非自觉、自立、自为而不能。极少数善于全性葆真的"上智之人"似乎终其一生都能保持活泼泼的生命状态，像孟子所言的"大人者，不失其赤子之心"那样，但这毕竟也是一种经后天自觉磨砺或"为道日损"而实现的精神创造，亦是一种"无A之A"。因此，一个完整的人可以说要"诞生"两次：第一次是为了生命，第二次是为了生活；第一次是为了成为人，第二次是为了成为真正的自己。第一次是从浑沌中挣脱出来，第二次则是从物化生存中超拔出来。

整体而言，在处理最重要的个体与人间世的关系上，道家既不选择像儒家那样入世（入世终究是入不了的，终要被抛到人间世之外），也不选择像释家那样出世（毕竟存在形体之大患），而自觉选择介于二者之间，其实是超越二者的超世或游世（入世、出世和超世/游世，合称"三世"）。作为入世与出世之间的中道，超世或游世主要体现在：其一，它是洞悉生之本相后重新构造的一种以过程为目的的游戏心态——晴天时爱晴，雨天时爱雨，顺应自然，欣享人生每一阶段的景致；其二，它是与世相处时保持的一种若即若离、不即不离的生活状态；其三，它以宇宙公民观照社会公民、以无限观照有限为视界；其四，它以物物而不物于物的自由为旨归。

新中道的自然主义既不赞成儒家或墨家式的入世，也不赞成释家式的出世，而提倡道家式的不即不离、若即若离、保持适当距离的超世或游世。[1]超世或游世的基本方法之一便是"超乎象外，得其环中"。只有善于通过游于物之外来观照物之内，才可能做到"用心若镜"和"胜物而不伤"，才可能使自己始终处于"圆"的中心以不变应对万变，而不是处于环圈上被甩得晕头转向、不知所归。

超世或游世也是指要把世间万事都当作某种"无限的游戏"。一方面，要以超越游戏法则的视界来游戏，因而会表现得最漫不经心；另一方面，要在洞悉了游戏法则的本质之后，专注于有趣味的游戏本身，因而事实上又会是最投入、最认真的。在超世者或游世者看来，游戏本身就是目的，游戏之外别无目的。当然，专注有两种走向：正道的一面，凝心通神，忘我投入，出神入化；邪道的一面，则钻牛角尖，利令智昏，走火入魔。前者限制欲望、顺应自然，后者纵容欲望、反乎自然。其中的关键依然在于自觉主动地顺应自然，摒弃执念。

活泼泼的生命，急匆匆的生存，洒脱脱的生活。人生三层楼，我现在到底居住在哪一层？如果我们经常这样反思和反观人生的话，必定会活得越来越真实、越来越快乐、越来越自由。

三、健全人格

到底何谓好的生活？到底何谓健全人格？在道家哲学的视域中，其基本原则无非三项：真实（以及健康）、快乐、自由。人生境界亦必基于此。一个人的生活质量在本质上取决于"生"的可流动性，取决于"生"的宽度而不是长度。因为"生"的宽度在于真实（以及健康）、快乐、自由，是个体自己可以左右的；而"生"

---

[1] 张立波、陈少峰：《新中道的企业管理哲学》，北京大学出版社2012年版，第8—10页。

的长度在于寿命或某种结果，是个体自己无法左右的。道家哲学把生活本身作为目的，并不在生活之外另立目的。由此，不为琐屑的事务所制，专注于做让自己长进的事情，譬如读书、思考、修身、修心等都有百利而无一害。

事实上，人们既活在相同的世界里，又活在不同的世界里。相同的世界是就物理世界而言的，每个人所面对的吃喝拉撒、生老病死等基本生存境遇都是一样的，所面对的人与自然之间、人与人之间、人与自己之间等基本"关系场"也并无二致。不同的世界则是就意义世界或精神世界而言的，由于每个人的觉解程度、价值观念不同，对待相同的生存境遇和"关系场"的心态和处理方式就会大不一样，因此，形成的活法和精神境界也会有很大差别，有时不同人甚至可能活在几乎完全无法相通的不同频道里。

譬如，到底何谓正事、何谓闲事？其根本取决于各人不同的人生观和价值观。在甲看来是可有可无的闲事，在乙看来可能恰是不折不扣的正事；反之亦然。以闲事的心态来做多数人所认为的正事、以正事的心态来做多数人所认为的闲事，人生中岂不别有一番洞天？

清人张潮说得好，"能闲世人之所忙者，方能忙世人之所闲"[1]。一个人的忙和闲，表面上好像由外力所驱动或支配，实际上根本取决于他自己的觉解程度以及价值观。人之乐在于闲，而闲并非无所事事，关键在于到底以何者为重。善于把别人所闲作为自己所忙并把别人所忙作为自己所闲，不仅是一种价值观的转变，也是一种生活方式的转型与升级。这种忙闲观颇有意味。勤靡余劳，心有常闲，身忙而心闲。能够悠闲地对待大家都在忙碌的事情，才会有工夫、有心思去享受世间的闲情逸趣。这当然不可能唾手可得，而需要一个慢慢修养的过程。

一个人在温饱问题基本解决之后，就需要也完全有条件把自己的生存方式做一个颠倒。原来是先创造一定的物质条件（如有钱），来为趣味提供必要的基础（如有闲）；现在可以把趣味本身当作存在的根本基础，对物质的追求则以满

---

[1] （清）张潮著，于童蒙编译：《幽梦影》，江苏凤凰科学技术出版社 2018 年版，第 207 页。

足趣味主义的必需为限,通过自觉"做减法"尽可能使物质简单化,类似老子所讲"损之又损,以至于无为",逐步以趣味主义为主轴来定位整个人生。

其实,趣味主义最重要的就是道家的"无为而为",其本身就是以真实、快乐、自由为核心的人格的一种外显。道家反复强调,人要"为无为,事无事,味无味",其核心在于要善于享受生命的过程,把平平常常的每一天都过得有滋有味、有声有色、如诗如歌。这才是一个人的真本事,也是一个人的大智慧,当然这时也是人生真正的高光时刻。梁启超认为,一个人常常活在趣味之中,活着才有价值。[1] 趣味主义既可以被视为一个具体的维度,也可以作为一种生活方式升维的方向。在趣味主义者的视界里,没有所谓有用和无用,只有有用之用和无用之用;没有所谓苦和乐,只有苦趣和乐趣。活得有趣,才是人生和社会的正能量。要以有趣和无趣为评判是否具有正能量的基本标准,也作为评价别人和自己活得是否有价值、有意义的基本标准。

有趣的反面是无趣。作家贾平凹对无趣的描述也颇为有趣。无趣的人,往往"三观"太正,功利心太强,对生活用力过猛,凡事都要问"有用吗""有好处吗",因此,无趣的人多数浅薄、狭隘。与无趣的人相处,往好处说,是一种对耐心和耐力的磨炼;往坏处说,则是一种彻头彻尾的折磨。

对人生而言,学知识、做学问、做专业、做事业只能算是第二桩事,而人生第一桩事不是别的,是生活本身。生活为何?说到底,生活既是领略,也是享受,更是培养趣味、生机和活力。[2] 假若为知识、为学问、为专业、为事业而忘却生活本身,那种知识、学问、专业、事业在人生中便失去了真正的意义与价值。因此,我们不应该把自己活成一种提线木偶或机械工具。一味迎合物化需要而不顾自己兴趣和天性的人,就是因为没有明白这个极其简单的道理。

经常有人会问,以真实、快乐、自由为核心的人格及生活境界是不是太高

---

[1] (清)梁启超:《梁启超全集(第七册)》,北京出版社1999年版,第3963页。
[2] 朱光潜:《朱光潜全集(第一卷)》,安徽教育出版社1987年版,第15—16页。

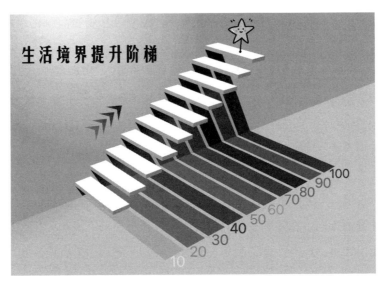

图 7-1　生活境界提升示意图

了,一般人难以企及,怎么办?有一种生命的觉醒,即知道什么是理想的生活状态,是第一位的。知道和不知道总是有差别的,不知道时就像没头苍蝇一样只能跟着别人瞎撞一辈子。你知道了,肯定比不知道好得多。有了这种觉醒之后,要尽可能往上超拔,往上去提升,多一分觉醒,就多一分提升,进一分有一分的收获和欢喜;即使达不到最高层次也没关系,能够达到理想状态的50%、60%、70%、80%便颇有成就了,甚或能比原来提升30%、20%,甚至10%那么一小步,定然也是不菲的收获(图7-1)。当然,这种收获主要不在于获取了多少外物,而在于获得了一种智慧、一种格局,获得了一种快乐、一种自由,从而使我们成了真正意义上的人。每个人也许都渴望某种结果,然而,还有比结果更重要、更珍贵的东西,这就是觉悟和提升过程本身。觉悟和提升即不断生长或成长,恰是一个人心灵年轻的最佳证明。谁能够追求不止,谁就永远在生长或成长之中,谁就会青春永驻。

人生缘何不快乐?只因不懂老庄列。领悟道家智慧,享受快乐人生。修超世之心,建入世之业。让我们在将来的生活中继续细细品读老子、庄子、列子,

从中获得无穷无尽的智慧启迪和精神享受。在本书的最后,请允许我还是以一首打油诗为结束语吧:

> 人生三层楼,
> 君居第几层?
> 先哲老庄列,
> 熠熠长明灯。
> 从容人间世,
> 逍遥大化中。
> 天地大美在,
> 放眼乐无穷。

参考文献[1]

国学整理社编：《诸子集成（全八册）》，中华书局 1954 年版。

（魏）王弼注，楼宇烈校释：《老子道德经注校释》，中华书局 2008 年版。

（晋）郭象、（唐）成玄英疏，曹础基、黄兰发点校：《庄子注疏》，中华书局 2011 年版。

（晋）张湛注，（唐）卢重玄解，（唐）殷敬顺、（宋）陈景元释文，陈明校点：《列子》，上海古籍出版社 2014 年版。

朱碧莲、沈海波译注：《世说新语（全二册）》，中华书局 2011 年版。

（北宋）李昉等编著，谦德书院点校：《太平御览》，团结出版社 2024 年版。

（宋）朱熹撰，张茂泽整理：《四书集注》，三秦出版社 1998 年版。

（汉）司马迁：《史记》，岳麓书社 2001 年版。

（汉）班固撰：《汉书》，中华书局 2007 年版。

杨伯峻：《列子集释》，中华书局 2016 年版。

朱伯崑：《易学哲学史（第一至四卷）》，昆仑出版社 2009 年版。

陈鼓应：《老子注译及评介》，中华书局 1984 年版。

陈鼓应注译：《庄子今注今译（全三册）》，中华书局 1983 年版。

叶蓓卿译注：《列子》，中华书局 2011 年版。

李天华校：《世说新语新校》，岳麓书社 2004 年版。

冯友兰：《中国哲学简史》，涂又光译，北京大学出版社 1997 年版。

冯友兰：《三松堂全集（第一至十三卷）》，河南人民出版社 2000 年版。

---

[1] 本书参考文献以《老子》《庄子》《列子》《易经》《世说新语》等原典为主，相关书籍以实际参考的主次及重要性为序。

（晋）陶渊明著，龚斌点校：《陶渊明全集》，上海古籍出版社2015年版。

（宋）苏轼著，傅成、穆俦标点：《苏轼全集（全三册）》，上海古籍出版社2000年版。

（唐）李白著，鲍方校点：《李白全集》，上海古籍出版社1996年版。

徐汉明校注：《辛弃疾全集校注（上、下）》，华中科技大学出版社2012年版。

（宋）邵雍著，郭彧、于天宝点校：《邵雍全集（全五册）》，上海古籍出版社2021年版。

（明）洪应明著，乙力编译：《菜根谭》，三秦出版社2008年版。

檀作文译注：《曾国藩家书（全三册）》，中华书局2016年版。

（清）曹雪芹著，（清）无名氏续：《红楼梦（第三版）》，人民文学出版社2008年版。

陈成国点校：《四书五经》，岳麓书社2002年版。

丁远、鲁越校正：《全唐诗》，国际文化出版公司1994年版。

陈少峰：《中国伦理学史新编》，北京大学出版社2013年版。

陈少峰：《宋明理学与道家哲学》，上海文化出版社2001年版。

王博：《庄子哲学（第2版）》，北京大学出版社2013年版。

刘笑敢：《庄子哲学及其演变（修订版）》，中国人民大学出版社2020年版。

张立波、陈少峰：《新中道的企业管理哲学》，北京大学出版社2012年版。

林语堂：《生活的艺术》，越裔汉译，陕西师范大学出版社2008年版。

陈鼓应、赵建伟注译：《周易今注今译》，中华书局2020年版。

张世英：《中西哲学对话：不同而相通》，东方出版中心2020年版。

何怀宏：《人类还有未来吗》，广西师范大学出版社2020年版。

邓晓芒：《思辨的张力——黑格尔辩证法新探》，商务印书馆2008年版。

邓晓芒：《走向语言学之后：当代形而上学的重建（第一卷 对西方形而上学的检讨）》，商务印书馆2024年版。

江畅：《好生活如何可能》，社会科学文献出版社2023年版。

南怀瑾著述：《论语别裁：全2册》，复旦大学出版社2018年版。

史铁生：《记忆与印象》，北京出版社2004年版。

史铁生：《病隙碎笔》，陕西师范大学出版社2006年版。

刘嘉：《心理学通识》，广东人民出版社2020年版。

毕淑敏：《心灵七游戏》，北京十月文艺出版社2014年版。

杨绛：《走到人生边上——自问自答》，商务印书馆2007年版。

《马克思恩格斯选集》第一至四卷，人民出版社1972年版。

北京大学哲学系外国哲学史教研室编译：《古希腊罗马哲学》，商务印书馆2021年版。

〔古希腊〕柏拉图：《理想国》，郭斌和、张竹明译，商务印书馆1986年版。

〔古希腊〕柏拉图：《柏拉图全集（四卷本）》，王晓朝译，人民出版社2017年版。

〔古罗马〕马克·奥勒留：《沉思录》，何怀宏译，湖南文艺出版社2016年版。

〔古罗马〕奥古斯丁：《忏悔录》，周士良译，商务印书馆1963年版。

〔德〕康德：《纯粹理性批判》，邓晓芒译，杨祖陶校，人民出版社2004年版。

〔德〕康德：《实践理性批判》，邓晓芒译，杨祖陶校，人民出版社2003年版。

〔德〕康德：《判断力批判》，邓晓芒译，杨祖陶校，人民出版社2002年版。

〔德〕康德：《历史理性批判文集》，何兆武译，商务印书馆1990年版。

〔德〕黑格尔：《小逻辑》，贺麟译，商务印书馆1980年版。

〔德〕黑格尔：《逻辑学（下卷）》，杨一之译，商务印书馆1976年版。

〔德〕海德格尔：《存在与时间（修订译本）》，陈嘉映、王庆节译，生活·读书·新知三联书店2014年版。

〔美〕艾里希·弗洛姆：《健全的社会》，孙恺祥译，人民文学出版社2018年版。

〔德〕席勒：《审美教育书简》，张玉能译，译林出版社2009年版。

〔德〕卡尔·雅思贝尔斯：《论历史的起源与目标》，李雪涛译，华东师范大学出版社2018年版。

〔德〕亚瑟·叔本华：《叔本华文集：悲观论集卷》，青海人民出版社1996年版。

〔美〕梭罗：《瓦尔登湖》，王家湘译，北京十月文艺出版社2009年版。

〔法〕卢梭：《爱弥儿：论教育（全两册）》，李平沤译，商务印书馆1978年版。

〔美〕阿尔伯特·爱因斯坦：《我的世界观》，方在庆编译，中信出版社2018年版。

〔以〕尤瓦尔·赫拉利：《未来简史》，林俊宏译，中信出版社2017年版。

〔以〕尤瓦尔·赫拉利：《今日简史》，林俊宏译，中信出版社2018年版。

〔以〕尤瓦尔·赫拉利：《智人之上——从石器时代到AI时代的信息网络简史》，林俊宏译，中信出版社2024年版。

〔美〕亚伯拉罕·马斯洛：《动机与人格（第三版）》，许金声等译，中国人民大学出版社 2007 年版。

〔美〕米哈里·契克森米哈赖：《心流：最优体验心理学》，张定绮译，中信出版社 2017 年版。

〔美〕米哈里·契克森米哈赖：《发现心流：日常生活中的最优体验》，陈秀娟译，中信出版社 2018 年版。

〔美〕理查德·格里格、菲利普·津巴多：《心理学与生活（第 19 版）》，王垒等译，人民邮电出版社 2016 年版。

〔美〕Gerald Corey：《心理咨询与治疗的理论及实践（原著第 10 版）》，朱智佩等译，中国轻工业出版社 2022 年版。

〔德〕艾克哈特·托尔：《新世界：灵性的觉醒（第 2 版）》，张德芬译，南方出版社 2012 年版。

〔德〕马丁·布伯：《我与你》，陈维纲译，商务印书馆 2015 年版。

〔美〕詹姆斯·卡斯：《有限与无限的游戏——一个哲学家眼中的竞技世界》，马小悟、余倩译，电子工业出版社 2019 年版。

附录

老子庄子哲学原典精选品读

附录说明

本附录是一份道家哲学原典的荟萃，也是研读、演习道家人生哲学必备的配套资料，当然也可以作为登临道家哲学堂奥的入门读本。我们精选篇目的基本原则是：第一，哲学内涵的深度和思辨性；第二，哲学思想的原创性和代表性；第三，阅读容量的适宜性，尤其是要适合非专业人士在半年之内从从容容、自如自在地进行有效阅读。故，本附录聚焦于学界具有高度共识的《老子》和《庄子》的核心篇目。

面对《老子》和《庄子》的众多校勘版本，在原文校勘和翻译方面，我们通过对具有权威性和共识性的版本进行反复比较，以哲学义理晓畅为基本原则，博采众长，择善而从，注重选择或校正最适宜表达哲理的校本和译述。古籍部分以《诸子集成》（中华书局1954年版）为底本，即《老子》以王弼注本为底本，《庄子》以晋人郭象注本为底本；今人注本则以陈鼓应校注本（中华书局1983年版和1984年版）为底本，以古诗文网的辑本为适当参考。同时，最大限度地融入了我们数十年来研读和思考的成果。

在编选体例方面，我们力求做到简洁明快，最大限度地避免行文的繁杂和古奥。《老子》全文仍以章划分，《庄子》精选以篇和节划分，以便读者开门见山地把握要旨。整个附录辑本的文字版仅呈现为"导读+原文+参译"。为了便于快速正音和诵读，对应文字版章节的原文，附有音频二维码，形成了"导读+原文+参译+音频"的整体呈现方式。

尤须温馨提示的是，我们之所以反复注明"参译"，主要基于这样两层考虑：其一，"参"，即"仅供参考"。任何一种译文，仅仅是对原典的某种解释，都是别人嚼过的馍，是不得已而为之的事儿。原典好比醇香扑鼻的千年陈酿，译文则仅仅像是加水稀释之后的二锅头；原文中可能包含十层意涵，译文充其量能表达出五六层就相当不错了。其二，"参"也包含"参悟"的意思，意在寄希望于读者借助译文加以体悟，通过对原文的研读玩味，再结合自己的人生阅历进行更为丰富和具象的诠释。要真正体味经典的魅力，须以人生阅历为基石。唯有自己切身"体贴"出来的，才是自己创造的；唯有自己创造的，才是自己真正能够享受的。

从诠释学的角度看，任何文本都不可避免地具有历史相对性与文化差异性，都需要在作者与读者视域融合的基础上不断创生出新的生命力。视域融合不仅是历时性的，而且是共时性的；在视域融合中，历史和现在、客体和主体、他者和自我构成了一个无限互渗和开放的统一整体。

因此，阅读道家经典必须立足于原文，从原文出发，又不断回归原文，时时以自己的头脑和心灵为实验室、与自己的人生体验建立有机链接。译文仅是一种临时辅助的"拐棍"而已，读者一旦能够真正领悟原文而站立，就可以独立行走于天地之间了。这，当然也是我们精选编译这个辑本时所期望的。

旧书不厌百回读，熟读深思子自知。借此次精选和编译，我想进一步重点就如何品读经典、如何汲取经典的能量与大家交流几点思考或心得，以便在一起阅读"旧书"的过程，不断共同进步、共同成长、共同受益。

我总喜欢把经典之书分为两类：一是百读不厌、常读常新的人文经典；二是十读不厌、常读常新的专业经典。这两者的共同处在于常读常新，不同之处则在于耐读的程度和覆盖的范围。人文经典属于通识（liberal studies）范围：第一，它是恒久的；第二，它与个人研究（或学习）什么专业和从事什么职业无关，因为它是一切想成人（不止于成器）的人必需的基本营养。专业经典则是研究某种专业或从事某种职业的基础性条件，非此不足以具备该领域的专业素养。

在我们看来，实现中华民族伟大复兴应从推进全民阅读经典做起。而中华人文经典中最耐读、最有嚼头、最值得玩味的，还是先秦诸子，以老子、庄子、列子为代表的道家则是中国古代哲学思维的巅峰。虽然历经两千多年的沧海桑田，作为轴心时代产物的先秦诸子，迄今依然雄踞中国思想和文化的最高峰，其认知视野、核心理念和思想方法至今还从未被超越。诸子思想的超时空性、超学科性，既是中华文化演进的原动力，也是现代生活再造的源头活水。在以AI为主导的新科技快速迭代的当今，人们尤其需要经常回归人类轴心时代汲取源头活水。

如何阅读道家经典？依我看，要想真正读懂道家经典，要过"四关"。首先要过文字关，即可以结合参译把古文的基本内涵理清楚、弄明白；其次要过义理关，即理解文字或故事背后的哲学内涵或者深层寓意；再次要过阅历关，唯有与自己的人生经历和社会阅历无缝对接，才能对其哲学内涵有所反思、有所共鸣、有所领悟；最后要过实践关，就是在有所反思、有所共鸣、有所领悟的基础上，自觉将之付诸人生实践以及生活方式的重构，实现人生智慧或境界层面的知行合一。

关键在于，阅读经典须与个人生活实践建立有效联结。因此，所谓真正意义的阅读经典，也许应是这样：以自己的生活为正文，以所读书籍为注解。这当然也是检验读书有效性的基本标准。对于读书的基本方法，人生和社会始终是正文，书籍则是正文之下的脚注。换句话说，读书（有字之书）、读人、读路（无字之书）是三位一体的，且读书须以读人、读路为基础才有意义。从书籍到书籍、从校门到校门的经历，可能使人变得很专业或者貌似很专业，却不一定能使人变得很立体、很丰富和有真知灼见，多数人不过是外壳光鲜、内核干瘪的另一种意义上的"单向度的人"。

由此，在我看来，阅读道家哲学经典的基本原则至少有二：第一，非直通不达。读书务求直达原典、与人生经验和阅历直接链接。二手、三手的东西或者是别人嚼过的馍没滋味，或者是不着边际的瞎扯，何足为凭？激活人生是道家经典中特有的能量，没有对生命的困惑和反思，怎么可能读出道家经典的真味？没有亲历数次生死之痛，怎么可能读懂道家经典的真义？第二，非熟诵、玩味不成。读道家经典，贵在知味，而其味道则是如人饮水、冷暖自知，只可意会不可言传。熟读成诵，无疑是知味的最朴实、最便捷、最有益的方法。对于经典之上品，唯有熟读成诵、反复品味玩味，才能真正知味，也才能真正有所斩获、有所受用。

翻书万卷，不如读透老庄两册。蕴藏着巨大精神能量的老庄原典是常读常新的。生而为一个中国人，真是为人之莫大幸运——总有机缘时时沐浴和滋润于我们古圣先哲无尽的阳光雨露之中，何其幸哉！何其乐哉！何其潮哉！何其燃哉！

老 子

导 读

《老子》又称《道德经》，是道家哲学的奠基之作，也是集大成之作。全文由道经和德经两部分组成，共81章，其核心是以"道"为本，系统地阐释治国和治身的哲学原理。也就是说，在《老子》中，治国的政治哲学（或领导哲学）和治身的人生哲学是两位一体、不可分割的，浑然构成了道家哲学最为典型的"内圣外王"之道。

"道法自然"是老子哲学的精髓。老子认为，道是天地万物的总根源、总依据和原动力。道在运动中形成阴阳，阴阳共居一体，且在不断运动中相互对立、相互渗透、相互转化，成为万物自然演化的基本规律和法则。德是道在社会伦常领域的延伸与具体表现，德效法自然之道，在阴阳反向转化之中发挥作用。以"道法自然"为中心，老子主张人法自然，即要修养或拥有无为而为、致虚守静、抱一守中、贵柔守弱等顺应自然的德性。在政治上，老子主张对内无为而治，对外和平共处，反对战争、暴力和对抗。

《老子》是中国历史上最伟大的哲学名著之一，对中国传统文化、政治、经济、科学、宗教等产生了巨大而深远的影响，是中国人必读的传世经典。据联合国教科文组织统计，《老子》是除了《圣经》之外翻译语种数最多、发行量最大的世界名著，也是在全世界流传最广的哲学著作。

道 经

第1章

道可道，非常道；名可名，非常名。无，名天地之始；有，名万物之母。故常无，欲以观其妙；常有，欲以观其徼。此两者，同出而异名，同谓之玄。玄之又玄，众妙之门。

【参译】道，如果可以用言语来表述，那它就不是永恒的道；名，如果可以用概念去命名，那它就不是永恒的名。无，可以用来表述宇宙浑沌未开的状况；有，则可以用来表述天地万物的本原。因此，总是可以从无中去领悟道的奥妙；总是可以从有中去观察、体会道的端倪。无与有这两者，来源相同而名称相异，都可以被称为玄妙、深奥。它们不是一般的玄妙、深奥，而是玄妙又玄妙、深奥又深奥，是洞悉宇宙天地万物之变化奥妙的门户。

第2章

天下皆知美之为美，斯恶已；皆知善之为善，斯不善已。故有无相生，难易相成，长短相形，高下相盈，音声相和，前后相随。是以圣人处无为之事，行不言之教。万物作而不为始，生而不有，为而不恃，功成而弗居。夫唯弗居，是以不去。

【参译】天下人都知道美之所以为美，那么丑就产生了；都知道善之所以为善，那么恶就产生了。所以，有与无互相转化，难与易互相生成，长与短互相显现，高与低互相依存，音与声互相谐和，前与后互相接随。因此，悟道的人用无为的方式对待世事，用不言的方式施行教化。听任万物自然兴起却不为其创始，生成万物却不据为己有，有所施为却不加自己的倾向，功成业就却不自居。正由于不居功，所以就无所谓失去。

第3章

不尚贤，使民不争；不贵难得之货，使民不为盗；不见可欲，使民心不乱。是以圣人之治，虚其心，实其腹，弱其志，强其骨。常使民无知无欲，使夫智者不敢为也。为无为，则无不治。

【参译】不推崇有才德的人，使百姓不互相争斗；不珍爱难得的财物，使百姓不去偷窃；不炫耀足以引起贪心的事物，使百姓的心不迷乱。因此，悟道的人的治理原则是：排空百姓的心机，填饱百姓的肚腹，减弱百姓的争斗意图，强壮百姓的筋骨体魄。经常使百姓没有智巧、没有过多的欲望，使那些有才智的人也不敢妄为或无事生非。悟道的人按照"无为"的原则去做事，一切顺应自然，那么就没有治理不好天下的。

第4章

道冲，而用之或不盈。渊兮，似万物之宗。湛兮，似或存。吾不知谁之子，象帝之先。

【参译】大道空虚无形，但它的作用却无穷无尽。深远啊，它好像万物的祖宗。隐没不见啊，又好像实际存在。我不知道它是谁的后代，似乎是天帝的祖先。

第5章

天地不仁，以万物为刍狗；圣人不仁，以百姓为刍狗。天地之间，其犹橐籥乎？虚而不屈，动而愈出。多言数穷，不如守中。

【参译】天地是没有偏爱的，对待万事万物就像对待刍狗一样，任凭万物自生自灭；悟道的人是没有偏爱的，像对待刍狗那样对待百姓，任凭人们自作自息。天地之间，岂不像大风箱一样吗？空虚而不枯竭，越鼓动，风就越多，生生不息。政令繁多反而加速了灭亡，不如保持虚静。

第6章

谷神不死，是谓玄牝。玄牝之门，是谓天地根。绵绵若存，用之不勤。

【参译】生养天地万物的谷神（道）是永恒长存的，这叫作玄妙母性。玄妙母性的生殖之门，就是天地的根本。它连绵不绝地存续，其作用无穷无尽。

第 7 章

天长地久。天地之所以能长且久者,以其不自生,故能长生。是以圣人后其身而身先,外其身而身存。非以其无私邪?故能成其私。

【参译】 天长地久。天地之所以能长久存在,是因为它们不为自己的生存而自然地运行着,所以能够长久存在。因此,悟道的人谦让不争,反而能在众人之中领先;将自己置之度外,反而能保全自身。这不正是因为悟道的人无私吗?所以,以其无私能成就他自身。

第 8 章

上善若水。水善利万物而不争,处众人之所恶,故几于道。居善地,心善渊,与善仁,言善信,政善治,事善能,动善时。夫唯不争,故无尤。

【参译】 最高的善好像水一样。水善于滋润万物而不与万物相争,停留在众人都不喜欢的地方,所以最接近道。最善的人,居处善于选择地方,心灵善于保持沉静而幽远,待人善于真诚友爱,说话善于恪守信用,为政善于精简治理,处事善于发挥所长,行动善于把握时机。正因为有不争的美德,所以没有过失和怨咎。

第 9 章

持而盈之,不如其已;揣而锐之,不可长保。金玉满堂,莫之能守;富贵而骄,自遗其咎。功遂身退,天之道也。

【参译】 执持盈满,不如适时停止;显露锋芒,锐气就难以长久保持。金玉满堂,无法守藏得住;富贵到了骄横的程度,就给自己留下了祸根。事情做成了,要含藏收敛、主动引退,这是合乎自然规律和法则的。

第 10 章

载营魄抱一,能无离乎?专气致柔,能如婴儿乎?涤除玄鉴,能无疵乎?爱民治国,能无为乎?天门开阖,能为雌乎?明白四达,能无知乎?

【参译】 承载精神和形体,使形神合而为一,能不分离吗?聚结精气以至于保持柔弱和顺,能像婴儿的本真浑沌状态吗?清除杂念而深入体察心灵,能没有瑕疵吗？爱民治国，能遵从自然无为的规律吗？感官与外界的对立变化相接触，能宁静守柔吗？对事理明白通达，能不用心机吗？

第 11 章

三十辐共一毂，当其无，有车之用。埏埴以为器，当其无，有器之用。凿户牖以为室，当其无，有室之用。故有之以为利，无之以为用。

【参译】三十根辐条汇集到一根毂的孔洞当中，有了车毂中空的地方，车才有了用处。揉合陶土做成器皿，有了器皿中空的地方，器皿才有了用处。开凿门窗建造房屋，有了门窗四壁的空虚部分，房屋才有了用处。所以，有形给人提供了某种便利，无形则实现了事物的真正用处。

第 12 章

五色令人目盲；五音令人耳聋；五味令人口爽；驰骋畋猎，令人心发狂；难得之货，令人行妨。是以圣人为腹不为目，故去彼取此。

【参译】缤纷的色彩使人眼花缭乱；嘈杂的声音使人听觉失灵；丰盛的食物使人舌不知味；纵情在野外狩猎，使人心情放荡发狂；稀有的物品，使人行为不轨。因此，悟道的人但求吃饱肚子而不追逐声色之娱，他能摒弃物欲的诱惑而保持自然简单。

第 13 章

宠辱若惊，贵大患若身。何谓宠辱若惊？宠为下，得之若惊，失之若惊，是谓宠辱若惊。何谓贵大患若身？吾所以有大患者，为吾有身，及吾无身，吾有何患？故贵以身为天下，若可寄天下；爱以身为天下，若可托天下。

【参译】得宠和受辱都好像感到惊慌失措，重视荣辱这样的大患与重视自身生命一样。什么叫作得宠和受辱都感到惊慌失措？得宠是卑下的，得到宠爱会感到格外惊喜，失去宠爱则感到惊慌不安。这就叫作得宠和受辱都感到惊慌失措。什么叫作重视大患像重视自身生命一样？我之所以有大患，是因为我有身体；如果我没有身体，我还会有什么忧患呢？所以，对于重视自身生命像重视天下一样的人，天下就可以寄托给他；对于爱惜自身生命像爱惜天下一样的人，天下就可以托付给他。

第 14 章

视之不见，名曰夷；听之不闻，名曰希；搏之不得，名曰微。此三者不可致诘，故混而为一。其上不皦，其下不昧，绳绳兮不可名，复归于无物。是谓无状之状，无物之象，是谓惚恍。迎之不见其首，随之不见其后。执古之道，以御今之有。能知古始，是谓道纪。

【参译】看它看不见，叫作夷；听它听不到，叫作希；摸它摸不到，叫作微。这三者的形状无从追究，它们原本就浑沌为一。在它之上不显得光明亮堂，在它之下不显得阴暗晦涩，无头无绪、绵延不绝，却又不可称名，一切运动都回复到无形无象的状态。这就是没有形状的形状，不见实体的形象，这就是惚恍。迎着它，看不见它的前头；跟着它，看不见它的后头。掌握早已存在的道，来统摄和驾驭现实存在的具体事物。能认识宇宙的初始，就叫作认识道的规律。

第 15 章

古之善为道者，微妙玄通，深不可识。夫唯不可识，故强为之容：豫兮若冬涉川；犹兮若畏四邻；俨兮其若客；涣兮其若冰释；敦兮其若朴；旷兮其若谷；混兮其若浊。孰能浊以静之徐清？孰能安以动之徐生？保此道者，不欲盈。夫唯不盈，故能蔽而新成。

【参译】古时候善于行道的人，微妙通达，深刻玄远，不是一般人可以认识的。正因为不能认识他们，所以只能勉强地形容：小心谨慎啊，好像在冬天踩着冰过河；警觉戒备啊，好像防着邻国的进攻；恭敬郑重啊，好像要去做客；行动洒脱啊，好像冰块缓缓消融；纯朴厚道啊，好像未经加工的原木；旷远豁达啊，好像深幽的山谷；浑厚宽容啊，好像不清澈的浊水。谁能使浑浊安静下来，慢慢澄清？谁能使安静变动起来，慢慢显出生机？保有这种道的人不会自满。正因为他们从不自满，所以能够去故更新、推陈出新。

第 16 章

致虚极,守静笃。万物并作,吾以观复。夫物芸芸,各复归其根。归根曰静,静曰复命。复命曰常,知常曰明。不知常,妄作,凶。知常容,容乃公,公乃全,全乃天,天乃道,道乃久,没身不殆。

【参译】 使心灵的虚寂达到极点,使生活的清静保持如一。万物一齐蓬勃生长,我从中考察其循环往复的道理。那万物纷纷芸芸,各自返回其本根。返回其本根就叫作清静,清静就叫作复归于本性。复归于本性就叫作不变的规律,认识不变的规律就叫作智慧。不认识不变的规律,轻举妄动,往往会产生乱子和灾祸。认识了不变的规律的人可以无所不包,无所不包就会坦然公正,坦然公正就能周全,周全就合乎自然,合乎自然也就合乎道,合乎自然之道才能长久,终身不会遭遇危险。

第 17 章

太上,不知有之;其次,亲而誉之;其次,畏之;其次,侮之。信不足焉,有不信焉。悠兮,其贵言。功成事遂,百姓皆谓"我自然"。

【参译】 最好的统治者,百姓感觉不到他的存在;其次的统治者,百姓亲近他且称赞他;再次的统治者,百姓畏惧他;更次的统治者,百姓侮辱他。统治者诚信不足,百姓才不相信他。最好的统治者是多么悠闲,他很少发号施令。事情做成了,百姓都说"我们本来就是这样的呀"。

第 18 章

大道废,有仁义;智慧出,有大伪;六亲不和,有孝慈;国家昏乱,有忠臣。

【参译】 大道被废弃了,才有必要提倡仁义;聪明智巧的现象出现了,伪诈才会大行其道;家庭成员之间出现了纠纷,才能凸显孝与慈;国家陷于混乱了,才有必要分辨忠臣。

第 19 章

绝智弃辩,民利百倍;绝伪弃诈,民复孝慈;绝巧弃利,盗贼无有。此三者以为文，不足，故令有所属：见素抱朴，少私寡欲。

【参译】抛弃智巧和机辩，百姓可以得到百倍的好处；抛弃伪装和欺诈，百姓可以恢复孝慈的天性；抛弃巧诈和货利，也就没有盗贼了。智辩、伪诈、巧利这三者全是巧饰，是不足以成为治理社会的法则的，所以要使人们的精神有所归属：保持纯洁朴实的本性，减少私欲杂念。

第20章

绝学无忧。唯之与阿，相去几何？美之与恶，相去若何？人之所畏，不可不畏。荒兮，其未央哉！众人熙熙，如享太牢，如春登台。我独泊兮，其未兆。沌沌兮，如婴儿之未孩。儽儽兮，若无所归。众人皆有余，而我独若遗。我愚人之心也哉！俗人昭昭，我独昏昏；俗人察察，我独闷闷。澹兮，其若海；飂兮，若无止。众人皆有以，而我独顽且鄙。我独异于人，而贵食母。

【参译】抛弃圣智仁义礼法之类的浮文之学，才能免于忧患。应诺和阿谀，相距多远？美好和丑恶，相差多少？人们所畏惧的，不能不畏惧。精神开阔辽远啊，没有尽头。众人熙熙攘攘、兴高采烈，如同去参加盛大的宴席，如同春天里登台眺望美景。我却独自淡泊宁静，不自我炫耀。浑浑沌沌啊，如同婴儿还不会嘻笑。悠然闲散啊，好像无家可归。世人都精明有余，我却独自像不足一样。我真是只有一颗"愚人"的心啊！世人光耀自炫，我却独自像昏昏昧昧一样；世人都那么精明机巧，我却独自像迷迷糊糊、浑浑沌沌一样。沉静恬淡啊，像大海一样幽深；飘逸潇洒啊，像漂泊无处停留。众人都处心积虑、精明灵巧，而我独自愚昧而笨拙。我独自与人不同之处就在于，悟了道、过着合乎道的生活。

第21章

孔德之容，惟道是从。道之为物，惟恍惟惚。惚兮恍兮，其中有象；恍兮惚兮，其中有物；窈兮冥兮，其中有精；其精甚真，其中有信。自今及古，其名不去，以阅众甫。吾何以知众甫之状哉？以此。

【参译】大德的形态，是由道决定和指引的。道这个东西，没有清晰的固定实体。它是那样的恍恍惚惚啊，其中却有形象；它是那样的恍恍惚惚啊，其中却有实物；它是那样的深远暗昧啊，其中却有精质；这精质是最真实的，这精质是可以信验的。从当今上溯到古代，它的名字永远不会被废除，依据它，才能观察万物的初始。我怎么才能知道宇宙万事万物开始的情况呢？是从道开始认识的。

第22章

曲则全，枉则直；洼则盈，敝则新；少则得，多则惑。是以圣人抱一为天下式。不自见，故明；不自是，故彰；不自伐，故有功；不自矜，故能长。夫唯不争，故天下莫能与之争。古之所谓"曲则全"者，岂虚言哉？诚全而归之。

【参译】 委曲便会成全，弯曲便会伸直；低洼便会充盈，陈旧便会更新；少取便会获得，贪多便会迷惑。因此，悟道的人坚守道的原则，将之作为天下事理的范式。不自我表扬，反能显明；不自以为是，反能是非彰明；不自我夸耀，反能得有功劳；不自我矜持，反能长久。正因为不与人争，所以遍天下没有人能与之争。古时所谓"委曲便会成全"的话，怎么会是空话呢？它是实实在在能够实现的。

第23章

希言自然。故飘风不终朝，骤雨不终日，孰为此者？天地。天地尚不能久，而况于人乎？故从事于道者，同于道；德者，同于德；失者，同于失。同于道者，道亦乐得之；同于德者，德亦乐得之；同于失者，失亦乐得之。信不足焉，有不信焉。

【参译】 少说或达到不言之言，是合乎自然的。所以，狂风刮不了一个早晨，暴雨下不了一整天。谁使它们这样呢？天地。天地的狂暴尚且不能长久，更何况人呢？所以，从事道的人就同于道，从事德的人就同于德，从事失道、失德的人就同于失道、失德。同于道的人，道也乐于得到他；同于德的人，德也乐于得到他；同于失道、失德的人，就会得到失道、失德的结果。一个人诚信不足，就会使人不信任。

第24章

企者不立；跨者不行；自见者不明；自是者不彰；自伐者无功；自矜者不

长。其在道也，曰余食赘形。物或恶之，故有道者不处。

【参译】 踮起脚跟想要站得高，反而站不住；迈大步想要前进得快，反而不能远行；自我显摆的人反而没法显明；自以为是的人反而没法彰显；自我夸耀的人建立不了功勋；自高自大的人不能长久。从道的角度看，以上这些自我炫耀的行为，只能说是剩饭赘瘤。它们是令人厌恶的东西，因此有道的人绝不这样做。

第25章

有物混成，先天地生。寂兮寥兮，独立而不改，周行而不殆，可以为天地母。吾不知其名，强字之曰道，强为之名曰大。大曰逝，逝曰远，远曰反。故道大，天大，地大，人亦大。域中有四大，而人居其一焉。人法地，地法天，天法道，道法自然。

【参译】 有一个东西浑然而成，在天地形成以前就已经存在。听不到它的声音，也看不见它的形体，寂静而空虚，它不依靠任何外力却独立长存，永不停息、循环运行而不衰竭，可以作为天地万物的根本。我不知道它的名字，所以勉强给它起个字叫作"道"，再勉强给它起个名叫作"大"。它广大无边而运行不息，运行不息而伸展遥远，伸展遥远又返回本原。因此，道是伟大的，天是伟大的，地是伟大的，人也是伟大的。宇宙间有这四大，而人居其中之一。人取法地，地取法天，天取法道，而道纯任自然而然。

第26章

重为轻根，静为躁君。是以君子终日行不离辎重，虽有荣观，燕处超然。奈何万乘之主，而以身轻天下？轻则失根，躁则失君。

【参译】 厚重是轻率的根本，静定是躁动的主宰。所以，君子终日行走，不离开载装行李的车辆，虽然美食胜景诱惑着他，他却能超然处之。为什么大国的君主，还要轻率躁动以治天下呢？轻率就会失去根本，躁动就会丧失主宰。

第27章

善行无辙迹；善言无瑕谪；善数不用筹策；善闭无关楗而不可开；善结无绳

约而不可解。是以圣人常善救人，故无弃人；常善救物，故无弃物。是谓袭明。故善人者，不善人之师；不善人者，善人之资。不贵其师，不爱其资，虽智大迷。是谓要妙。

【参译】善于行走的，不会留下痕迹；善于言谈的，不会出现过失；善于计数的，用不着筹码；善于关闭的，用不着栓梢而人不能打开；善于捆缚的，用不着绳索而人不能解开。因此，悟道的人经常挽救人，所以没有被遗弃的人；经常善于物尽其用，所以没有被废弃的物品。这就叫作内藏的智慧。所以，善人可以作为恶人的老师，不善人可以作为善人的借鉴。不尊重自己的老师，不珍惜具有借鉴作用的人，虽然自以为聪明，其实是大大的糊涂。这就是精深微妙的道理。

第 28 章

知其雄，守其雌，为天下溪。为天下溪，常德不离，复归于婴儿。知其白，守其辱，为天下谷。为天下谷，常德乃足，复归于朴。朴散则为器，圣人用之，则为官长。故大制不割。

【参译】深知什么是雄强，却安守雌柔的地位，甘愿做天下的溪涧。甘愿做天下的溪涧，永恒的德性就不会离失，便回复到婴儿般单纯素朴的状态。深知什么是明亮，却安守暗昧的位置，甘愿做天下的川谷。甘愿做天下的川谷，永恒的德性才得以充足，便回复到自然本初的素朴纯真状态。素朴本初的东西经制作而成器物，悟道的人沿用真朴，则为百官之长。所以，完善的政制是不可分割的。

第 29 章

将欲取天下而为之，吾见其不得已。天下神器，不可为也，不可执也。为者败之，执者失之。是以圣人无为，故无败；无执，故无失。夫物或行或随，或嘘或吹，或强或羸，或培或隳。是以圣人去甚、去奢、去泰。

【参译】想要获取天下，却要用强制的办法的人，我看他达不到目的。天下神器是百姓，不能够违背他们的意愿和本性而进行强力统治和占有。用强力统治天下，就一定会失败；强力把持天下，就一定会失去。因此，悟道的人不妄为，所以不会失败；不把持，所以不会被抛弃。世人秉性不一，有的前行，有的后随，有的轻嘘，有的急吹，有的刚强，有的羸弱，有的安居，有的危殆。因此，悟道的人要摒弃一切极端的、奢侈的、过度的做法。

第30章

以道佐人主者，不以兵强天下，其事好还。师之所处，荆棘生焉。大军之后，必有凶年。善有果而已，不以取强。果而勿矜，果而勿伐，果而勿骄，果而不得已，果而勿强。物壮则老，是谓不道，不道早已。

【参译】依照道的原则辅佐君主的人，不以兵力逞强于天下。穷兵黩武这种事，必然会得到报应。军队所到的地方，荆棘横生，大战之后，一定会出现荒年。善于用兵的人，只要达到用兵的目的也就可以了，并不以兵力强大逞强好胜。达到目的了却不自我矜持，达到目的了也不夸耀骄傲，达到目的了也不自以为是，达到目的了却出于不得已，达到目的了却不逞强。事物过于强壮时就会走向衰朽，这就说明它不合乎道，不合乎道的，很快就会衰亡。

第31章

夫兵者，不祥之器，物或恶之，故有道者不处。君子居则贵左，用兵则贵右。兵者，不祥之器，非君子之器，不得已而用之，恬淡为上。胜而不美，而美之者，是乐杀人。夫乐杀人者，则不可得志于天下矣。吉事尚左，凶事尚右；偏将军居左，上将军居右，言以丧礼处之。杀人之众，以悲哀泣之，战胜以丧礼处之。

【参译】兵器，是不祥的东西，人们都厌恶它，所以有道的人不使用它。君子平时居处以左边为贵，而用兵打仗时以右边为贵。兵器这个不祥的东西，不是君子应使用的东西，万不得已而使用它时，最好低调淡然处之。胜利了也不要自鸣得意，如果自以为了不起，那就是喜欢杀人。凡是喜欢杀人的人，就不可能得志于天下。吉庆的事情以左边为上，凶丧的事情以右边为上；偏将军居于左边，上将军居于右边，这就是说，要以丧礼仪式处理用兵打仗的事情。战争中杀人众多，要以哀痛的心情对待；打了胜仗，要以丧礼的仪式处理。

第 32 章

道常无名，朴。虽小，天下莫能臣。侯王若能守之，万物将自宾。天地相合，以降甘露，民莫之令而自均。始制有名，名亦既有，夫亦将知止，知止可以不殆。譬道之在天下，犹川谷之于江海。

【参译】 道经常是无名而质朴的。它虽然小得不可见，天下却没有谁能使它服从。侯王如果能够依照道的原则治理天下，百姓将会自然地归从。天地间阴阳之气相合，就会降下甘露，百姓不必指使，它就会自然均衡。治理天下就要制定各种制度、确定各种名分，制度、名分既然有了，就要有所制约、适可而止，知道制约、适可而止，就没有什么危险了。道存在于天下，就像一切河流都归流入江海。

第 33 章

知人者智，自知者明。胜人者有力，自胜者强。知足者富，强行者有志。不失其所者久，死而不亡者寿。

【参译】 能够认识别人，叫作聪明，能够认识自己，叫作智慧。能够战胜别人，是有力量的人，能够战胜或克制自己，才算是强者。知道满足的人，就富有。做事锲而不舍、坚持不懈的人，才算是有志。不离失本分或精神家园的人，就能长长久久。身虽死却与道合一长存的人，才算是真正的长寿。

第 34 章

大道氾兮，其可左右。万物恃之以生而不辞，功成而不有。衣养万物而不为主，可名于小；万物归焉而不为主，可名为大。以其终不自为大，故能成其大。

【参译】 大道广泛流行，左右上下无所不至。万物依赖它生长而不推辞，完成了功业、办妥了事业，而不占有功名。它养育万物而不自视为主宰，可以被称为"渺小"；万物归附它而不自视为主宰，可以被称为"伟大"。正因为它不自以为伟大，所以才能成就它的伟大。

第 35 章

执大象，天下往。往而不害，安平泰。乐与饵，过客止。道之出口，淡乎其无味, 视之不足见, 听之不足闻, 用之不足既。

【参译】 谁掌握了那伟大的道, 普天下的人便都向往、投靠他。向往、投靠他而不互相妨害, 于是大家就心安、平和、安泰。对于音乐和美食, 过路的人都为之停步。用言语来表述大道, 是平淡而无味的, 看也看不见它, 听也听不见它, 而它的作用却是无穷无尽的。

第36章

将欲歙之, 必固张之; 将欲弱之, 必固强之; 将欲废之, 必固兴之; 将欲取之, 必固与之。是谓微明。柔弱胜刚强。鱼不可脱于渊, 国之利器不可以示人。

【参译】 要收敛它, 必先扩张它; 要削弱它, 必先加强它; 要废除它, 必先兴旺它; 要夺取它, 必先给予它。这就叫作微妙而显明。柔弱可以战胜刚强。鱼的生存不可以脱离池渊, 治理国家的刑法政教不可以向人炫耀, 不能轻易用于吓唬人。

第37章

道常无为而无不为。侯王若能守之, 万物将自化。化而欲作, 吾将镇之以无名之朴。镇之以无名之朴, 夫亦将不欲。不欲以静, 天下将自定。

【参译】 道永远顺应自然而为, 却没有什么事不是它作为的。侯王如果能按照道的原则为政治民, 万事万物就会自我化育而得以充分发展。在自我化育过程中产生贪欲时, 我就要用道的真朴来镇服它。用道的真朴来镇服, 人们就不会产生贪欲之心了。对于万事万物没有贪欲之心了, 天下便自然而然达到了稳定、安宁。

德 经

第38章

上德不德, 是以有德; 下德不失德, 是以无德。上德无为而无以为; 上仁为之而无以为; 上义为之而有以为; 上礼为之而莫之应, 则攘臂而扔之。故失道而后德, 失德而后仁, 失仁而后义, 失义而后礼。夫礼者, 忠信之薄, 而乱之首。

前识者，道之华，而愚之始。是以大丈夫处其厚，不居其薄；处其实，不居其华。故去彼取此。

【参译】 具备上德的人不表现为外在的有德，因此实际上是有德；具备下德的人表现为外在不离失德，因此实际上是没有德。上德之人顺应自然而无心作为；上仁之人有心作为而出于无意、合乎自然；上义之人有心作为而出于有意；上礼之人想有所作为却没有得到回应，于是就扬着胳膊强拽别人。所以，失去了道后才有德，失去了德后才有仁，失去了仁后才有义，失去了义后才有礼。礼这个东西，是忠信不足的产物，而且是祸乱的开端。所谓先知，不过是道的虚华，愚昧由此开始产生。所以，有道德的人都立身敦厚，不居于浅薄；存心朴实，不居于浮华。所以，要舍弃浅薄浮华，采取敦厚朴实。

第 39 章

昔之得一者：天得一以清；地得一以宁；神得一以灵；谷得一以盈；万物得一以生；侯王得一以为天下正。其致之也，谓：天无以清，将恐裂；地无以宁，将恐废；神无以灵，将恐歇；谷无以盈，将恐竭；万物无以生，将恐灭；侯王无以正，将恐蹶。故贵以贱为本，高以下为基。是以侯王自称孤、寡、不谷。此非以贱为本邪？非乎？故至誉无誉。是故不欲琭琭如玉，珞珞如石。

【参译】 以前曾得到道的：天得到道而清明；地得到道而宁静；神人得到道而灵妙；河谷得到道而充盈；万物得到道而生长；侯王得到道而可以使天下安定。推而言之，天不清明，恐怕要崩裂；地不安宁，恐怕要震溃；神不能保持灵妙，恐怕要灭绝；河谷不能保持流水，恐怕要干涸；万物不能保持生长，恐怕要消灭；侯王不能使天下安定，恐怕要倾覆。所以，贵以贱为根本，高以下为基础。因此，侯王们自称为"孤""寡""不谷"，这不就是以贱为根本吗？不是吗？所以，最高的荣誉无须赞誉。要之，不要琭琭晶莹像宝玉一样，而宁愿珞珞朴实像山石一样。

第 40 章

反者道之动，弱者道之用。天下万物生于有，有生于无。

【参译】循环往复的变化是道的运动,微妙柔弱是道的作用。天下的万物产生于看得见的有形质,有形质产生于不可见的无形质。

第41章

上士闻道,勤而行之;中士闻道,若存若亡;下士闻道,大笑之。不笑不足以为道。故建言有之:明道若昧;进道若退;夷道若颣;上德若谷;大白若辱;广德若不足;建德若偷;质真若渝;大方无隅;大器免成;大音希声;大象无形。道隐无名。夫唯道,善贷且成。

【参译】上士听了道的理论,勤勤恳恳去实行;中士听了道的理论,将信将疑或半信半疑;下士听了道的理论,哈哈大笑。不被下士嘲笑,道就不足以成道了。因此,古时立言的人说过这样的话:光明的道好似暗昧;前进的道好似后退;平坦的道好似崎岖;崇高的德好似峡谷;最洁白的东西含有污垢;广大的德好像不足;刚健的德好似怠惰;质朴纯真好像浑沌未开。最方正的东西没有棱角;最大的器皿不必完满;最大的声响听来无声无息;最大的形象没有形状。道幽隐而没有名称,无名无声。只有道,善于辅助万物、使万物善始善终。

第42章

道生一,一生二,二生三,三生万物。万物负阴而抱阳,冲气以为和。人之所恶,唯孤、寡、不谷,而王公以为称。故物或损之而益,或益之而损。人之所教,我亦教之。强梁者不得其死,吾将以为教父。

【参译】道本身是浑然一体的"一"(元气),它包含阴阳二气,阴阳二气交互,形成一种中和之气,万物都是在这种状态中产生的。万物背阴而向阳,并且在阴阳二气的互相激荡中形成中和之气。人们最厌恶的就是"孤""寡""不谷",但王公却用这些来称呼自己。所以,一切事物,如果减损它却反而得到增益,如果增益它却反而得到减损。别人这样教导我,我也这样去教导别人。强暴的人不得好死,我把这句话当作施教的宗旨。

第43章

天下之至柔，驰骋天下之至坚。无有入无间，吾是以知无为之有益。不言之教，无为之益，天下希及之。

【参译】天下最柔弱的东西，腾越穿行于最坚硬的东西中；无形的力量可以穿透没有间隙的东西。我因此认识到"无为而为"的好处。对于"无言之言"的教诲、"无为而为"的好处，天下很少有能赶上它的了。

第44章

名与身孰亲？身与货孰多？得与亡孰病？甚爱必大费，多藏必厚亡。故知足不辱，知止不殆，可以长久。

【参译】名声和生命相比哪一样更为亲切？生命和财富相比哪一样更为贵重？获得名利和失去健康或生命相比哪一样更有害？过分地爱名利，必定付出惨重的代价；过分地积敛财富，必定遭致更为沉重的损失。所以，懂得满足，就不会受到屈辱；懂得适可而止，就不会遇见危险。这样才可以保持长久的平安。

第45章

大成若缺，其用不弊。大盈若冲，其用不穷。大直若屈，大巧若拙，大辩若讷。静胜躁，寒胜热。清静为天下正。

【参译】最完满的东西，好似有残缺一样，但它的作用永远不会衰竭。最充盈的东西，好似空虚一样，但它的作用永远不会穷尽。最正直的东西，好似弯曲一样；最灵巧的东西，好似最笨拙一样；最卓越的辩才，好似不善言辞一样。清静克服躁动，寒冷克服暑热。清静无为，才能使天下安定并走向康庄大道。

第46章

天下有道，却走马以粪；天下无道，戎马生于郊。祸莫大于不知足，咎莫大于欲得。故知足之足，常足矣。

【参译】治理天下如果合乎道，就可以达到太平安定，把战马退还到田间给农夫用来耕种；治理天下如果不合乎道，就连怀胎的母马也被送上战场，使之在战场的郊外生下马驹。最大的祸害是不知足，最大的过失是贪得无厌。所以，知道到什么地步就该满足了的人，永远是满足的。

第47章

不出户，知天下；不窥牖，见天道。其出弥远，其知弥少。是以圣人不行而知，不见而明，不为而成。

【参译】不出门，就能够推知天下的事理；不望窗外，就可以认识日月星辰运行的规律。他向外奔逐得越远，他所知道的道理就越少。因此，悟道的人不出行就能够推知天下的事理，不窥见就能够明了天道的运行，不妄为就能够有所成就。

第48章

为学日益，为道日损。损之又损，以至于无为。无为而无不为。取天下常以无事；及其有事，不足以取天下。

【参译】学知识、做学问的过程是一天比一天增益；悟道、明道、提升智慧的过程则是一天比一天减损。减损又减损，以至于无为而为的境地。如果能够做到无为而为，任何事都可以有所作为。想获取天下的人，要常以不骚扰民众为治国之本；如果经常以繁苛之政扰害民众，那就不配得天下了。

第49章

圣人常无心，以百姓之心为心。善者，吾善之；不善者，吾亦善之，德善。信者，吾信之；不信者，吾亦信之，德信。圣人在天下，歙歙焉，为天下浑其心，百姓皆注其耳目，圣人皆孩之。

【参译】悟道的人常常是没有私心的，而以百姓的心为自己的心。对于善良的人，我善待他；对于不善良的人，我也善待他，这样就可以得到善良，从而使人人向善。对于守信的人，我信任他；对于不守信的人，我也信任他，这样就可以得到诚信，从而使人人守信。悟道的人在其位，收敛自己的欲望，使天下人的心思归于纯朴自然。百姓都专注于自己的聪明智巧，悟道的人则使百姓都回到婴孩般纯朴自然的状态。

第 50 章

出生入死。生之徒，十有三；死之徒，十有三；人之生，动之于死地，亦十有三。夫何故？以其生生之厚。盖闻善摄生者，陆行不遇兕虎，入军不被甲兵。兕无所投其角，虎无所用其爪，兵无所容其刃。夫何故？以其无死地。

【参译】 人始出于世而生，最终都死而入于地。长寿的人约占十分之三；短命的人约占十分之三；一些人本来可以活得长久些，却自己走向短命，也约占十分之三。为什么会这样呢？因为奉养太过度了。据说，善于养护自己生命的人，在陆地上行走时不会遇到凶恶的犀牛和猛虎，在战争中也不会受到武器的伤害。犀牛对其身无处投角，老虎对其身无处伸爪，武器对其身无处刺插利刃。为什么会这样呢？因为他明于事理而不会轻易进入死亡的领域。

第 51 章

道生之，德畜之，物形之，势成之。是以万物莫不尊道而贵德。道之尊，德之贵，夫莫之命而常自然。故道生之，德畜之，长之育之，亭之毒之，养之覆之。生而不有，为而不恃，长而不宰，是谓玄德。

【参译】 道生成万物，德养育万物，物使万物呈现为各种各样的形态，时势使万物得以成熟。因此，万物没有不尊崇道而珍视德的。道之所以被尊崇，德之所以被珍视，就是因为道生成蓄养万物而不加以干涉、不加以主宰，顺应自然而然。所以，道生长万物，德养育万物，使万物生长发展、成熟结果，使万物受到抚养、保护。生成万物而不据为己有，抚育万物而不自恃有功，成就万物而不主宰，这就是高妙玄远的美德。

第 52 章

天下有始，以为天下母。既得其母，以知其子；既知其子，复守其母，没身不殆。塞其兑，闭其门，终身不勤；开其兑，济其事，终身不救。见小曰明，守柔曰强。用其光，复归其明，无遗身殃，是为袭常。

【参译】 天地万物本身都有起始，这个起始就是天地万物的根源。如果知道万物的根源，就能认识万物；如果认识了万物，又把握住万物的根本，那么终身都不会遇到危险。如果塞住欲念的孔穴，就会闭起欲念的门径，终身都不会有烦扰之事；如果打开欲念的孔穴，就会增添纷杂的事件，终身都不可救治。能够体察细微的，叫作智慧；能够持守柔弱的，叫作强大。运用其光芒，返照内在的光明，自己便不会遭遇灾祸，这就叫作善于遵循万世不绝的常道。

第53章

使我介然有知，行于大道，唯施是畏。大道甚夷，而人好径。朝甚除，田甚芜，仓甚虚，服文采，带利剑，厌饮食，财货有余，是谓盗夸。非道也哉！

【参译】假如我确实有了见识，遵循大道而行走，唯一担心的是人们误入歧途或走上邪路。大道虽然平坦，但人却喜欢走邪径。朝政腐败已极，农田荒芜已极，仓库空虚已极，而统治者仍穿着锦绣的衣服，佩戴着锋利的宝剑，饱餐着精美的饮食，搜刮占有着富余的财货，这就叫作"强盗头子"。这是多么无道之举啊！

第54章

善建者不拔，善抱者不脱，子孙以祭祀不辍。修之于身，其德乃真；修之于家，其德乃余；修之于乡，其德乃长；修之于邦，其德乃丰；修之于天下，其德乃普。故以身观身，以家观家，以乡观乡，以邦观邦，以天下观天下。吾何以知天下然哉？以此。

【参译】善于建树的，不可能被拔除；善于抱持的，不可能被脱掉；如果子孙能够遵循、守持这个道理，那么子子孙孙就不会断绝。把这个道理付诸自身，他的德性就会真实纯正；把这个道理付诸自家，他的德性就会丰盈有余；把这个道理付诸自乡，他的德性就会得到弘扬；把这个道理付诸自邦，他的德性就会丰盛硕大；把这个道理付诸天下，他的德性就会无限普及。所以，要用自己的修身之道察看、观照别人之身，以自家察看、观照别家，以自乡察看、观照别乡，以自邦察看、观照别邦，以平天下之道察看、观照天下。我怎么会知道天下的情况是如此呢？是因为我用了以上的道理和方法。

第 55 章

含德之厚，比于赤子。毒虫不螫，猛兽不据，攫鸟不搏。骨弱筋柔而握固。未知牝牡之合而朘作，精之至也。终日号而不嗄，和之至也。知和曰常，知常曰明；益生曰祥，心使气曰强。物壮则老，谓之不道，不道早已。

【参译】道德涵养浑厚的人，就好比初生的婴儿。毒虫不会螫他，猛兽不会伤害他，凶恶的鸟不会搏击他。他的筋骨柔弱，但拳头却握得很牢固。他虽然不知道男女交合之事，但他的阴茎却一直勃然举起，这是因为精气充盈。他整天啼哭，但嗓子却不会沙哑，这是因为和气纯厚。认识中和之道的叫作常道，知道常道的叫作智慧。贪生纵欲就会遭殃，欲念主使精气就叫作逞强。事物过于强壮了就会衰老，这就叫作不合于道，不合于道很快就会衰亡。

第 56 章

知者不言，言者不知。塞其兑，闭其门，挫其锐，解其纷，和其光，同其尘，是谓玄同。故不可得而亲，不可得而疏；不可得而利，不可得而害；不可得而贵，不可得而贱。故为天下贵。

【参译】有智慧的人不多说话，而夸夸其谈的人没有智慧。堵住嗜欲的孔窍，关住嗜欲的门径，挫去人们的锋芒，解除他们的纷争，收敛他们的光耀，混同于尘世，这就是深奥的玄同。所以，达到玄同境界的人，已经超脱了亲疏、利害、贵贱的世俗范围。所以，他们就为天下人所尊贵。

第 57 章

以正治国，以奇用兵，以无事取天下。吾何以知其然哉？以此：天下多忌讳，而民弥贫；人多利器，国家滋昏；人多伎巧，奇物滋起；法令滋彰，盗贼多有。故圣人云："我无为，而民自化；我好静，而民自正；我无事，而民自富；我无欲，而民自朴。"

【参译】以清静无为之道去治理国家，以奇巧诡秘的办法去用兵，以不扰民去获取天下。我怎么知道是这种情形呢？根据就在于此：天下的禁忌越多，百姓就越陷于贫穷；人们的锐利武器越多，国家就越陷于混乱；人们的奇技淫巧越多,邪风怪事就越闹得厉害;法令越繁多森严,盗贼就越不断地增多。所以,悟道的人说:"我无为而为,百姓就会自我化育;我喜欢清静,百姓就会自然上轨道;我不扰民,百姓就会自然富足;我善于限制欲望,百姓就会自然淳朴。"

第58章

其政闷闷,其民淳淳;其政察察,其民缺缺。祸兮,福之所倚;福兮,祸之所伏。孰知其极?其无正也。正复为奇,善复为妖。人之迷,其日固久。是以圣人方而不割,廉而不刿,直而不肆,光而不耀。

【参译】 政治宽厚清明,百姓就淳朴忠厚;政治苛酷精明,百姓就狡黠抱怨。灾祸啊,幸福依傍在它的里面;幸福啊,灾祸潜伏在它的里面。谁能知道究竟是灾祸还是幸福呢?它们并没有确定的标准。正的可以转变为邪的,善的可以转变为恶的。人们的迷惑,由来已久。因此,悟道的人方正而不生硬,有棱角而不伤害人,直率而不放肆,光亮而不刺眼。

第59章

治人事天,莫若啬。夫唯啬,是谓早服;早服,谓之重积德;重积德,则无不克;无不克,则莫知其极;莫知其极,可以有国;有国之母,可以长久。是谓根深固柢、长生久视之道。

【参译】 治理百姓和养护身心,没有比懂得爱惜更为重要的了。重视爱惜,就能够做到早准备;早准备,就是不断地积德;不断地积德,就没有什么不能攻克;没有什么不能攻克,就无法估量他的力量;具备了这种无法估量的力量,就可以担负治理国家的重任;有了治理国家的根本原则和道理,国家就可以长治久安。这就叫作根深柢固、长久存续之道。

第60章

治大国,若烹小鲜。以道莅天下,其鬼不神;非其鬼不神,其神不伤人;非其神不伤人,圣人亦不伤人。夫两不相伤,故德交归焉。

【参译】 治理大国,就像煎烹小鱼一样。用大道治理天下,那些鬼怪就起不了作用；不但鬼怪起不了作用，而且神灵也伤害不了民众；不但神灵伤害不了民众，而且悟道的统治者也不会干扰民众。这样，鬼神和悟道的人都不伤害或干扰民众，所以，就可以让德的禀赋回归到民众身上。

第61章

大邦者下流，天下之牝，天下之交也。牝常以静胜牡，以静为下。故大邦以下小邦，则取小邦；小邦以下大邦，则取大邦。故或下以取，或下而取。大邦不过欲兼畜人，小邦不过欲入事人。夫两者各得所欲，大者宜为下。

【参译】大国要像居于江河下游那样，处在天下雌柔的位置，使天下诸邦都归附于此。雌柔常以安静胜过雄强，因为它善于处下。所以，大国对小国谦下，就可以取得小国的信任和依赖；小国对大国谦下，就可以见容于大国。所以，或者大国对小国谦下而取得小国的信任，或者小国对大国谦下而见容于大国。大国不要过分想统治小国，小国不要过分想顺从大国。两方各得其所欲求的，作为主导一方的大国特别应该谦下。

第62章

道者，万物之奥。善人之宝，不善人之所保。美言可以市，尊行可以加人。人之不善，何弃之有？故立天子，置三公，虽有拱璧以先驷马，不如坐进此道。古之所以贵此道者何？不曰：求以得，有罪以免邪？故为天下贵。

【参译】大道是荫庇万物之所。善良的人珍视它，不善良的人也要保有它，因为必要时还需要得到它的庇护。美好的言辞可以换来别人的尊重，良好的行为可以得到人的赞美。不善良的人怎么可以舍弃大道呢？所以，在天子即位、设置三公的时候，与其按照拱璧在先、驷马在后的献礼仪式，不如把这个最珍贵的大道进献给他们。自古以来，人们为什么把大道看得这样珍贵？不正是在于：求它庇护一定可以得到满足，犯了罪过也一定可以得到它的宽恕吗？因此，天下人才如此看重和珍视大道。

第63章

为无为，事无事，味无味。大小多少，报怨以德。图难于其易，为大于其细。天下难事，必作于易；天下大事，必作于细。是以圣人终不为大，故能成其大。夫轻诺必寡信，多易必多难。是以圣人犹难之，故终无难矣。

【参译】以无为的方式作为，以悠闲的心态做事，以恬淡无味为至味。大生于小，多起于少，用德行报答怨恨。处理问题，要从容易的地方入手；实现远大的志向，要从细微的地方入手。天下的难事，一定要从容易的地方做起；天下的大事，一定要从微细的部分做起。因此，悟道的人始终不贪图丰功伟绩，所以才能做成大事。那些轻易许下诺言的必定很少能够兑现，把事情看得太容易的必定遭遇很多困难。因此，悟道的人总是看重困难，所以最终就没有什么困难了。

第64章

其安易持，其未兆易谋；其脆易泮，其微易散；为之于未有，治之于未乱。合抱之木，生于毫末；九层之台，起于累土；千里之行，始于足下。为者败之，执者失之。是以圣人无为，故无败；无执，故无失。民之从事，常于几成而败之。慎终如始，则无败事。是以圣人欲不欲，不贵难得之货；学不学，复众人之所过。以辅万物之自然而不敢为。

【参译】局面安定时容易保持和维护，事变没有出现迹象时容易图谋；事物脆弱时容易消解，事物细微时容易散失；做事情要在它尚未发生时就处理妥当，治国理政要在祸乱没有产生时就早做准备。合抱的大树，生发于细小的萌芽；九层的高台，筑起于每一堆泥土；千里的旅行，是从脚下一步一步走出来的。有为而为的将会招致失败，有所执着的将会遭受损失。因此，悟道的人无为而为，所以不会招致失败；无所执着，所以也不遭受损失。人们做事情，总是在快要成功时失败。在事情快要完成的时候，也要像开始时那样慎重，就没有失败可言。因此，悟道的人追求别人所不追求的，不稀罕难以得到的货物；学习别人所不学习的，补救众人所经常犯的过错。这就是遵循万物的自然本性而不妄加干预。

第 65 章

古之善为道者，非以明民，将以愚之。民之难治，以其智多。故以智治国，国之贼；不以智治国，国之福。知此两者亦稽式。常知稽式，是谓玄德。玄德深矣，远矣，与物反矣，然后乃至大顺。

【参译】古代善于行道的人，不是教导百姓知晓智巧伪诈，而是教导百姓淳厚朴实。百姓之所以难于治理，是因为统治者有太多的智巧心机。所以，用智巧心机治理国家，必然会危害国家；不用智巧心机治理国家，才是国家的福气。了解这两种治国方式的差别，就把握了一条基本法则。经常通晓这条法则，就叫作玄妙深奥的美德。玄妙深奥的美德又深又远，和具体的事物复归到真朴，然后才能最大限度地顺乎自然之道。

第 66 章

江海之所以能为百谷王者，以其善下之，故能为百谷王。是以圣人欲上民，必以言下之；欲先民，必以身后之。是以圣人处上而民不重，处前而民不害。是以天下乐推而不厌。以其不争，故天下莫能与之争。

【参译】江海之所以能够成为百川汇往的所在，是因为它善于处在低下的位置，所以能成为百川之王。因此，悟道的人要领导百姓，必须用言辞向百姓表示谦下；要想领导百姓，必须把自己的利益放在他们的后面。所以，悟道的人虽然位居百姓之上，百姓却不会感到负担沉重；位居百姓之前，百姓却不会感到受损害。因此，天下的百姓都乐于拥戴他而不感到厌倦。因为他不与百姓相争，所以天下没有人能和他争。

第 67 章

天下皆谓我："道大，似不肖。"夫唯大，故似不肖。若肖，久矣其细也夫！我有三宝，持而保之：一曰慈，二曰俭，三曰不敢为天下先。慈故能勇；俭故能广；不敢为天下先，故能成器长。今舍慈且勇，舍俭且广，舍后且先，死矣！夫慈，以战则胜，以守则固。天将救之，以慈卫之。

【参译】天下人都对我说："道伟大，但不像任何具体事物。"因为它伟大，所以才不像任何具体事物。如果它像任何具体事物，那么长时间以后道就显得很渺小了。我有三件法宝，要执守而且保全：第一件叫作慈爱或慈悲，第二件叫作俭啬，第三件是不敢位居天下人之前。有了慈爱或慈悲，所以勇武；有了俭啬，所以宽广；不敢位居天下人之前，所以使万物长长久久。现在，丢弃了慈爱或慈悲而追求勇武，丢弃了俭啬而追求宽广，舍弃退让而求争先，结果都是走向死亡啊！慈爱或慈悲，用于征战就能胜利，用于守卫就能巩固。天要援助谁，就会用慈爱或慈悲保护他。

第 68 章

善为士者，不武；善战者，不怒；善胜敌者，不与；善用人者，为之下。是谓不争之德，是谓用人之力，是谓配天，古之极也。

【参译】 善于带兵打仗的将帅，不逞勇武；善于打仗的人，不轻易发怒；善于胜敌的人，不与敌人正面冲突；善于用人的人，对人表示谦下。这叫作不与人争的品德，这叫作善于运用别人的能力或者借力打力，这叫作符合自然的规律和法则，这是古已有之的最高理想。

第 69 章

用兵有言："吾不敢为主，而为客；不敢进寸，而退尺。"是谓行无行，攘无臂，扔无敌，执无兵。祸莫大于轻敌，轻敌几丧吾宝。故抗兵相若，哀者胜矣。

【参译】 用兵的人曾经这样说："我不敢主动进犯，而采取守势；不敢前进一寸，而宁可后退一尺。"这就叫作虽然有阵势却像没有阵势可摆一样，虽然要奋臂却像没有臂膀可举一样，虽然面临敌人却像没有敌人可打一样，虽然有兵器却像没有兵器可以执握一样。再没有比轻敌更大的祸患了，轻敌几乎就会丧失我说的"三宝"。所以，当两军实力相当的时候，具有同情心或慈悲心的一方可以获得胜利。

第 70 章

吾言甚易知，甚易行。天下莫能知，莫能行。言有宗，事有君，夫唯无知，是以不我知。知我者希，则我者贵。是以圣人被褐而怀玉。

【参译】 我的言论很容易理解，很容易践行。但是天下竟没有谁能理解，没有谁能践行。言论有主旨，行事有根据，由于人们不理解这个道理，因此才不理解我。能理解我的人很少，那么能取法于我的人就更难得。因此，悟道的人总是身穿粗布衣服，却怀揣美玉。

第71章

知不知，尚矣；不知知，病也。圣人不病，以其病病。夫唯病病，是以不病。

【参译】 知道自己还有所不知，最为高明。不知道却自以为知道，是大毛病。悟道的人没有毛病，因为他把毛病当作毛病。正因为他把毛病当作毛病，所以他没有毛病。

第72章

民不畏威，则大威至。无狎其所居，无厌其所生。夫唯不厌，是以不厌。是以圣人自知不自见，自爱不自贵。故去彼取此。

【参译】 当百姓不畏惧统治者的威压时，那么可怕的祸乱就到来了。不要逼迫百姓不得安居，不要阻塞百姓谋生的道路。只有不压迫百姓，百姓才不会厌恶统治者。因此，悟道的统治者有自知之明且不自我表现；有自爱之心且不自显高贵。所以，要舍弃自见、自贵，保持自知、自爱。

第73章

勇于敢则杀，勇于不敢则活。此两者，或利或害。天之所恶，孰知其故？天之道，不争而善胜，不言而善应，不召而自来，繟然而善谋。天网恢恢，疏而不失。

【参译】 勇于坚强就会死，勇于柔弱就可以活。这两种勇敢的结果，有的是得利，有的是受害。天所厌恶的，谁知道是什么缘故？天道或自然法则是，不争抢而善于取胜，不言语而善于获得响应，不召唤而自动到来，从容悠然而善于安排筹划。天道的大网，宽广无边，虽然宽疏但并不会漏失。

第 74 章

民不畏死，奈何以死惧之？若使民常畏死，而为奇者，吾将得而杀之，孰敢？常有司杀者杀。夫代司杀者杀，是谓代大匠斫，夫代大匠斫者，希有不伤其手者矣。

【参译】 百姓不畏惧死亡，怎么可能用死亡来吓唬他们？假如百姓真的畏惧死亡的话，对于为非作歹的人，我们就抓来杀掉，谁还敢为非作歹？经常由专管杀人的人去执行杀人的任务。代替专管杀人的人去杀人，就叫作代替高明的木匠去伐木，那代替高明的木匠伐木的人中很少有不砍伤自己手指的。

第 75 章

民之饥，以其上食税之多，是以饥。民之难治，以其上之有为，是以难治。民之轻死，以其上求生之厚，是以轻死。夫唯无以生为者，是贤于贵生。

【参译】 百姓之所以遭受饥荒，是因为统治者吞吃赋税太多，所以百姓才陷入饥荒。百姓之所以难以治理，是因为统治者政令繁苛、喜欢有为而为，所以百姓就难以治理。百姓之所以轻视死亡，是因为统治者过于奢侈地奉养自己，把民脂民膏都搜刮净了，百姓没有活路，所以轻视死亡。不去追求奢侈享受的人，比过分看重自己生命的人高明。

第 76 章

人之生也柔弱，其死也坚强。草木之生也柔脆，其死也枯槁。故坚强者死之徒，柔弱者生之徒。是以兵强则灭，木强则折。强大处下，柔弱处上。

【参译】 人活着时身体是柔软的，人死以后身体就变得僵硬。草木生长时是柔软脆弱的，草木死后就变得干硬枯槁。所以，坚硬的东西属于死的一类，柔弱的东西属于生的一类。因此，用兵时逞强就会自取灭亡，树木强大时就会被砍伐摧折。逞强的总是处于下位，善于守柔的反而居于上位。

第 77 章

天之道，其犹张弓与？高者抑之，下者举之；有余者损之，不足者补之。天之道，损有余而补不足。人之道，则不然，损不足以奉有余。孰能有余以奉天下？唯有道者。

【参译】天道或自然法则，不是很像张弓射箭吗？弦高时就压低一些，弦低时就举高一些；拉得过满时就放松一些，拉得不足时就补充一些。天道或自然法则，是减少有余的、补给不足的。人道或社会法则，却不是这样，而是要减少不足的，来奉献给有余的。那么，谁能减少有余的，来补给天下不足的呢？只有悟道、得道的人才可以。

第 78 章

天下莫柔弱于水，而攻坚强者莫之能胜，以其无以易之。弱之胜强，柔之胜刚，天下莫不知，莫能行。是以圣人云："受国之垢，是谓社稷主；受国不祥，是为天下王。"正言若反。

【参译】遍天下再没有什么比水更柔弱的了，而在攻坚克强中却没有什么可以胜过水的，因而没有事物可以代替得了水。弱胜过强，柔胜过刚，遍天下没有人不知道，但是没有人能够践行。所以，悟道的人说："承担全国屈辱的，才能成为国家的领袖；承担全国祸灾的，才能成为天下的王者。"正话好像在反说一样。

第 79 章

和大怨，必有余怨，安可以为善？是以圣人执左契，而不责于人。有德司契，无德司彻。天道无亲，常与善人。

【参译】和解深重的怨恨，必然产生残余的怨恨，这怎么可以算是求善的办法呢？所以，悟道的人保存借据的存根，但并不以此强迫别人偿还债务。有德的人就像持有借据存根的悟道的人那样宽容，无德的人就像掌管税务的人那样苛刻刁诈。天道或自然法则对任何人都不偏爱，而永远帮助有德有道的人。

第 80 章

小国寡民。使有什伯之器而不用；使民重死而不远徙。虽有舟舆，无所乘之；虽有甲兵，无所陈之。使民复结绳而用之。甘其食，美其服，安其居，乐其俗。邻国相望，鸡犬之声相闻，民至老死不相往来。

【参译】国家很小，百姓很少。即便有各种各样的器具却并不使用；使百姓重视死亡而不向远方迁徙。虽然有船只车辆，却不必坐；虽然有武器装备，却不必布阵打仗；使百姓回复到远古结绳记事时期的自然状态。百姓感到吃得香甜，穿得漂亮，住得安适，过得快乐。国与国互相望得见，相互之间可以听得见鸡犬的叫声，但百姓从生到死互相都不往来。

第81章

信言不美，美言不信；善者不辩，辩者不善；知者不博，博者不知。圣人不积，既以为人己愈有，既以与人己愈多。天之道，利而不害；圣人之道，为而不争。

【参译】真实可信的言论不漂亮，漂亮的言论不真实可信；善良的人不善于巧说，善于巧说的人不善良；真正有知识（智慧）的人不卖弄，卖弄的人不是真有知识（智慧）。悟道的人不存占有之心，而是尽力为别人服务，他自己反而更充实，尽力给予别人，他自己反而更丰富。天道或自然法则是，让万事万物都各得其所而不受损害；悟道的人的行为准则是，有所作为却不计较和争夺结果。

老子

庄子·逍遥游

导 读

《逍遥游》是《庄子》内篇的首篇，集中体现了庄子追寻诗与远方的人生哲学。"逍遥游"是庄子所倡导的人生理想，是庄子人生观的核心内容。何谓"逍遥"？在庄子这里，逍遥是指人超越世俗观念及其价值的限制而能达到的最大限度的精神自由。所以，"逍遥游"就是指人"无所待而游无穷"，即对世俗之物无所依赖，与宇宙化而为一，精神不受任何束缚、自由地游于世间。因此，逍遥游是一种超脱万物、无所依赖、绝对自由的精神境界。

《逍遥游》着眼于从"有所待"到"无所待"的境界提升过程，围绕小大之辨、小大之用、小大之境展开。全文借喻，通过大鹏与蜩、学鸠等小动物的对比，阐述了小与大的区别；通过惠子与庄子之间的有用和无用之辩，阐明了小大之用的区别；在此基础上，隐喻了人生小格局和大格局、小境界和大境界之间的区别。庄子认为，一个人只有忘却物我的界限，达到"无己""无功""无名"的大境界，无所依凭而游于无穷，才能真正逍遥游。

庄子的逍遥游的人生观深刻影响了后世的思维方式和处世态度，为人们开辟了一条通往自由的生活之路。逍遥游的人生观对世俗工具价值进行了深度反思和批判，强调从宇宙公民的高度来把握人的存在，从而使人从现实中升华，并且破除自我中心，从故步自封、自我局限、平庸忙碌的狭隘境界中超拔出来，进而使人在视野格局、思想认识和精神内涵方面达到新的诗意栖居的境界。

一

北冥有鱼，其名为鲲。鲲之大，不知其几千里也。化而为鸟，其名为鹏。鹏之背，不知其几千里也。怒而飞，其翼若垂天之云。是鸟也，海运则将徙于南冥。南冥者，天池也。

【参译】北海里有一条鱼，它的名字叫作鲲。鲲巨大无比，不知道有几千里长。鲲变化成为鸟，它的名字就叫作鹏。鹏的脊背，也不知道有几千里长。当它振动翅膀奋起直飞的时候，翅膀就好像挂在天边的云彩。这只鸟，在大风吹动海水的时候就要迁徙到南海去了。南海，是一个天然的大湖。

《齐谐》者，志怪者也。《谐》之言曰："鹏之徙于南冥也，水击三千里，抟扶摇而上者九万里，去以六月息者也。"野马也，尘埃也，生物之以息相吹也。天之苍苍，其正色邪？其远而无所至极邪？其视下也，亦若是则已矣。

【参译】《齐谐》是记载有一些怪异事情的书。该书记载："当鹏往南海迁徙的时候，翅膀拍打水面，能激起三千里的浪涛，凭借着旋风，它飞上九万里的高空，乘着六月的风离开北海。"高空的游气像野马奔腾一样，像飘飘扬扬的尘埃一样，像活动着的各种生物一样，因风吹而运动。天空苍苍茫茫，难道这就是它本来的颜色吗？它的辽阔高远是没有尽头的吗？当鹏往下看的时候，看见的应该也是这个样子。

且夫水之积也不厚，则其负大舟也无力。覆杯水于坳堂之上，则芥为之舟。置杯焉则胶，水浅而舟大也。风之积也不厚，则其负大翼也无力。故九万里则风斯在下矣，而后乃今培风；背负青天而莫之夭阏者，而后乃今将图南。

【参译】如果水聚集得不深，那么就没有负载一艘大船的力量。在堂前低洼的地方倒一杯水，一棵小草就能被当作一艘船。放一个杯子在水上就会被粘住，这是水浅船大的缘故。如果风聚集得不够强大，那么就没有负载一对巨大翅膀的力量。因此，当鹏在九万里的高空飞行时，风就在它的身下了，凭借着风力向上飞举；背负着青天毫无阻挡，然后才开始朝南翱翔。

蜩与学鸠笑之曰："我决起而飞，抢榆枋而止，时则不至，而控于地而已矣。奚以之九万里而南为？"适莽苍者，三餐而反，腹犹果然；适百里者，宿舂粮；适千里者，三月聚粮。之二虫又何知？

【参译】蝉和小斑鸠讥笑鹏说:"我们奋力飞,碰到对面的榆树和檀树时就停止了,飞不上去时,落在地上罢了。怎么可能飞九万里到南海去呢?"去近郊旅行的人,只要带当天吃的三餐,回来时肚子还是饱饱的;去百里外旅行的人,要用一整夜时间舂米准备干粮;去千里外的人,要聚积三个月的干粮。蝉和小斑鸠这两种小虫又知道什么呢?

小知不及大知,小年不及大年。奚以知其然也?朝菌不知晦朔,蟪蛄不知春秋,此小年也。楚之南有冥灵者,以五百岁为春,五百岁为秋;上古有大椿者,以八千岁为春,八千岁为秋,此大年也。而彭祖乃今以久特闻,众人匹之,不亦悲乎!

【参译】小智慧的理解不了大智慧的,短命的理解不了长寿的。怎么知道是这样的呢?朝生暮死的菌类不知道一天的变化,春生夏死、夏生秋死的蝉,不知道一年的时光,这就是短命的。在楚国的南方有一种神龟,它们把五百年当作一个春季,把五百年当作一个秋季;上古时代有一种叫作大椿的树,它把八千年当作一个春季,把八千年当作一个秋季,这就是长寿的。可是,彭祖到如今仍以年寿长久闻名于世,人们与他攀比,岂不是非常可悲可叹!

汤之问棘也是已。汤之问棘曰:"上下四方有极乎?"棘曰:"无极之外,复无极也。穷发之北,有冥海者,天池也。有鱼焉,其广数千里,未有知其修者,其名为鲲。有鸟焉,其名为鹏,背若泰山,翼若垂天之云,抟扶摇羊角而上者九万里,绝云气,负青天,然后图南,且适南冥也。"

【参译】商汤问夏棘的话也是这样的。商汤问夏棘:"上下四方有边际吗?"夏棘回答:"没有边际之外,又没有边际。在草木不生的极远的北方,有一个很深的大海,那就是天池。那里有一条鱼,它的身子有几千里宽,没有人知道它到底有多长,它的名字叫作鲲。那里有一只鸟,它的名字叫作鹏,它的背像泰山,它的翅膀像天边的云,可以凭借着旋风盘旋飞上九万里,超越云层,背负青天,然后向南飞翔,要飞到南海去。"

"斥鴳笑之曰:'彼且奚适也?我腾跃而上,不过数仞而下,翱翔蓬蒿之间,此亦飞之至也,而彼且奚适也?'"此小大之辩也。

【参译】夏棘继续说:"这时小泽里的麻雀讥笑鹏说:'它要飞到哪里去呢?我一跳就飞起来,不过数丈高时就落下来,在蓬蒿丛中盘旋,这也是极好的飞行了，而它还要飞到哪里去呢?'"这就是小境界和大境界的不同了。

故夫知效一官，行比一乡，德合一君而征一国者，其自视也，亦若此矣。而宋荣子犹然笑之。且举世而誉之而不加劝，举世而非之而不加沮，定乎内外之分，辩乎荣辱之境，斯已矣。彼其于世，未数数然也。虽然，犹有未树也。夫列子御风而行，泠然善也，旬有五日而后反。彼于致福者，未数数然也。此虽免乎行，犹有所待者也。

【参译】所以，那些才智能胜任一官职守的、行为能庇护一乡百姓的、德行能投合一个君王的心意的、能力能取得一个诸侯国信任的人，看待自己时，也像上文中说的小鸟一样。而宋荣子对这种人却淡然一笑。对于宋荣子这个人，世人都称赞他时，他并不因此特别奋勉，世人都诽谤他时，他也并不因此感到沮丧，因为他认清了自己和外物的职分，分辨清楚了荣与辱的界限，就觉得不过如此罢了。他对人世间的一切，都不会拼命追求。即使如此，他仍有未达到的境界。列子乘风而行，飘然自得，驾轻就熟，十五天后就可以返回。列子对于人世间求福的事，也不会拼命追求。这样虽然免了步行，还是有所依赖和凭借的。

若夫乘天地之正，而御六气之辩，以游无穷者，彼且恶乎待哉！故曰：至人无己，神人无功，圣人无名。

【参译】倘若能顺应天地万物的本性，驾驭着六气的变化，遨游于无穷的境地，他还须依赖和凭借什么呢？所以说：修养最高的人能顺任自然、忘掉自己，修养达到神化不测境界的人无意于求功，悟道的人无意于求名。

二

尧让天下于许由，曰："日月出矣，而爝火不息，其于光也，不亦难乎！时雨降矣，而犹浸灌，其于泽也，不亦劳乎！夫子立而天下治，而我犹尸之，吾自视缺然。请致天下。"许由曰："子治天下，天下既已治也，而我犹代子，吾将为名乎？名者，实之宾也，吾将为宾乎？鹪鹩巢于深林，不过一枝；偃鼠饮河，不过满腹。归休乎君，予无所用天下为！庖人虽不治庖，尸祝不越樽俎而代之矣。"

【参译】 尧打算把天下让给许由，说："太阳和月亮都出来了，可是小小的烛火不熄，它要跟太阳和月亮的光相比，不是很难吗！季雨及时降下，可是人们还在不停地浇水灌地，如此费力的人工灌溉对于润泽整个大地，不是显得徒劳吗！先生如能居于国君之位，天下一定会获得大治，可是我还尸位素餐、空居其位，越看越觉得自己能力不够。请允许我把天下交给您。"许由回答："你治理的天下，已经获得了大治，而我却要替代你，我将为了名声吗？名声是实际派生出来的附属的东西，我将去追求这附属的东西吗？鹪鹩在森林中筑巢，不过用一根树枝；田鼠到河边饮水，不过喝满肚子。你还是打消念头回去吧，天下对于我来说没有什么用处啊！厨师即使不下厨，祭祀的主持人也不会越俎代庖！"

肩吾问于连叔曰："吾闻言于接舆，大而无当，往而不返。吾惊怖其言，犹河汉而无极也，大有径庭，不近人情焉。"连叔曰："其言谓何哉？""曰：'藐姑射之山，有神人居焉。肌肤若冰雪，绰约若处子；不食五谷，吸风饮露；乘云气，御飞龙，而游乎四海之外；其神凝，使物不疵疠而年谷熟。'吾以是狂而不信也。"连叔曰："然！瞽者无以与乎文章之观，聋者无以与乎钟鼓之声。岂唯形骸有聋盲哉？夫知亦有之！是其言也，犹时汝也。之人也，之德也，将磅礴万物以为一，世蕲乎乱，孰弊弊焉以天下为事！之人也，物莫之伤，大浸稽天而不溺，大旱金石流、土山焦而不热。是其尘垢粃糠，将犹陶铸尧舜者也，孰肯分分然以物为事！"

【参译】 肩吾向连叔求教："我从接舆那里听到谈话，大话连篇没有边际，一说下去就回不到原来的话题。我十分惊恐于他的言谈，就好像天上的银河没有边际，跟一般人的言谈差距甚远，确实是太不近情理了。"连叔问："他说的是什么呢？"肩吾回答："他说：'在遥远的姑射山上，住着一些神人。这些神人，皮肤润白像冰雪，体态柔美如处女；不食五谷，吸清风、饮甘露；乘云气，驾飞龙，能遨游于四海之外。神人的神情那么专注，可使世间万物不遭病害，年年五谷丰登。'我认为这全是虚妄之言，一点也不可信。"连叔听后说："是呀！对于盲人，你无法同他们欣赏花纹和色彩，对于聋人，你无法同他们倾听钟鼓的乐声。难道只是形体上有盲与聋吗？认知上也有盲与聋啊！这话似乎就是说肩吾你的呀。那些神人的德行，可与万事万物融合为一，以求得整个天下的治理，谁还需要忙忙碌碌地把治理天下当回事呢！对于那样的人呀，没有什么外物能伤害他，滔天的大水不能淹没他，天下大旱时金石熔化、土山焦裂，他也不会感到灼热。他留下的尘埃以及瘪谷糠麸之类的废物，也可造就尧舜那样的圣贤人君，他怎么会把孜孜以治理世间万物当作自己的能耐呢！"

宋人资章甫而适诸越，越人断发文身，无所用之。尧治天下之民，平海内之政，往见四子藐姑射之山，汾水之阳，窅然丧其天下焉。

【参译】有个宋国人采购了一批帽子到越国去卖，而越人的风俗是剪断长发、身刺花纹，帽子对他们来说毫无用处。尧治理天下的百姓，安定海内的政局，到姑射山上、汾水北面拜见四位得道的神人时，不禁怅然若失，忘记了自己居于治理天下的地位。

三

惠子谓庄子曰："魏王贻我大瓠之种，我树之成而实五石。以盛水浆，其坚不能自举也。剖之以为瓢，则瓠落无所容。非不呺然大也，吾为其无用而掊之。"庄子曰："夫子固拙于用大矣！宋人有善为不龟手之药者，世世以洴澼絖为事。客闻之，请买其方百金。聚族而谋之曰：'我世世为洴澼絖，不过数金。今一朝而鬻技百金，请与之。'客得之，以说吴王。越有难，吴王使之将。冬，与越人水战，大败越人，裂地而封之。能不龟手，一也，或以封，或不免于洴澼絖，则所用之异也。今子有五石之瓠，何不虑以为大樽而浮乎江湖，而忧其瓠落无所容？则夫子犹有蓬之心也夫！"

【参译】惠子对庄子说："魏王赠送我大葫芦的种子，我把它种植起来，它结出的果实有五石大。若用大葫芦去盛水浆，它的坚固程度承受不了水的压力。若把它剖开做瓢，因太大而没有什么地方可以放得下。这个葫芦不是不大呀，我因它没有什么用处而砸烂了它。"庄子说："先生实在是不擅长使用大的东西啊！宋国有一户善于调制使手不皲的药物的人家，世世代代都以漂洗丝絮为职业。有个客商听说了这件事，愿意花数百金的高价购买他家的药方。他们全家人聚集在一起商量：'我们世世代代漂洗丝絮，所得不过数金。如今一下子就可卖得数百金，那就把药方卖给他吧。'这个客商得到药方,来游说吴王。正巧越国发难,吴王派他统率军队。冬天,在跟越军水上交战时,大败越军,吴王划割土地封赏他。这与能使手不皲裂的药方是相同的,而有的人用它来获得封赏,有的人却只能靠它在水中漂洗丝絮,这是使用方法不同所致。如今你有五石大的大葫芦,怎么不考虑用它来制成救生圈,从而浮游于江湖之上,却担忧葫芦太大没有地方可放得下呢?看来先生你还是茅塞不开啊!"

惠子谓庄子曰:"吾有大树,人谓之樗。其大本臃肿而不中绳墨,其小枝卷曲而不中规矩。立之涂,匠者不顾。今子之言,大而无用,众所同去也。"庄子曰:"子独不见狸狌乎?卑身而伏,以候敖者;东西跳梁,不避高下;中于机辟,死于罔罟。今夫斄牛,其大若垂天之云。此能为大矣,而不能执鼠。今子有大树,患其无用,何不树之于无何有之乡,广漠之野,彷徨乎无为其侧,逍遥乎寝卧其下。不夭斤斧,物无害者,无所可用,安所困苦哉?"

【参译】惠子又对庄子说:"我有棵大树,人们都叫它樗树。它的树干疙疙瘩瘩,不符合绳墨取直的要求,它的树枝弯弯扭扭,也不符合圆规和角尺取材的要求。即使生长在道路旁,木匠连看也不看它。如今你的言谈,大而无用,大家都会鄙弃它。"庄子说:"先生你没见过野猫和黄鼠狼吗?它们低身匍匐于地,以等待那些出洞觅食或游乐的小动物;一会儿东、一会儿西地跳来跳去,一会儿高、一会儿低地上下窜跃;不曾想到会落入猎人设下的机关,死于猎网之中。再看那斄牛,它的身体庞大得就像天边的云彩。它的本事可大了,不过却不能捕捉老鼠。如今你有这么大一棵树,却担心它没有什么用处。怎么不能把它栽种在什么也没有的地方,在无边无际的旷野里,你悠然自得地徘徊于树旁,优游自在地躺卧于树下。大树不会遭到刀斧砍伐,没有什么东西会伤害它。虽然不能派上什么用场,可是哪里会遇到什么困苦呢?"

庄子·逍遥游

庄子·齐物论

导 读

《齐物论》是《庄子》33篇中思想最深邃、哲学思辨性最强、最难懂的,也是最能体现庄子之为庄子,尤其是庄学之能为哲学的一篇,它在很大程度上奠定了庄子作为一个世界级伟大哲学家的地位。《齐物论》是人类思维所能达到的最高哲学智慧的结晶,其核心是万物一体和道通为一。因此,"齐物论"兼有"齐论"和"齐物"二义,齐论根本在于超越是非之辩,齐物根本在于超越物我之别。在庄子看来,要达到自由逍遥之境,必须超脱于世俗观念的束缚,是和非在道的层面是无差别的;世间万物都是平等的,人与万物在自然本性的层面也是没有本质差别的;一切事物都是如此。

《齐物论》主要由七则寓言组成,分别是隐几而坐、狙公赋芋、尧问于舜、啮缺问乎王倪、瞿鹊子问于长梧子、罔两问景以及庄周梦蝶,层层深入地对"齐论"和"齐物"进行了精妙的哲学论证。

南郭子綦与颜成子游的对话是《齐物论》的开篇。在这里,庄子用第一则寓言提出了一个"吾丧我"的境界。所谓吾丧我,是指忘掉世俗小我的存在,混同物我界限,合二者为一体。接下来,南郭子綦对颜成子游谈天籁、地籁、人籁,他着重对地籁与天籁加以描述。他对地籁的描述是实写,对天籁的描述则是虚写。他要点明的是,声音之所以千差万别,是因为各孔窍的自然状态不同。所谓天籁,其实就是自然而然的声响,是道法自然。天籁与吾丧我同属顺应自然的境界。

在第二则寓言里,庄子用"朝三暮四"的猴子比喻执迷于分辨事物差异的人。在庄子看来，与其争辩不休，不如去掉成心、成见，与"大我"心意相通，与道相通为一。

在第三则寓言里，庄子以尧的故事为引，对大道进行赞颂。尧制裁小国就如同十日并出，让世间万物都沐浴他的光辉。大道普照万物，与之同理。

在第四则寓言里，王倪与啮缺谈至人超越世俗的是非利害。啮缺问王倪是否存在共同的是非标准，即真理标准。王倪则以各种动物对居处、味道、美色有各自的反应为喻，说明了不同的人从各自的立场出发，对同一事物有不同的是非标准。庄子的不谴是非、齐一万物的观点，正是达到精神自由境界（游于逍遥）的最重要的哲学方法。

在第五则寓言里，长梧子与瞿鹊子对话，其主旨在于否定世俗的是非观，主张顺应自然。长梧子以大梦为喻，说明了世俗中人们对功名利害的追求实际上就像在迷梦中一样，而只有参透生死的悟道之人才是大觉醒者，才能顺乎自然、看清世间一切问题的真相。

在第六则寓言里，庄子以罔两问景为喻，用变幻不定的影子阐明了依赖外物而生、无以得自由的道理，并借影子之口提出了"物从何来"的问题。

最后在第七则寓言即庄周梦蝶里，庄子进一步凸显了物我两忘、物我合一是一种无我之我的境界，呼应了开篇吾丧我的境界。细细品读《齐物论》全篇，定会哲思涌动、智慧勃发、回味无穷。

一

南郭子綦隐几而坐，仰天而嘘，嗒焉似丧其偶。颜成子游立侍乎前，曰："何居乎？形固可使如槁木，而心固可使如死灰乎？今之隐几者，非昔之隐几者也？"子綦曰："偃，不亦善乎，而问之也！今者吾丧我，汝知之乎？汝闻人籁而未闻地籁，汝闻地籁而未闻天籁夫！"

【参译】南郭子綦靠几案坐着，仰起头向天缓缓地吐气，那离神去智的样子就好像他的精神和形体完全合为一体，进入了忘我境界。他的学生颜成子游侍立在旁，问道："您这是怎么了？形体诚然可以像干枯的树木，精神和思想难道也可以如死灰一般吗？您今天凭几而坐，怎么跟往昔凭几而坐的情景大不一样呢？"子綦回答："偃，你这个问题问得很好！今天我完全忘掉了自己，你知道吗？你听到过'人籁'却没有听到过'地籁'，你即使听到过'地籁'却没有听到过'天籁'啊！"

子游曰："敢问其方。"子綦曰："夫大块噫气，其名为风。是唯无作，作则万窍怒呺。而独不闻之翏翏乎？山陵之畏崔，大木百围之窍穴，似鼻，似口，似耳，似枅，似圈，似臼，似洼者，似污者。激者，謞者，叱者，吸者，叫者，譹者，宎者，咬者，前者唱于而随者唱喁。泠风则小和，飘风则大和，厉风济则众窍为虚。而独不见之调调之刁刁乎？"

【参译】子游问："我冒昧地请教它们的真实含义。"子綦说："大地吐出的气，名字叫作风。风不发作则已，一旦发作，整个大地上数不清的窍孔都将怒吼起来。你难道没有听到过那呼呼的风声吗？山陵上陡峭峥嵘的各种地方，百围大树上无数的窍孔，有的像鼻子，有的像嘴，有的像耳朵，有的像圆柱上插入横木的方孔，有的像圈围的栅栏，有的像舂米的臼窝，有的像深池，有的像浅池。它们发出的声音，像湍急的流水声，像迅疾的箭镞声，像大声的呵斥声，像细细的呼吸声，像放声叫喊，像号啕大哭，像在山谷里深沉回荡，像鸟儿鸣叫叽喳，真好似前面呜呜唱导、后面呼呼随和。清风徐徐就有小的和声，长风呼呼便有大的反响，迅猛的暴风突然停歇，所有窍穴就寂然无声。你难道没有看到过草木随风摇动的样子吗？"

子游曰："地籁则众窍是已，人籁则比竹是已，敢问天籁。"子綦曰："夫吹万不同，而使其自己也。咸其自取，怒者其谁邪？"

【参译】子游说："地籁是风吹各种窍穴发出的声音，人籁是人用不同的竹管吹出的声音，我再冒昧地向您请教什么是天籁。"子綦说："所谓天籁，就像风吹万种窍穴发出的声音各不相同，但使它们发生和停息的都出于其自身。这完全都是出于自然，又有谁发动它们呢？"

二

大知闲闲，小知间间。大言炎炎，小言詹詹。其寐也魂交，其觉也形开。与接为构，日以心斗，缦者，窖者，密者。小恐惴惴，大恐缦缦。其发若机栝，其司是非之谓也；其留如诅盟，其守胜之谓也；其杀如秋冬，以言其日消也；其溺之所为之，不可使复之也；其厌也如缄，以言其老洫也；近死之心，莫使复阳也。喜怒哀乐，虑叹变慹，姚佚启态；乐出虚，蒸成菌。日夜相代乎前，而莫知其所萌。已乎，已乎！旦暮得此，其所由以生乎？

【参译】 大智慧的人广博豁达、悠闲自在，有点小聪明的人则斤斤计较、忧心忡忡。合乎道的发言是稀疏平淡的，拘于智巧的言论则琐细无方、没完没了。他们休息时神魂交织，醒后疲于与外物接触纠缠。跟外界交接相应，整日里钩心斗角，有的懒怠迟缓，有的高深莫测，有的细心谨慎。小恐惧时惴惴不安，大恐惧时失魂落魄。他们说话时就好像利箭发自弩机一般，快而尖刻，就是说是与非都由此产生；他们将心思存留心底时就好像盟约誓言一般坚守不渝，就是说持守胸臆坐待时机取胜；他们衰败时就好像秋冬的草木一样，这说明他们日渐消衰；他们沉湎于从事的各种事务，这致使他们不可能恢复到原有的生命情态；他们心灵闭塞时就好像被绳索缚住一样，这说明他们衰老颓败，没法使他们恢复活力和生气。他们欣喜、愤怒、悲哀、欢乐，他们忧思、叹惋、反复、恐惧，他们躁动轻浮、奢华放纵、情张欲狂、造姿作态；好像从中空的乐管中发出乐声，又好像由地气蒸腾而成的菌类。这种种情态心境日夜变换，却不知道是怎样发生的。算了吧，算了吧！一旦懂得这一切发生的道理，不就明白了种种情态发生和形成的原因吗？

非彼无我，非我无所取。是亦近矣，而不知其所为使。若有真宰，而特不得其眹。可行已信，而不见其形，有情而无形。百骸、九窍、六藏，赅而存焉，吾谁与为亲？汝皆说之乎？其有私焉？如是皆有为臣妾乎？其臣妾不足以相治乎？其递相为君臣乎？其有真君存焉？如求得其情与不得，无益损乎其真。

【参译】 没有我的对立面就没有我本身，没有我本身就无法呈现我的对立面。这样的认识接近事物的本质，然而却不知道这一切受到什么驱使。仿佛有真正的主宰，却又寻不到其端倪。可以自己去实践并验证却看不到它的形体，真实地存在而又没有具体形态。众多的骨节、眼耳口鼻等九窍、心肺肝肾等六脏，全都齐备地存在于我的身体中。我跟它们中哪一部分最为亲近呢？你是同样喜欢它们吗？还是格外偏爱其中某一部分呢？这样，每一部分都只会成为臣妾似的仆属吗？难道臣妾似的仆属就不足以相互支配了吗？或是轮流成为君臣呢？难道果真有什么"真正的主宰者"存在其间？无论究竟能否寻求到它，都不会增益和损坏它的真实存在。

一受其成形，不亡以待尽。与物相刃相靡，其行尽如驰，而莫之能止，不亦悲乎？终身役役，而不见其成功，苶然疲役，而不知其所归，可不哀邪？人谓之不死，奚益？其形化，其心与之然，可不谓大哀乎？人之生也，固若是芒乎？其我独芒，而人亦有不芒者乎？

【参译】人一旦禀承天地之气而成形体，便要不失其自然真性以尽天年。他们跟外物相互摩擦、相互顺应，驰骋追逐于外物之中，而不能使他们止步，这不是可悲吗？他们终生受役使，却看不到自己人生的成功，一辈子困顿疲劳，却不知道自己的归宿，这不悲哀吗？说这种人没死，又有什么益处呢？人的形体逐渐衰老，人的精神被困缚其中跟着一起衰竭，这不最悲哀吗？人生在世，本来就这样迷糊吗？难道只有我这么迷糊，而世人中也有不迷糊的吗？

三

夫随其成心而师之，谁独且无师乎？奚必知代而自取者有之？愚者与有焉！未成乎心而有是非，是今日适越而昔至也。是以无有为有。无有为有，虽有神禹，且不能知，吾独且奈何哉？

【参译】顺着自己的偏执己见或成心成见并把它当作评判事物的标准，谁没有这样的标准呢？为什么只有通晓事物的更替并从自己的精神世界里找到证明的智者才有这种标准呢？愚昧无知的人也跟他们一样有标准呢！尚未有成心成见时就有是与非的观念，就像今天要去越国而说昨天就已经到达了越国。所以，就是要把没有当作有。对于把没有当作有，即使圣明的大禹，尚且不可能通晓其中的奥妙，我又能怎么样呢？

夫言非吹也，言者有言，其所言者特未定也。果有言邪？其未尝有言邪？其以为异于鷇音，亦有辩乎？其无辩乎？道恶乎隐而有真伪？言恶乎隐而有是非？道恶乎往而不存？言恶乎存而不可？道隐于小成，言隐于荣华。故有儒墨之是非，以是其所非而非其所是。欲是其所非而非其所是，则莫若以明。

【参译】说话辩论并不像吹风一样，善辩的人辩论纷纷，然而他们说的话却并没有定准。人们果真是在说话还是不曾说话呢？人们都认为自己的言谈不同于雏鸟的鸣叫，是真有区别还是没有什么区别呢？大道是怎么隐匿起来而出现了真伪呢？真理之言是怎么隐匿起来而出现了是非呢？大道怎么出现而又不复存在呢？真理之言怎么存在而又不被认可呢？大道被小小的成功所遮蔽，言论被浮华的辞藻所掩盖。因此，就出现了儒家和墨家的是非之辩，肯定对方所否定的东西、否定对方所肯定的东西。与其肯定对方所否定的东西、否定对方所肯定的东西，不如用事物的自然本性去观察和认识。

物无非彼，物无非是。自彼则不见，自是则知之。故曰：彼出于是，是亦因彼。彼是方生之说也。虽然，方生方死，方死方生；方可方不可，方不可方可；因是因非，因非因是。是以圣人不由，而照之于天，亦因是也。是亦彼也，彼亦是也。彼亦一是非，此亦一是非，果且有彼是乎哉？果且无彼是乎哉？彼是莫得其偶，谓之道枢。枢始得其环中，以应无穷。是亦一无穷，非亦一无穷也。故曰：莫若以明。

【参译】事物都有其自身的对立面，没有不存在其自身对立面的事物。从其对立面便看不出确信的这面，从确信的这面却能有所理解。所以说：事物出自原本确信的这面，当下确信的来源也是因为过往的对立面的出现。"彼"与"此"的概念相对而生、相依而存。即使这样，刚刚兴起的随即便会覆灭，刚刚覆灭的随即又会兴起；刚刚肯定的随即便被否定，刚刚否定的随即又予以肯定；是与非相因相成。所以，圣人不走划分彼此是非的道路，而是观察比照事物的本然，也就是会顺着事物自身的情态。事物的这一面也就是事物的那一面，事物的那一面也就是事物的这一面。事物的那一面中同样存在是与非，事物的这一面中也同样存在是与非。事物果真存在彼此两面的区别吗？事物果真不存在彼此两面的区别吗？彼此两面都没有其对立面，这就是大道的枢纽。抓住了大道的枢纽也就抓住了事物的根本和要害，就像处于圆环的中心，从而可以应对事物无穷无尽的变化。是是无穷的变化，非也是无穷的变化。所以说，不如用事物的自然本性去观察和认识它。

四

以指喻指之非指，不若以非指喻指之非指也；以马喻马之非马，不若以非马喻马之非马也。天地一指也，万物一马也。

【参译】 以大拇指来说明大拇指不是手指，不如以非大拇指来说明大拇指不是手指；以白马来说明白马不是马，不如以非白马来说明白马不是马。所以，天地亦可称作一指，万物亦可唤作一马。

道行之而成，物谓之而然。有自也而可，有自也而不可；有自也而然，有自也而不然。恶乎然？然于然。恶乎不然？不然于不然。恶乎可？可于可。恶乎不可？不可于不可。物固有所然，物固有所可。无物不然，无物不可。故为是举莛与楹，厉与西施，恢诡谲怪，道通为一。

【参译】 道路是行走而成的，事物是人们称谓而就的。能被认可，自有加以肯定的东西；不能被认可，自有能不加以肯定的东西。正确，自有正确的道理；不正确，自有不正确的道理。怎样才算是正确呢？在于其本身就是正确的。怎样才算是不正确呢？在于其本身就是不正确的。怎样才能被认可呢？在于其本身就是能被认可的。怎样才不能被认可呢？在于其本身就是不能被认可的。事物原本就有正确的一面，事物原本就有能被认可的一面，没有什么事物不具有正确的一面，也没有什么事物不具有能被认可的一面。所以，可以列举细小的草茎和高大的庭柱，丑陋的癞头和美丽的西施，宽大、奇变、诡诈、怪异等千奇百怪的事态来说明这一点，从道的观点看，它们都是相通而浑然为一的。

其分也，成也；其成也，毁也。凡物无成与毁，复通为一。唯达者知通为一，为是不用而寓诸庸。庸也者，用也；用也者，通也；通也者，得也；适得而几矣。因是已，已而不知其然，谓之道。劳神明为一而不知其同也，谓之"朝三"。何谓"朝三"？狙公赋芧，曰："朝三而暮四。"众狙皆怒。曰："然则朝四而暮三。"众狙皆悦。名实未亏而喜怒为用，亦因是也。是以圣人和之以是非而休乎天钧，是之谓两行。

【参译】 一个事物的分解即另一个事物的形成，一个事物的形成即另一个事物的毁灭。从整体看，事物中并无形成与毁灭的区别，回归相通而浑然为一。只有通达大道的人，方才知晓事物相通而浑一的道理，因此不用固执地对事物做出这样那样的解释，而应把自己的观点寄托于平常的事理之中。所谓平常的事理就是无用而有用；认识事物无用就是有用，就算是通达；通达大道的人，才是真正了解事物常理的人；恰如其分地了解事物常理，也就接近于大道。顺应事物相通而浑然为一的本来状态吧，如此还不能领悟它的究竟，就叫作道。耗费心思方才能认识事物浑然为一，而不知事物本身就具有同一的性状和特点，这就叫"朝三"。什么叫作"朝三"呢？养猴人给猴子分橡子，说："每猴早上分给三升，晚上分给四升。"猴子们听了非常愤怒。养猴人便改口说："那么，就每猴早上四升，晚上三升吧。"猴子们听了都高兴起来。名义和实际都没有亏损，喜与怒却变化无常，也就是因为这样的道理。因此，悟道的圣人把是与非调和、混同并超越，优游自得地生活在自然而又均衡的境界，这就叫是与非、物与我各得其所。

古之人，其知有所至矣。恶乎至？有以为未始有物者，至矣，尽矣，不可以加矣。其次以为有物矣，而未始有封也。其次以为有封焉，而未始有是非也。是非之彰也，道之所以亏也。道之所以亏，爱之所以成。

【参译】 古时候的人，他们的智慧达到了最高的境界。首先，如何才能达到最高的境界呢？那时有人认为，整个宇宙从一开始就不存在什么具体的事物，这样的认识是最了不起，尽善尽美，而无以复加了。其次，认为宇宙之始是存在事物的，可是万事万物从不曾有过区分和界线。再次，认为万事万物虽有这样那样的区别，但是却从不曾有过是与非的区别。最后，是与非凸显，浑沌为一的大道也就因此亏损和隐藏。浑沌为一的大道一旦亏损和隐藏，人的各种偏私和偏爱就因此形成了。

果且有成与亏乎哉？果且无成与亏乎哉？有成与亏，故昭氏之鼓琴也；无成与亏，故昭氏之不鼓琴也。昭文之鼓琴也，师旷之枝策也，惠子之据梧也，三子之知，几乎皆其盛者也，故载之末年。唯其好之也，以异于彼，其好之也，欲以明之。彼非所明而明之，故以坚白之昧终。而其子又以文之纶终，终身无成。若是而可谓成乎？虽我无成，亦可谓成也。若是而不可谓成乎？物与我无成也。是故滑疑之耀，圣人之所图也。为是不用而寓诸庸，此之谓以明。

【参译】果真有形成与亏缺吗？果真没有形成与亏缺吗？事物有了形成与亏缺，所以昭文才能够弹琴奏乐。没有形成和亏缺，昭文就不能够弹琴奏乐。昭文善于弹琴，师旷精于乐律，惠施乐于靠着梧桐树高谈阔论，这三位先生的才智可说是登峰造极了！他们都享有盛誉，所以他们的事迹得到记载并流传下来。他们都爱好自己的学问与技艺，因而跟别人大不一样；正因为爱好自己的学问与技艺，所以总希望能够表现出来。他们将那些不该彰明的东西彰明于世，因而最终以石之色白与质坚均独立于石头的迷昧而告终；昭文的儿子也继承其父亲的事业，终生没有什么作为。像这样就可以称作成功吗？那即使是我虽无成就也可说是成功的了。像这样便不可以称作成功吗？外界事物和我本身都没有成功。因此，各种迷乱人心的巧说辩言的炫耀，都是圣哲之人所鄙夷、摒弃的。所以说，不用聪明智巧而都寄寓于事物的自然本性之中，这才是用事物的自然本性来观察而求得对事物真实的理解。

五

今且有言于此，不知其与是类乎？其与是不类乎？类与不类，相与为类，则与彼无以异矣。虽然，请尝言之：有始也者，有未始有始也者，有未始有夫未始有始也者；有有也者，有无也者，有未始有无也者，有未始有夫未始有无也者。俄而有无矣，而未知有无之果孰有孰无也。今我则已有谓矣，而未知吾所谓之其果有谓乎？其果无谓乎？

【参译】现在暂且在这里说一番，不知道这些话跟其他人的谈论是相同的还是不相同的呢？相同的言论与不相同的言论，既然都是言论，从这一意义上说，不管其内容如何也就是同类的了。虽然这样，还是请让我试着把这一问题说一说。宇宙万物有它的开始，同样有它未曾开始的开始，还有它未曾开始的未曾开始的开始。宇宙之初有过这样那样的有，但也有无，还有未曾有过的无，同样也有个未曾有过的未曾有过的无。突然间生出了有和无，却不知道有与无中谁是真正的有、谁是真正的无。现在我已经说了这些言论和看法，但却不知道我说的言论和看法是我果真说过的言论和看法，还是果真没有说过的言论和看法呢？

天下莫大于秋毫之末，而太山为小；莫寿乎殇子，而彭祖为夭。天地与我并生，而万物与我为一。既已为一矣，且得有言乎？既已谓之一矣，且得无言乎？一与言为二，二与一为三。自此以往，巧历不能得，而况其凡乎？故自无适有，以至于三，而况自有适有乎？无适焉，因是已。

【参译】天下没有什么比秋天毫毛的末端更大的，而泰山算是小的；世上没有什么人比夭折的孩子更长寿的，而传说中年寿最长的彭祖却算是短命的。天地与我共生，万物与我为一体。既然已经浑然为一体，还有什么议论和看法？既然已经称作一体，又没有什么议论和看法？客观存在的所谓一体加上我主观的议论或看法就成了"二"，"二"如果再加上"一"本身就成了"三"，以此类推，最精明的计算也不可能求得最后的数字，何况大家都是凡夫俗子呢？所以，从无到有乃至推到三，又何况从有推演到有呢？没有必要这样推演下去，还是顺应事物的自然本然吧。

夫道未始有封，言未始有常，为是而有畛也。请言其畛：有左有右，有伦有义，有分有辩，有竞有争，此之谓八德。六合之外，圣人存而不论；六合之内，圣人论而不议；春秋经世先王之志，圣人议而不辩。

【参译】所谓道从不曾有过界线，言论也不曾有过定准，只因为各自认为只有自己的观点和看法才是正确的，这才有了这样那样的界线和区别。请让我谈谈那些界线和区别：有左有右，有序列有分别，有分解有辩驳，有竞比有相争，这就是所谓八类。对于天地四方之外的事，圣人总是存而不论；对于天地四方（世俗）之内的事，圣人虽然细加研究，却不随意评说。至于古代历史上善于治理社会的前代君王的记载，圣人虽然有所评说却不争辩是非。

故分也者，有不分也；辩也者，有不辩也。曰：何也？圣人怀之，众人辩之以相示也。故曰：辩也者，有不见也。夫大道不称，大辩不言，大仁不仁，大廉不嗛，大勇不忮。道昭而不道，言辩而不及，仁常而不成，廉清而不信，勇忮而不成。五者圆而几向方矣！

【参译】因此，有分别，就有不能分别；有争辩，就有不能争辩。有人会说，这是为什么呢？圣人把事物都囊括于胸、容藏于己，而一般人则争辩不休以夸耀于外。所以说，大凡要争辩，总因为有自己看不见的一面。至高无上的道不必称扬，最了不起的辩说不必言说，最具仁爱的人不必向人表示仁爱，最廉洁方正的人不必表示谦让，最勇敢的人从不伤害他人。道完全表露于外那就不算是道，逞言雄辩总有表达不到的地方，仁爱之心经常流露反而成就不了仁爱，廉洁到清白的极点反而不真实，勇敢到随处伤人反而不能成为真正勇敢的人。这五种情况就好像着意求圆，却几近成方一样！

故知止其所不知，至矣。孰知不言之辩，不道之道？若有能知，此之谓天府。注焉而不满，酌焉而不竭，而不知其所由来，此之谓葆光。

【参译】因此，懂得停止于自己所不知晓的境域，那就是绝顶的智慧。谁能真正通晓不用言语的辩驳、不用言说的道呢？假如有谁能够知道，这就是所说的自然生成的府库。无论注入多少东西，它不会满盈，无论取出多少东西，它也不会枯竭，而且不知这些东西出自哪里，这就叫作潜藏不露的大光明。

六

故昔者尧问于舜曰："我欲伐宗、脍、胥敖，南面而不释然。其故何也？"舜曰："夫三子者，犹存乎蓬艾之间。若不释然，何哉？昔者十日并出，万物皆照，而况德之进乎日者乎？"

【参译】从前，尧曾向舜问道："我想征伐宗、脍、胥敖三个小国，每当上朝理事总是心绪不宁，是什么原因呢？"舜回答说："那三个小国的国君，就像生存于蓬蒿艾草之中。您总是耿耿于怀心神不宁，为什么呢？过去十个太阳一块儿升起，万物都在阳光普照之下，何况您崇高的德行又远远超过了太阳的光亮呢？"

啮缺问乎王倪曰："子知物之所同是乎？"曰："吾恶乎知之！""子知子之所不

知邪?"曰:"吾恶乎知之!""然则物无知邪?"曰:"吾恶乎知之!虽然,尝试言之:庸讵知吾所谓知之非不知邪?庸讵知吾所谓不知之非知邪?且吾尝试问乎汝:民湿寝则腰疾偏死,鳅然乎哉?木处则惴栗恂惧,猨猴然乎哉?三者孰知正处?民食刍豢,麋鹿食荐,蝍蛆甘带,鸱鸦耆鼠,四者孰知正味?猨猵狙以为雌,麋与鹿交,鳅与鱼游。毛嫱、西施,人之所美也。鱼见之深入,鸟见之高飞,麋鹿见之决骤,四者孰知天下之正色哉?自我观之,仁义之端,是非之涂,樊然淆乱,吾恶能知其辩?"啮缺曰:"子不知利害,则至人固不知利害乎?"王倪曰:"至人神矣!大泽焚而不能热,河汉冱而不能寒,疾雷破山而不能伤,飘风振海而不能惊。若然者,乘云气,骑日月,而游乎四海之外,死生无变于己,而况利害之端乎!"

【参译】啮缺问王倪:"你知道各种事物相互间总有共同的是非标准吗?"王倪说:"我怎么知道呢!"啮缺又问:"你知道你所不知道的东西吗?"王倪回答说:"我怎么知道呢!"啮缺接着又问:"那么各种事物便都无法知道了吗?"王倪回答:"我怎么知道呢!虽然这样,我还是试着来回答你的问题。你怎么知道我所说的知道不是不知道呢?你又怎么知道我所说的不知道不是知道呢?我还是先问一问你:人睡在潮湿的地方就会腰部患病甚至半身不遂,泥鳅也会这样吗?人住在高高的树上就会心惊胆战、惶恐不安,猿猴也会这样吗?人、泥鳅、猿猴这三者究竟谁最懂得居处的标准呢?人以牲畜的肉为食物,麋鹿食草芥,蜈蚣嗜吃小蛇,猫头鹰和乌鸦则爱吃老鼠,人、麋鹿、蜈蚣、猫头鹰和乌鸦这四者究竟谁才懂得真正的美味?猿猴把猵狙当作配偶,麋喜欢与鹿交配,泥鳅则与鱼交尾。毛嫱和西施是人们称道的美人了。可是鱼儿见了她们深深潜入水底,鸟儿见了她们高高飞向天空,麋鹿见了她们撒开四蹄飞快地逃离。人、鱼、鸟和麋鹿这四者究竟谁才懂得天下真正的美色呢?以我来看,仁与义的端倪,是与非的途径,都纷杂错乱,我怎么能知晓它们之间的分别?"啮缺说:"你不了解利与害,智慧最高的至人难道也不知晓利与害吗?"王倪说:"进入物我两忘境界的至人实在是神妙不测啊!林泽焚烧不能使他感到热,黄河、汉水封冻了不能使他感到冷,迅疾的雷霆劈山破岩不能伤害他,狂风翻江倒海不能使他感到震惊。假如这样,便可驾驭云气,骑乘日月,在四海之外遨游,对于死和生他都无动于心,何况利与害之类的微不足道的东西呢!"

七

瞿鹊子问乎长梧子曰:"吾闻诸夫子:'圣人不从事于务,不就利,不违害,不喜求,不缘道;无谓有谓,有谓无谓,而游乎尘垢之外。'夫子以为孟浪之言,而我以为妙道之行也。吾子以为奚若?"

【参译】瞿鹊子向长梧子问道:"我从孔夫子那里听到这样的谈论:'圣人不从事琐细的事务,不追逐私利,不回避灾害,不喜好贪求,不因循成规;没说些什么又好像说了些什么,说了些什么又好像什么也没有说,因而遨游于世俗之外。'孔夫子认为这些都是轻率不当的言论,而我却认为这些是精妙之道的实践和体现。先生您怎么认为的呢?"

长梧子曰:"是黄帝之所听荧也,而丘也何足以知之!且汝亦大早计,见卵而求时夜,见弹而求鸮炙。予尝为汝妄言之,汝以妄听之。奚旁日月,挟宇宙,为其脗合,置其滑涽,以隶相尊?众人役役,圣人愚芚,参万岁而一成纯。万物尽然,而以是相蕴。"

【参译】长梧子说:"对于这些话,黄帝也会疑惑不解的,而孔丘怎么能够知晓呢!而且你也谋虑得太早,就好像见到鸡蛋便想立即得到报晓的公鸡,见到弹子便想立即获取烤熟的斑鸠肉。我姑且给你随便说一说,你也就随便听一听。为何不依傍日月,怀藏宇宙,与万物吻合为一体,置各种混乱纷争于不顾,把卑贱与尊贵都等同起来?人们总是一心忙于去争辩是非,圣人却好像十分愚昧无所觉察,糅合古往今来多少变异、沉浮,自身却浑然一体不为纷杂错异所困扰。万物全都是这样,而且因为这个相互包容于浑朴而又精纯的境界。"

"予恶乎知说生之非惑邪?予恶乎知恶死之非弱丧而不知归者邪?丽之姬,艾封人之子也。晋国之始得之也,涕泣沾襟。及其至于王所,与王同筐床,食刍豢,而后悔其泣也。予恶乎知夫死者不悔其始之蕲生乎?"

【参译】长梧子接着说:"我怎么知道贪恋活在世上不是困惑呢?我又怎么知道厌恶死亡不是年幼时流落他乡而老大时还不知回家呢?丽姬是艾地封疆守土之人的女儿,晋国征伐丽戎时俘获了她,她当时哭得泪水浸透了衣襟;等她到晋国进入王宫,跟晋侯同睡一床而宠为夫人,吃着美味珍馐,也就后悔当初不该那么伤心地哭泣了。我又怎么知道那些死去的人不会后悔当初的求生呢？"

"梦饮酒者，旦而哭泣；梦哭泣者，旦而田猎。方其梦也，不知其梦也。梦之中又占其梦焉，觉而后知其梦也。且有大觉而后知此其大梦也。而愚者自以为觉，窃窃然知之。君乎，牧乎，固哉！丘也与汝，皆梦也，予谓汝梦，亦梦也。是其言也，其名为吊诡。万世之后而一遇大圣，知其解者，是旦暮遇之也。"

【参译】"睡梦里饮酒作乐的人，天亮醒来后很可能痛哭悲泣；睡梦中痛哭悲泣的人，天亮醒来后又可能欢快地逐围打猎。当他在做梦的时候，他并不知道自己是在做梦。睡梦中还会卜问所做之梦的吉凶，醒来以后方知是在做梦。人在最为觉醒的时候方才知道他自身也是一场大梦，而愚昧的人则自以为清醒，好像什么都知晓、什么都明了。什么君主啊，什么统治啊，这些看法实在是浅薄鄙陋呀！孔丘和你都是在做梦，我说你们在做梦，其实我也在做梦。上面讲的这番话，可以叫作奇特怪异的悖论。万世之后假若一朝遇上一位最有智慧的大圣人，能解释上述一番话背后的道理，这恐怕也是偶尔遇上的吧！"

八

"既使我与若辩矣，若胜我，我不若胜，若果是也？我果非也邪？我胜若，若不吾胜，我果是也？而果非也邪？其或是也？其或非也邪？其俱是也？其俱非也邪？我与若不能相知也，则人固受黮暗，吾谁使正之？使同乎若者正之，既与若同矣，恶能正之？使同乎我者正之，既同乎我矣，恶能正之？使异乎我与若者正之，既异乎我与若矣，恶能正之？使同乎我与若者正之，既同乎我与若矣，恶能正之？然则我与若与人俱不能相知也，而待彼也邪？"

【参译】长梧子又说："倘使我和你展开辩论，你胜了我，我没有胜你，那么，你果真对，我果真错吗？我胜了你，你没有胜我，我果真对，你果真错吗？难道我们两人有谁是正确的，有谁是不正确的吗？难道我们两人都是正确的，或都是不正确的吗？我和你都无从知道，而世人原本也都承受着蒙昧与晦暗，我们又能让谁做出正确的裁定？让观点跟你相同的人来裁定吗？既然看法跟你相同，怎么能做出公正的评判！让观点跟我相同的人来裁定吗？既然看法跟我相同，怎么能做出公正的评判！让观点不同于我和你的人来裁定吗？既然看法不同于我和你，怎么能做出公正的评判！让观点跟我和你都相同的人来裁定吗？既然看法跟我和你都相同，又怎么能做出公正的评判！如此，那么我和你跟大家都无从知道这一点，还指望别的什么人呢？"

"化声之相待，若其不相待，和之以天倪，因之以曼衍，所以穷年也。何谓和之以天倪？曰：是不是，然不然。是若果是也，则是之异乎不是也，亦无辩；然若果然也，则然之异乎不然也，亦无辩。忘年忘义，振于无竟，故寓诸无竟。"

【参译】"辩论中的不同言辞跟变化中的不同声音一样相互对立，就像没有相互对立一样，对此都不能做出公正的评判。用自然的分际来调和它，用无尽的变化来顺应它，还是用这样的办法来了此一生吧。什么叫调和自然的分际呢？对的也就像是不对的，正确的也就像是不正确的。对的假如真是对的，那么对的不同于不对的，这不须去争辩；正确的假如真是正确的，那么正确的不同于不正确的，这也不须去争辩。忘掉死生，忘掉是非，到达无穷无尽的境界，因此有智慧的人总把自己寄托于无穷无尽的境界。"

九

罔两问景曰："曩子行，今子止；曩子坐，今子起。何其无特操与？"景曰："吾有待而然者邪？吾所待又有待而然者邪？吾待蛇蚹蜩翼邪？恶识所以然？恶识所以不然？"

【参译】影子之外的微影问影子："先前你在走，现在又停下；以往你坐着，如今又站了起来。你怎么没有自己独立的操守呢？"影子回答说："我是有所依凭才这样的吗？我所依凭的东西又有所依凭才这样的吗？我所依凭的东西难道像蛇的蚹鳞和鸣蝉的翅膀吗？我怎么知道因为什么会是这样？我又怎么知道因为什么而不会是这样？"

昔者庄周梦为蝴蝶，栩栩然蝴蝶也。自喻适志与！不知周也。俄然觉，则蘧蘧然周也。不知周之梦为蝴蝶与？蝴蝶之梦为周与？周与蝴蝶，则必有分矣。此之谓物化。

【参译】 以前有一天，庄周梦见自己变成了蝴蝶——欣然自得地飞舞着的一只蝴蝶。他感到多么愉快和惬意啊！不知道自己原本是庄周。突然间醒来，惶惑不定之间方知原来他是庄周。不知是庄周梦中变成蝴蝶呢，还是蝴蝶梦见自己变成庄周呢？庄周与蝴蝶必定是有区别的。这就叫作物我两忘的交合变化。

庄子·齐物论

庄子·养生主

导 读

《养生主》阐释了"缘督以为经"即顺应自然法则的养生之道,集中体现了庄子的养生哲学。庄子认为,社会是复杂的,人的生命是有限的,生活在这样一个复杂的社会中,要顺应自然之道,把它作为处世的常法。不要为世俗所谓的善去追求功名,也不要为世俗所谓的恶而遭受刑罚,"以无厚入有间",在各种是非或冲突的空隙中保全活泼泼的生命,这样才能"保身""全性""养亲""尽年"。

全文分为三个部分。第一部分是养生哲学的总纲,指出养生最重要的是"缘督以为经",顺应自然之道而为;第二部分以庖丁解牛的寓言阐释如何"缘督以为经",尤其是处世都要遵循自然法则,从而避开是非和凶险的纠缠或伤害,最大程度地保全生命;第三部分说明有智慧的人不凝滞于外境、与世推移、以游其心、安时处顺、穷理尽性的养生方法,从而最大限度地实现全性保真、颐养精神、享尽天年。养生之道关键在于顺应自然,不为外物所役使。一方面以"无己"顺应自然,藏锋慎用,善于在夹缝中追求自在宽绰,避免被残酷的外境毁灭;另一方面"不失己",保全本性,提高精神境界,延续精神生命。

一

吾生也有涯,而知也无涯。以有涯随无涯,殆已。已而为知者,殆而已矣!为善无近名,为恶无近刑,缘督以为经,可以保身,可以全生,可以养亲,可以尽年。

【参译】我们的生命是有限的，需要认知和追求的对象却是无限的。用有限的生命去追随无限的认知对象，危险将要临近；危险将要临近时还要追随无限的认知对象，危险已经临身了。做了世人所谓的善事却不去贪图名声，做了世人所谓的恶事却不至于面对刑罚的处罚，遵循自然中和之道并以此作为养生的根本法则，那就可以保养生命，可以保全天性，可以颐养精神，可以享尽天年。

二

庖丁为文惠君解牛，手之所触，肩之所倚，足之所履，膝之所踦，砉然响然，奏刀騞然，莫不中音。合于《桑林》之舞，乃中《经首》之会。文惠君曰："嘻，善哉！技盖至此乎？"庖丁释刀对曰："臣之所好者道也，进乎技矣。始臣之解牛之时，所见无非全牛者；三年之后，未尝见全牛也；方今之时，臣以神遇而不以目视，官知止而神欲行。依乎天理，批大郤，导大窾，因其固然。枝经肯綮之未尝微碍，而况大軱乎！良庖岁更刀，割也；族庖月更刀，折也；今臣之刀十九年矣，所解数千牛矣，而刀刃若新发于硎。彼节者有间，而刀刃者无厚，以无厚入有间，恢恢乎其于游刃必有余地矣。是以十九年而刀刃若新发于硎。虽然，每至于族，吾见其难为，怵然为戒，视为止，行为迟，动刀甚微，謋然已解，牛不知其死也，如土委地。提刀而立，为之四顾，为之踌躇满志，善刀而藏之。"文惠君曰："善哉！吾闻庖丁之言，得养生焉。"

【参译】庖丁给梁惠王宰牛，他的手所触到的地方，肩膀所靠到的地方，脚所踩到的地方，膝盖所顶到的地方，其皮肉筋骨发出咔嚓咔嚓的声响。运刀之际的咔嚓之声，没有一处不符合音律，既符合《桑林》的舞蹈，又符合《经首》的节奏。梁惠王说："哈哈，真厉害啊！你的技巧为何能达到这种程度呢？"庖丁放下屠刀回答说："我所爱好的是道，已经远远超出了技术的层面。我开始宰牛时，所见到的都是整头的牛。过了三年之后，再看牛时，就可以看到牛体的结构部件而不是整头牛了。时至今日，我宰牛时全凭心领神会，而不需要用眼睛看。视觉的作用停止了，而心神还在运行。我顺着牛身天然的生理结构，把刀劈进筋骨相连的大缝隙，再在骨节的空隙处引刀而入，总是顺着牛体的自然结构用刀。对于牛体中经络筋骨纠结、容易碍刀的地方，我的刀都绕开走而从未碰到过，何况那些巨大的牛骨头呢！好的厨师一年换一把刀，那是他们用蛮力硬割的结果；一般的厨师一个月换一把刀，那是他们硬砍的结果。我手头这把刀都已经用了十九年了，用它宰过的牛也有几千头，可是刀刃还像刚从磨刀石上磨出来一样完好无缺。牛的骨节间有缝隙，刀刃薄得没有厚度，用没有厚度的刀刃切入有缝隙的骨节，那宽宽绰绰的地方运起刀刃来还有很多余地呢。所以，这把刀用了十九年还像刚从磨刀石上磨出来一样。即使如此，每次碰到筋骨盘结的地方，我看到它很难下手时，还是十分警惕，就会目光盯住那一点，慢慢动手，运在刀上的力气很轻、很小。最后哗啦一声，整头牛立刻解体了，这情景就像泥土落在地上一般。然后我提刀站起，环顾四周，悠然自得，心满意足，把刀擦拭干净收藏起来。"文惠君说："真妙啊！我听了庖丁的这番话，领悟到养生之道了。"

三

公文轩见右师而惊曰："是何人也？恶乎介也？天与？其人与？"曰："天也，非人也。天之生是使独也，人之貌有与也。以是知其天也，非人也。"

【参译】 公文轩看见右师，吃惊地说："这是什么人？为什么只有一只脚？这是天（自然）造成的，还是人为造成的呢？"右师说："这是天造成的，不是人为的。天让我只生有一只脚，人的形貌是天赋予的。因此可知，是天有意让我长一只脚的，不是人为造成的。"

泽雉十步一啄，百步一饮，不蕲畜乎樊中。神虽王，不善也。

【参译】 一只在沼泽岸上的野鸡十步一啄食，百步一喝水，它并不希望被蓄养在樊笼之中。被蓄养在樊笼之中，虽然看上去光鲜亮丽，可并不自由快乐啊。

老聃死，秦失吊之，三号而出。弟子曰："非夫子之友邪？"曰："然。""然则吊焉若此，可乎？"曰："然。始也吾以为其至人也，而今非也。向吾入而吊焉，有老者哭之，如哭其子；少者哭之，如哭其母。彼其所以会之，必有不蕲言而言，不蕲哭而哭者。是遁天倍情，忘其所受，古者谓之遁天之刑。适来，夫子时也；适去，夫子顺也。安时而处顺，哀乐不能入也，古者谓是帝之县解。"

【参译】老聃死了，秦失前去吊唁，号哭三声就走了。弟子问："老聃不是老师的朋友吗？"回答说："当然是的。""那么，吊丧时像这样，成体统吗？"秦失答道："是的。起初我认为他是得道之人，可是我现在并不如此看。刚才我进去吊唁时，有老年人在哭他，就像哭自己的儿子一样；有少年人在哭他，就像哭自己的母亲一样。他们之所以聚集在这里，肯定有不想说而说了的话，也有不想哭而哭了的人。这可是失去天性违背真情的，丧失自己所禀受的天性，古时候这叫作逃避自然的刑罚。当来时，先生应时而来；当去时，先生顺天而去。安于时运，顺应天然，悲哀欢乐的感情是不能进入的，古时候这叫作解除自然的刑罚。"

指穷于为薪，火传也，不知其尽也。

【参译】脂膏作为烛薪烧尽了，火焰却传续下去，永远不会熄灭。

庄子·养生主

庄子·大宗师

导　读

　　《大宗师》是一曲道的颂歌，其核心在于阐释庄子"善生善死"的生死观。那么，何谓大宗师？不是以庄子为师，而是以大道为师。庄子认为，自然和人是浑然为一的，人的生死变化都是大道使然，因而他主张清心寂神，离形去智，超越生死，顺应自然。这就是以大道为师。

　　全文可分为十个部分。第一部分由知与生的关系入手，阐明天人合一的天人关系，讲"真人"（悟道之人）能做到以天合天、天人不分，因而能做到"无人""无我"。真人的境界就是大道的形象化。第二部分从死生有命开始，阐释人生真相，提出"善生善死"的生死哲学的总纲领，即"夫大块载我以形，劳我以生，佚我以老，息我以死。故善吾生者，乃所以善吾死也"。这是全文论述的主旨所在。第三部分由"善生善死"的总纲领进而转为述说作为生命之本源的大道，只有真人才能体察大道，而大道是"无为无形"而又永存的，因而体察大道就必须"无我"。第四部分借助女偊之口讨论闻道、体道、悟道的基本条件、步骤和方法。

　　第五部分阐明人的死生存亡实为一体，无法逃避，因而应当善于"安时而处顺"。第六部分借助临尸而歌的寓言进一步讨论人的死和生，指出死和生都是元气的变化，是自然而然的法则，因而应"相忘以生，无所终穷"，只有这样，精神才会超然物外。第七部分阐明人的形体有变化而人的精神却不会死，安于自然、忘却死亡，便可进入大道的境界而与自然合成一体。第八部分通过批判儒家的仁义与是非观念，指出儒家的一些社会观念是对人的精神的严重摧残。第九部分进一步提出"坐忘"的修养方法，阐明唯有通过"离形去智，同于大通"才能进入悟道的境界。第十部分作为结语，进一步点明了天与人、命与力之间的奇妙关系。由此，形成一个完整的善生善死的生死哲学系统。

一

知天之所为，知人之所为者，至矣。知天之所为者，天而生也；知人之所为者，以其知之所知以养其知之所不知，终其天年而不中道夭者，是知之盛也。虽然，有患：夫知有所待而后当，其所待者特未定也。庸讵知吾所谓天之非人乎？所谓人之非天乎？

【参译】通晓自然运化之道，并且了解人的作为，就达到了认识及智慧的极致。通晓自然运化之道，是顺应自然而生活；明白人的行为，是用其智慧所能明白的道理，去生发培养其智慧所不能知道的，达到享尽天年而不夭折，这就是认识及智慧的最高境界了。虽然这样，其中还存在隐忧：智慧的形成必须依赖一定的条件，而这些条件是不断变化的、不确定的。何以知道我所说的出于自然不是人为呢？何以知道我所说的人为不是出于自然呢？

且有真人而后有真知。何谓真人？古之真人，不逆寡，不雄成，不谟士。若然者，过而弗悔，当而不自得也。若然者，登高不栗，入水不濡，入火不热，是知之能登假于道者也若此。

【参译】况且，先有"真人"，然后才有真知。什么叫作"真人"呢？古时候的真人，不以少为不好，不以雄踞他人之上为成功，也不谋划事务。像这样的人，错过时机不后悔，赶上时机也不得意。像这样的人，登上高处不颤栗，下到水里不会沾湿，进入火中不会灼热。只有智慧通达大道境界的人，方才能像这样。

古之真人，其寝不梦，其觉无忧，其食不甘，其息深深。真人之息以踵，众人之息以喉。屈服者，其嗌言若哇。其耆欲深者，其天机浅。

【参译】古时候的真人，睡觉时不做梦，醒来时不忧虑，吃东西时不求甘美，呼吸时气息深沉。呼吸时，真人凭借的是着地的脚跟（直达涌泉穴），而一般人则靠喉咙。屈服于人时，一般人喉中吞吐言语就像在哇哇地呕吐。那些嗜好或欲望太深的人，他们天生的智慧也就很浅薄。

古之真人，不知说生，不知恶死。其出不欣，其入不距。翛然而往，翛然而来而已矣。不忘其所始，不求其所终。受而喜之，忘而复之。是之谓不以心损道，不以人助天，是之谓真人。若然者，其心志，其容寂，其颡頯。凄然似秋，煖然似春，喜怒通四时，与物有宜而莫知其极。

【参译】古时候的真人，不懂得喜悦于生存，也不懂得厌恶死亡。出生时不欣喜，入死时不推辞。无拘无束地走，自由自在地又来罢了。不忘记自己从哪儿来，也不追求自己往哪儿去。承受什么际遇都欢欢喜喜，忘掉死生像是回到了自己的本然状态。这就叫作不用心智损害大道，也不用人为的因素帮助自然，这就叫作真人。像这样的人，他的内心忘掉了周围的一切，他的容颜淡漠安闲，他的面额质朴端严。他冷肃得像秋天，温暖得像春天，高兴或愤怒时跟四时更替一样自然无饰，和外界事物合宜相称而没人能探测到他精神世界的辽远与博大。

古之真人，其状义而不朋，若不足而不承；与乎其觚而不坚也，张乎其虚而不华也；邴邴乎其似喜也，崔崔乎其不得已也；滀乎进我色也，与乎止我德也；广乎其似世也，謷乎其未可制也；连乎其似好闭也，悗乎忘其言也。故其好之也一，其弗好之也一。其一也一，其不一也一。其一与天为徒，其不一与人为徒，天与人不相胜也，是之谓真人。

【参译】古时候的真人，神情随物所宜而不偏不倚，好像不足却又无所承受；态度安闲自然、特立超群而不执着顽固，襟怀宽阔虚空而不浮华；怡然欣喜像是格外高兴，一举一动又像是出自不得已；容颜和悦，令人喜欢接近，与人交往中德性宽和，让人乐于归依；气度博大，像是宽广的世界；高放自得从不受什么限制；茫邈深远好像喜欢封闭自己，心不在焉的样子又好像忘记了要说的话。所以，人们喜好的是浑然为一的，人们不喜好的也是浑然为一的。那些同一的东西是浑一的，那些不同一的东西也是浑一的。那些同一的东西跟自然同类，那些不同一的东西跟人同类。自然与人不能相互对立，具有这种认知和智慧的人就叫作真人。

二

死生，命也；其有夜旦之常，天也。人之有所不得与，皆物之情也。彼特以天为父，而身犹爱之，而况其卓乎？人特以有君为愈乎己，而身犹死之，而况其真乎？

【参译】生死，是天命的必然过程；它好像昼夜运行不息，符合自然的法则。人是无法干预的，这都符合事物变化的情理。人皆以天（自然）为生父，而且爱戴它，何况对于独立超绝的大道呢？世人认为国君的才智、地位超过自己，应为其效忠和牺牲，何况对待独立超绝的大道呢？

泉涸，鱼相与处于陆，相呴以湿，相濡以沫，不如相忘于江湖。与其誉尧而非桀也，不如两忘而化其道。

【参译】泉水枯竭了，鱼儿们相互拥挤暴露在陆地上，用呼吸的湿气相互滋润，用唾沫相互沾湿，还不如彼此相忘在江湖里。与其赞美唐尧而指责夏桀，不如把他们都忘掉而与道化而为一。

夫大块载我以形，劳我以生，佚我以老，息我以死。故善吾生者，乃所以善吾死也。夫藏舟于壑，藏山于泽，谓之固矣。然而夜半有力者负之而走，昧者不知也。藏小大有宜，犹有所遁。若夫藏天下于天下而不得所遁，是恒物之大情也。故圣人将游于物之所不得遁而皆存。善夭善老，善始善终，人犹效之，又况万物之所系，而一化之所待乎？

【参译】大道把我的形体托载（让我出生），用生存使我劳苦劳顿，用衰老使我闲适安逸，用死亡使我永远安息。所以，安善我的生的，也因此可以安善我的死。将船儿藏在大山里，将大山藏在深水里，可以说是十分牢靠了。然而，半夜里有个大力士把它们连同山谷和河泽一块儿背跑了，睡梦中的人们还一点儿也不知道。将小东西藏在大东西里是适宜的，不过还是会丢失。假如把天下藏在天下里就不会丢失，这是事物固有的真实之情。所以，悟道的人将生活在各种事物都不会丢失的环境里，与万物共存亡。以少为善，以老为善，以始为善，以终为善，对此，人们尚且加以效法，何况那万物所维系、各种变化所依托的大道呢？

三

夫道，有情有信，无为无形；可传而不可受，可得而不可见；自本自根，未有天地，自古以固存；神鬼神帝，生天生地。在太极之上而不为高，在六极之下而不为深，先天地生而不为久，长于上古而不为老。豨韦氏得之，以挈天地；伏戏氏得之，以袭气母；维斗得之，终古不忒；日月得之，终古不息；勘坏得之，以袭昆仑；冯夷得之，以游大川；肩吾得之，以处大山；黄帝得之，以登云天；颛顼得之，以处玄宫；禺强得之，立乎北极；西王母得之，坐乎少广，莫知其始，莫知其终；彭祖得之，上及有虞，下及五伯；傅说得之，以相武丁，奄有天下，乘东维，骑箕尾而比于列星。

【参译】道是真实而又确凿可信的，然而它又是无为和无形的；道可以心传却不可以口授，可以领悟却不可以面见；道自身就是本和根，在还未出现天地的远古时代"道"就已经存在；它能使鬼帝灵验，产生天地；它在太极之上却并不算高，它在六极之下却并不算深，它先于天地存在还不算久，它长于上古还不算老。豨韦氏得到它，用来统驭天地；伏羲氏得到它，用来调和元气；北斗星得到它，永不改变方位；太阳和月亮得到它，永不停息地运行；堪坏得到它，用来入主昆仑山；冯夷得到它，用来巡游大江大河；肩吾得到它，用来驻守泰山；黄帝得到它，用来登上云天；颛顼得到它，用来居住玄宫；禺强得到它，用来立足北极；西王母得到它，用来坐镇少广山，没有人知道它的开始，也没有人知道它的终结；彭祖得到它，从远古的虞舜时代一直活到五霸时代；傅说得到它，用来辅佐武丁，统辖整个天下，乘驾东维星，骑坐箕宿和尾宿，永远在星神的行列里。

四

南伯子葵问乎女偊曰："子之年长矣，而色若孺子，何也？"曰："吾闻道矣。"南伯子葵曰："道可得学邪？"曰："恶！恶可！子非其人也。夫卜梁倚有圣人之才而无圣人之道，我有圣人之道而无圣人之才。吾欲以教之，庶几其果为圣人乎？

不然，以圣人之道告圣人之才，亦易矣。吾犹守而告之，三日而后能外天下；已外天下矣，吾又守之，七日而后能外物；已外物矣，吾又守之，九日而后能外生；已外生矣，而后能朝彻；朝彻而后能见独；见独而后能无古今；无古今而后能入于不死不生。杀生者不死，生生者不生。其为物，无不将也，无不迎也，无不毁也，无不成也。其名为撄宁。撄宁也者，撄而后成者也。"

【参译】南伯子葵问女偊说："您年岁这样大，而容颜却像童子，这是为什么呢？"女偊回答道："我悟道了。"南伯子葵说："道可以学习吗？"女偊说："唉！怎么可以学呢！你不是能学道的人。卜梁倚有圣人的天赋却没有圣人虚无散淡的心境，我有圣人虚无散淡的心境却没有圣人的天赋。我想用虚无散淡来教诲他，差不多他果真能够成为圣人吧？道不易学，而用圣人之道，去传授圣人之才，就容易了。我还是有保留地把大道传授给他，三日之后他就能遗忘天下；他既已遗忘天下，我又有保留地把大道传授给他，七日之后他就能遗忘万物；他既已遗忘万物，我又有保留地把大道传授给他，九日之后他就能遗忘自身；他既已遗忘自身，而后便就能彻悟；他能彻悟，而后就能体悟大道；他能体悟大道，而后就能超越古今的时空界限；他能超越古今，而后就能达到无生无死的最高境界。杀死生者未曾死，创生生者未曾生。大道作为万物之宗，无所不送，无所不迎，无所不毁，无所不成。这就叫作'撄宁'。所谓撄宁，就是说虽置身纷纭喧嚣、扰动互触之地却不受干扰，如此才能修炼到虚寂宁静的境界。"

南伯子葵曰："子独恶乎闻之？"曰："闻诸副墨之子，副墨之子闻诸洛诵之孙，洛诵之孙闻之瞻明，瞻明闻之聂许，聂许闻之需役，需役闻之于讴，于讴闻之玄冥，玄冥闻之参寥，参寥闻之疑始。"

【参译】南伯子葵又问："您自己是怎么悟道的呢？"女偊回答说："我从副墨（文字）的儿子那里听到的，副墨的儿子从洛诵（记诵）的孙子那里听到的，洛诵的孙子从瞻明（目视明晰）那里听到的，瞻明从聂许（附耳私语）那里听到的，聂许从需役（勤行不息）那里听到的，需役从于讴（吟咏领会）那里听到的，于讴从玄冥（深远虚寂）那里听到的，玄冥从参寥（高旷寥远）那里听到的，参寥从疑始（迷惘而浑沌）那里听到的。"

五

子祀、子舆、子犁、子来四人相与语曰:"孰能以无为首,以生为脊,以死为尻;孰知死生存亡之一体者,吾与之友矣。"四人相视而笑,莫逆于心,遂相与为友。

【参译】子祀、子舆、子犁、子来四个人在一块交谈:"谁能够把无当作头,把生当作脊柱,把死当作尻尾,谁能够通晓生死存亡浑然一体的道理,我们就可以跟他交朋友。"四个人都会心地相视而笑,心心相契,于是相互成为朋友。

俄而子舆有病,子祀往问之。曰:"伟哉,夫造物者将以予为此拘拘也。"曲偻发背,上有五管,颐隐于齐,肩高于顶,句赘指天,阴阳之气有沴,其心闲而无事,跰𨅖而鉴于井,曰:"嗟乎!夫造物者又将以予为此拘拘也。"子祀曰:"汝恶之乎?"曰:"亡,予何恶!浸假而化予之左臂以为鸡,予因以求时夜;浸假而化予之右臂以为弹,予因以求鸮炙;浸假而化予之尻以为轮,以神为马,予因以乘之,岂更驾哉?且夫得者,时也;失者,顺也。安时而处顺,哀乐不能入也,此古之所谓县解也。而不能自解者,物有结之。且夫物不胜天久矣,吾又何恶焉!"

【参译】不久子舆生了重病,子祀前去探望他。子舆说:"伟大啊,造物者把我变成如此弯曲不伸的样子!"他腰弯背驼,五官朝上,下巴隐藏在肚脐之下,肩部高过头顶,弯曲的颈椎如赘瘤朝天隆起,阴阳二气不和酿成如此大病,可是他却气定神闲,好像没有生病似的,蹒跚地来到井边从井水中照自己,说:"哎呀,造物者竟把我变成如此弯曲不伸的样子!"子祀说:"你讨厌这弯曲不伸的样子吗?"子舆回答:"没有,我怎么会讨厌这副样子!假使造物者把我的左臂变成公鸡,我便用它来报晓;假使造物者把我的右臂变成弹弓,我便用它来打斑鸠烤熟了吃;假使造物者把我的屁股变成车轮,把我的精神变成骏马,我就用来乘坐,难道还要更换别的车马吗?至于生命的获得,是因为适时;生命的丧失,是因为顺应;安于适时而处之顺应,悲哀和欢乐都不会侵入心。这就是古人所说的解脱了倒悬之苦。然而不能自我解脱的原因,则是外物外境的束缚。况且事物的变化不能超越自然已经很久很久,我又怎么能厌恶自己现在的变化呢?"

俄而子来有病,喘喘然将死。其妻子环而泣之。子犁往问之,曰:"叱!避!

无怛化！"倚其户与之语曰："伟哉造化！又将奚以汝为？将奚以汝适？以汝为鼠肝乎？以汝为虫臂乎？"子来曰："父母于子，东西南北，唯命之从。阴阳于人，不翅于父母。彼近吾死而我不听，我则悍矣，彼何罪焉？夫大块载我以形，劳我以生，佚我以老，息我以死。故善吾生者，乃所以善吾死也。今之大冶铸金，金踊跃曰：'我且必为镆铘！'大冶必以为不祥之金。今一犯人之形而曰：'人耳！人耳！'夫造化者必以为不祥之人。特犯人之形而犹喜之。若人之形者，万化而未始有极也，其为乐可胜计邪？今一以天地为大炉，以造化为大冶，恶乎往而不可哉？"成然寐，蘧然觉。

【参译】不久，子来也得了绝症，气息奄奄将要死去，他的妻子儿女围在床前哭泣。子犁前往探望，说："嘿，走开！不要惊扰他由生而死的变化！"子犁靠着门跟子来说话："伟大啊，造物者！又将把你变成什么，把你送到何方？把你变化成老鼠的肝脏吗？把你变化成虫蚁的臂膀吗？"子来说："父母对于子女，无论东西南北，子女都只能听从父母吩咐调遣。自然的变化对于人，则不啻于父母；它要我走向死亡而我却不听从，那么我就太蛮横了，而它有什么过错呢？大道把我的形体托载（让我出生），用生存使我劳苦劳顿，用衰老使我闲适安逸，用死亡使我永远安息。所以，安善我的生的，也因此可以安善我的死。现在如果有一个高超的冶炼工匠铸造金属器皿，金属熔解后跃起说'我必将成为镆铘宝剑！'冶炼工匠必定认为这是不吉祥的金属。如今人一旦承受了人的外形，便说：'我成为人了！成为人了！'造物者必定认为这是不吉祥的人。人们只要承受了人的形体便十分欣喜，至于像人的形体的情况，在万千变化中从未穷尽，那快乐之情难道还能够加以计算吗？如今把整个浑一的天地当作大熔炉，把造物者（大道）当作高超的冶炼工匠，用什么方法来调遣我不可以呢？"于是，子来安闲熟睡似地离开人世，又好像觉醒过来而回到人间。

六

子桑户、孟子反、子琴张三人相与友曰："孰能相与于无相与，相为于无相为？孰能登天游雾，挠挑无极，相忘以生，无所终穷?"三人相视而笑，莫逆于心，遂相与为友。

【参译】子桑户、孟子反、子琴张三人相互结交为朋友，说："谁能在无心中交往，在无相中相助呢？谁能登天绝尘，徘徊于太虚，相忘有生之年，与道同游于无穷之境呢？"他们都会心地相视而笑，彼此心意相通，无所违背。于是，他们三个就相互结交为朋友。

莫然有间，而子桑户死，未葬。孔子闻之，使子贡往侍事焉。或编曲，或鼓琴，相和而歌曰："嗟来桑户乎！嗟来桑户乎！而已反其真，而我犹为人猗！"子贡趋而进曰："敢问临尸而歌，礼乎？"二人相视而笑曰："是恶知礼意？"子贡反，以告孔子曰："彼何人者邪？修行无有，而外其形骸，临尸而歌，颜色不变，无以命之。彼何人者邪？"孔子曰："彼游方之外者也，而丘游方之内者也。外内不相及，而丘使汝往吊之，丘则陋矣！彼方且与造物者为人，而游乎天地之一气。彼以生为附赘县疣，以死为决疣溃痈。夫若然者，又恶知死生先后之所在？假于异物，托于同体；忘其肝胆，遗其耳目；反复终始，不知端倪；芒然彷徨乎尘垢之外，逍遥乎无为之业。彼又恶能愦愦然为世俗之礼，以观众人之耳目哉？"

【参译】他们相交往不久，子桑户死了，尚未埋葬。孔子听到子桑户死去的噩耗，便派子贡前去吊唁和帮助治丧。子琴张和孟子反却一个编撰词曲，一个弹琴，相互应和歌唱："哎呀，桑户啊！哎呀，桑户啊！你已经复归大道，我们尚且为人啊！"子贡快步走到他们跟前说："请问对着死者的尸体唱歌，合乎礼仪吗？"子琴张和孟子反相视而笑道："你们这种人哪里会懂礼的真正意义呢？"子贡回去，把所见所闻一一告诉孔子，说："他们都是何等人呢！他们没有德行修养，而把形骸置之度外，对着尸体歌唱，全无哀戚之色，不知称他们为何等人。他们究竟是什么样的人呢？"孔子说："他们都是超脱凡俗、逍遥于世外的人，我孔丘只是生活在礼仪法度里，世外之人和世内之人分属不同层次。我派你去吊唁子桑户，看来我是何等鄙陋啊！他们正在与造物者结为旅伴，而与大道浑然一体。他们把人的生命看作附生在人身上的多余的瘤，把人的死亡看作皮肤上的脓疮溃破。像他们这样的人，哪里知道生死的差别？假借不同物体，共成一身；忘掉身上的肝胆，忘掉头上的耳目；从生到死，循环往复，不见头绪；茫然无所挂牵地逍遥于世外，彷徨于空寂无为之荒野。他们又怎么能去表演烦琐的世俗礼仪，让众人听闻和观看呢？"

子贡曰："然则夫子何方之依？"孔子曰："丘，天之戮民也。虽然，吾与汝共之。"子贡曰："敢问其方？"孔子曰："鱼相造乎水，人相造乎道。相造乎水者，穿池而养给；相造乎道者，无事而生定。故曰：鱼相忘乎江湖，人相忘乎道术。"子贡曰："敢问畸人？"曰："畸人者，畸于人而侔于天。故曰：天之小人，人之君子；天之君子，人之小人也。"

【参译】子贡接着问："那么，先生将依从方外还是依从方内呢？"孔子说："我孔丘，是上天施给刑罚的人。虽然我未能超脱，还是愿意与你共同追求游于方外之道。"子贡说："请问用什么方法呢？"孔子说："鱼相生于水，人相生于道。相生于水的鱼，掘地成池而供养丰足；相生于道的人，自然无为而心性安定。所以说：鱼相忘在江湖中，人相忘在大道里。"子贡说："请问什么叫不同于世俗的方外之人？"孔子说："不同于世俗的方外之人，不同于世人却与宇宙法则相合。所以说：宇宙的小人，却是人世间的君子；宇宙的君子，却是人世间的小人。"

七

颜回问仲尼曰："孟孙才，其母死，哭泣无涕，中心不戚，居丧不哀。无是三者，以善处丧盖鲁国，固有无其实而得其名者乎？回壹怪之。"仲尼曰："夫孟孙氏尽之矣，进于知矣，唯简之而不得，夫已有所简矣。孟孙氏不知所以生，不知所以死；不知孰先，不知孰后。若化为物，以待其所不知之化已乎。且方将化，恶知不化哉？方将不化，恶知已化哉？吾特与汝，其梦未始觉者邪！且彼有骇形而无损心，有旦宅而无耗精。孟孙氏特觉，人哭亦哭，是自其所以乃。且也相与吾之耳矣，庸讵知吾所谓吾之乎？且汝梦为鸟而厉乎天，梦为鱼而没于渊。不识今之言者，其觉者乎？其梦者乎？造适不及笑，献笑不及排，安排而去化，乃入于寥天一。"

【参译】 颜回请教孔子说:"孟孙才这个人,他的母亲死了,哭泣时没有一滴眼泪,心中不觉悲伤,处理丧事时也不哀痛。这三个方面没有体现任何悲哀,可是却因善于处理丧事而名扬鲁国。难道真会有无其实而有其名的情况吗?我颜回实在觉得奇怪。"孔子说:"孟孙才处理丧事的做法确实是尽善尽美,大大超过了懂得丧葬礼仪的人。人们总希望从简治丧却不能办到,而孟孙才已经做到从简办理丧事了。孟孙才不过问人因什么而生,也不去探寻人因什么而死;不知道生与死孰先孰后;他顺应自然的变化而成为他应该变成的物类,以观照那些自己所不知晓的变化。况且即将出现变化,怎么知道不变化呢?即将不再发生变化,又怎么知道已经有了变化呢?只有我和你呀,才是做梦而没有一点儿觉醒的人呢!那些死去的人的形骸彻底改变了却无损于他们的精神,犹如精神的寓所朝夕改变却并不是精神的死亡。唯独孟孙才彻悟和觉醒,人们哭泣他也跟着哭泣,这就是他如此处理丧事的原因。况且,人们交往总借助形骸而称述自我,又怎么知道我所称述的躯体一定就是我呢?而且你梦中变成鸟便振翅直飞蓝天,你梦中变成鱼便摇尾潜入深渊。不知道今天我们说话的人,算是醒悟的人,还是做梦的人呢?心境快适却来不及笑出声音,表露快意、发出笑声却来不及安排和消泄,安于自然的推移而且忘却死亡的变化,于是就进入寂寥虚空的自然而浑然成为一体了。"

八

意而子见许由,许由曰:"尧何以资汝?"意而子曰:"尧谓我:汝必躬服仁义而明言是非。"许由曰:"而奚来为轵?夫尧既已黥汝以仁义,而劓汝以是非矣。汝将何以游夫遥荡、恣睢、转徙之涂乎?"

【参译】 意而子拜访许由。许由说:"尧把什么东西给予了你?"意而子说:"尧对我说:'你一定得亲身实践仁义并明白无误地阐明是非。'"许由说:"你怎么还要来我这里呢?尧已经用'仁义'在你的额上刻下了印记,又用'是非'割下了你的鼻子。你将凭借什么游于逍遥自在、放荡不拘、辗转变化的境界呢?"

意而子曰:"虽然,吾愿游于其藩。"许由曰:"不然。夫瞽者无以与乎眉目颜色之好，盲者无以与乎青黄黼黻之观。"意而子曰："夫无庄之失其美，据梁之失其力，黄帝之亡其知，皆在炉捶之间耳。庸讵知夫造物者之不息我黥而补我劓，使我乘成以随先生邪？"许由曰："噫！未可知也。我为汝言其大略：吾师乎！吾师乎！齑万物而不为义，泽及万世而不为仁，长于上古而不为老，覆载天地、刻雕众形而不为巧。此所游已！"

【参译】意而子说："虽然这样，我还是希望能游处于如此的境界。"许由说："不对。有眼无珠的盲人，没法跟他观赏姣好的眉目和容颜，色盲的人，没法跟他赏鉴礼服上各种不同颜色的花纹。"意而子说："美女无庄不再打扮，忘掉了自己的美丽，大力士据梁不再逞强，忘掉了自己的勇力，黄帝闻道之后，忘掉了自己的智慧，他们都是因为经过了道的冶炼和锻打。怎么知道那造物者（大道）不会养息我受黥刑的伤痕和补全我被劓刑所残缺的鼻子，使我得以保全托载精神的身躯而跟随先生呢？"许由说："唉！这是不可能知道的。我还是给你说个大概吧。大道是我伟大的老师啊！我伟大的老师啊！大道造就天地万物不是为了某种道义，把恩泽施于万世不是为了仁义，长于上古不算古老，覆天载地、雕刻众物不算技巧。如此效法大道就进入畅游于道的境界了。"

九

颜回曰："回益矣。"仲尼曰："何谓也？"曰："回忘礼乐矣。"曰："可矣，犹未也。"他日，复见，曰："回益矣。"曰："何谓也？"曰："回忘仁义矣。"曰："可矣，犹未也。"他日，复见，曰："回益矣。"曰："何谓也？"曰："回坐忘矣。"仲尼蹴然曰："何谓坐忘？"颜回曰："堕肢体，黜聪明，离形去智，同于大通，此谓坐忘。"仲尼曰："同则无好也，化则无常也。而果其贤乎！丘也请从而后也。"

【参译】颜回说："我学习有进步了。"孔子说："你的进步是指什么呢？"颜回说："我已经忘掉礼乐了。"孔子说："忘掉礼乐，有可能入道，然而还是没有进入。"过了几天，颜回又去拜见孔子，说："我又有进步了。"孔子说："你的进步又是指什么呢？"颜回说："我已经忘掉仁义了。"孔子说："忘掉仁义，有可能入道，然而还是没有进入。"过了几天，颜回又去拜见孔子，说："我又有进步了。"孔子说："你的进步又是指什么呢？"颜回说："我静坐而忘掉一切了。"孔子非常惊奇地说："什么叫作静坐而忘掉一切呢？"颜回说："遗忘形体，泯灭见闻，超越形智，与大道浑然一体，这就叫作静坐而忘掉一切。"孔子说："与大道浑然一体则无偏好，顺应大道的变化就不会执着于常理。你果真成为贤人了啊！那我孔丘也要修道而步你后尘了。"

十

子舆与子桑友。而霖雨十日，子舆曰："子桑殆病矣！"裹饭而往食之。至子桑之门，则若歌若哭，鼓琴曰："父邪母邪？天乎人乎？"有不任其声而趋举其诗焉。子舆入，曰："子之歌诗，何故若是？"曰："吾思夫使我至此极者而弗得也。父母岂欲吾贫哉？天无私覆，地无私载，天地岂私贫我哉？求其为之者而不得也，然而至此极者，命也夫！"

【参译】子舆和子桑是好朋友。连绵的阴雨下了十日，子舆说："子桑恐怕已经困乏而饿倒了。"他便包着饭食前去送给子桑。来到子桑门前，就听见子桑好像在唱歌，又好像在哭泣，弹着琴唱："使我极度困乏和窘迫的原因，是父亲还是母亲呢？是天还是人呢？"声音微弱好像禁不住感情的表达，急促地吐露着歌词。子舆走进屋子说："你唱诗歌，为什么是这种调子？"子桑回答说："我在找寻我如此极度困乏和窘迫的原因，然而没有找到。父母难道会希望我贫困吗？苍天没有偏私地覆盖着整个大地，大地没有偏私地托载着所有生灵，天地难道会单单让我贫困吗？寻找使我贫困的东西，可是我没能找到，然而既然陷入如此困乏和窘迫的境地，大概还是天命啊！"

庄子·大宗师

庄子·应帝王

导 读

《应帝王》是《庄子》内篇中的最后一篇，集中表达了庄子无为而治的为政之道和"内圣外王"的领导哲学。庄子认为，整个宇宙万物是浑然一体的，无所谓分别和不同，世间的一切变化也都出于自然，人为的因素都是外在的、附加的。基于此，庄子的政治主张是，不治之治是为大治，即顺应自然法则而治。什么样的人有资格成为帝王呢？那就是能够顺应自然、顺乎民情、行不言之教的人。《应帝王》一文集中体现了道家"内圣外王"的入世思想：唯有内圣，才能外王；唯有先成为自己的帝王，才有资格成为别人的帝王；唯有先当好自己的领导，才有资格当别人的领导；唯有具备超世的境界，才有入世的资格。

全文大致可分为六个部分，其寓言寄寓了庄子无为而治的政治理想。第一部分借蒲衣子之口说出理想的为政者，听任人之所为，从不堕入物我两分的困境。第二部分借狂接舆之口，指出诸多外在规则乃是一种欺骗，为政者应重视修养内在自然之道，否则仅关注外在规则、强人所难就像"涉海凿河""使蚊负山"一样荒谬。第三部分借无名人之口，进一步倡导虚静恬淡的无为而治，即"游心于淡，合气于漠，顺物自然而无容私焉"。第四部分借老子之口提出"明王之治"，即顺应自然而"使物自喜""化贷万物"的不治之治。第五部分以神巫季咸和圣人壶子斗法的寓言，阐明修道必须"既雕既琢，复归于朴"，即只有善于"虚"而"藏"，才能合乎大道，含蓄地指出为政者须虚己而顺应自然。第六部分强调为政之道，应像镜子那样，物来则应，去者不留，"胜物"而又"不伤"；借喻浑沌遭受人为伤害失去本真而死的故事，寓指有为之治祸害无穷。《庄子》内篇以"混沌之死"为结语，可谓意味悠长、发人深思。

一

啮缺问于王倪,四问而四不知。啮缺因跃而大喜,行以告蒲衣子。蒲衣子曰:"而乃今知之乎?有虞氏不及泰氏。有虞氏其犹藏仁以要人,亦得人矣,而未始出于非人。泰氏其卧徐徐,其觉于于。一以己为马,一以己为牛。其知情信,其德甚真,而未始入于非人。"

【参译】啮缺向王倪请教,问了四次,王倪都回答"不知道"。啮缺因此高兴得跳了起来,把这事告诉蒲衣子。蒲衣子说:"现在你知道了吧,有虞氏不如泰氏。有虞氏还心怀仁义,以此要结人心,虽然也获得了人心,却未能达到超然物外的境界。而泰氏睡眠时呼吸舒缓,醒来时悠闲自在,任人把自己称为马,称为牛。他的心智真实不虚,他的品德纯真高尚,超然物外丝毫没有受到外物的牵累。"

二

肩吾见狂接舆。狂接舆曰:"日中始何以语汝?"肩吾曰:"告我:君人者以己出经式义度,人孰敢不听而化诸?"狂接舆曰:"是欺德也。其于治天下也,犹涉海凿河而使蚊虻负山也。夫圣人之治也,治外乎?正而后行,确乎能其事者而已矣。且鸟高飞以避矰弋之害,鼷鼠深穴乎神丘之下,以避熏凿之患,而曾二虫之无知!"

【参译】肩吾拜会楚国狂放之人接舆。接舆说:"往日你的老师日中始用什么来教导你?"肩吾说:"他告诉我:做国君的一定要凭借自己的意志来推行法度,人们谁敢不听从而随之变化呢?"接舆说:"这是欺诈的做法,那样治理天下,就好像徒步下海开凿河道,让蚊虫背负大山一样。圣人治理天下,难道去治理社会外在的表层吗?他们顺应本性而后感化他人,顺任人之所能罢了。鸟儿尚且懂得高飞躲避弓箭的伤害,老鼠尚且知道深藏于神坛之下的洞穴逃避熏烟凿地的祸患,而你竟然连这两种小动物本能地顺应环境也不了解!"

三

天根游于殷阳，至蓼水之上，适遭无名人而问焉，曰："请问为天下。"无名人曰："去！汝鄙人也，何问之不豫也！予方将与造物者为人，厌，则又乘夫莽眇之鸟，以出六极之外，而游无何有之乡，以处圹埌之野。汝又何帠以治天下感予之心为？"又复问，无名人曰："汝游心于淡，合气于漠，顺物自然而无容私焉，而天下治矣。"

【参译】天根在殷阳游览，走到蓼水岸边，恰巧碰见无名人，便问道："请问治理天下的办法。"无名人说："滚开！你这鄙陋的人，为何要问这些令人不快的问题！我正要和造物者结伴遨游，一旦厌烦就乘着像鸟一样轻盈清虚的气流，飞于天地四方之外，畅游于无何有之乡，歇息在广阔无边的旷野，你又为何要用治理天下的梦话来烦扰我的心呢？"天根再次追问如何治理天下，无名人不得已说："你的心神要安于淡漠，你的形气要合于虚寂，顺着万物的自然本性而不掺杂私心杂念，天下就可以大治了。"

四

阳子居见老聃，曰："有人于此，向疾强梁，物彻疏明，学道不倦，如是者，可比明王乎？"老聃曰："是於圣人也，胥易技系，劳形怵心者也。且也虎豹之文来田，猨狙之便执嫠之狗来藉。如是者，可比明王乎？"阳子居蹴然曰："敢问明王之治。"老聃曰："明王之治，功盖天下而似不自己，化贷万物而民弗恃。有莫举名，使物自喜；立乎不测，而游于无有者也。"

【参译】阳子居拜见老聃，说："倘若现在有这样一个人，他迅疾敏捷、精明强干，对事物洞察准确、了解透彻，学道时专心勤奋从不厌怠。像这样的人，可以跟圣哲之王相比而并列吗？"老聃说："这样的人在圣人看来，只不过就像精明强干的小吏供职办事时为技能所拘系、劳苦身躯担惊受怕的情况罢了。况且虎豹因毛色美丽而招来众多猎人的围捕，猕猴因跳跃敏捷、狗因捕物迅猛而招致绳索的束缚。像这样的动物，也可以拿来跟圣哲之王相比而并列吗?"阳子居听了这番话脸色顿改，惊奇地说："冒昧地请教圣哲之王治理天下的办法。"老聃说："圣哲之王治理天下，功绩普盖天下却像什么也不曾出自自己的努力，教化施及万物而百姓却不觉得有所依赖；功德无量没有什么办法称述赞美，使万事万物各居其所而欣然自得；立足高深莫测的神妙之境，而畅游在虚无浑沌的境界。"

五

郑有神巫曰季咸，知人之死生、存亡、祸福、寿夭，期以岁月旬日，若神。郑人见之，皆弃而走。列子见之而心醉，归，以告壶子，曰："始吾以夫子之道为至矣，则又有至焉者矣。"壶子曰："吾与汝既其文，未既其实。而固得道与？众雌而无雄，而又奚卵焉？而以道与世亢，必信，夫故使人得而相汝。尝试与来，以予示之。"

【参译】 郑国有一个名叫季咸的神巫，能够占卜人的生死存亡和祸福寿命，所预言的时间，哪年哪月哪日都能十分准确，可谓料事如神。郑国人见了他，因为害怕知道自己的凶日而都远远逃走或避开。列子却为他的神算所迷醉，回来后，便把此事告诉了壶子，说道："当初我还以为先生的道术最高明了，没想到还有更加高深的。"壶子说："我教给你的都是外在的东西，还没有展现道的本质，难道你就认为自己得道了吗？就像只有许多雌性的鸟而缺少雄性的鸟，怎能生出受精卵来呢？你用表面的道与世人较量，希望得到肯定，因此才让神巫窥测到你的心迹，从而要给你相面。你试着把他带来，让他给我看看相。"

明日，列子与之见壶子。出而谓列子曰："嘻！子之先生死矣！弗活矣！不以旬数矣！吾见怪焉，见湿灰焉。"列子入，泣涕沾襟以告壶子。壶子曰："乡吾示之以地文，萌乎不震不止，是殆见吾杜德机也。尝又与来。"明日，又与之见壶子。出而谓列子曰："幸矣！子之先生遇我也，有瘳矣！全然有生矣！吾见其杜权矣！"列子入，以告壶子。壶子曰："乡吾示之以天壤，名实不入，而机发于踵。是殆见吾善者机也。尝又与来。"明日，又与之见壶子。出而谓列子曰："子之先生不齐，吾无得而相焉。试齐，且复相之。"列子入，以告壶子。壶子曰："吾乡示之以太冲莫胜，是殆见吾衡气机也。鲵桓之审为渊，止水之审为渊，流水之审为渊。渊有九名，此处三焉。尝又与来。"明日，又与之见壶子。立未定，自失而走。壶子曰："追之!"列子追之不及，反，以报壶子曰："已灭矣，已失矣，吾弗及已。"壶子曰："乡吾示之以未始出吾宗。吾与之虚而委蛇，不知其谁何，因以为弟靡，因以为波流，故逃也。"

【参译】第二天，列子与季咸一起来见壶子。季咸出来后，对列子说："唉!你的老师快要死了!活不成了!不过十来天了!我见他形色怪异。犹如湿灰一样毫无生机。"列子进去，泪水汪汪沾湿了衣裳，把季咸的话告诉了壶子。壶子说："刚才我显露给他看的是大地般的寂静，茫然一片，不动不止，他大概是看到我闭塞生机的景象。你试着再请他进来看看。"第二天，列子又跟神巫季咸一起见壶子。季咸走出门来就对列子说："你的老师幸亏遇上了我，有救了!充满生机了!我看到他闭塞的生机开始活动了。"列子进去，告诉壶子。壶子说："刚才我显露给他看的是天地间的生机，名实不入于心，一线生机从脚后跟升起。他看到我这种生机了。你再请他来看看。"第二天，列子又跟神巫季咸一道拜见壶子。季咸走出门来就对列子说："你的老师心迹不定、神情恍惚，我没法给他看相。等到心迹稳定时，再来给他看相。"列子走进屋里，把季咸的话告诉给壶子。壶子说："刚才我把阴阳二气均衡而又和谐的心态显露给他看。这样恐怕看到了我内气持平、相应相称的生机。大鱼盘桓逗留的地方叫作深渊，静止的河水聚积的地方叫作深渊，流动的河水滞留的地方叫作深渊。深渊有九种称呼，我这里只展现了上面三种。你试着再跟他一块儿来看看。"第二天，列子又跟神巫季咸一道拜见壶子。季咸还未站定，就不能自持地溜了。壶子说："追上他!"列子没能追上他，回来告诉壶子，说："他已经跑得没踪影了，他跑掉了，我没能追上他。"壶子说："刚才我把我未曾显露出来的大道给他看。我给他看玄虚之象，且与他相机而变、随和应对，他分不清彼我万物，因而感觉自己变得颓靡低顺，好像水滴随波逐流一样，因此他只能逃跑了。"

然后列子自以为未始学而归。三年不出，为其妻爨，食豕如食人，于事无与亲。雕琢复朴，块然独以其形立。纷而封哉，一以是终。

【参译】从这之后，列子深深感到像从不曾拜师学道似的，回到了自己的家里。他三年不出门，帮助妻子烧火做饭，喂猪时就像侍候人一样。对于各种世事不分亲疏没有偏私，过去的雕琢和华饰已恢复到原本的质朴和纯真，像土块一样木然忘我地将形骸留在世上。他虽然面对世间的喧嚣纷扰，却能固守本真纯朴的状态，并一以贯之，终生不渝。

六

无为名尸，无为谋府，无为事任，无为知主。体尽无穷，而游无朕。尽其所受乎天，而无见得，亦虚而已。至人之用心若镜，不将不迎，应而不藏，故能胜物而不伤。

【参译】不要做名声的奴隶或工具，不要做智谋的府库，不要被繁杂的事务所牵累，不要被投机取巧所主宰。体悟无穷的大道，逍遥自在，游心于无我空寂的境域。尽享自然所赋予的天性而不表现人为的所得，这也是虚寂无为的境界。悟道的至人运用自己的心智犹如照镜子一样，物来不迎，物去不送，顺应自然天性，无所隐藏，因此，他做事时能主宰外物而不被外物所伤害。

南海之帝为儵，北海之帝为忽，中央之帝为浑沌。儵与忽时相与遇于浑沌之地，浑沌待之甚善。儵与忽谋报浑沌之德，曰："人皆有七窍以视听食息，此独无有，尝试凿之。"日凿一窍，七日而浑沌死。

【参译】南海的帝王叫作儵，北海的帝王叫作忽，中央的帝王叫作浑沌，儵和忽时常在浑沌的境内相遇，浑沌盛情接待他们。儵和忽便商量报答浑沌的深厚情谊，说："人都有七窍，用来看、听、饮食、呼吸，唯独他没有，我们试着给他凿出来。"于是每天凿出一窍，到了第七天浑沌就死了。

庄子·应帝王

后记

一本书就是一场旅行。但，本书的旅行目的地既是一切地方，又什么地方也不是。

回想我系统阅读道家经典的经历，一晃也有三十余年了。记得在中小学时代，我就曾饶有趣味地读列子的"愚公移山""两小儿辩日""邻人盗斧"等故事，庄子的"鹏程万里""庖丁解牛"等寓言，在小本本上精心摘录老子、列子、庄子的名言警句如"上善若水""自胜者强""知足常乐""游刃有余"等，有时还摇头晃脑，且懵懵懂懂地默默念叨。当然，这种启蒙，还远远算不上实质性的阅读。

从1991年新春伊始，我才结合对中国思想史和哲学史的系统学习，全面研读了《老子》《列子》《庄子》《易经》等原典，且后来形成每年至少通读一遍的惯例，逐渐找到了一些"心有戚戚"的感觉。尤其是2003年至2007年，我先后修听了郭齐勇教授的"中国哲学史"、邓晓芒和江畅教授的"哲学方法论"、朱伯崑先生的"易学哲学史"、陈鼓应先生的"道家哲学"、陈少峰教授的"道家伦理"、王博教授的"庄子哲学"、何怀宏教授的"人生哲学"等课程，以趣味主义为主导进一步系统地研读了老庄列，逐步发掘和体味着以"生"为核心的道家哲学奥秘。2010年下半年以来，我又于阴差阳错之中，先后承担了"先秦君子风范""道家人生哲学""老子列子庄子哲学"等通识课程，有机会与本科生、硕士生及博士生一起逐句逐段品读玩味列子、老子、庄子原典，真可谓乐莫大焉。

我一直以为，道家哲学作为中华文化的宝贵财富之一，长期以来处于边缘地位，很有必要在推进中华民族伟大复兴的新时代予以充分发掘、阐释和彰显。在新时代，研究、传承和弘扬道家哲学，确是改善现代人的生活品质、提升现代人的人生境界的可行之路。

对于道家哲学的研究，我主要着力于哲学义理的阐释和弘扬。在关于原典具体意义的引证层面，我一向以战战兢兢、如临深渊、如履薄冰的态度，尽可能参照最权威注本，并追踪最新出土文献的相关研究，最大限度地尊重学术界的共识性诠释，力求准确、可靠、言之凿凿。在对原典的抽象意义尤其是哲学义理的阐释层面，我则最大限度地尊重我个人的生命体验和生活反思，尽可能把自己所反复咀嚼、消化、反刍的东西充分表达出来。一个研究者，就应把学术研究和人生体验结合起来，把历史遗产当作鲜活的对象，把做学问变成自己生命的流程。而历史遗产一旦被看作鲜活的对象并与自己的人生体验相结合，也就成了活生生的精神滋养。

也就是说，本书的撰写，是以我三十余年系统研读道家哲学原典的阅读体验为蓝本，以我自己五十余年的人生阅历和人生体验为实验室，将读书、读路、读人、读社会的视界合而为一。我无意于仅仅替古人做某种虔诚的移译，也没有必要在汗牛充栋的道家译本之中再增加一两本可有可无的点缀物。也许，这是立足哲学通识教育、在经院式的训诂考据探讨之外唯一可行的选择吧。

在我看来，理解和领悟道家哲学原典的方法，其实也不外乎"我注六经"和"六经注我"两个方面。"我注六经"强调字斟句酌和文本还原，力求领会和把握文本本来的意涵，尤其在初级阶段，要先进行文献阅读，搞清楚研究领域的历史背景和发展脉络，然后才可能多少有点自己的思想。而到了高级阶段，则是有自己的思想，在相关文献阅读中逐步寻求古今对话和共振。"六经注我"即文本为我所用，通过阅读寻找并实现读者与文本之间的共振、共鸣、共生和共长，实现经典与自己生命体验的有效打通和贯通。达到"六经注我"方能真正做到"我注六经"。由此，"我注六经"和"六经注我"相互发明、相互辉映，二者构成一个不可分割的、读思行合一的过程，最终达到"学苟知本，六经皆我注脚"的乐学之境。

同时，有必要进一步说明的是，本书的一个重要定位是，充分挖掘道家经典的现代价值，着眼于从哲学层面解答现代人（尤其是年轻人以及高校本科生、研究生群体）普遍存在的纠结、郁闷、焦虑、抑郁等心理问题。因为，无论是在知、行还是在知行合一的视域，道家哲学在内在精神上与人的心理健康问题都具有高度契合性和匹配性。我们的多轮社会调查显示，现在年轻人尤其是本科生、研究生群体的心理健康问题越来越严重、越来越凸显，而心理咨询所起的作用却是很有限的，哲学层面的介入可能是极为必要的。但遗憾的是，现在总体上，这方面的教育资源比较匮乏，还有很大的发掘潜力和研究空间。本书致力于最大限度地弥补这一缺憾，不但注重从道家哲学层面阐释心理健康的深层哲学义理，同时自然而然引申设计了若干个"道家哲学与心理健康演习表（或图）"，帮助大家充分以自问自答、自操自练的游戏方式来自觉培育强健的心理素质，形成积极而健全的人格结构。我也愿意充分利用自己极为有限的余生，以无我之我的方式，脚踏实地做这样一个公益事业的忠实志愿者和践行者。

《老子》最后一章总结得好："既以为人，己愈有；既以与人，己愈多。"我在导言中也说过，本书是与诸君一起分享和交流我三十余年来阅读《老子》《列子》《庄子》的研究、思考或心得，也是针对现代人普遍的生存困境的一种现实关怀。假如它对大家能有所启迪、有所启发，能使大家活得更真实一点、更快乐一点、更自由一点，我就心满意足了。做这件事情，我无须申报什么高大上的课题，也没有任何实质性的业务考核压力，完全基于"味无味"的趣味主义原则，优哉游哉，可以卒岁——做自己真正喜欢的事情，也算是无为而为吧。说老实话，我非常享受整个思考和交流的过程，也算是以平常人的天资最大可能地践行老子"既以为人，己愈有；既以与人，己愈多"的教诲吧。修炼自己，服务社会；帮助别人，快乐自己。我甚至发下愿心，将持续秉承无我利他的价值理念，利用三年至五年的时间完成对《老子》《列子》《庄子》以及《易经》逐字逐句逐段地品读，在反复咀嚼和细细玩味之中与读者共享经典的无穷魅力。那么，本书就权作是经典原文品读的一个长篇导论吧。

古人云：知我者，谓我心忧；不知我者，谓我何求。在研读和交流道家哲学原典的过程中，我期望最大限度地与同学、同道、同人相知和相通，最大限度地与现代人的生存语境及口味求得共振和共鸣，也在恪守"正能量、高品位、大众化"原则的同时，最大限度地实现古为今用、深入浅出、雅俗共赏。不过，我也清楚地知道理解和沟通可能的边界和限度。因此，我并不刻意地迎合大众的口味，也不一味地追求那种浅薄的理解和共鸣。把想说和该说的话明明白白地表达出来了，我愿足矣。

知我罪我，一任自然。

或许，重要的是这段有滋有味的旅行过程。

旅行本身，也就是它的目的地。

一苇

甲辰年仲秋记于崂山知味轩